Hanns G. Zagler, 1938 inmitten jener Berge geboren, die von Deutschen wie Italienern als ihr Eigen beansprucht werden, hat 1969 mit Katja, seiner Lebenspartnerin, in Mailand eine der zeitlich ersten Marketing-Communications-Agenturen des 360°-Konzepts Italiens gegründet und dann bis 2005 geleitet. Seine Texte haben jahrzehntelang mit dazu beigetragen, einen besonderen Werbestil zu prägen. An seine Kindheit und frühe Jugend, seine mäandernde Zeit des Suchens und an spätere Splitter seiner Agenturzeit erinnert er sich in den drei Bänden: *...hängen geblieben, ...aber wohin denn?* und *Sternschnuppen*. Heute lebt er als freier Berater und Gutachter in Freiburg/Bsg.

Hanns G. Zagler

... aber wohin denn?

Erinnerungsbilder
an einen Weg, der sein Ziel
noch sucht, nicht kennt

1959 – 1969

Copyright © 2012 – Hanns G. Zagler
Alle Rechte vorbehalten
Ungekürzte Paperback-Ausgabe, September 2014
Gesetzt aus der Palatino Linotype
Layout und Satz: Markname, Milano
Herstellung und Verlag:
BoD – Books on Demand, Norderstedt
ISBN 978-3-7357-9334-8

*Um wie viel mehr doch bereichert sich das Wasser,
das sich mäandernd seinen Weg zu suchen hat
als jenes andere, dem es gegeben,
in festen Dämmen geruhsam an sein Ziel zu fließen!*

Andrea de Ardo

* *Quanto di più s'arricchisce l'acqua
che tortuosamente si districa nel suo percorso
di quell'altra che, compressa e pacata,
retta scorre fra i suoi argini prestabiliti.*

Zum Einlesen	9
Aufbruch zu... wohin denn?	12
Gruber, meine Startlöcher	31
Inro, eine Entdeckungsreise	44
Intermezzo Pavesi	111
Melida, die Herausforderung	127
Zwei Arbeitslose und ein Nest	252
Zuegg, der Unterbau	281
Zusammen leben, Zusammenleben	304
Fragen tun sich auf	310
Rückblende, kurz und wichtig	338
Angespannte Herbstzeit	342
Zwei Jahre, drei Schleifen	357
Italiens jüngster Agenturchef	378
Feuerwehr in Europa	407
Angekommen	420

Zum Einlesen

Woher ich komme und von meinen frühen Zeiten steht im vorhergehenden Erinnerungsband *...hängen geblieben.*
Über meine erste Neugier im leuchtenden Schönblick ist dort geschrieben. Von Erlebtem und Gefühltem in späterer Kindheit und der Zeit des Heranwachsens wird erzählt, bis hin zum Abitur und dem, was dann gleich nachher kam.

Weiter geht es hier nun mit dem, was ich in den Jahren gemacht habe, die andere damit verbrachten, Hörsäle zu bevölkern oder sonstwie einen Beruf zu erlernen. Der Mäander ist Protagonist der folgenden Seiten, jener Fluss des Lebens, dessen verschlungener Lauf mich schließlich an das Ziel brachte, das vielleicht vorgegeben, wovon an der Quelle aber nichts zu ahnen war.

Alle erwähnten Namen, die Orte, Zeiten, Vorkommnisse und Abläufe sind echt. Vieles etwa ebenfalls Erwähnenswerte ist dabei ausgelassen, nichts hinzugefügt.

Schon beim Schreiben ist mir natürlich aufgefallen: Wäre die Story, so wie sie jetzt hier steht, eine erfundene, könnte man sie nur als blödsinnig einstufen, weil zu komplex und insgesamt recht unglaubwürdig. Und dazu auch, weil sie zu wenig Tiefgang hat. Es ist ja nur eine Aufreihung von fließenden Schleifen, so wie sie aufeinander gefolgt sind, und davon, wie ich sie erlebt habe.

Es geht hier um meine Jahre des Suchens, wie sie mir sich nach dem Abitur und einem gleich darauf anschließendem kurzen Intermezzo ergeben haben. Ihr mäanderndes Schlängeln durch Zeit und Raum wäre aber ganz unverständlich, ohne wenigstens ein grob gerastertes Bild von dem zu haben, was sich davor getan hatte – in der Zeit, von der *...hängen geblieben* erinnernd erzählt. Deshalb: Ein paar Pinselstriche dazu, gleich eingangs hier in gedrängtem Rückblick. Die nächsten etwa zwanzig Seiten gehen dafür drauf: ein erstes Kapitel, das schon in früherem Band Erzähltes wiederkäut. Die Geschichte, die darauf dann folgt, ist so erzählt, wie sie sich chronologisch ergeben hat. Fast jede Schleife des Mäanders hat dafür ihr eigenes Kapitel bekommen, das sich auch isoliert lesen lässt.

Manchmal habe ich mich gefragt, ob ich den Lauf lieber anders, begradigter erlebt hätte. Wenn schon... vielleicht... in noch ganz früher Zeit! Immer aber, wenn ich dann bedacht habe, wie vielerlei die Wasser meines Mäanders aufnehmen konnten, während sie sich ziellos ihrem Ziel entgegen schlängelten, dann ist mir jede seiner Schleifen, ja jeder Teil von ihnen gern erlebt, wert und unverzichtbar beblieben.

Glaubwürdiger wird die Geschichte dadurch trotzdem nicht. Muss sie auch nicht sein. Sie hinzuschreiben war ihr Zweck, kaum der, gelesen zu werden.

Aufbruch zu... wohin denn?

1949-1958. Zeiten im Limbo des Werdens. Zeiten, die nicht ahnen konn-ten, dass nichts so werden würde, wie für ihren Ablauf angedacht und geplant. Alles Wichtige ist mir ziemlich linear geschehen, bis zu den Tagen des Abiturs. In diesen wenigen Tagen aber ist mir der Pfad dann unversehens abgeknickt. Er hat begonnen zu mäandern. Das Risiko war ihm da, zu einem Labyrinth zu werden, in dem ich mich verlieren konnte. Ich wollte studieren, nach dem Abitur. Es hat sich nicht ergeben. Der sich windende Weg ist meine Universität geworden.

*

Ich bin nicht das geworden, was meine Eltern sich wohl erwünscht hatten, wenn sie sich überhaupt jemals daran gedacht haben, sich ein Ziel für mich zu wünschen, und ich bin auch nicht geworden, was mir in pubertären Wolkenzielen vorgeschwebt hat. Völlig anders hat es sich ergeben, als gradlinig vordenkbar; und es lohnt sich vielleicht, den anfänglichen Schritten der frühen Zeiten noch einmal nachzugehen, um daraus etwa zu sehen, was da vorhanden war, mir den Lern- und Lebensweg erst einmal fast zum Labyrinth schlingen, bis dass er sich dann doch eindeutig strecken und sein Ziel kommen konnte.

Bis zum Vormorgen meines Abiturs lief alles ziemlich linear, also ungefähr so, wie das in so einem *großbürgerlichen Haus* zu laufen hatte, dem ich hineingeboren war. Es war erwartet, *Anstand* zu bewahren, wenigstens soweit, der Umwelt vermerkbare Ärgernisse zu vermieden, oder sie doch vertuschend ausgleichen zu können. Ein Meister darin war und wurde ich nicht, aber meist hat es doch gereicht, in lokalgesellschaftlich vorgegebenem Rahmen zu bleiben.

Auch war erwartet, die vom Schulprogramm gesetzten Leistungen unaufdringlich zu erbringen, also ohne durch irritierende Hilfsbedürftigkeit störend bemerkbar zu werden. Damit hatte ich keine Mühe, wobei sich meine Anstrengungen und der geopferte Zeiteinsatz über weite Strecken hin sehr in Grenzen hielten. Vom Streben nach zu belobender Benotung bin ich immer recht unbelastet geblieben.

Drittens war zudem sehr erwartet, nicht mit Forderungen lästig zu fallen, zumal nicht mit solchen finanzieller Art, die an sich schon kein Thema sein sollten. Ohne je auf die an sich spärlich und allzeit unregelmäßig tröpfelnden spontanen Zuwendungen, etwa auf die Chimäre *Taschengeld*, zählen zu können, war mir eigenständige Bedarfsdeckung durch kleine Handelsmachenschaften schon früh geläufig. Später, ab als ich so 15-jährig war, kamen mir dann recht regelmäßig gute Einnahmen aus Nachhilfestunden hinzu, die den zahlenden Eltern Beruhigung gaben, dabei den betroffenen Sprösslingen aber doch wohl wenig nutzten.

Zum besseren Verständnis der Gegebenheiten kann etwa beitragen, allerdings nur eingeschränkt, dass Bozen hier der Schauplatz ist, die provinziell halbbäuerliche, dabei aber die Bauern verachtende Stadt der Kaufleute und Wirte am Zusammenfluss von Talfer, Eisack und Etsch inmitten der Dolomiten.

Nachkriegszeit. Es waren die Jahre des auch italienischen Wirtschaftswunders. Wir Deutschstämmigen hassten noch immer die nach der Annexion von 1918 ins Südtiroler Land verpflanzten Italiener. Ethnische Trennung war uns gebotne Gewissenssache, die aber keinesfalls als rassistisch gelten durfte, weil solches ja neuerdings als verbrecherisches Denken verpönt.

In dieser Kleinstadt gab es einen besonders gewichtigen breiten Klüngel, der in neidvollem Demutsgehabe vor den eingesessenen habsburgischen Patrizierfamilien derer *von und zu* buckelte, dabei aber, selbstherrlich leutfeindlich, sich als den Nabel der Welt und das Salz der Erde verstanden haben wollte: die sogenannte Kaufmannschaft, die Laubenkönige. Meine Mutter gehörte dazu, von ihrem emporgekommenen Vater her und eigensinnig darauf bedacht, das bei jeder möglichen und unmöglichen Gelegenheit zu unterstreichen. Mein Vater war nur eingeheiratet in diesen Klassenzirkel. Er war in seiner frühen Jugend zwei kurze Jahre Volksschullehrer in einem einödigen Bergdorf gewesen und dann in etlichen Etappen einigermaßen in der Welt herum gekommen, vor er als Mittdreißiger an die eheliche Leine ging.

Nach unverrückbarer Tradition derer, die in Bozen *Status* hatten, *durfte* ich aufs Franziskaner-Gymnasium. Das war eine auf private Initiative gründende, von der staatlich italienischen Lehramtsstruktur misstrauisch tolerierte und von Mönchen geführte Institution, in der ebenso eine scharfe Trennung der Geschlechter wie eine enge Zusammenführung der Stände programmatisch festgelegt waren. Keine Mädchen zugelassen! Für jeden Schulgeld zahlenden Adepten *aus guter Familie* ein stipendierter Bauernjunge, der, von seinem Pfarrer empfohlen, seinerseits Pfarrer werden sollte oder wenigstens Arzt oder Atomphysiker.

Die anstaltsgebotene Standesmischung hat vielen nicht gepasst; vor allem nicht den Laubenkönigen, im Gegensatz zu den Patriziern derer *von und zu*, denen durchaus einsichtig war, dass es auch aus kleinbäuerlichen Wurzeln stetigen Nachwuchs an Priestern und sonstigen *Studierten* geben möge.

Mir war ein einschneidendes Erlebnis beim endlich erfolgten Eintritt ins Gymnasium, dass wir Kurzhosigen, noch lange nicht Stimmbrüchigen, dort ab der ersten Minute ausschließlich mit *Sie* und Nachnamen angeredet wurden. Das gab Respekt und forderte uns im Gegenzug zu selbstverständlichem Respektverhalten auf, wie es so unsere Lehrer an der Volksschule trotz ihres alltäglichen Strafgebarens nie erreichen konnten.

In der ersten Klasse, Herbst 1949, waren wir zweiundfünfzig Neulinge am Gymnasium. Nach acht Jahren, beim Abitur, sind wir davon noch zu siebt übrig geblieben.

Widerspruch war im Schulbetrieb unerwünscht, ja nahezu verpönt, wie das überwiegend auch den innerhäuslichen Familiengepflogenheiten der zahlenden Eltern entsprach. *Disziplin* wurde deshalb mit einer besonderen, aufmerksam beachteten Zeugnis-Note bewertet. Doch unter dem allzeit gezeigten Firnis des Wohlerwarteten gärte durchaus auch ein geradezu atmosphärisch spürbarer Nährgeist, der, man brauchte es nur zu wollen, gut zum Humus für individuell konträres Denken und seines Verfechtens werden konnte.

Wer damals im Franziskaner-Gymnasium zum Duckmäuser wurde, hat es selber so gewollt, oder er war von Ursprung an schon so geprägt, oder einfach zu beschränkt, das unterschwellig Vorhandene mitzubekommen und zu nutzen.

Triebkraft dazu war vor allem unser Rektor und zugleich Prior des Klosterstiftes, Pater Justus Kalkschmidt, der es nahezu wundersam geschafft hatte, *sein* Gymnasium auch über die misshelligsten Anfangsjahrzehnte der italienischen Besatzung am Überleben zu halten, zeitweilig als einzige deutschsprachig aktive Lehranstalt im annektierten Südtirol. Er und einige ihm besonders geistesnahe Patres haben uns eigenständiges Denken und daraus abgeleitetes freies Entscheiden einladend vorgelebt und, mit Zwischentönen in ihre Rede und ihren Vorgaben, es uns anregend fördernd nahe gebracht, ohne sich dabei angreifbar zu machen, etwa Verfechter von freizügigem, gar rebellischem Gedankengut zu sein.

Bis zu meiner sechsten Gymnasialklasse war das so. Dann jedoch musste das humanitär Aufgeklärte fast über Nacht einer abrupten, beschneidenden, geradezu pietistischen Restauration weichen. Der alte Rektor, Pater Justus, wurde gestürzt, abgesetzt, und in fast tridentinischer Konterrevolution usurpierte mit Pater Albert Lageder ein neues, kleinliches Denken die Anstalt.

Pater Justus und die Gruppe der ihm geistesverbundenen Patres haben meinen wohl schon ursprünglich eher widerborstigen, gern quer denkenden Geist so gefördert, dass er sich zu insgesamt doch wohl noch akzeptierbarer Eigenart geformt hat. Ihn allerdings im Lebensalltag auch immer so diplomatisch einzusetzen, wie sie das konnten, das habe ich nie gelernt.

Wir wurden zu Schnelligkeit trainiert. Große Klassenarbeiten – Aufsätze, Übersetzungen, Analysen, Mathe- und Physikklausuren – wurden fast immer in die zweite Hälfte der vormittäglichen Unterrichtszeit gelegt, mit meist zwei und sehr selten auch drei Stunden Zeitrahmen. Sobald erledigt, konnten wir die Arbeit am Lehrerpult abgeben und gehen. Die Uhrzeit der Abgabe wurde vom Aufsichtshabenden vermerkt und der Zeitpunk des Abgebens bei der Benotung dann gut belohnt oder empfindlich bestraft, je nachdem wie schnell wir waren. Besondere Würdigung fand es meist, wenn noch vor Ablauf der ersten Stunde abgegeben wurde.

Das System stimulierte nicht nur zügiges Arbeiten, sondern auch den Wettbewerb... gegen sich selbst und zu den anderen. Jeder in der Klasse konnte die Reihenfolgen der Abgaben und deren Uhrzeiten vermerken. Und wenn dann nach ein paar Tagen die Arbeiten bewertet zurückgegeben wurden, musste sie jeder von uns, einzeln aufgerufen, am Pult abholen und sich dabei die deutlich in den Raum gesprochene Benotung anhören; unter dem Feixen aller oder eben auch nicht. Schnelles Arbeiten wurde zum Sport bei etlichen von uns. Aber es nährte durchaus auch einen gewissen Glücksspielertrieb, nicht unähnlich dem, der so viele immer wieder zu Poker oder Roulette treibt.

Ob das System auch Oberflächlichkeit gefördert hat, wie von so manchem angemahnt, mag sein, obwohl kaum je zu beweisen. Dass es Aufmerksamkeit, schnellen Gedankenschluss und Geschwindigkeit der Entscheidungen gefördert und damit wohl dauerhaft stark geprägt hat, steht mir auch jetzt, im Rückblick nach Jahrzehnten, außer Frage.

An sich war es ein reiner Lernbetrieb, das Gymnasium der Franziskaner in Bozen. Das Lehrprogramm war breitflächig artikuliert und dicht gefüllt. Latein als eine *lebende Sprache* einzusetzen, war erwartet. Die Ilias hatte man im Original zu lesen. Die suchenden Gedankengänge eines Thales von Milet oder Parmenides waren ebenso nachzuvollziehen wie etwa die von Descartes, Hegel oder Kant. Die Sprache von Nietzsche analytisch gegen die von Goethe oder Heine zu stellen, war zu lernen. Gleichungen mit drei Unbekannten hatten, wenn schon nicht verstanden, doch berechnet zu werden. Die chemischen Elemente und ihre Bezeichnungen waren *im Schlaf* aufzusagen und zuzuordnen. Das Verständnis für Recht und Ordnung im Wechsel der Zeiten wurde eingetrichtert, was über die Gerichtsreden von Demosthenes bis Cicero, von den Gesetzen des Hammurabi zum Codex Justitiani und hin zum Code Napoleon lief. Auch die Anatomie von Mensch und Vogel, Lurch und Spinne wurde detailliert abgefragt, ebenso wie die Begründung des statischen Bestehens ägyptischer Großpyramiden und der gotischen Münster. Es war viel – und vieles war spannend.

Aber alles, andererseits, was man allgemein als *musisch* einzureihen pflegt, hatte dabei kaum Raum und Gewicht. Zeichnen und Malen waren kein Thema. Wir hatten kein Unterrichtsfach dafür und auch keinerlei Anregung, uns außerhalb des Lehrplans darum zu kümmern. Für Musik galt dasselbe. Noch nicht einmal Musikgeschichte wurde erörtert. Davon, Noten lesen zu lernen oder gar ein Instrument zu spielen, war nicht die Rede. Es gab noch nicht einmal eine Schulhymne, die eventuell zum intonierten Absingen antrainiert wurde.

Es musste aber durchaus nicht bei dem bleiben, was im Lehrplan rigoros vorgegeben war. Mir hat es sich in persönlicherem, nahezu privatem Umgang mit einigen unseres Lehrkörpers ergeben, zusätzlich zum Schulstoff noch eine Menge von ihnen aufzunehmen, an das ich anderswo und anderswie wohl nie heran gekommen wäre. Das jedoch brauchte Zugang... Zugang zu den Menschen, die unsere Lehrer aber eben auch Mönche waren; Zugang in ihre intime

Welt des klösterlichen Kreuzganges, des ummauerten Gartens, der kargen Franziskanerzellen.

Da war etwa Pater Robert Fingerle. Als Religionslehrer hatte er im Lerngeschehen nur geringes Gewicht, zumal er priesterlich an die Dogmen gebunden war und somit fast auf der Verliererseite stand in seiner Dauerkonkurrenz zum Philosophielehrer, dem einzigen Laien am Gymnasium. Aber er hatte Charisma. Er konnte Pubertierende begeistern: zu Gebirgswanderungen mit Berghütten und Lagerfeuern; zu Gruppenarbeiten mit vorgegebenen Zielen und wechselnd verteilter Projektführung; zum Aufbau selbstverständlichen Bewusstseins von Verantwortung für sich selbst und für die anderen.

Er war ein begeisterter und fachkundiger Fotografierer. Nahaufnahmen von Blumen und Blüten waren eines seiner Hauptthemen; und Menschen in unbeobachtet ungezwungenen Momenten das andere. Von ihm kam mir der Impuls, Geld zusammenzukratzen für meine erste, ganz einfache Kleinbildkamera. Farbfotos zu machen kostete recht viel Geld an Filmen und für das Entwickeln. Ich musste mich auf schwarz-weiß beschränken und damit auf das reporterhafte Aufspüren von dafür geeigneten Motiven. Das habe ich jahrelang geliebt. Es hätte mehr werden können als nur ein gut gereiftes Hobby.

Noch einer, Pater Franz Pobitzer, hatte ein besonderes Gewicht für mich. Für unsere Klasse war er der Hauptverantwortliche, vom Anfang an und dann sechs Jahre lang bis zum Lageder-Umsturz, der auch ihn ins Abseits stellte.

Er war ein weltoffener Mann, obzwar in Bozen geboren und aufgewachsen; auch obzwar Mönch in der Kutte des heiligen Franziskus. Das lag etwa daran, dass er, jung lungenkrank geworden, vom Orden in die Anden geschickt wurde und dort *anderes* kennen lernte, wie etwa die anzestrale Welt der Indios, deren Sprache, Quetschua, er sprechen lernte; oder an seiner Zeit danach in Fiesole oberhalb von Florenz, aus der er die Liebe zur Melodie toskanisch gesprochenen Italienisch mitbrachte; oder einfach daran, dass ihm seine Familie doch immer wieder etwas zusteckte, was zwar mönchischem Armutsgelübde nicht kongruent war, ihm aber erfreuliche Kurzfluchten in säkulare Gefilde ermöglichte. Nur hinter vorgehaltenen Händen, da aber umso intensiver, wurde etwa darüber getuschelt, dass man ihn wieder einmal in Innsbruck oder München im Smoking in der Oper gesehen habe, und Vermutungen wurden angestellt, wer denn wohl die elegante Begleiterin gewesen sei. Im Kloster war das akzeptiert, gelegentlich auch wohlwollend süffisant kommentiert.

Pater Franz war unduldsam gegen Dummheit und noch mehr gegen das, was er *Geistesfaulheit* nannte, und damit war er, in herkömmlichem Sinn, kein guter Lehrer. Oft gab er seiner Ungeduld mit harschem Wort und böser Note Ausdruck. Schnell aber war er bereit, sich Diskussionen zu stellen. Und immer, wenn er sich Argumenten gegenüber sah, war ihm das Einladung zu freudig geführtem Schlagabtausch. Er versuchte, uns beizubringen, den Gedanken vor das Wort zu stellen, und dann aber, nach angemessenem Überlegen, das Wort gegebenenfalls auch als spielerische Waffe einzusetzen. In anregender Debatte war er ein Meister darin, solange er das Gefühl hatte, dass sich der Einsatz lohnte.

Er, der auch unser Fachlehrer für Italienisch und lebendiges Latein war, hat in mir die dauerhafte Freude an Wort, Satz, Sprachrhythmus geweckt, gedüngt, beharkt – zumal auch in deren kreativ ausformbaren Möglichkeiten.

Ein weiterer Angelpunkt wurde mir Pater Bonosius Sutor. Er war erst in meiner dritten Gymnasiumsklasse nach Bozen gekommen und ein krasser Außenseiter in unserer Welt, der mir so lange abwehrend unverständlich war, bis ich eines Tages erkennen konnte, dass wir, also auch ich, ihm unsererseits nicht minder fremd und beinahe ohne Zugang waren.

Aus hanseatischen Kaufmannskreisen stammend, war er vom streng strikten Paderborn, dem Ambiente seines Studiums und ersten Klosters, geformt. Anschließende lange

Jahre vorwiegend wissenschaftlicher Arbeit in Australien gehörten ebenso zu seinem Substrat wie wohl auch das Trauma einer schweren Schädelverletzung, die es ihm erforderte, mit einer chirurgisch eingesetzten Metallplatte zu leben. Wie und warum er ausgerechnet nach Bozen kam, konnte ich nicht erfahren. Er war einfach da... imposant in Größe und Umfang, mit vollem, weißem Haar ohne die obligate Tonsur, blitzblauen Augen in recht breitrundem Gesicht. Mathematik war sein Lehrfach.

Er sprach sein Deutsch so, wie wir es vorher nie gehört hatten. Es machte uns viel Mühe, seine Worte zu verstehen, seinem Satzbau zu folgen. Wir aber redeten unser Südtiroler *Teitsch* der Berge, in voller Einbildung, dass das denn Schillers oder Heines Sprache wäre. Er, der Mann aus Hamburgs Ebene, konnte uns Bergjodler nur ratend und bruchstückhaft verstehen. Wechselseitige Kommunikationslücken ergaben sich unweigerlich daraus. Sie wurden noch durch seine Neigung verstärkt, von uns nicht Verstandenes, von ihm wohl auch manchmal gar nicht Erklärtes, als sozusagen *mitgegeben und verarbeitet* einfach vorauszusetzen. Wenn dann zaghafte oder etwa auch irritierte Nachfragen aus den Schülerbänken kamen, reagierte er meist kratzbürstig, kurzbündig abschließend: *Widerwort?* – tönte es dann – *Verlassen Sie den Raum und denken Sie nach, bis Sie schlau geworden sind. Dann können Sie wieder kommen.*

Etliche von uns, die meisten, konnten sich bei und mit ihm so durchwursteln. Sie verstanden ihn nicht und er nicht sie. Aber Mathematik zählte in Bozner Kreisen sowieso fast nur als die Kunst des Abzählens von Gewinn und Verlust oder dem Berechnen der Zinsfüße. Und für nur einfaches Rechnen gab Pater Bonosius auch Noten, die zur Not ausreichen konnten, weiter zu kommen.

Trotzdem: Ich verbrachte anfangs mehr Zeitstrafe im Flur als in der Lektion ... wegen *Widerwort*. Die Situation wurde mir untragbar. *So nicht!* Nach etlichem Zaudern bat ich ihn um ein Gespräch. Er ließ es zu. Mühsam haben wir versucht, aufeinander zuzugehen.

Es wurde ein langer Nachmittag, aus dem ich mitnahm, dass auch kraftvoll wirkende Führungspersonen Menschen sein können, die, unerkannt unsicher, ja verängstigt gar, in der gezielt aktivierten Verunsicherung ihrer Gegenüber sich den Schutzschild schmieden, den sie bitter nötig brauchen. Wir zeigten beide unsere Schwäche, an dem Nachmittag. Ich habe dabei gelernt, er aber auch.

Von da wurde das Klassenklima unserer Mathematik-Stunden anders, lockerer, konstruktiver. Für mich aber war diese Erfahrung der erste Schritt dahin, meine stets latente Angst vor anderen zu überwinden, überzeugt und bedenkend, dass des anderen Ängste meist gleich groß wie die meinen sind, wenn nicht noch größer. Es war nur ein erster Schritt dahin, aber doch eben *einer*. Und damit ist mir schon einmal viel von der seit Kindestagen angedrillten Pflicht *zum Respekt vor höher oder hoch Gestellten* befreiend zerbröselt.

So gesehen war denn unser Gymnasium doch nicht nur der reine Lernbetrieb für katalogisiertes Wissen, als den es sich für sein Image gern ausgab und zeigte.

Dass ich nach dem Abitur studieren sollte, war vorgegeben. Und ebenso auch, dass ein möglichst zeitkurzes und nicht teureres Fach zu wählen war, das bald zu irgendeinem Diplom erfolgreichen Universitätsabschlusses führen sollte.

Bozen oder das nahe Trient hatten damals noch keine Hochschule. Die nächstgelegene war Innsbruck. Aber die dort errungenen österreichischen Diplome wurden nicht in Italien anerkannt. Da blieb nur das auch nicht allzu weit abgelegene Venedig.

Die Uni einmal ausgewählt und festgelegt, wurde das Studienfach und damit den künftigen Beruf zu wählen mir überlassen. Viel Auswahl gab es nicht, wenn doch Venedig und ein schnell zu erreichendes Brot-&-Butter-Diplom vorgegeben waren. Jura kam infrage und auch Wirtschaftswissenschaften, wofür ich mich denn auch entschied. Aber dann kamen die Tage meines Abiturs... und nachher war alles anders.

Umbruch.

Am 4. Juli, meinem Geburtstag, fingen die Abiturprüfungen an. An dem Tag habe ich meinen Vater noch gesehen. Zwei Tage danach war er tot. Magengeschwür, durchgebrochen. Chirurgisch nicht mehr zu retten. Er war 56 geworden.

Seit in den letzten Kriegsmonaten die von meiner Mutter ererbte Großhandlung ausgebombt und nie mehr wieder erstanden war, hatte mein Vater als Handelsvertreter und Ein-Mann-Verdiener unserer Familie gearbeitet. Noch nicht 13-jährig war jetzt mein Bruder Klaus und die Ortrud, unsere Schwester, 16 Jahre jung. Meine Mutter behauptete, bei Null zu stehen, weder Geld noch Gut zu besitzen.

Alle Gedanken an Studium meinerseits waren jetzt obsolet. Von mir erwartet wurde, dass ich nun *stante pede* in Vaters Fußstapfen treten und versuchen möge, seine Arbeit – Bezirksvertreter von zwei recht bedeutenden Süßwarenmarken – so anzugehen, als hätte ich es gelernt, Südtirols einschlägige Läden im Rundtrip zu besuchen und meine Kollektionen dort zu verkaufen. Mutters diesbezüglicher Wille war eisern. Die zwei Mandatsfirmen haben mitgemacht.

Der Traum von geregeltem Studieren und dann ruhigem, zwar zielgerichtetem aber keineswegs hektischem Suchen nach einer erwünschten, mir konformen Berufs- und Lebensplattform war weg. Fürs Erste, jedenfalls. Meine Zukunftspläne kamen in eine dunkle Schublade, von heute auf morgen, mit allen ihren unausgegorenen Wunschgespinsten.

So habe ich also die Arbeit meines Vaters übernommen. Unvorbereitet darauf. Weitgehend improvisierend. Ein Job wie Honigschlecken war das nicht. Ich hatte es gewusst. Alle in der Familie wussten es. Wir hatten es ja hautnah zwölf Jahre lang miterlebt, hatten täglich sehen und hören können, was da anstand. Über 420 Kunden waren zu besuchen – in den Städten und Tälern des Dolomiten-Landes. Die meisten davon im Rhythmus von sechs bis acht Wochen; die wichtigsten auch öfters. Abends dann, wenn um 19.00 Uhr oder auch später der letzte Kundenbesuch abgeschlossen war, mussten die Aufträge in Reinschrift gebracht, statistisch aufbereitet, postfertig gemacht und im nächsten Briefkasten versorgt werden. Da war es nicht drin, es langsam angehen zu lassen.

Ein Jahr lang habe ich den Job gemacht. Mit etlichem Erfolg vom ersten Tag an. Von Vaters ehemaligen Kunden wurde ich akzeptiert. Ich sah, dass ich verkaufen konnte; dass meine frühen, auf kleines Einkommen zielenden Versuche zwischen den Schulbänken nicht einfach nur pubertäre Spielerei gewesen waren. Von meinen ersten Vertretertagen an waren meine Umsätze, meine Provisionen gleich hoch, bald auch höher als die meines Vaters. Und trotzdem: Es wurde ein Jahr des Horrors.

Berufliche Reisetätigkeit bringt Kosten mit sich: Benzin, mittags etwas essen, auch sonstiges was eben so anfällt. Und auch die Freizeit hat ihre Bedürfnisse. Damals kannte ich schon Katja, die Mücke; seit gut einem halben Jahr war das und wir brannten lichterloh. Aber auch die intensivste Liebe brauchte ein bisschen Geld, zumal dann später im Jahr, als es Winter wurde: ein paar warme Stunden in einem Café, gelegentlich ins Kino, vielleicht sogar einmal zusammen in ein Konzert. Selbstverständlichkeiten... oder?

Mit meiner Mutter hatte ich zu vereinbaren versucht, mir ein Spesenkonto einzurichten, das monatlich abgerechnet und entsprechend aufgefüllt werden sollte; und dass ich zudem für meinen persönlichen Bedarf – nicht zuletzt auch als meinen Arbeitslohn – 15% vom Netto der verdienten Provisionen bekommen sollte. Mir schien das fair, hätte so doch die Rest-Familie mindestens gleich viel wie zu Vaters Zeiten für sich gehabt. Ächzend verlangte sie Bedenkzeit, hat dann aber zugestimmt. Schnell aber zeigte es sich, dass diese *Abmachung* nur Theorie und Wortgeklingel bleiben sollte. Das Spesenkonto wurde nie eingerichtet; mein Anteil an den Provisionen nie ausbezahlt.

Für die Reisespesen – Benzin also und auswärtiges Essen – bekam ich jeweils montags einen dürftigst bemessenen Vorschuss auf den Küchentisch gelegt. Im Wochenverlauf hatte ich um Nachschub zu bitten, wenn ich einen brauchte, was bei den stets knapp bemessenen Montagsbeträgen fast schon zur Regel wurde. Und jeder Geldbedarf für mich selber hatte auch zu einem Gang nach Canossa zu werden. Bitten. Darum bitten. Alle paar Tage wieder: Bitten um einen kleinen Brocken des von mir selber verdienten Geldes. Und dabei hatte ich dann jedesmal froh zu sein, wenn sie mir mürrisch ein paar Klein-Scheine auf den Tisch legte.

Immer wieder hatte ich so die Wahl, entweder mich auf Arbeitstour satt zu essen oder etwas übrig zu haben für den Feierabend, fürs Wochenende. Da musste eben das Essen zu kurz kommen. Und abends, wenn ich nach Hause kam, hatten die anderen schon gegessen. Es war eben, wie es denn war. Das Zusammensein mit der Mücke wäre daran mehr als einmal fast zerbrochen.

Beinahe genau ein Jahr lang ging das so. Dann, an einem heißen Julitag so um meinen Geburtstag herum, bin ich zusammengeklappt. Hektisch hohes Fieber und Schwäche setzten mir so zu, dass ich mich kaum noch auf den Beinen halten konnte. Abwarten, rief ich mir zu! Nach ein paar Tagen war ich dann aber doch beim Arzt. Sein Urteil, wie ein Flammen-Schwert: Tbc, schon in fortgeschrittenem Stadium und ansteckend, eine Hauptkaverne fast so groß wie ein Hühnerei im linken Lungenflügel und rund herum noch etliche Streuungen. Ich wog noch gerade mal 50 kg bei fast 1,80 m Länge.

Lungensanatorium war das Verdikt. Die Prognose, wohlwollend und aufmunternd aus Arztes Mund: Ein Jahr, wenn alles gut geht, höchstens vielleicht eineinhalb... ich sei doch noch jung... und bis vor gar nicht langer Zeit aktiver Sportler gewesen... und nur nicht den Kopf jetzt hängen lassen...

Es war keine relaxende Zeit, mein Aufenthalt in der Mottenburg, dem Sanatorium in Brixen. Schon die ersten zwei Tage wurden mir zum Inkubus. Ungeduldig hatte ich erwartet, dort sofort von einem Therapie-Programm zu erfahren, mit dem auch zügig begonnen würde. Nichts aber tat sich desgleichen. Ich wurde eingewiesen; konnte mich nach kurzem Bürokratismus in geräumig hellem Zweibettzimmer einrichten, in dem ich das Fensterbett mit direktem Blick auf freundlichen Sonnenbalkon bekam; lernte die Hausordnung kennen und meinen Platz an einem gemütlichen Tisch in der Mensa... aber das war es auch schon für die folgenden Tage.

Auf meine bald bohrende Frage, was denn nun therapeutisch geschehe, erhielt ich nur den beruhigenden Zuspruch, das es vorerst für mich einmal das Wichtigste sei, viel und ruhig zu liegen, auf dem Bett oder der Liege auf dem Balkon, mich gut zu ernähren und so zu Kräften zu kommen. An Medizinen oder sonst irgendwelche aktive Kuren sei vorerst nicht gedacht. Still aus- und einatmen. Geduld. Viel frische, gesunde Luft.

Es war ein Hammer für mich Ungeduldigen. Und da sah ich zudem – auf den Gängen, in der Mensa, vom Balkon aus unten im Park – die Menge grau vor sich hinschlurfender Patientengestalten, auch viele recht junge Männer unter ihnen, denen sich Langzeitaufenthalt in resignierte Mienen und abgeschlaffte Körpersprache eingegraben hatte. Einen Onkel von mir konnte ich unter ihnen entdecken. Er war vier Jahre vorher mit einem relativ kleinen Schatten in die Klinik gekommen. Ich wollte nicht zu einem der ihren werden; nicht ich ein Lebenslänglicher!

Mein Glück war Katja, die Mücke. Sie hatte in ihrer Stuttgarter Nachkriegs-Hunger-Kindheit Tbc gehabt; war damit lange Zeit in einer Mottenburg gewesen; hatte dabei *alles* über die damals schon möglichen Therapie-Methoden mitbekommen... und ihre Mutter hatte ein altes Volksrezept zur gezielten Kalkverkapselung der Kavernen, den Eiertrunk mit in Essig aufgelösten Eierschalen. Von dem brachte mir die Mücke gleich am ersten Wochenende einen Vorrat, der, gut versteckt, unsere Geheimwaffe bleiben sollte. Er ist es dann auch geblieben. Nachschub hat sie immer wieder gebracht.

Über Streptomycin hatte die Mücke mir berichtet. Ich verlangte Aufklärung darüber von den Ärzten und den Einsatz des Antibiotikums. Freunde habe ich mir dadurch sicher nicht geschaffen, aber ich bekam die Spritzen – von jetzt auf nachher, täglich.

Auch Sinn und Technik des Pneumothorax hatte ich von der Mücke kennen gelernt. Es ist ein mechanischer Eingriff, bei dem Luft zwischen das Brustfell und den lädierten Lungenflügel gepumpt wird, wodurch dieser stillgelegt wird und in seiner Ruhestellung eher ausheilen kann. Die Mücke hatte den Pneu selber gehabt und war damit endlich wieder in Ordnung gekommen. Der Nachteil dabei war, dass in die behandelte Brustseite immer wieder Luft nachgefüllt werden musste, im steten Rhythmus von zweimal die Woche. Aber dazu brauchte man nicht in einer Klinik liegen. In fast jeder Stadt gab es Stationen, wo das in wenigen Minuten ambulant gemacht werden konnte.

Also, auch mit meinem Pneu-Wissen konfrontierte ich die Ärzte. Diesmal war die Ablehnung harsch. Viel zu früh, hörte ich, und nur in besonders schweren Fällen einzusetzen; gefährlich auch, und das bei jedem Nachfüllen; in seiner therapeutischen Wirkung zudem noch recht umstritten. Ich hatte die Mücke vor Augen. Ich ließ nicht locker, insistierte unverdrossen. Und so wurde mir vom Chefarzt, Prof. Agostoni, der Pneu gelegt. Nach fünf-sechs Wochen schon.

Jetzt schaute ich wieder hoffnungsvoll positiv in die Zukunft. Den schlurfenden Lurchen fühlte ich mich überlegen. Pläne wurden mit der Mücke geschmiedet und Träume angeträumt.

Schon Ende August war mein Sputum negativ, ich also nicht mehr ansteckend. Ende September wog ich schon wieder so etwa 60 kg. Die bleierne Müdigkeit war wie weggeblasen. Das Streptomycin konnte Anfang Oktober abgesetzt werden. Bald schon fing ich an, die Entlassung kaum noch erwarten. Natürlich sprach ich darüber mit Prof. Agostoni. Er war nicht überrascht, doch auch nicht angetan. Geduld sollte ich noch einmal haben und ein weiteres Gespräch in ein paar Wochen abwarten, war seine Meinung.

Dann hat sich ein Zwischenfall ergeben. Meine Mutter kam in die Mottenburg, fast zum ersten Mal überhaupt. Die Ärzte hatten sie wohl informiert, dass ich entlassen werden wollte, dann eventuell natürlich noch Schonung brauchte und vor allem auch warme Kleidung und reichlich zu essen. Nun war sie also zum Chefarzt gekommen mit der flehentlichen Bitte, mich doch noch länger im Sanatorium zu behalten; zumindest bis zum Frühling, zum warmen Mai. Prof. Agostoni berichtete mir darüber. Er sagte klar, dass er der mütterlichen Bitte wohl nachgeben werde, wozu er auch an sich gut tönende Begründungen äußerte. Die mir unabdingbaren Voraussetzungen von regelmäßig reichlichem Essen und warmer Winterkleidung schienen ihm bei mir zuhause nicht gegeben und das ärztliche Risiko seiner Meinung nach somit zu groß. Meine fast schon aufgebrachte Reaktion schien er zu verstehen. Ihr nachzugeben zeigte er sich nicht bereit.

Mit der Mücke habe ich das Ganze besprochen. Wir haben die Medaille hin und her gewendet. Und dann stand der Entschluss fest: Ich checke aus. Noch im November bin ich der Mottenburg entflohen. Entlassungspapiere konnte ich nicht bekommen. Aber als ich zum ersten Pneu-Nachfüllen in die Bozner Station kam, hatte mich Prof. Agostoni dort schon angekündet, mit der Bitte, mich ins kostenlose Programm aufzunehmen und mir die Termine möglichst so zu legen, dass sie mit meiner Arbeit kompatibel seien, denn, wie er das einschätze, arbeiten müsse ich wohl bald schon.

Doch wo wohnen? Als ob nichts vorgefallen wäre, habe ich mein altes Zimmer wieder belegt. Die Decken lagen noch auf dem Bett, Wäsche habe ich mir aus dem Schrank geholt, die Zahnbürste ins Bad gestellt. War das fair von mir?

Gegen den Willen von Rica, meiner Mutter, war ich aus der Mottenburg weg geflüchtet. Ich hatte entschieden, nicht mehr für sie zu arbeiten und für meine Geschwister. War es denn aber fair gewesen, mich in Sklaverei zu pressen und dabei verhungern zu lassen? Aber verhungert bin ich doch nicht! Nur Tbc. Es war kein Thema mehr. Als ich dann zu verdienen anfing, habe ich begonnen, meine Zimmeranteilskosten monatlich auf den Küchentisch zu legen.

Aber überhaupt: Hatte meine Mutter, hatte die Familie wirklich so ohne Geld dagesessen? Kaum zu glauben, bei heutig nüchternem Überlegen. Unser Vater hatte jahrelang mehr nach Hause getragen, als etwa ein Versicherungsdirektor verdiente. Ich dann auch, etwas mehr sogar, ein intensives Jahr hindurch. Wo sollte denn das alles hin gegangen sein, bei unserer Familie sparsamen Leben?

Wie auch immer. Diskussionen habe ich dazu weder gesucht, noch wurden mir welche aufgezwungen.

Etwas drängt sich auf, hier nahezu als Klammer noch erwähnt zu werden. Ich war allein. Allein, nach des Vaters plötzlichem Tod. Allein dann ein Jahr danach mit dem Tbc-Trauma. Und nochmals jetzt allein bei meinen Startversuchen nach dem Sanatorium.

Als gerade mal Abiturient und kurz danach ist das vielleicht doch mehr ein Problem, als ich es damals für mich wahrnehmen wollte. Mag sein, dass mein sich windender Weg der folgenden Jahre anders verlaufen wäre, wenn...

Aber es waren doch Menschen da, ganz in der Nähe, die mich kannten, die sahen, die wussten, was da lief. Da hatte ich einen Onkel väterlicherseits, den Friedl, der ja auch mein Tauf- und Firmpate war und der selbst einen Jungen in fast meinem Alter hatte. Mütterlicherseits gab es vier Tanten, ihre Schwestern, von denen drei auch mir fast gleichaltrige Kinder hatten. Deren Ehemänner, ebenfalls meine Onkeln, wenn zwar nur angeheiratete, waren auch da. Und auch noch drei etliche Jahre ältere und schon gut ins Leben integrierte Vettern hatte ich in der Stadt. Das waren doch alles Menschen, die nicht irgendwo im Volksgetümmel unbeteiligte Statisten waren. Zumal die von ihnen, die mir nahezu gleichaltrige Söhne und Töchter hatten, hätten mich doch sehen, bemerken und sich wenigstens einmal zum Gespräch öffnen können. Ein Gedankenaustausch nur. Ein überlegter Rat vielleicht für alternative Perspektiven einer Zukunft. Ein Tipp etwa und vielleicht ein fürsprechendes Wort an interessierter Stelle, als es nach meinem Aufenthalt in der Mottenburg offensichtlich war, dass ich einen Job brauchte. Oder einfach nur mal reden und miteinander redend vielleicht Gedankenwege aufzumachen.

Das waren doch alles Leute, die sich nicht einkriegen konnten über ihre Zugehörigkeit zur *besseren*, weil begüterten Schicht unserer kleinen Stadt, in der jeder jedes von allen wusste, die da zählten oder zu zählen meinten. Nichts! Es war mir niemand da. Es ist auch später niemand dazu gekommen. Ich war allein...

Natürlich war ich nicht ganz allein und keineswegs nur auf mich gestellt. Ich hatte Katja, die Mücke, mit der ich alles durchdenken und durchreden konnte; die ich immer auf meiner Seite wusste. Was ohne sie aus mir geworden wäre, das möchte ich mir lieber nicht ausmalen.

Jetzt also, der Mottenburg entflohen, fühlte ich mich frei. Ich war frei. Nur an mir lag es nun. Und bei aller Unsicherheit hatte ich für meinen Start doch mehr, als so manch anderer, der auch durchzukommen hatte: Eine gute Schulbildung, die mir auch logisches Denken beigebracht hatte; ein Abiturdiplom für zettelgläubige Bewerter; die im ungewollten Zwischenstepp als Handelsreisender gecheckte Tatsache, methodisch arbeiten und anderen etwas verkaufen zu können.

Und ich hatte Katja.

Gruber, meine Startlöcher.

Januar – April 1959. Ende November war ich der Mottenburg entflohen. Mit Bewerbungen waren mir die Dezember-Wochen verflogen. Jeder Anzeige in den vier lokalen Tageszeitungen ging ich nach – sofort telefonisch, wo möglich, und sonst mit Eilbrief. Ich brauchte einen Job. Irgendeinen. Jetzt ging es mir erstmal nur darum, Startlöcher zu bekommen. Aber der Zeitpunkt war falsch. Wer stellt denn im Dezember, vor den Feiertagen, neue Leute ein?

*

Noch vor Weihnachten bekam ich doch noch eine Chance. Franz Gruber, der Büromaschinen-Händler, suchte einen Verkaufsassistenten. Die Anzeige war unverschlüsselt. Ich konnte sofort anrufen; bekam einen Termin.

Und da zeigte sich, dass Grubers Frau eine geborene Santifaller war, Tochter des renommierten Obsthändlers und guten Freundes meines Großvaters, der schon 1934 gestorben war. Mein Verkaufseinsatz in den Tälern war ihr bekannt. Zusätzliche Referenzen brauchte ich nicht. Mein Job sollte im Außendienst sein, während Frau Gruber im Laden für die Laufkundschaft zuständig war. Im Angebot war das ganze Büromaschinen-Spektrum von Olympia, dazu die Matrizen-Vervielfältiger von Rex Rotary. Ein Fixum von monatlich 45.000 Lire wurde mir geboten – etwa 300 DM damals, nach Wechselkurs – plus Provision auf alle von mir direkt erzielten Verkäufe. *Phantastisch!* Gleich nach Neujahr konnte ich anfangen.

Es wurde ein freudiges Weihnachtsfest – das erste mit der Mücke zusammen, bei ihr zuhause und dann mit ihr im Glitzerschnee zur Mitternachtsmesse in der kleinen Kirche der Kapuziner mit dem Harmonium und dem zarten Chor der Volkslieder.

Wir waren glücklich, die Mücke und ich, in den paar Tagen zwischen den Jahren. Die Winterluft prickelte. Wir

hatten ein bisschen Geld in der Tasche, die Mücke noch vom kleinen Rest ihres Weihnachtsgeldes und ich auch etwas von der Tbc-Rente, die mir ihr Vater irgendwie vermittelt hatte. Wir konnten ins Kino gehen, in ein warmes Café, so oft uns die Kälte zu sehr stach. Wir waren frei! Zum ersten Mal fühlten wir uns so. Kein Druck mehr. Mückes Job im Buchladen der Buchgemeinde Alpenland machte ihr richtig Spaß und war ihr sicher. Ich hatte meine Fesseln abgeschüttelt und – *Daumen drücken!* – auch meine Lungenmotten.
Willkommen 1959.

Doch jetzt: ein Auto.

Nach Neujahr stellte ich mich dann zum Antritt bei Gruber. Dabei kam gleich ein Detail auf den Tisch, das vorab gar nicht angesprochen war: Die Grubers hatten voraus gesetzt, dass ich ein Auto habe. Verdenken konnte ich es ihnen nicht. So wie ganz Südtirol hatten mich ja auch sie *schon ewig* mit der *Fiat Giardinetta* unterwegs gesehen und das Auto stand jetzt noch geparkt am Waltherplatz.

Aber das Auto hatte ich nicht mehr. Es gab auch nicht die geringste Möglichkeit, dass ich es mir *ausleihen* oder etwa gar kaufen konnte, obwohl die Rica, meine Mutter, nicht wusste, was sie damit anfangen sollte, außer es eben unter Sonnenbrand, Herbstnieseln und Winterschnee geparkt auf dem Waltherplatz stehen zu lassen.

Dass ich nicht über das Familienauto verfügen konnte, war für Chef und Chefin Gruber jetzt ebenso negativ überraschend, wie es für mich war, dass ich einen fahrbaren Untersatz brauchte. Ich hätte es mir aber denken können. Wozu hatte ich denn ein Jahr lang als Außendienstler gearbeitet?

Für ein paar Tage wollten die Grubers gern ein Auge zudrücken, auch weil ich doch erst einmal in die zu verkaufenden Maschinen eingewiesen werden und deren Angebotsargumente lernen musste. Aber lange, allzu lange, sollte das Provisorium nicht dauern. Diese Ansage hörte ich sehr konkret.

Beratung mit der Mücke. Intensiv. Wir entschieden uns, dass ich ein Auto kaufen solle. An einen kleinen Gebrauchtwagen dachten wir natürlich. Aber Gebrauchtes mit langen Ratenzahlungen gab es nicht und *cash* war nicht vorhanden. Also dann eben doch ein Neuwagen. Das Billigste, was es gab, war der *Fiat Cinquecento*. Aber der hatte Wartezeiten. Da gab es aber auch noch dessen etwas nettere Karosserieversion *Bianchina*, die nicht viel teurer war und von der die Händler immer ein-zwei auf Lager hatten. Darauf haben wir uns geeinigt.

Einer der Händler war die Alpi-Garage und der Sohn des Besitzers, Ugo Barchetti, war mit mir im Sportverein gewesen, er auf Freistil-Kurzstrecken spezialisiert, während ich Brustschwimmer war. Ugo vermittelte uns einen satten Rabatt bei seinem Vater und die Möglichkeit, die Monatsraten samt Versicherung unter 15.000 Lire zu halten, so dass mein neuer Tbc-Renten-Scheck wie angemessen dafür reichte. Mit dem von Gruber garantierten Basiseinkommen konnte ich gerade so eben durchkommen, rechneten wir uns aus, und dann waren da ja auch die Provisionen, die ich mir vorsichtig aber doch gut vorrechnete. Es mochte klappen!

Aber da stand dann plötzlich doch noch ein Problem vor uns. Ich war noch nicht volljährig. Das wurde man damals erst mit einundzwanzig. Nur Erwachsene durften jedoch Wechsel unterschreiben; und monatlich fällige Wechsel waren die Voraussetzung für die Ratenzahlung. Was nun?

Ich weiß nicht mehr, ob die Mücke die Idee hatte oder ich. Jedenfalls: Wir beschlossen, sie solle das Auto kaufen, auf ihren Namen solle es laufen und sie die Wechsel unterschreiben. Technisch war das möglich. Katja war ja gerade eben schon volljährig geworden. Die von der Alpi-Garage waren einverstanden. Die Wechsel wurden vorbereitet.

Doch so locker sollte es nun doch nicht gehen. Die Mücke wurde plötzlich krank. Hohes Fieber zwang sie ins Bett. An ein Hinausgehen in die Winterkälte war nicht zu denken. Sie hatte die Idee, dass der Händler mit den Wechseln eben an ihr Krankenbett komme. Vater Barchetti kam persönlich. Die Mücke unterschrieb den Stoß Papiere. Und wenige Tage danach, die Mücke war wieder auf dem Damm, konnten wir unsere Bianchina abholen. Kobaltblau war der kleine Rutscher, mit weißer Kuppel und aufklappbarem Dach. Ihn zu feiern, war uns einen Aperitif in der Greif-Bar am Waltherplatz wert. Kobold nannten wir ihn.

Die Details der Büromaschinen und ihrer Bedienung zu lernen, war nicht schwer. Wenige Tage Handbücher zu lesen und ein paar Kundenbesuche mit Franz Gruber reichten aus, mich fürs Präsentieren und Argumentieren fit zu fühlen. Die Liste der bereits bestehenden Kunden bekam ich. Sie, dachte ich, konnte eine gute Basis für Erneuerungs- und Zusatzkäufe sein. Und dazu bekam ich auch eine kurze Aufstellung derer, die sich in letzter Zeit für die eine oder andere Maschine interessiert hatten. Die beiden Grubers boten mir wirklich einen guten Start.
  Und so zog ich denn los, anfangs vor allem auf Schreibmaschinen programmiert. Ich wurde angenehm empfangen, meist wenigstens und zumal dort, wo schon Maschinen von Olympia auf den Schreibtischen standen. Für die deutschsprachigen aus der Liste hatte ich das Argument reserviert, dass die Olympia-Qualität aus Wilhelmshaven natürlich haushoch über der von Olivetti, der allerdings viel billigeren italienischen Konkurrenz, stand, was immer gern mit selbstgefälligem Schmunzeln quittiert wurde. Für die italienisch Anzusprechenden galt als Eingangsthema statt dessen die teutonische Robustheit der Maschinen, die ja schon aus dem recht plumpen, dazu noch grünlich grau lackierten, von keinerlei Italo-Design-Eleganz effeminierten Aussehen der Geräte klar zu ersehen war. Und wieder konnte ich dafür fast immer mit zustimmendem Kopfnicken belohnt werden. Gebracht hat es aber nichts, weder bei den einen noch bei den andern.

Ich klapperte alles ab, was mir versprechend schien. Zuerst die, die kürzlich im Laden gewesen und sich interessiert gezeigt hatten. Dann die der Kundenliste, zumal die, deren Maschinen nun schon recht betagt waren. Erst im Zentrum von Bozen. Dann in immer weiterem Radius, soweit Grubers Handelsbezirk das zuließ. Nichts.

Dabei war es aber nicht so, dass ich überall schnell abserviert wurde. Gar nicht so selten hörte man mich an, oft richtig interessiert. Vorführungen wurden vereinbart und ich lud die sperrigen Maschinen in den Kobold, auf den Nebensitz; astete sie in die Büros der potentiellen Kunden, erklärte die neuartigen Details an Komfort und Vielseitigkeit, die bei den aktuellen Modellen das Arbeiten sosehr erleichterten; versprach auch großzügige Ratenzahlung... Nichts.

Auf die Kanzleien der Rechtsanwälte und Notare stürzte ich mich. Olympia hatte ganz neu eine Schreibmaschine mit austauschbarem Wagen herausgebracht. Der Standardwagen mit den 32 cm Nutzbreite konnte jederzeit durch einen 56-cm-Wagen ersetzt werden, der das doppelseitige Schreiben auf offenen Kanzleipapierbögen erlaubte. Gibt es ein solches Papier heute überhaupt noch in den anwaltschaftlichen, notariellen Praxen?

Das Interesse war durchaus da. Aber... wozu denn *zwei* Wagen für *eine* Schreibmaschine? Warum denn den Wagen austauschen, wenn das Papierformat wechselt? Wenn schon mal Platz auf dem Tisch für die Maschine mit dem breiten Wagen Platz geschaffen war, so das stets wieder kommende Gegenargument, dann konnte der ja ständig auf der Maschine bleiben; er nahm ja auch normale DinA4-Bögen auf und DinA4 quer.

Dagegen war wenig zu sagen. Zumal das Modell mit dem austauschbaren Wagen an sich satt mehr kostete als normal und der zweite, zusätzliche Wagen nochmals ein teureres Teil war, für das auch noch ein geeigneter Aufbewahrungsplatz zu finden war. Und also weiterhin: Nichts.

Mancherorts stand ich gelegentlich aber doch ganz nahe vor einem möglichen Abschluss. Da kam dann aber die

Frage, ob man denn die alte Maschine in Zahlung geben könne. Mir, endlich mal Provision in Sichtweite, schien diese Frage gar nicht dummdreist. Sie war zu bedenken, zu klären. Aber Fehlanzeige. In Zahlung nehmen gehörte nicht zur Firmenpolitik, weder bei Gruber noch bei Olympia. Da war es auch kein Argument, dass Olivetti damit recht großzügig war.

Also Eigeninitiative? Von meinen kleinen Handelsgeschäften der Gymnasialzeit hatte ich einen recht guten Draht zu den beiden größten Ramschhändlern – *second hand stores* – der Stadt. Die zwei versuchte ich nun ins Boot zu holen. Sie sollten mir die alten, von Kunden in Zahlung bekommenen Schreibmaschinen zu vernünftigem Preis abnehmen; das Geld würde an Gruber gehen, der es seinem Kunden auf der Rechnung skontieren sollte.

Im Prinzip wurde dieser Deal dann auch vereinbart. Allerdings – und das war der Haken daran – nur für die kleinen Reiseschreibmaschinen. Büromaschinen interessierten nicht. Sie hätten keinen Gebrauchtmarkt, an dem etwas zu verdienen sei, erklärten meine Ramschfreunde.

Mit Reiseschreibmaschinen hatte ich aber kaum etwas zu tun. Sie wurden durchwegs im Laden gekauft, von Leuten, zu denen ich keinen Zugang hatte: Journalisten, Lehrern, Schülern...

Ich stürzte mich auf die Rechenmaschinen. Die kosteten zwar nicht besonders viel und brachten deshalb auch kaum nennenswerte Provisionen, doch ich brauchte einfach das Verkaufserlebnis. Mit den Rechenmaschinen würde es aber noch schwieriger sein, warnte Frau Gruber, und das hatte seinen guten Grund. Die von Olympia angebotenen konnten nur addieren und subtrahieren. Olivetti jedoch hatte soeben die innovative *Divisumma* herausgebracht. Sie konnte auch dividieren und multiplizieren. Dabei kostete sie kaum mehr als unsere Zusammenzähler. Und noch einen Vorteil hatten die Olivetti-Rechner: sie arbeiteten mit Zehn- und Zwölf-Ziffern-Display, während die unseren nur eine Achter-Kapazität hatten, was für Italien nicht reichte. Wir rechneten damals schon mit Lira-Beträgen, die schnell in die Millionen gingen und auf den Rechnern trotzdem noch Stellen hinter dem Komma frei haben mussten.

Frau Gruber hatte recht gehabt. Ich lief mir die Haken ab für unsere Rechenmaschinen. Und wieder nichts.

Es war echt entnervend. Fast von Kindheit an war ich daran gewöhnt, Zeug anzubieten, das gebraucht wurde, und Verkäufe dann schnell abzuschließen. Dass ich in der Lage war, das auch professionell umzusetzen, hatten mir die nachhaltigen Erfolge im vorjährigen Familieneinsatz gezeigt. Jetzt aber stand ich vor einer Mauer. Ich konnte mir das nicht erklären. Ich wurde unsicher, hektisch auch.

Da ist es dann schon vorgekommen, dass ich einem mir potentiell scheinenden Kunden mit der dämlichen Frage *Brauchen Sie eine Schreibmaschine?* ins Haus fiel. Wie hatte ich denn vergessen können, dass man immer nur Fragen zu stellen hat, auf die der Kunde spontan mit *Ja* antworten würde! Also etwa: *Ihre Schreibmaschinen tun doch sicher schon einige Zeit recht gute Dienste?* – Ja. – *Da interessiert Sie vielleicht, was die Maschinen inzwischen alles gelernt haben?* – Ja. – *Da ist zum Beispiel...* So hatte das zu gehen. Aber Frust spielt üble Scherze.

Und es blieb natürlich nicht allein beim Frust, keinen einzigen Auftrag herein zu holen. Wochenlang. Und mit den Provisionen hatte ich ja auch fest gerechnet. Nicht mit schon von Anfang an gewaltigen, aber immerhin.

Die beiden Gruber, Franz und Marianne, waren nicht blind. Und zwischendurch dachten sie sicher auch an den Festbetrag, den sie mir monatlich zahlten, und an das Benzingeld, das mir auch ersetzt wurde. Sie haben gesehen, dass es mir mit den Olympia-Maschinen einfach nicht laufen wollte. Und so wurde ich auf die Matrizen-Drucker von Rex Rotary angesetzt, auf das neuartigste Modell speziell.

Das war ein Tintendrucker, der mittels Wachsmatrizen Papier in Sondergrößen bedrucken konnte. Nicht nur das große Format wie Din-A3 kam da infrage, sondern vor allem auch schmale und lange Streifen. Das konnte genau das Richtige für die vielen Obst- und Weingenossenschaften der Gegend sein.

Das verkaufsfertige Obst wurde in genormten Steigen verpackt, die an den Vorderseiten etikettiert wurden. Auf deren meist 42x8 cm langen Etiketten waren die Obstsorten und das Markenzeichen, die Anschrift der Genossenschaft in Serienauflage vorgedruckt, aber zwei vorgeschrieben Angaben waren noch zusätzlich aufzubringen: Die Güteklasse und das Verpackungsdatum. Diese beiden Informationen wurden meist von Hand aufgemalt. Auch Stempel wurden verwendet. Beides sah aber nicht so besonders gut aus und war zudem zeitaufwändig.

Da kam nun der neue Drucker zum Tragen. Klasse und Datum wurden mit einfachen Schablonen in Wachsmatrizen geätzt, die dann auf eine Trommel gespannt wurden. Die schon farbig vorgefertigten Etiketten kamen in ihr Zulieferungsbett, wurden mit Kurbelrotation eingezogen und dabei in den dafür frei gehaltenen Feldern mit den speziellen Daten bedruckt. Das ging viel schneller als alle bislang verwendeten Methoden und brachte zudem ein ansehnlicheres, gleichförmig gutes Ergebnis. Und ähnlich galt das bei den Flaschenkartons der Winzereigenossenschaften.

Bis dahin hatte sich ausschließlich Franz Gruber um dieses Segment gekümmert. Jetzt teilte er das Obst- und Weinbaugebiet auf und ich bekam fürs Erste die Gegend von Terlan und Eppan zugewiesen. An Genossenschaften war dort kein Mangel. Das Gerät wurde schnell verstanden und, sobald der Preis dazu gesagt war, entweder schnell abgelehnt, oder gern näher kennen gelernt. Dazu brauchte es Vorführungen und die sollten tunlichst vor Ort stattfinden, weil da immer eine ganze Schar von Entscheidungsträgern zuzuschauen hatte. Der Kobold war zu klein, den wuchtigen Rex Rotary und dazu noch die Matrizen-Ätz-Maschine zu transportieren. Da war es ganz klar, dafür Grubers großen Opel zu nehmen; und weil es schon sein Auto war, fuhr es der Franz am besten selber. Es ging ja auch nicht um Krimskrams. So ein Drucker, wenn verkauft, brachte schon anständig etwas ein, und dazu kamen dann nachfolgend auch noch die Konsumartikel: Matrizen, Ätzlösung, Tinte.

Gleich beim zweiten Vorführtermin sind wir zum Auftrag gekommen. Der teure, elektrisch betriebene Drucker wurde bestellt, nicht etwa der billigere mit der Handkurbel. Ich freute mich wie Bolle über den Erfolg; und natürlich auch über eine erkleckliche Provision. Und noch zu einem zweiten Auftrag kam es im gleichen Monat. März war das schon. Endlich! Kaum noch vorstellbar, wie fröhlich erlöst wir an den Tagen waren, die Mücke und ich!

Dann kam der Ultimo und damit auch mein Scheck. Das Monatsfixum war im Betrag enthalten und dazu noch eine Winzigkeit für Farbbänder, die ein Kunde bei mir gekauft hatte, weil er keine neue Schreibmaschine brauchte. Aber von einer Provision für die beiden Drucker war da keine Spur.

Nachfrage. Sofort. Das konnte ja nicht vergessen sein. Und die Antwort ließ nicht auf sich warten: Die beiden Drucker hatte nicht ich verkauft, sondern der Chef. Er war es, der die Vorführung gemacht hatte – na ja, zum größten Teil jedenfalls – und er hatte dabei erklärt, argumentiert, letztendlich eben auch verkauft. Und ja doch, ich hatte die Vorarbeit geleistet und bis zum Termin gebracht. Aber auch nicht mehr, kaum mehr. Da solle ich aber doch mal auch an das ganze Festgehalt von den drei Monaten denken, in denen ich gar nichts gebracht hatte. Also...

Und schnell kam gleich in der folgenden Woche noch eins dazu. In der Bozner Industriezone war eine Industriefirma für Sportbekleidung dabei, eine neue Produktions- und Vertriebsniederlassung zu etablieren. Colmar. Das war kein kleiner Start. Etliches Investitionsgeld steckte dahinter.

Ich hatte davon frühzeitig erfahren, durch alte Bekannte vom Sportverein, und war doch tatsächlich zum Zug gekommen, die Olympia-Palette dort zu präsentieren. Für die

Rechenmaschinen erhielt ich nur ein müdes Lächeln, aber die Schreibmaschinen schienen zu interessieren. Zumal wegen des Eindrucks von robuster Qualität, den sie vermittelten. Wenngleich der Preis allerdings... Man wolle sie in die Überlegungen einbeziehen, wurde mir zugesichert, mit Gegenangeboten vergleichen.

Tja, und da war doch dann Colmar in der ersten Aprilwoche das große Tagesgespräch im Gruber-Laden. Spontan angerufen hatte die Firma. Der Chef war hingegangen und brauchte gar nichts vorzuführen, gar nicht lange zu reden. Nur 3% Zahlungsrabatt musste er zugestehen, was sowieso die Norm war. Sechs Maschinen wurden ihm bestellt, plus Farbbänder, Kohlepapier und was sonst an Zubehör so anfällt.

Aber *ich* hatte doch den Kunden aufgerissen. *Ich* hatte die ganze Palette präsentiert, argumentiert, in den Himmel gelobt gegen die hoch angesehene und dabei noch ein gutes Stück billigere Konkurrenz von Olivetti. Das musste dem Franz doch klar gewesen sein, es jetzt, von mir ihm erinnert, wenigstens klar sein. Colmar hatte ja ganz eindeutig nicht aus heiterem Himmel heraus bestellt.

Debatte. Auf meine Einstellungsklausel wurde verwiesen, speziell von der Marianne. *Direkt erzielte* Aufträge waren demnach pro-visionspflichtig. Und *direkt* bedeutete nun mal eindeutig, dass der Auftrag von mir selber an Land gezogen, aufgeschrieben und in die Firma gebracht wurde. Beim Colmar-Auftrag war das nicht so, genau wie im März nicht bei den Druckern. Es war ganz klar ein Auftrag vom Chef.

Wir einigten uns. Was blieb mir anderes denn übrig? Ein Viertel der Provision bekam ich zugesprochen. Was da bei solcher Sachlage und Voraussetzung mein weiterer Weg sein würde, war düster und doch so klar.

So konnte es nicht weitergehen. Es war nicht nur der Frust nicht zuerkannter Provisionen. Der steuerte nur noch zusätzlich ätzende Tropfen bei. Die erfolglosen Tage setzten mir zu, einer nach dem anderen in ihrer ungebrochenen Reihe. Ich hatte jetzt schon mehr als drei Monate hinter mir ohne einen eigenen Verkaufsabschluss und damit ohne Erfolg für die Firma, ohne Provision für mich.

Vielleicht brauchte wirklich niemand die angebotenen Büromaschinen. Das mochte ja sein. Vielleicht hatte ich aber auch verlernt, überzeugend anzubieten. Oder war ich darin etwa niemals wirklich gut gewesen? Einerlei. Weiterhin so, an mir zweifelnd und erfolglos, würde mir das geringe und an sich die Lebenskosten gar nicht deckende Fixum kaum noch lange weiter bezahlt werden. Die Sache mit den mir aberkannten Provisionen war nicht nur Ausdruck von Firmengeiz oder gar von unlauterer Absicht. Ich hatte es wohl auch als ein Signal zu sehen. Und ich sah es so. Da war die Bereitschaft geschwunden, mich fortlaufend mit dem Festgehalt zu füttern und dabei Woche für Woche zuzusehen, dass ich abends immer wieder ohne Auftrag von der Kundentour zurückkam.

Ich war zur Belastung geworden, den Grubers und mir selbst. Es war an der Zeit, intensiv nach Neuem auszuschauen. In ein paar Monaten würde ich volljährig sein.

Wiederum wurden die Samstagausgaben mit den Stellenanzeigen zu nervenflatternd erwarteten Zukunftspostillen. Und wieder habe ich mir an den Wochenenden die Finger mit Bewerbungsschreiben wund getippt. Jetzt aber war Frühling. Das Angebot war größer als letztens in der Vorweihnachtszeit. Da sollte doch...

Der Banco di Roma, eine der führenden Banken damals, lud mich zum Gespräch. Als wirklich gut Zweisprachiger – *Danke, Pater Franz!* – hätte ich keine schlechten Chancen, hörte ich, vom Azubi in die höheren Gefilde zu klettern, wenigstens hier auf provinzieller Ebene. Und: In spätestens ein paar Wochen würde ich Bescheid bekommen. Der kam dann auch. Positiv. Aber als er kam, war es schon Juni und da war es dafür viel zu spät.

Die Düsseldorfer Teekanne suchte einen Mitarbeiter, der helfen sollte, die italienische Filiale aus der Taufe zu heben und sie später mal zu leiten, sobald ausreichend in den Job hinein gewachsen. *Himmlisch!* Den Stuhl wollte ich. Es ist nichts daraus geworden. Ein um etliche Jahre älterer Hase hat den Zuschlag bekommen. Die Leute waren aber schnell in der Entscheidung und offen. Keiner von uns konnte damals auch nur ahnen, dass Teekanne Italia ein knappes Dutzend Jahre später ihren Werbeetat einer dann in Mailand von mir gegründeten Agentur anvertrauen und der statt mir eingestellte Hermann Daum jahrelang mein Kunde sein würde. Ich habe es ihm nie angesprochen.

Eine ganze Reihe weiterer Vorstellungsgespräche hat es gegeben. Keines war so, jetzt noch besonders erinnert zu sein.

Und es kam aber Inro. In einer der Samstagsausgaben stand eine recht kryptische Anzeige. Angeboten war eine *Ausbaufähige Verantwortungsposition in internationalem Unternehmen.* Verlangt wurden Verkaufserfahrung und schnelle Verfügbarkeit. Die Aufforderung war, eine schriftliche Bewerbung am Empfang des Hotels Greif abzugeben und sich zugleich für den folgenden Montag in eine Terminliste einzutragen. Schon für den Vormittag kam ich auf die Liste.

Und daraus ist dann der Anfang geworden – mein zweiter nach der Mottenburg.

Zwei Dinge, die mir später gut geholfen haben, habe ich bei den Grubers immerhin gelernt:

> Eins: Nie mehr mich darauf einzulassen, Zeug verkaufen zu wollen, das keinen Markt hat oder ich nicht fühle.

> Und zwei: Alle Abmachungen genau auf ihren Wortlaut hin zu checken und mich stets daran zu erinnern, dass nur der Wortlaut zählt.

So gesehen sind mir auch die knapp mehr als vier Gruber-Monate eine profitable Lehrzeit gewesen.

Inro, eine Entdeckungsreise.

1959-1960. Mein erster Startversuch nach der Flucht aus der Mottenburg war fehlgeschlagen. Das war mir ein Ansporn, wenn auch ein mit Selbstzweifeln durchwachsener. Neues hatte nun zu kommen.
Und da hatte ein Job-Angebot in der Zeitung gestanden. Ungewöhnlich kurzfristig war das Einstellungsgespräch angesetzt. Ob das die Chance war?

*

Der Frühling war schnell gekommen in diesem Jahr. Die Mandeln blühten vor der Zeit. Schon gut zwei Wochen vor Ostern war dann das Etschtal ein weißes Meer der Apfelblüte. Die Luft flirrte von Aufbruchsstimmung. Und ich wusste, dass ich jetzt Neues finden musste.

Von den vielen Bewerbungen, die ich in diesen Tagen und Wochen in den Markt schickte, war eine besonders kurios angefordert: Die Unterlagen waren im renommierten Hotel Greif am Empfang abzugeben und zugleich konnte man sich in eine Terminliste für ein Vorstellungsgespräch eintragen. Keine Vorabprüfung der Unterlagen also. Kein langes, banges Warten. Sollte das seriös sein? Über das Unternehmen und die ausgeschriebene Aufgabe hatte die Anzeige kaum etwas konkret gesagt.

Natürlich ließ ich mich in die Liste schreiben. Ein früher Termin wurde mir zugeteilt: schon in zwei Tagen, Montag, 10.30 Uhr. Ich war gespannt wie ein Flitzebogen.

Pünktlich war ich zur Stelle. Vor mir sei noch ein Kandidat dran, der schon warte – wurde mir am Empfang bedeutet. Und ich konnte meinen Konkurrenten in der Halle auch schnell ausmachen. Zu auffällig war sein angespanntes Auf- und Abgehen mit immer wieder dem Blick auf die Uhr. Sollte der mir jetzt den Job wegschnappen? Vom Hotelboy wurde er in einen der Sitzungsräume geführt. Nach nicht einmal fünf Minuten kam er schon wieder hervor. Er also hatte eine Niete gezogen. Und dann war ich dran.

Ein kleiner, überaus rundlicher, grauborstiger Buddha springt von einem Stuhl auf und mir lächelnd entgegen: *Sie sind also Herr Zagler?* – kommt es mit eigentümlich sächsisch-schweizerischer Tonlage – *Das freut mich!*

Ich weiß nicht mehr, wer dann zuerst angefangen hat zu reden. Der ganze Dialog ist mir fast wie weg gewischt. Nur kleine Bruchstücke sind noch da.

Auf dem Tisch oder vielleicht in meiner leicht schweißigen Hand eine Visitenkarte, von der ich nur das mir wohl Wichtigste aufgenommen habe:

TEE Lau

Sicher der Name – dachte ich wohl. Ich hatte doch so was wie *Lau* verstanden beim ersten Händeschütteln.

Davor aber: *TEE... Was hat denn der TransEuropExpress damit zu tun?*

Inro Ltd. und auch: **Zürich**

Das war also die Firma, deren Name mir gar nichts sagte; und ganz offensichtlich der Firmensitz, der mir, in Verbindung mit dem sächsisch-schweizerischen Zungenschlag des Gegenübers, vertrauensvoll die Phantasie schießen ließ. *Zürich... Schweiz .. Sicherheit und Geld.*

Herr Lau redete, viel und ziemlich schnell. Ich versuchte, mich zu konzentrieren. Meine Gedanken schweiften immer und immer wieder ab – hin zu hoffendem Wunschdenken und bangen Fragen, die sich schon gleich damit verknüpften. In Bruchteilen, wie in ungeordneten Puzzlesteinen habe ich noch registriert:

> *Miederwaren und Nachtmode sind das Feld.*
... oh Gott!

> *Inro hängt zusammen mit dem weltweit führenden Konzern Naturana.* ... nie gehört!

> *Der wichtige Markt Italien ist jetzt auszubauen.*
... kommt bekannt vor!

> *Der künftige Chef im italienischen Markt muss natürlich klein anfangen. Zuerst muss er selber an Groß- und Einzelhandel verkaufen – und wenn es sich dann trägt, ist die Struktur aufzubauen.*
... ich will den Job!
> *Es gibt eine Pauschale für Spesen – und als Verdienst einen zwar nur kleinen Grundlohn und Provision auf die Verkäufe.*
... wird's reichen?
> *Ungebundene Reisebereitschaft – und schnelle Verfügbarkeit.*
... ja, gern!

Am nächsten Morgen sollte ich noch einmal kommen. Bis dahin seien noch ein-zwei Bewerber anzusehen, bekam ich zu hören, und auch über die schon gesehenen nachzudenken. Ja, denn...

Aber ich hatte ein gutes Gefühl für den TEE-Mann und ich wollte, ich brauchte den Job. Mit der Mücke ist das dann ein langer Gesprächsabend geworden. So ganz überzeugt von der Sache war sie nicht; aber sie hat mir die Daumen gedrückt. Und dann, am Dienstag habe ich den Job bekommen. Antritt schnellstens, möglichst gleich zu Mitte Mai.

Das war der Anfang mit TEE Lau – dem *Theodor Emil Erich* aus Zwickau – und mit in seinem Verwirrspiel von Phantasien und Realität, deren einer Teil auch die *Inro* in Zürich war. Mir sollte es eine intensive, anregende, aufregende Zeit werden.

Konditionen – für jung und hungrig.

Zur Einstellung hat es einen Brief gegeben, den TEE Lau schon am Dienstag bereit hatte, bei unserem zweiten Treffen im Hotel Greif. Die Ausblicke und Konditionen waren darin festgelegt:

> *Einstellung nach Schweizer Recht, als nicht residierender Auslandsmitarbeiter ohne Sozialversicherung.*

> *Postenbeschreibung: Vertriebsentwickler für Italien, mit Blick auf eventuelle Filialleitung.*
> *Einsatz in ganz Norditalien + Verfügbarkeit für die Zentrale.*
> *Spesenpauschale monatlich 500 Schweizer Franken.*
> *Vergütungs-Fixum 250 Schweizer Franken als Lohnbasis.*
> *Provision auf alle Verkäufe, in gestaffelter Liste nach Groß-, Alt- und Neukunden.*

Die von TEE Lau auf den Tisch gelegte, bescheiden kurze Liste der in Italien aktiven Kunden war keineswegs beeindruckend. Davon bestehende Umsatzzahlen, die einen Provisionssockel versprechen konnten, gab es nur in sehr vager Andeutung. Die meisten der wenigen Kunden waren in Mailand und einige auch in der Gegend von Turin, also fernab, was schon mal zu bedenken gewesen wäre. Eigentümlich war dabei auch, aber mir im Augenblick gar nicht aufgefallen, dass es auf der Kundenliste nicht einen einzigen im nahen Umfeld von Bozen und Trient gegeben hat.

Über die Liste und die Zahlen habe ich kaum nachgedacht. Damals hätte ich nahezu alles akzeptiert, was einigermaßen sinnvollen Einsatz, mögliches Geld und dazu noch Chancen für eine Zukunft mit auch nur der Hoffnung auf eine Karriere versprochen hätte. Ich habe unterschrieben.

Darauf ist dann die fordernde Einladung gefolgt, mich möglichst schon in vierzehn Tagen zur ersten Schulung in Zürich einzufinden. Mit etwa drei Arbeitstagen sei dort zu rechnen; ein Hotel werde mir gebucht und auch schon bezahlt sein; die Büroadresse und Telefonnummer stünden ja auf dem Einstellungsbrief.

Das war's dann fürs Erste. Die kaum hundert Schritte vom Hotel Greif zu *Gruber Büromaschinen* hatte ich nun zu gehen, um zu sagen, was kündigend zu sagen war. Beidseitig war die Erleichterung, fast greifbar hinter vorgetäuschten Bedauernssprüchen.

Zürich – Hoffnungsort für neuen Start.

Ich war noch nie in Zürich gewesen. Eigentlich war ich fast nirgendwo gewesen: einmal ein kurzer Schulausflug nach Innsbruck, die kulturpolitisch eingeladene Jugendfahrt einer ganzen Woche in Wien; ein paar Sportveranstaltungen am gerade 80 km entfernten Gardasee.

Von der Wien-Fahrt her hatte ich ja noch den Reisepass, ohne den ich gar nicht in die Schweiz gekommen wäre. In der gegebenen Kurzzeit von knapp zwei Wochen hätte ich unmöglich einen Pass bekommen. Die italienische Bürokratie war schon damals recht behäbig und ich ja noch immer minderjährig. Also, hin nach Zürich.

Als Übernachtungsziel war mir vorab benannt: Hotel zum Hirschen in der Hirschengasse; mitten in der Altstadt; Parkproblem auch für den klitzekleinen Kobold; ein uraltes Haus mit unten drin einem frivol anmutenden Kabarett; gemütlich und nicht billig, aber Inro zahlt ja.

Der erste Schweizer Abend ist lang geworden in neugieriger Erkundung, rechts und links der Limmat und hinunter zum See. Das Bürohaus von Inro war schnell entdeckt: Neumarkt, gerade um die Ecke vom Hotel: ein sichtlich erst vor kurzem fertig gestellter Neubau im mittelalterlich verwinkelten Geviert von Gassen.

Morgens dann lampenfiebrig zum Haus am Neumarkt und, wie ausgeschildert, in den ersten Stock. Links dort: *Maier & Schneider*; rechts: *Inro*. Ich läute rechts, werde eingelassen und schnell schon stehe ich in einem großen, hellen Raum; kühl eingerichtet und mit angenehmer Ausstrahlung. Es ist eindeutig das Chefbüro. Nicht die Idee von einem Gedanken wäre mir da gekommen, wie oft ich bald selber dort hinter dem Schreibtisch aus rötlichem Kirschholz sitzen würde. Das freundlich pummelige Schweizer Mädchen von an der Tür – Ines, wie ich später erfahren habe – hat mich um kurze Geduld gebeten und allein gelassen. Kribbel...

Ich bin die Alice Sommer – tönte es plötzlich im Raum, und dazu – *Grüezi Herr Zagler, willkommen bei Inro*.

Großschlank, dunkellockig, selbstbewusst strahlend war da eine etwa 30-Jährige vor mir mit ausgestreckter Hand und ansteckendem Lächeln.

Der Herr Lau sei nicht da, erfuhr ich, auswärts sei er wegen irgendwelcher unerwarteten Verpflichtungen. Aber das sei jetzt gar nicht wichtig. Erst einmal die Kollektion anschauen und alles Wissenswerte dazu auswendig lernen. Dann die Lieferanten und wo es Exklusivverträge gibt und welche. Und die Kunden in Italien. Dazu auch ein paar nützliche Antworten, aber erst später dann, wenn ich die richtigen Fragen stellen würde. Spannend machte sie mir den Anfang.

Dass in Schweizer Konzern-Zentralen immer nur ganz wenige Leute sitzen und arbeiten, glaubte ich schon gehört zu haben; und so war es wohl gerade das Klein-Gediegene, das mir dort jetzt spontane Sicherheit vermittelt und mich insgesamt positiv aufgeladen hat.

Zu lernen hat es eine ganze Menge gegeben. Alice Sommer sprach recht schnell und ich hatte einige Mühe, mir alles zu ordnen. Doch Schritt für Schritt hat sich da ein Bild heraus entwickelt, das an sich anregend, aber andererseits doch auch beunruhigend war. Zusammenfassend irgendwie geordnet, also:

TEE Lau ist der Boss. Kommt aus einer alten sächsischen Textilfamilie. Hat sozusagen auf den letzten Drücker mit ein paar Patentunterlagen *rübergemacht*. Ist ein Genie und außerdem Schweizer geworden.

Inro ist eine Schaltstelle für den internationalen Vertrieb von Miederwaren und Nachtwäsche, die von anderen hergestellt werden. Die Miederwaren kommen in erster Linie von einer Firma Dölker aus dem Schwäbischen, die mit ihrer Eigenmarke Naturana seit Jahrzehnten im Markt ist; die Nachthemden und Pyjamas sind hingegen von Helfferich aus Stuttgart und auch von anderen. Aber die Ware ist mit *Inro* etikettiert und über ihre Herkunft ist bei den Kunden nicht groß zu reden.

Inro darf nicht in Deutschland verkaufen. Die Schweiz ist nicht besonders ergiebig. Deshalb ist Italien wichtig. TEE Lau liebt dort Land und Leute, auch wenn er die Sprache nicht spricht.

Durch eher zufällige Kontakte gibt es in Italien zwei wichtige Kunden, die dort Großhändler sind und etliche kleinere Geschäfte beliefern. Der eine heißt *Calcaterra* und sitzt in Mailand; der andere, *Pejrani*, ist in Turin. Mit denen soll ich bald viel zu tun haben und hoffentlich Gutes.

Dann gibt es allerdings noch einen dritten Großhändler in Italien, der mit ziemlichen Abstand der wichtigste Abnehmer ist: *Mengin* in Bozen; mit einem Exklusivvertrag für ganz Südtirol und das Trentino bis zum Gardasee. Aber der spricht Deutsch und den hat sich TEE Lau für sich selber vorbehalten. Mit dem habe ich also nichts zu tun und von dessen Umsätzen bekomme ich keine Provision.

Ja hat Ihnen das der Chef nicht schon gesagt? – wundert sich Alice Sommer mit Runzelstirn und großen Kulleraugen. *Ja dann... aber das ist so.*

Damit war der erste Schulvormittag vorbei und ich habe mich nicht mehr so glücklich gefühlt. Irgendwie verschaukelt. Die Perspektive hatte sich verändert. Nicht Konzern, sondern recht kleines Handelsunternehmen. Und der Teil von Italien, der mir wohnnah und gut bekannt, war plötzlich ausgeklammert. Aber, weiter ...

Am Nachmittag dann und an den folgenden zwei Tagen hat es echt zu lernen gegeben.

Die Textilien und deren Eigenschaften – Dralon, Perlon, Nylon, auch Seide, Baumwolle und anderes. Was sind Körbchengrößen, Bügelschalen, Rundsteppkegel, Miederhöschen, Hüftgürtel und Corslettes; was Brüssler oder Sankt Gallener Spitzen, echte und falsche Stickerei, Batik, Plissee. Und die Konfektionsmaße, die in Deutschland anders sind als in Italien und in der Schweiz teils wieder different. Auch die Farben und wie sie in der Branche gemeinhin benannt sind, was, wie ich lernte, oft recht anders als mir logisch war.

Dann das Geheimnis phantasievoller Produktnamen und der kniffeligen Konstruktion der Artikelnummern, aus denen sofort Modell, Farbe, Maß und sonst was ablesbar. Und die Preise, in den Varianten Groß- und Einzelhandel. Die Lieferbedingungen, die Zollbestimmungen im mir völlig neuen Dreiecksgeschäft Deutschland-Schweiz-Italien und die Rechnungsstellung dabei, auch die internationalen Zahlungen und die eventuellen Gutschriften bei begründeter Mängelrüge. Damals gab es noch lange keine EU, schon gar keinen Euro, und die Menge der Formulare musste von Hand ausgefüllt werden.

Dann die Liste der Kunden, jetzt auch mit den jeweiligen Umsätzen des laufenden Jahres und von vorher, erhielt ich. Maßgaben für das *Wann & Wo* der ersten Besuchstour. Berichtwesen, möglichst das teuere Telefonieren meidend.

Schlussendlich habe ich die mir anvertraute Kollektion bekommen. Reichhaltig und aufregend zeigte sie sich. Säuberlich getrennt in Korsetterie *[Naturana]* und Lingerie *[Helfferich]*, aber alle Teile mit dem Markenetikett *Inro*. Verstaut in zwei recht umfangreichen Schachteln, finden sie dafür kaum Platz auf der knappen hinteren Sitzbank vom Kobold. Für die kommende Tagesarbeit ist sofort eindeutig klar: Es braucht eine andere, praktischere und handliche Lösung.

Die Spesenpauschale für den ersten Monat, 500 Franken in bar, habe ich noch bekommen. Und nochmals die Mahnung, regelmäßig zu berichten.

Viel Glück auch... und Grüezi wohl!

TEE Lau habe ich in Zürich nicht getroffen. Ein paarmal hatte er angerufen in den drei Tagen, irgendwann zwischendurch und von irgendwo her, wohl auch, um nachzuhören, wie ich mich denn so machte. Ein nächstes Mal sollte ich ihn erst nach etwa einem Monat wieder treffen, am Bahnhof in Bologna.

Ihn nun nicht gesprochen zu haben, hat mich schon so ziemlich irritiert. Etliche Sachen hätte ich doch gern mit ihm direkt geklärt; zumal die Sache mit dem Grossisten Mengin in Bozen, die mir bei der Rückfahrt im Kopf gekreiselt ist. Mit *einerseits* und *andererseits*.

Einerseits hat es mich schon sehr gestört, dass es da überhaupt eine Beziehung zu Mengin in Bozen gab. Das brauchte Erklärung.

Der Textilhandel E. Mengin in der Streitergasse war eine Traditionsfirma, die sich dem Zirkel der *Laubenkönige* zugerechnet hat, zu dem sich meine Familie mütterlicherseits auch so gern zählen ließ. Mit all dem typischen Mief und Dünkel.

Mengins hatten einen Sohn, Gernot, der in den ersten Gymnasialzeiten ein paar Jahre lang mit mir die Schulbank gedrückt hat. Wir konnten uns gegenseitig nicht riechen, wohl vom ersten Tag an. Geprügelt haben wir uns eher selten; gegenseitig spitze Beleidigungen waren aber an der Tagesordnung. Er, der Gernot, ist dann in einer der frühen Klassen sitzen geblieben, später bald nochmals, wurde vom Gymnasium genommen und Lehrling in Vaters Kontor. Wir anderen marschierten indessen stetig auf das Abitur zu, hatten akademische Laufbahnen im Kopf, bedauerten den Ladenschwengel Gernot und ließen es ihn spüren, wann und wo immer möglich. Und Bozen ist klein.

Jetzt war auch ich nicht auf der Universität, andres als die anderen. Und ich hatte mich als Miederverkäufer verdingt, was an sich schon nahezu *das Letzte* war und viel schlimmer noch als Taxifahrer. Und nun war der größte Kunde meines offensichtlich gar nicht großen Arbeitgebers ausgerechnet der Bozner Mengin.

Auf der Fahrt über den Arlberg und zum Reschenpass sehe ich ständig den grinsenden Gernot vor mir, schadenfreudig tückisch blinzelnd. Aber andererseits: Vielleicht hat das Ganze auch sein Gutes, versuche ich zu denken. Doch was denn? Im Einzugsgebiet des Großhändlers Mengin durfte ich ja nicht arbeiten, Kunden besuchen, Aufträge akquirieren. Ich würde dem Gernot nie *auf Arbeit* über den Weg laufen. Er würde mich vielleicht gar nicht bei Inro bemerken und damit keine Gelegenheit finden, sich das Maul zu zerreißen. *Das ist doch herrlich so* – rede ich mir ein in mühlenhaft sich drehender Wiederholung – *und vielleicht merken so auch die anderen nicht, was ich jetzt so arbeite.*

Grenze Schweiz : Österreich.
Ich habe meine Kollektion auf den Rücksitzen, in gut sichtbaren Schachteln und einladend für jeden Zöllner. Mit dabei habe ich eine Proforma-Rechnung für Italien. Wird sie reichen, mir freies Geleit zu geben? *Bibber, bibber.*
Der Grenzhüter schaut in eine der Schachteln; wühlt kurz darin; grinst täppisch; flüstert etwas mit einem Kollegen; die beiden grinsen anzüglich... und winken mich durch. Aber jetzt kommt ja erst noch die italienische Grenze auf mich zu.
Reschenpass. Ein aufmunternder Schnaps im letzten Gasthaus vor der Grenze. Geraucht habe ich damals noch nicht. Den Regenmantel hinten über die zwei Schachteln. Grüne Versicherungskarte und Pass griffbereit. Dümmliches Gesicht aufgesetzt und hingefahren zur Zollschranke. Die Schweizer kümmern sich gar nicht um mich. Dann aber die Italiener in drohendem Blau und Grün. Sie blättern im Pass. Vielleicht haben sie nach Zigaretten gefragt oder nach Devisen, wie das damals so Norm war. Der kleine Kobold schien ihnen als Schmuggelgefährt nicht allzu qualifiziert. Sie haben mich durchgewinkt ohne nur einen Blick auf Miederhöschen und Nachthemden. So war ich also mit der Kollektion in Italien, bereit zum Anfang. Der Mücke war viel zu erzählen; und nicht nur Angenehmes.

Berichten – und rechnen, überlegen.

Der Mücke alles zu berichten, ging schneller und war auch leichter als gedacht – scheint mir erinnernd. Fröhlich ist der Abend doch nicht geworden. Nicht nur, weil wir damit konfrontiert waren, dass ich ab jetzt die ganze Woche über unterwegs sein und nur an den Wochenenden nach Bozen kommen würde. Auch um Geld ist es gegangen, ganz praktisch und nüchtern.

Die Zahlen, die da begonnen haben, sich in den Vordergrund zu drängen, waren nicht gerade heiter. Zum einen hat es ja den Spesenbeitrag gegeben, die monatlichen 500 SFr. – damals etwa 72.500 Lire. Der hatte sich anfangs, beim Unterschreiben, gut und sichernd angehört. Jetzt aber standen ihm Ausgaben dagegen, mit denen so nicht gerechnet war. Zumal die vielen Fahrtkilometer und das sich als kontinuierlich abzeichnende auswärtige Übernachten waren nicht vorgesehen gewesen.

Also... in gemeinsamem Hin- und Herrechnen: Ein Liter Benzin kostet 114 Lire. Der Kobold braucht zwar nur wenig; aber wenn es nun um ständige Reisen nach Mailand, Turin und sonst wohin geht, ist mit wöchentlich 1.000 km zu rechnen und auch mehr. Bei 5-6 l je 100 km sind da schnell 7.000 Lire weg.

Und: In Bozen habe ich ein Bett, für das ich kaum etwas zu zahlen brauche. Jetzt sind aber dazu noch wenigstens fünf, eher sechs Nächte je Woche auswärts zu bedenken. Meistens wohl in Mailand. Ein Hotel kommt dort nicht infrage. Vielleicht eine kleine Pension zu 2.000 Lire je Nacht, was aber monatlich auch schon 40-45 Tausender machen wird. Ein Zimmer zur Untermiete könnte es vielleicht für etwa 30.000 Lire geben. Suchen. Mal sehen.

Essen. *Wichtigst* – sagt die Mücke – *weil, wenn du wieder damit anfängst, dir das Essen abzusparen, kannst du gleich auch in die Mottenburg zurück; und das war's dann wohl.*

Also, wie viel fürs Essen? Frühstück, um anzufangen; ohne geht es nicht. Mittags eine Pizza oder ein Primo; mindestens ein dick belegtes Brötchen; und Mineralwasser oder ein Bier oder irgendetwas, weil man das in jeder Wirtschaft einfach dazu nehmen muss. Abends – je nachdem.

Mit fünfhundert Lire am Tag komme ich aus! > *Nein. Kommst du nicht. Achthundert werden es mindestens, allermindestens.* Wie immer auch, mit weniger als 20.000 Lire im Monat ist nicht zu planen.

Der Tag ist lang. *Zwischendurch brauchst du was* – erinnert die Mücke – *und gelegentlich musst du einem Kunden auch zu einen Caffé einladen... und... ja, und...* An die Telefonkosten und die Portospesen für die Berichte nach Zürich haben wir auch gedacht und daran herum gerechnet. *Werden 10.000 Lire im Monat für alles dafür reichen? > Sie werden nicht!*

Und... und... und ... Die monatlichen 500 Franken, die vor der Zürichfahrt so golden geblinkt hatten, wurden jetzt zu einer harten Rechennuss. *Möglich, dass es für die Spesen reicht* – sagt hoffendes Gefühl. *Absolut nicht* – hält Realitätssinn entgegen.

Aber da sind ja auch noch die 250 Franken Festgeld, die mir zugesichert sind. Mit denen dazu gerechnet könnte es zwar knapp aber immerhin doch gehen, meinte die Mücke. Bibberig waren wir trotzdem noch.

Über die Provision haben wir erst jetzt geredet. Zu sehr war wohl noch das monatelange Negativ-Ergebnis mit den Büromaschinen in uns verankert. Aber auf die Provisionen kommt es doch an, weil sie ja das verdiente Einkommen sind; und Verdienst ist doch auch dazu da, davon zu leben. Irgendwann spät abends sind wir ruhiger geworden. Abwarten. Jetzt einmal anfangen. Beiden war uns mehr und mehr klar geworden, dass das ganze Geldgerede doch nur von der Verunsicherung gekommen, die mir wegen der verkaufslosen Gruber-Monate in den Knochen saßen.

Ich werde gute Provisionen holen!

Natürlich haben wir dann noch besorgt beredet, wie lange es wohl jeweils dauern würde, bis die erarbeiteten Provisionen auch ausbezahlt und überwiesen würden. Monate könne es dauern, unkten wir, zumal wenn Lieferungen sich verzögern sollten. Ein heikler Punkt war das, jetzt wo es einigermaßen klar schien, dass Spesensatz und Fixum wohl äußerst knapp fürs nackte Tagesleben waren.

Ein rascher Anruf in Zürich, noch vor dem Wochenende. TEE Lau war da und sprechbereit. Und er hat gesprochen: *> Auszahlungen? Kein Problem. Zu jedem Ersten bekommen Sie 80% des Aufgelaufenen aus den Monatsaufträgen; den Rest dann* *immer, wenn die Kunden bezahlt haben. Hat das nicht im Vertrag gestanden? Nein? Da bekommen Sie das noch schriftlich.*

Und so schnell es die italienische Post schaffen konnte, ist dann auch der bestätigende Brief gekommen. Schon mit dem Telefonat aber war unser Wochenende gerettet.

Zwei mittelgroße Köfferchen aus biegsam weißem Kunststoff habe ich gleich noch gekauft, das eine mit brauner Einfassung und das andere mit schwarzer. Darin sollte die Kollektion handlich verstaut werden – die Miederteile in dem mit braun; die Nachtwäsche im schwarz gerändelten.

Das Einschichten der Stücke war dann ein witziger Spaß mit der Mücke. Verblüffend, wie viele BHs sich faltenlos in kleinsten Raum quetschen lassen, wenn sie Körbchen in Körbchen gestapelt werden: die kleinsten zuerst und dann die immer größeren. Vorne hatten die Koffer eine Tasche mit Reißverschluss. Dahinein kamen die Auftragsblocks und Preislisten. Jetzt konnte es beginnen...

Mailand – ankommen, staunen, suchen.

Wieder eine Fahrt zu einem Ziel, an dem ich noch nie gewesen war. Imponierende Felsenstrasse mit vielen kleinen Tunnels den Gardasee entlang. Die Brennerautobahn hat es damals noch lange nicht gegeben. Brescia und die Poebene. Vierspurige Schnellstraße mit Gegenverkehr und Mautgebühr, die später dann mit Leitplanken in der Mitte zur *Autostrada* werden sollte. Grünes Flachland, gelegentlich unterbrochen von irgendwie hingeworfen wirkenden Flachbauten gewerblichen Aussehens. Dazwischen und dichter werdend schmucklose Wohnkästen, gelblich grau, acht oder noch mehr Stockwerke hoch. Mautstation *Milano Centro*. Bald danach eine breite, schnurgerade und anscheinend ewig lange Allee mit seitlich den Schienen einer Straßenbahn – Viale Certosa – direkt hin zum trutzigen Stadtschloss inmitten von Mailands Zentrum.

Irgendwann habe ich angehalten, am nächsten Kiosk mir einen Stadtplan gekauft. Mal sehen...

Die nächsten Stunden und Tage sind mir wie eine Reihe von Kaleidoskopbildern gewesen, die kurz farbig aufblenden, zusammenfallen und sich überlagern.

Einer der ersten erinnerten Eindrucksblitze ist der Domplatz und links daneben die *Galleria* mit Mosaikboden und Glaskuppel, die mir wie eine Wunderkulisse gewirkt hat. Dort unter der Kuppel habe ich den einladenden großen Publikumsraum der Telefongesellschaft *SIP* entdeckt, mit den Telefonbüchern von ganz Italien und den öffentlichen Fernsprechern, die man zugeteilt bekommen konnte für ein Gespräch oder auch mehrere hintereinander. Bezahlt hat man dann nachher, bei einer der Frauen hinter einer langen Theke. Um nach Zürich zu telefonieren oder auch nach Bozen, musste man das Gespräch bei einer der Thekendamen anmelden und dann warten, manchmal auch eine Stunde oder länger; aber es lagen aktuelle Tageszeitungen aus, womit man sich deren Kauf sparen konnte.

Von erster Stunde an war mir die Telefonzentrale der SIP ein sicherer Hafen. Zuerst einmal und sofort, um telefonierend nach einer provisorischen Bleibe zu suchen. Im Telefonbuch unter *P* eine *Pensione* nach der anderen ausgucken; die Straßennamen vergleichen mit einem zentralen Ausschnitt vom Stadtplan; die etwa infrage kommenden auflisten... und anrufen, hintereinander weg. Weshalb ich dann der einen Pension zugesagt habe statt einer anderen, und noch nicht einmal einer besonders zentral gelegenen, ist vergessen. Ich hatte jedenfalls eine erste Anlaufstelle.

Weiter mit ersten Bildern, die mir wie Fotos aufblitzen.

Da sind die hochragend luftigen Prachtarkaden im Corso Vittorio Emanuele, gleich links ab vom Dom. Ein schickes Geschäft neben dem anderen und dazwischen Kinos, warm einladende Stehbars, Restaurants auch, eine große Kirche an klein sich öffnendem Platz. Nahezu unglaublich für den Provinzjungen, dem aufwachsend eingehämmert war, die

Bozner Lauben seien eine wirtschaftsmächtige Kaufmannsstraße.

Nahebei der schon aus der Kundenliste fast vertraute Corso Buenos Aires: eine gerade, gut zwei Kilometer lange Straßenzeile von Grau-in-Grau-Bauten mit unten darin Schaufenster an Schaufenster, einem Sammelsurium von Läden jeglichen Angebotes. Von der erregenden Schickeria nahe dem Dom kaum noch die leiseste Spur. Laut, grell, marktschreierisch und billig ist es mir vorgekommen. Da hatte ich Engläufiger aber noch gar keine Ahnung von den wirklichen, zusammengerückten, in ihrer Art des Abweisens aber doch wieder einladenden Wohn- und Marktkonglomeraten der *quartieri popolari,* die in deutschem Kulturkreis recht dünkelhaft die Gegenden der *Kleinen Leute* genannt werden.

Piazzale Loreto, ganz oben am Ende vom Corso Buenos Aires. Die Tankstelle hat noch da gestanden, an der damals die Leichen des *Duce* und seiner Gefährtin aufgehängt worden waren. Es ist mir immer ein makabrer, abweisender Platz gewesen. Später habe ich ihn dann gemieden, wie ich nur konnte. Aber das war viel später. Jetzt musste ich ihn überqueren, weil meine *Pensione* dort gleich dahinter lag; in der Via Porpora, die nun schon gar nichts mit einer *Purpurstraße* gemein hatte.

Wieder mitten im Zentrum. Schräg links hinter der Apsis des Doms die Piazzetta Beccaria. Die Stadtpolizei hat dort ihr Hauptquartier, mit im Erdgeschoss der Bußgeldstelle für Verkehrssünder und, gleich dahinter, eine der wenigen Mailänder Bombenbrachen von 1944, die jetzt Stauplatz der wegen Falschparkens abgeschleppten Autos ist.

An der Piazzetta, gegenüber dem Polizeipräsidium, leuchtet mir die *Crota Piemunteisa.* So etwas wie ein kulinarisches Monument Alt-Mailands ist das, hat man mir bald und häufig gesagt. Es ist eine wirklich unglaubliche und sicher ganz einzigartige Fresspinte. Ein recht schmaler, tief in einen alten Palazzo hineinreichender Raum mit rotgrünen Rankenfresken von Weinstöcken an der Decke und teils auch an den Wänden, dunkel zu jeder Tages- und Nachtzeit; der Länge lang durch fast den ganzen Raum eine hohe Theke mit einer Platte aus rot schimmerndem Kunstmarmor; hinter der Theke, auf einem erhöhten Podest und auf die drängelnden Kunden herunter schauend, ein halbes Dutzend oder wohl auch mehr Bediener in fleckig weißen Kochjacken; dahinter, der Wand entlang, Regale vollgefüllt mit Würsten aller Art, Wiener Würstchen in gewaltigen Schalen, Dosen von Senf, Essiggurken und Erdnussbutter, dazwischen, in nicht weit auseinander liegenden Abständen, dampfende Kessel mit brodelndem Sauerkraut und vor sich hin köchelnden Würstchen, vom rötlichen Thekentisch verdeckt eine Arbeitsplatte, auf der Bediener in affenartiger Geschwindigkeit die Brötchen bereiten, für die die Crota Piemunteisa berühmt ist – vor allem die mit den Würstchen. Mit *crauti*, viel oder wenig? Mit *senape,* oder ohne Senf? Statt Senf konnte man auch Erdnussbutter haben, dick aufgestrichen unter Würsteln und Sauerkraut... und glasweise Rotwein aus dem Piemont dazu oder auch Bier, aber kein Getränkezwang. Ganz hinten ein paar Stehtische im dunkelsten Teil des gangartigen Gewölbes; der Raum penetrant durchwabert von einer dämpfigen Geruchsmischung aus Krautaroma, Pökelduft und Zigarettenqualm. Vor der Theke stets ein dichtes Gedränge, oft auch in Trauben bis hinaus auf die *Piazzetta*. So etwas an Kalorienbomben-Brötchen gibt es in ganz Mailand nicht wieder, schon gar nicht für nur 50 Lire und ohne Zuschlag, wenn es, hungrig, mit doppelt dick geschmierter Erdnussbutter verlangt wird, statt mit Senf unter den knackigen Würsteln und dem dampfenden Kraut. Das Thekendrängeln im Grottenmief der Crota Piemunteisa ist mir ein nahrungsreicher Hafen geworden.

Und auch das gehört zu den ersten Bildern.
   Vom Dom her quer durch die *Galleria* leuchtet die Piazza della Scala. Prickelnder Schauer vor dem von Schallplatten-Hüllen so bekannten Opernhaus. Aushang anschauen. Die

Preise. Billig sind sie nicht. Aber da steht, dass es ein paar abofreie Plätze ganz hoch oben auf dem *loggione* gibt, die gerade so viel wie etwa zwei Kinokarten kosten. Aber man könne sie erst jeweils am frühen Nachmittag vor den Aufführungen kaufen und, hörte ich sofort von einem wohl Ortskundigen, so etwa eine Stunde dicht gedrängtes Anstehen sei dafür angesagt.

Mitten auf dem Platz vor der Scala, die behäbige Statue des Leonardo da Vinci und um sie herum dicht an dicht geparkte Autos; ein Standplatz für Taxi ist auch noch da; der Verkehr braust hektisch und recht laut; dazwischen schlängeln sich eilige Fußgänger zur mitten auf der Fahrbahn haltenden Tram.

Ein kurzer Spaziergang weiter, vielleicht zweihundert Meter. Am Ende des Corso Vittorio Emanuele und fast an der Ecke zu San Babila das Café Motta unter den Arkaden, mit einem breitem *Schanigarten* von eng gestellten Stühlen um kleinen Tischen. An den Abenden, so zwei oder dreimal in der Woche, gibt es Live-Konzert. Zwei oft auch recht bekannte Opernsänger, meist ein Sopran und ein Tenor oder Bariton, singen klavierbegleitet die großen Arien und die klassischen *canzoni*; abendfüllend. Ein hohes Glas heißer Milch, angereichert mit etlichen Löffelchen Zucker aus der einladend bereitgestellten Dose, hat billigst ausgereicht für stundenlange Sitz- und Zuhörzeit und mit einem mitgebrachten Hörnchen durchaus auch das Abendbrot ersetzt.

Und nicht weit davon das pompös in Jugendstil dekorierte *Café Venezia*. Ein großer Fernseher dominiert dort den Saal, einladend, den ganzen Feier- und Sendeabend dort zu verbringen. Und auch hier: nur ein billiger Espresso reicht stundenlang, ohne dass scheele Blicke auf den Langzeitbesucher fallen.

Aber ich war ja zum Arbeiten gekommen, nicht zur Stadtbesichtigung und für die Feierabende.

Mein erster Besuch galt *Fratelli Calcaterra*, dem Mailänder Großhändler, der auf meiner Liste stand. Eine recht leicht zu findende Adresse gleich hinter dem Bahnhof, in der Via Soperga: ein recht düsteres Gebäude von solider Atmosphäre, richtig nette Leute, ein freundlicher Empfang. Mein Kommen war schon angekündet. Die Marke Inro wurde dort wirklich geschätzt. Schnell sind wir durch das Lager marschiert, um zu schauen, was noch da und was eventuell neu zu bestellen war.

Jetzt war ich endlich in meinem Element. Schnell aufgepasst und gedanklich mit den Artikelnummern meiner mitgebrachten Kollektion verglichen. Gemeinsam zurück in den Gesprächsraum und jetzt die Präsentation aus meinen zwei Musterkoffern. Vage kann ich mich erinnern, dass es ein langer Kundenbesuch geworden ist, an diesem ersten Arbeitsnachmittag in Mailand. Der Auftrag, den ich schreiben konnte, war satt gegliedert und hat rosa Zuversicht am Horizont aufblühen lassen. Wenn es so weiter geht...

Die Woche hat sich dann schnell eingependelt. Die paar sozusagen *alten* Kunden von der Züricher Liste waren bald gefunden und schnell besucht.

Meist waren es kleine, bis an die Decken voll gestopfte *mercerie* oder *corsetterie*; Läden von Frauen für Frauen, mit augenscheinlich selten einem Mann darin. Abweisendes Misstrauen schlug mir eingangs fast immer und nahezu greifbar entgegen, zumal wenn sich gerade Kundinnen hinter schlecht abdeckenden Vorhängen oder halboffenen Paravents abmühten, enge Korsetts oder frivole Strapse anzuprobieren. Jugendliches, wohl tölpelhaftes Lächeln des noch nicht Volljährigen scheint meist aber doch beruhigend gewirkt zu haben. Dass ich jemals etwa abgewiesen wurde, ohne mein Sprüchlein aufgesagt zu haben – daran kann ich mich kaum erinnern. Eher schon, dass fast mütterliche Zuwendungen mich öfters mal ermuntert haben, die Kollektion zu zeigen. Und manchmal haben sich dann auch die soeben beim Anprobieren erschreckten Kundinnen dazu gestellt und freudig mit begutachtet. Das hat sich dann immer als förderlich gezeigt, wenigstens einen kleinen Auftrag schreiben zu dürfen.

Wie aber war Inro in Zürich an die paar mir vererbten Altkunden gekommen? Alice Sommer hatte dazu nichts gesagt und auch bei Fratelli Calcaterra war das kein Thema Neugier stillender Informationen gewesen.

Stückweise wie ein Puzzle habe ich beim Aus- und Einpacken meiner Muster erfahren: Da hat es mal einen Inro-Reisenden in der Gegend gegeben, vor so einem Jahr etwa. *Borgomanero* hieß er, was an sich schon recht bedeutsam sei, wie manch würdige Ladeninhaberin mit leicht zweideutigem Lächeln unterstreichen wollte. So ziemlich ein *figlio di buona donna*, ein Nuttenjüngelchen, sei er gewesen, aber nett. Nach ein-zwei Besuchen sei er dann nicht mehr gekommen.

Nicht lange später habe ich Borgomanero kennen gelernt. Aber das ist ein anderes Kapitel, mit TEE Lau in Bologna.

Und weiter?

Das Eis ist gebrochen. Ich schreibe wieder Aufträge. Tag für Tag. Ich *kann* verkaufen, weil ich das Zeug mag, das ich anzubieten habe, und weil ich deshalb die Leute dazu bringe, es auch zu mögen. Hatte ich Büromaschinen etwa nicht gemocht? Eigentümlich. Was soll's...

Nach der ersten Woche ist einiges fürs Erste klar. Mailand ist so richtig abgrasend zu bearbeiten, weil da in geballtem Raum doch alle Möglichkeiten vorhanden scheinen, einen guten Kundenstock aufzubauen und anständig Provisionen zu verdienen... ohne viel teures Herumfahren über weite Strecken.

Das ist einmal das Eine.

Dazu dann aber: Übernachten in der Pension, die ich in der Via Porpora gefunden habe, oder auch in einer anderen, ist auf die Dauer doch viel zu teuer und auch zu unbequem. Auch für die schmutzige Wäsche ist eine praktische Lösung zu finden. Wenn schon hauptsächlich Mailand, dann vernünftiger.

Zur Idee, die Arbeit vorerst auf Mailand zu konzentrieren, war Zürich zu hören. TEE Lau war davon gar nicht angetan. Turin und dessen Umfeld waren ihm mindestens ebenso wichtig. Das sollte dann schon bald auch zu einigem Druck führen. Einstweilen und *jetzt mal fürs Erste* wurde mein Vorschlag aber akzeptiert.

Deshalb dann morgendliches Studium der Kleinanzeigen im *Corriere della Sera*, Rubrik *affittasi*. Da wurden täglich mindestens ein Dutzend preiswerter Untermiete-Zimmer angeboten, was inzwischen längst schon undenkbar ist.

Nach wenigen Anrufen und vielleicht höchstens drei Besichti-gungen fand ich eine Bleibe, die mir auf Anhieb recht gut gefiel: ein geräumiges, helles Zimmer in der Via Lorenteggio nahe dem Fußballstadion, fernab vom Zentrum zwar, leider, aber recht nahe an der Autobahn. Ein freundlicher Neubau mit kleinem Vorgarten. Dort, im zweiten Stock, die Wohnung der Familie *Spadari*.

Eine junge Frau öffnete mir. Sie hatte ein Baby im Arm und lächelte zurückhaltend, freundlich. Das zu mietende Zimmer war eindeutig neu eingerichtet, etwas karg aber mit gutem Bett, einem großem Tisch und ein paar Stühlen, ausreichendem Schrank und dazu noch einem bequem aussehenden Sessel in einer Ecke. Ein Erstbezug, ohne Zweifel. Der Preis war schon am Telefon genannt gewesen. 7.000 Lire monatlich, also gerade etwa 50 von den 500 Spesen-Franken. Sofort wollte ich alles vereinbaren und mir das Zimmer sichern. Aber... so einfach war das auch wieder nicht.

Devo sentire mio marito! – ihren Mann wollte sie noch befragen. Ein zweiter Termin also gegen Abend. Wieder ein freundlicher Empfang bei netten, ein bisschen ängstlich unsicheren jungen Leuten. Sie würden nur vermieten, weil jetzt ja die *bambina* da sei und so ein Kind doch einiges koste. Eine junge Frau als Mieterin wäre ihnen schon lieber gewesen, aber *un così giovane tedesco* könne wohl auch recht sein, weil die Deutschen ja alle seriös und sauber seien.

Beim Stichwort *sauber* habe ich gleich nachgehakt, ob es denn eine Waschmaschine gebe, die ich mit benutzen könne.

Ja, nein, ungern... aber... Und dann war schnell vereinbart, dass Frau Spadari auch meine Wäsche waschen und bügeln würde – für einen Aufschlag von 800 Lire im Monat. Einzug sofort, gleich nach dem Wochenende. Anzahlung. Schlüssel. Ein kleines *brindisi* mit Weißwein aus dem Kühlschrank. Dabei so ganz nebenbei gleich noch angesprochen und vereinbart: Gern dürfe ich bei den Kunden und Freunden die Telefonnummer angeben und sollte mich tagsüber jemand anrufen, würde Frau Spadari das für mich notieren.

Spät an diesem Freitagabend der ersten Mailand-Woche bin ich zurück nach Bozen gefahren. *Wie wird die Mücke das alles aufnehmen, was es da zu berichten gibt?*

So wie die erste sind auch die folgenden Wochen schnell verronnen, stets ausgerichtet aufs ersehnte Wochenende mit der Mücke. Das Zimmer in der Via Lorenteggio hat sich noch angenehmer gezeigt, als erwartet: frische Bettwäsche und Handtücher bei jeder Rückkehr spät nachts am Sonntag; kaum jemals ein nächtliches Geschrei vom Baby; akkurat hingelegte Zettel, wer tagsüber angerufen und Nachricht hinterlassen hat.

Die wenigen Kunden der Inro-Liste waren schon in der ersten Woche durchgearbeitet und damit für die nächsten Monate bedient. Jetzt kam es darauf an, herauszufinden, wie es in den Läden gehen konnte, die noch nie von Inro gehört hatten und die wohl kaum auf *noch eine* Mieder- und Nachtwäschekollektion so dringend gewartet hatten, wie eine ausgedörrte Steppe auf den Regen. Dazu war erst einmal festzustellen, was für eine Art von Geschäften das Angebotene wohl am ehesten annehmen würde. Ich hatte ja kaum eine blasse Ahnung davon, was es so an Konkurrenzmarken gab; wie anders deren Modelle waren – ob besser in Passform oder Verarbeitung, modischer, reizvoller vielleicht; was die Preise der anderen waren und die gewährten Konditionen... Über all das war in Zürich nicht gesprochen worden. Von den Wettbewerbern kannte ich gerade mal die berühmtesten Namen: Triumph, Schiesser,

Felina, Charmor... und auch die nur gerade den Namen nach. Fixes Lernen war angesagt.

Die besuchten Ladeninhaberinnen haben mir schnell auf die Sprünge geholfen. Oft auch sehr hart und kurz angebunden, obwohl an sich überwiegend freundlich und fast schon lieb zu dem dünnen *tedesco* mit den zwei weißen Musterkoffern.

So habe ich gelernt, dass in der Mode zuerst einmal der Name zählt, und dass Inro nun wirklich keiner war. Dann ist mir bald klar geworden, dass wir recht gute Preise hatten gegenüber der namhaften Konkurrenz, aber viel zu wenig *Chic*, zumal bei den BHs. Und unsere Brustumfang-Maße, vor allem bei den größeren Körbchen, wurden oft bemäkelt: für breitschultrige Teutoninnen waren sie eben, nicht für zierlich vollbusige Mailänderinnen. Schritt für Schritt habe ich angefangen, mir ein Bild zu machen und mir Argumente zurecht zu legen.

Dass ich im Lernprozess bei potentiellen Neukunden nur etliche, für meine Anfangserwartungen doch zu wenige Aufträge schreiben konnte, das hat mich schon gewurmt. Entsprechend waren dann meine Berichte nach Zürich. Mit kritischen Anmerkungen und, wie mir schien, nützlichsten Anregungen sparte ich da nicht.

Noch etwas Beachtenswertes war schnell gelernt: die Mehrzahl der Wäsche- und Miedergeschäfte, die *mercerie* und *corsetterie*, die das hauptsächliche Kundenpotential waren, hatten weder Lust noch wohl die Möglichkeit, aus dem Ausland kommende Ware hochbürokratisch zu verzollen und dann, mit komplizierten Bankauflagen, ins Ausland zu bezahlen. Eine ganze Reihe von Aufträgen hatte ich schon geschrieben und musste sie wieder zerreißen, sobald die Rede auf Lieferung und Rechnung aus der Schweiz kam. Da haben sich echte Widerstände aufgezeigt, Futter für noch etliches Papier an Mitteilungen und Vorschlägen nach Zürich.

Aber es hat auch schöne Erfolge gegeben, in diesen ersten Wochen. *All'Onestà*, zum Beispiel. Das war eine Kette von größeren Wäscheläden, die meisten davon auch mit Abteilungen für Strickwaren, Arbeits- und Kinderkleidung, die in Mailand und den umliegenden Kleinstädten mehr als ein Dutzend Filialen hatte. Der Name – *Bei der Ehrlichkeit* – hat schon das Niveau und das Programm benannt. Es waren Billigläden, aber mit Anspruch auf gute, zumal dauerhafte Qualität zu deutlich günstigen Preisen.

Eine Verwaltungszentrale mit dort in ihren Büros sitzenden Einkäufern, wie etwa bei den großen Ketten *Upim* oder *Standa*, hat es nicht gegeben. Das Hauptgeschäft im Corso Vercelli war auch das Zentrum für die Prüfung der Angebote und den Einkauf. Die Dame an der Kasse dort – wahrscheinlich Mitinhaberin, was ich aber nie feststellen konnte – hat begutachtet, hart verhandelt, abgelehnt oder bestellt. Zwischendurch hat sie auch die Meinungen der einen oder anderen Verkäuferin abgefragt. Und wenn Kunden an die Kasse kamen, musste alles andere zurückstehen.

Diese Ladenkette als Kunden zu gewinnen, war mein erster gewichtiger Erfolg in Mailand und mit Inro. Zuerst habe ich nur einen recht kleinen Auftrag für den Hauptladen bekommen, wie es wohl Gepflogenheit war. Der Test ist aber gut ausgegangen und schon nach ganz wenigen Wochen konnte ich Sammelaufträge für alle Filialen schreiben. Allerdings nicht für den Großteil der Kollektion. Den Zuschlag erhielten nur wenige, sichtlich erfahren ausgewählte Teile, die nicht sehr modisch waren, aber besonders günstig im Verhältnis Qualität zu Preis.

Dann *Disco Rosso*. Das war so etwa ein Gegenstück zu All'Onestà. Auch eine Ladenkette für Wäsche und was dazu passen konnte, aber noch deutlich eine Stufe billiger und im Konzept etwa so, wie man heute die *Discounter* kennt.

Eine gewaltige, rot leuchtende Scheibe im Firmenlogo hat die Läden weithin sichtbar gemacht, soweit das in den oft engen ärmeren Vierteln möglich war, in denen sie vorwiegend angesiedelt waren. Irgendwo in der südlichen Vorstadt Mailands, in typisch chaotischem Industriegebiet, waren in einem *capannone* die Lagerhalle und die mir als schmuddelig erinnerten Büros angesiedelt, nicht leicht zu finden und keineswegs mit großer roter Scheibe als Wegweiser angekündet. Sehr viel versprechend war das alles nicht; zumal auch dann nicht, wenn ich an unsere Preise dachte, die zwar günstig, aber doch nun wirklich nicht so besonders niedrig waren – schon weil sie Schweizer Franken zur Basis hatten. Aber nach dem ersten Erfolg mit der einen Ladenkette wollte ich es auch bei der zweiten wissen.

Mein Leitgedanke war dabei, dass Filialketten eher auch direkt importieren und selber verzollen können. Und dazu wollte ich auch einmal sehen, wie weit sich Billiganbieter vom Nimbus *deutscher Qualität & Schweizer Seriosität* dahin beeinflussen ließen, dass sie eventuell Produkte aufnahmen, die für sie eigentlich entschieden eine Preisklasse zu hoch waren.

Im Laufe von ein paar Wochen habe ich bestimmt ein halbes Dutzend mal bei Disco Rosso antichambriert, mit Untergeordneten gesprochen, mich auf einen nächsten Termin verschieben lassen. Aber dann hat es geklappt. Disco Rosso ist mein Kunde geworden. Allerdings nur mit zwei BH-Modellen: eines mit Metallbügeln in weiß und das andere in pinkfarbenem Satin mit rund gesteppten Körbchen. Beide in allen Größen sortiert und jeweils in 12er-Packungen. Das gab da schon gute Stückzahlen, zumal bei den Erstausstattungen für alle an die zwanzig Filialen.

Die beiden Modelle waren allerdings aus der Kollektion zu nehmen und für Disco Rosso exklusiv zu halten. Wenigstens für Mailand und sein Umfeld. Für mich war das kein Problem, nach schnellem Durchrechnen der vereinbarten Stückzahlen und weil ich gerade diese beiden Teile sowieso scheußlich fand. TEE Lau war nicht ganz gleicher Meinung.

Jetzt die *Sorelle Negri*. Ich wollte es genau wissen. Wie die Möglichkeiten der doch insgesamt recht hausbackenen Kollektion in den Läden der *Kleinen Leute* waren, hatte ich bald herausgefunden. Aber ich wollte zudem sehen, ob es auch und überhaupt in gehobenere Kategorien gehen könne und wie weit. Die Intimboutique der Sorelle Negri habe ich mir dafür ausgeguckt.

Die Boutique der beiden Schwestern, links am Anfang des Corso Venezia und schräg gegenüber der alten byzantinischen Kirche San Babila dort gelegen, wo sich dann später das weltberühmte *Quadrilatero della Moda* entwickelt hat, war damals in Mailand das absolute Zentrum raffinierter, hoch modischer, vielfach maßangefertigter Miederwaren und weiblichster Intimwäsche. Die zwei kleinen Schaufenster zeigten Juwelen an Dessues, die oft gerade nur ein Hauch von Spitzen und ein Flaum aus Seide waren. Durch die Glastür konnte man zwei Damen sehen, meist abwechselnd, selten gleichzeitig, die in nahezu Hof haltender Weise ebenso gepflegten Damen Textildelikatessen vorlegten als seien es Juwelen: die Negri Schwestern.

Etliche Male bin ich um den Laden geschlichen, zögerlich und gierig. Eines Vormittags, ziemlich früh und damit in noch sehr ruhiger Geschäftszeit, habe ich mich über die Schwelle getraut – mit meinen billig weißen Plastikkoffern, der eine braun umrandet und schwarz der andere. Frech wie Oskar bin ich mir vorgekommen, habe schüchtern gegrüßt, mein Verslein aufgesagt.

Die Situation muss umwerfend komisch gewesen sein. Aber, verblüfft oder vielleicht auch amüsiert, hat mich die eine der Schwestern nach hinten zur anderen gebracht – und ich durfte meine Sachen zeigen. Ein langes Gespräch hat sich daraus entsponnen, bis Kundinnen kamen. Dann wurde ich weggeschickt, doch nicht verjagt. Ich solle wieder kommen, wurde mir bedeutet, in den nächsten Tagen, und wiederum morgens, so um halb zehn. Daraus ist dann eine interessante, mich anlernende Plaudereien geworden – und nicht nur das: zwei Teile aus unserer Kollektion, ein recht frivoles *Korselett* für Teenager und ein im Schnitt ziemlich neuartiges Miederhöschen, haben die Sorelle Negri in ihr Angebot und auch ins Schaufenster genommen. Fast geplatzt bin ich vor

Freude. Und es ist nicht bei den Anfangsbesuchen, bei dem einen ersten Auftrag geblieben.

Insgesamt haben die ersten paar Wochen in Mailand doch schon gezeigt, dass sich etwas machen ließ, zumal wenn hier und dort berichtigend und entwickelnd eingegriffen würde. Und gut erinnere ich mich, dass mir die Zeit damals wie verflogen ist.

Sparsam habe ich gelebt und war ständig unterwegs auf Entdeckungswegen in der großen Stadt.

Tagsüber zog ich immer weitere Kreise, ab vom Zentrum und zu den Peripherien hin, Ausschau haltend nach Läden, die als Kunden möglich schienen. Abends ging es meist zurück zum inzwischen fast schon heimischen Hafen der Galleria, wo es nahe der Telefonzentrale der SIP auch ein *Albergo Diurno* gegeben hat, eine Einrichtung mit breitem Mix an Dienstleistungen rund um die Uhr: Toilette, Dusche und Barbier, Ruheräume für ein-zwei Stunden, Schnellreparatur für abgerissene Knöpfe oder aufgeplatzte Nähte, Kopiergeräte... und auch Bürotische samt Schreibmaschinen, zu billiger Nutzung im Zeittakt. So etwas gibt es schon längst nicht mehr, wohl nirgendwo. Dort konnte ich die Aufträge des Tages ins Reine schreiben und die Berichte nach Zürich dazu.

Mittags war es oft lästig, wegen der so lange zur Siesta geschlossenen Geschäfte zwischen eins und drei Uhr oder in den Vororten auch bis halb vier. Täglich stundenlang in einer Bar oder Pizzeria herum hängen, nervt und kostet Geld. Für eine Siesta in die Via Lorenteggio zu fahren, kam selten infrage. Es war meist zu weit weg, bei den Mailänder Entfernungen. Aber es hat doch viele Ladenbesitzerinnen gegeben, die sich gern auf eine Verabredung in der Mittagspause eingelassen haben. Auch ihnen wurden die Stunden oft lang und in kundenfreier Zeit war zudem mehr Muse gegeben, die Kollektionen anzusehen und zu bereden. So habe ich mir meist irgendwo eine essbare Kleinigkeit gekauft, die sich gern im Auto verzehren ließ – bewusst nahrhaft gewählt und doch nie teuer – und wenn es sich machen ließ, habe ich anschließend mit einer der Kundinnen einen Espresso getrunken.

Auch die Abende haben sich bald eingespielt. Zuerst die Aufträge und die Berichte, wenn es welche zu schreiben gab. Dann oft eines von den dicken Brötchen mit Erdnussbutter und den saftigen Würstchen der Crota Piemunteisa, bei gutem Wetter im Freien gegessen an der Piazzetta Beccaria, und dann vielleicht mal ins Kino; oder an einem Tischchen im Motta an der Piazza San Babila bei einem Glas heißer Milch mit viel, viel Zucker und zwei Stunden Opernarien *live*. Auch im Randbezirk am Stadion, wo ich das Zimmer hatte, hat es gemütliche Bars gegeben, in denen man mit nur einem einzigen Getränk auch stundenlang sitzen und fernsehen konnte.

Und dann war da noch die Scala. Die Opernsaison hat noch bis in den Juli hinein gedauert. Von den billigen Karten für den obersten Balkonring, den *loggione*, konnte ich immer wieder eine erringen. Etliche Male war ich dort und habe so angefangen, die meisten der damals großen Sänger zu hören: Corelli, Bergonzi, Del Monaco, Fedora Barbieri, Tito Gobbi, die Simionato, Magda Olivero... und dazu ein paar der bewunderten Dirigenten wie Votti de Sabata oder Giulini erlebt. Man konnte im ganz normalen Anzug hingehen, weil man vom oberen *loggione* keinen Zugang hatte zum eleganten Foyer der Logen und des Parketts.

Ausgerichtet waren die Wochen aber doch immer auf den Ladenschluss am Freitagabend und die Fahrt nach Bozen. Knapp vier Stunden hat sie im Schnitt gedauert. Der Kobold konnte es nur auf Höchstgeschwindigkeit 105 km/h bringen und auch darauf nur bei leicht abschüssiger Strecke. Aber die Fahrten waren schön, in der Erinnerung. Sie haben Muse gegeben, die Woche zu überdenken und sich auf die Mücke zu freuen.

Dann aber kam da ein Intermezzo...

Bologna – was bringt's?

Für irgendeinen Wochentag im Frühsommer hat man mich nach Bologna bestellt. Am dortigen Bahnhof sollte ich TEE Lau früh morgens abholen, erstmalig wieder sehen, ihm persönlich berichten und ihn zu einem ihm wichtigen Gesprächstermin begleiten. Fast hatte ich Angst, ihn am Bahnhof gar nicht zu erkennen, was bei meinem immer schon miserablen Gedächtnis für Physiognomien nicht so ganz abwegig war, obwohl ein so kleiner, runder Mann mit grau abstehendem Kraushaar doch wohl kaum unerkannt bleiben konnte.

Er ist angekommen und ich habe ihn nicht übersehen. Für meine Berichte und einen Gedankenaustausch war keine Zeit verfügbar. Schnell mussten wir zum Termin, für den er und ich nach Bologna gekommen waren. Er wollte sich die als sehr verführerisch angekündete Kollektionen von Dessous und Bademoden eines jungen, wohl viel versprechenden Unternehmens ansehen und versuchen, für Inro den internationalen Vertrieb zu bekommen. *La Perla* hat auf dem Firmenschild eines gepflegt aussehenden, aber recht kleinen *capannone* gestanden. Damals ist nicht abzusehen gewesen, dass das später einmal eine der international meistbeachteten Marken für Bademoden werden sollte.

Wir waren erwartet und es ist dann sofort zur Sache gegangen. Schnell wurde mir klar, dass ich vorwiegend deshalb da war, dem TEE Lau als Dolmetscher zu dienen. Damit war ich ziemlich aus-gefüllt, aber doch auch irritiert. Schon damals hatte ich Mühe, mich auf die Rolle des Dolmetschers einzuspielen, was sich auch in den Jahrzehnten danach nie so recht geändert hat. Ich hatte wohl gedacht, ich würde aktiv am Thema beteiligt. Wie sehr ich mich darin getäuscht hatte, hat sich gezeigt, als allgemeine Aufbruchstimmung aufkam, zum Mittagessen zu gehen.

Für die Herren und die Dame der Gesprächsrunde war in einem wohl recht guten Restaurant reserviert. Bologna galt ja in historischer Tradition als die kulinarische Hauptstadt

Italiens. Mir war es selbstverständlich, dass ich mitkommen würde, und so bin ich echt aus allen Wolken gefallen, als mir beschieden wurde, ziemlich nahe gelegen gäbe es eine *tavola calda*, eine Garküche, die gute einfache Gerichte habe und wo ich billig etwas Vernünftiges finden könne. Der Hinweg wurde mir sogar aufgezeichnet. Und um 15.00 Uhr treffe man sich dann wieder im Büro. *Das mir!*

Wie der zweite Teil des Meetings dann gelaufen ist, daran fehlt mir jede Erinnerung. Wie ich mich so kenne, war ich wohl kaum ein dynamisch positiver *netter Junge* in dieser nachmittäglichen Runde, wo ich wieder zu zeigen hatte, dass ich zwei Sprachen sprach.

Im Meeting war einer dabei, der mir als *Signor Borgomanero* vorgestellt wurde. Scheibchenweise kam ich dahinter, dass er der Typ gewesen war, der die paar italienischen Kunden der Züricher Liste für Inro gewonnen hatte, dass er einen wohl kleineren Anteil an La Perla hielt, und dass er der Initiator des Treffens in Bologna war.

Er ist dann noch mitgekommen in das für TEE Lau gebuchte Hotel, um dort über Inro zu reden und auch über mich. Die Details, über die ich berichten und diskutieren wollte, haben da nicht weiter interessiert. Stattdessen wurde vom Borgomanero bemängelt, dass ich Turin und die ganze Region Piemont sträflich vernachlässigt hätte, was nun schnellstens auszubügeln sei. Was ihn das anging, davon hatte ich keine Ahnung. Aber TEE Lau war einverstanden und so sollte ich also eine ganze Woche lang Piemont-Tour machen, zusammen mit Borgomanero, wobei der mich den Kunden vorstellen würde. Mit meinem Auto und mit meinem Benzin natürlich, und bei dann geteilter Provision, was ich nun schon doppelt nicht verstanden habe. TEE Lau meinte, das sei mir eine große Hilfe für gute Einarbeitung. Anschließend an die Piemont-Woche sollte ich nach Zürich kommen da sei dann reichlich Gelegenheit, alle meine Sachen zu besprechen.

Tja, das war dann Bologna gewesen.

Eine Woche durch das Piemont.

Italiens nordwestliche Region hat mit der Hauptstadt Turin ein industrielles Ballungszentrum, das von Fiat und deren Zulieferern beherrscht war.

Geprägt hat die Stadt, damals, ein evident missliches Nebeneinander von versnobten Alteingesessenen einerseits, die auch noch im Untersten ihrer Mittelschicht die Zugehörigkeit zu denen auszustrahlen versuchten, die den längst nach Rom abgewanderten und dann exilierten Königshof immer noch bei sich in der Stadt sahen und das dazu gehörende Schranzentum zu stellen schienen, und andererseits den Hunderttausenden gerade kurz vorher aus dem tiefsten Süden der Halbinsel, meist aus Kalabrien und Sizilien, zugezogenen Fabrikarbeitern, die häufig Analphabeten waren und deren Sprache mir fast gleich unverständlich war wie der stark französisierende Dialekt der einheimischen Turiner.

Also, Turin war jetzt zu erobern... und, so war mir anbefohlen, gleich auch einen beträchtlichen Teil der großen Region Piemont. Jetzt auf der Stelle – wo doch Mailand nur gerade angekratzt und sein gewaltiges Umfeld, die Lombardei, noch nicht einmal einen Tag lang bearbeitet war.

Borgomanero wohnte in Novara, einer Kleinstadt an der Autobahn etwa 40 km westlich von Mailand und geopolitisch gleich hinter der Regionalgrenze zum Piemont. Dort sollten wir uns früh morgens treffen, beginnend ab Montag, und dahin sollte es jeweils spät abends zurückgehen. Borgomanero wollte in seinem eigenen Bett schlafen. Mir war es sehr recht, weil ich mein Zimmer bei den Spadari in der Via Lorenteggio sowieso zahlen musste und mir zusätzliche Kosten für aushäusige Übernachtungen sehr schlecht in den Kram gepasst hätten. So musste ich dann nachts nur die halbe Stunde weiter nach Mailand und am Morgen sehr zeitig aufstehen. Von Novara war Turin 70 km entfernt, schnurgerade nach Westen über die Autobahn, die schon mit Leitplanken und Mittelstreifen ausgebaut war.

Die fünf Tage mit Borgomanero in Turin und quer durch das Piemont habe ich fast nur noch als ein Musterbeispiel ineffizienter Tourenplanung in Erinnerung. Tag für Tag sträubten sich mir die Nackenhaare gleich morgens, wenn Borgomanero die Besuchsetappen vorlas. Der erste Tag ging noch einigermaßen. Da war für den Vormittag *Pejrani* in Turin angesagt, der regional wichtige Großhändler von der Züricher Liste; und für den Nachmittag dann noch zwei oder drei kleine Kunden in Turins enger Umgebung.

Mit den Leuten von Pejrani konnte Borgomanero recht gut und der ganze Besuch erschien mir mehr ein Geplänkel über dies und jenes von Klatsch und Tratsch, denn ein Verkaufsgespräch. Einen kleinen Auftrag konnten wir schreiben, gerade um nicht ganz nutzlos gekommen zu sein. Ich bin mir so ziemlich als fünftes Rad am Wagen vorgekommen.

Die Großhandlung von Pejrani lag mitten in der Stadt. So wäre es doch nahe liegend gewesen, den Rest des Tages ein paar Kunden im Stadtbereich zu widmen. Aber: *Nein.* Warum das so war, fand keine Erklärung. Borgomanero hatte nun mal Termine außerhalb vereinbart, jeweils einen in einem kleineren Ort der Umgebung, und damit *basta*. Spät abends, zurück in Novara, hatte der Kobold mehr als 300 km auf dem Tageszähler. Die Strecke nach Mailand kam da noch dazu.

In den vier Tagen danach, ist es so weitergegangen. Ich habe den Piemont erstmals kennen gelernt: Pinerolo, Cuneo, Domodossola, Ivrea, Varallo Sesia, Intra... kreuz und quer. Jeden Tag waren 350-400 km neu auf dem Zähler, was bei des Kobolds bescheidenen Geschwindigkeitsleistungen ganz locker fünf und mehr Arbeitsstunden waren – täglich fast sinnlos und Benzin fressend verfahren. Mehr als drei Kunden am Tag konnten dabei nicht besucht werden, vier vielleicht, wenn uns zwei ganz blitzschnell abgewimmelt haben, was durchaus auch vorgekommen ist.

Ausblicke für die Zukunft hat mir diese Woche kaum gebracht. Die Ausbeute ist erschreckend gering gewesen, und das auch noch mit geteilter Provision, wie es in Bologna vorgegeben war. Aber die Spesen sind mir voll aus dem Ruder gelaufen in dieser Piemont-Woche. Nicht nur das viele Benzin. Borgomanero wollte mittags gut essen und da musste ich mit, was mich dann auch entschieden mehr gekostet hat als meine normale Mailänder Nahrung.

Insgesamt war Borgomanero ja ein recht netter Typ. Umgänglich. Mit vielen Witzen parat, von denen ich mir kaum einen merken konnte. Lehrmeisterhaft aber auch und zu mir ganz so, als hätte ich das erste Mal eine Ladenklinke geputzt und einen Musterkoffer auf eine Theke gestellt. Er hat sich aufgespielt als der große Verkäufer. Ich habe dabei an mein Jahr in den Südtiroler Orten und Tälern gedacht, mit meinen dort mehr als vierhundert aktiven Kunden, bevor ich dann in die TBC-Mottenburg musste, und der sprunghafte Borgomanero ist mir sehr italienisch improvisierend vorgekommen. Trotz all seiner Witze und Scherze habe ich ihn nicht gemocht. Ich glaube, er mich auch nicht.

Bericht und Vorschläge.

Am Wochenende, dem nach der Piemont-Rundfahrt, war die Zeit mit der Mücke sehr verkürzt. Stundenlang saß ich in der Bahnhofstraße vor der alten Schreibmaschine, für einen detaillierten Bericht nach Zürich und darauf bezogene Vorschläge. Beim bevorstehenden Treffen mit Lau wollte ich konkret Papierenes auf den Tisch legen können, um dann, wenn hoffentlich alles besprochen, nicht falsch verstanden zu sein.

Das mit den Importen, Verzollungen und Auslandsrechnungen musste schnell so geregelt werden, dass auch kleine Läden ohne Problem bestellen konnten. Mein Vorschlag dazu war, monatliche Sammelaufträge nach Mailand anzuliefern. Die Fratelli Calcaterra sollten diese Sammelsendungen verzollen, auf Lager nehmen, in die Einzelaufträge teilen und entsprechend ausliefern. Die Kunden sollten ihre

Rechnungen zu Endpreisen einschließlich Zollkosten aus Zürich bekommen. Und bei einer Bank in Italien sollte Inro ein Konto eröffnen, auf das die Einzelhändler ihre Züricher Rechnungen bezahlen konnten, um die Fratelli Calcaterra nicht mit den Kosten und Risiken des Inkassos zu belasten.

Mit den Brüdern Calcaterra hatte ich das Konzept schon mal sondiert und im Prinzip waren sie einverstanden. Auch die dazu zu berechnenden Kosten für die zu erbringenden Leistungen und einen kleinen Gewinn waren vernünftig begrenzt und vorverhandelt.

Dann war da die Sache mit Borgomanero. Die Piemont-Woche habe ich als Versuchsreise berichtet, was sie nun auch höchstens war und sich als solche im Blick auf die dürftige Verkaufsausbeute auch zeigte. Die Zahlen schienen mir Borgomaneros nun wirklich äußerst geringfügigen Einführungsbeistand nachhaltig zu belegen, zumal im ergänzend berichteten Vergleich mit den Ergebnissen meiner ersten Mailänder Alleinwochen.

Der sich daraus ergebene Vorschlag war ganz einfach der, dass Borgomanero mir künftig erspart bleibe, dass von einer künftigen Provisionsteilung mit Borgomanero nie wieder die Rede sei, unabhängig von sogenannt *alten* oder *neuen* Kunden und deren Sitz, und dass ich künftig meine Routenplanung selber machen würde, im Sinne meiner Abschätzung des Firmenwohls, das sich ganz konkret in meinen Provisionsbeträgen zeige.

Das Ganze habe ich mit der Mücke durchgesprochen. Es hat nicht viel zu ändern gegeben. Nur ein paar Details sollte ich doch ein bisschen netter, diplomatischer neu schreiben, meinte sie. Das habe ich dann auch getan.

Und dann wieder in Zürich – zum zweiten Mal. Ich hatte mir den in Bologna vereinbarten Termin bestätigen lassen, um ganz sicher zu sein, den TEE Lau diesmal dort anzutreffen.

Dass ich zu meinen Vorschlägen doch noch meinen Bericht geschrieben hatte, stellte sich dann gleich als gut heraus. Weil: Am Mittag aus Bozen angekommen, musste ich von Alice Sommer erfahren, dass der Chef doch wieder einmal außerhalb sei; vielleicht aber würde er am späten Abend noch vorbei schauen; doch am nächsten Morgen um acht sei er ganz sicher voll für mich verfügbar. Inzwischen konnten wir die Aufträge der letzten Wochen durchgehen und was sonst an Kundendetails abzuklären war. Und ich konnte meinen Bericht mit den Vorschlägen gut sichtbar auf den Cheftisch legen, hoffend, dass ihn TEE Lau abends doch noch sehen und lesen würde.

Irgendwann am Nachmittag kam Hugo Schneider ins Büro. Zusammen mit Kevin Maier hatte er auf der gleichen Etage die Firma *Maier + Schneider*, deren Zweck laut Türschild *Beratung und Projekte* war. Darunter konnte ich mir nichts vorstellen. An der Art des Hereinkommens von Hugo Schneider und seines Umgangs mit Alice Sommer und der Ines war aber eindeutig, dass die beiden Firmen, also Inro und die seine, in recht engem Kontakt standen. Wir haben uns bekannt gemacht. Schneider hat mich zum Abendessen in ein altes Zunfthaus an der Limmat eingeladen. Es ist ein langer und mir aufschlussreicher Abend geworden. Damals konnte keiner von uns beiden wissen, was für ein intensives, wechselvolles und prägendes Stück Zukunft wir noch gemeinsam haben würden. Aber die Weichen dazu waren vielleicht wohl schon sofort gestellt, bei Rösti und sicher etlichen Stangen Bier.

Und also am nächsten Morgen: TEE Lau war schon da, als ich wohl pünktlich und mit Lampenfieber ins Büro kam. Ganz genau erinnere ich mich, wie er mich jovial breit lächelnd begrüßte, ganz wohlgenährter, wohlgesonnener Buddha.

Meinen Bericht habe er gelesen, hörte ich als erstes. Da sei so einiges drin, das sehr interessant sei, schalmeite mir ein breites Lächeln, und durchaus auch gut durchdacht. Nicht alles sei ihm aber neu gewesen, kam es dann wohlwollend väterlich, weil ihm auch die Fratelli Calcaterra schon von meinem Vorschlagskonzept berichtet hätten, was ihn, TEE

Lau, doch überrascht habe, aber durchaus positiv. Und, weiterhin breit lächelnd, von dem Teil meines Papiers über und zu Borgomanero fühle er sich gar nicht betroffen, weil er im Grunde kaum etwas anderes erwartet habe...

Und dann war urplötzlich Gewitterluft im Raum, der freundschaftliche Buddha verschwunden.

Es mag ja gut sein, was Sie da so schreiben und treiben, Herr Zagler – zischte es frostig wie Polareis. *Dass Sie Firmensachen mit anderen bereden, bevor sie bei mir spruchreif sind, ist aber gar nicht gut* – fauchte es, jetzt feurig – *und da meine ich speziell auch, was sie mit den Herren Calcaterra schon so ausgeheckt haben!* Und dann ist es gekommen, aus hochrotem Gesicht und begleitet von donnernder Faust auf den Schreibtisch: *Sie mögen ja jung und begeistert sein, Zagler, aber merken Sie sich eines und für immer:* **Der Chef von Inro bin ich**... *ich, T-E-E Lau.*

Er ist aus seinem Chefzimmer gegangen, gestürzt. Ich bin wie ein begossener Pudel da gesessen. sitzen geblieben. Alice Sommer ist wohl dann gekommen, mit netten *Wörtli* und sicher auch Kaffee. Mattscheibe bei mir für den Rest des Vormittags. Mittags sind wir aber zusammen zum Essen gegangen, der TEE Lau und Alice Sommer und ich, und dabei hat es sich dann wohl ergeben, dass sich die Wogen geglättet haben. Jedenfalls hat der Tag dann ein paar Sachen bewegt. Das Import-, Abwicklungs- und Zahlungskonzept in Zusammenarbeit mit den Fratelli Calcaterra und mit einem Inro-Bankkonto in Italien hat grünes Licht bekommen. Ein Brief dazu ist gleich diktiert und unterschrieben worden.

Dass ich künftig meine Arbeitsrouten selber bestimmen könne, wurde bestätigt; allerdings mit ein paar gering erscheinenden Einschränkungen, die bald noch unerwartet spürbar werden sollten. Unverrückbar festgelegt wurde zudem, dass ich den Borgomanero nicht mehr auf der Pelle sitzen und mit ihm keine Provision mehr zu teilen habe, was mir besonders wichtig war. Auch dieses Detail mit Protokoll und Unterschrift.

Der Zürich Trip hat etwas gebracht. Etliches. Aber für immer eingebrannt geblieben ist mir das eisig entgegen gedonnerte, im Nachhall fast das Terrain verteidigend klingende: *Der Chef bin ich ... ich, T-E-E Lau.* Wer hatte das denn je infrage stellen wollen?

Irgendwie kommt es mir vor, als müsse da schon fast eine Ewigkeit ins Land gegangen sein, seit dem ersten Kontakt Ende April im Bozner Hotel Greif und dann der schnellen Züricher Einschulung.

Doch es war gerade Ende Juni geworden, in schnell bewegt lang gezogenen Wochen. Jetzt aber war eine Basis gelegt für gutes Arbeiten. Mit den Fratelli Calcaterra konnten Bedingungen und Abläufe festgelegt werden; das italienische Inro-Konto ist bei der Banca Commerciale neben der Mailänder Scala eröffnet worden; auch neue Auftragsbücher konnte ich schnell drucken lassen, mit den Vorgaben für kleinere Kunden, die nicht eigenständig importieren, verzollen und ins Ausland zahlen wollten.

Es ist erfreulich gut gelaufen, in diesen Wochen des noch recht frühen Sommers. Das Ganze fing an, sozusagen *ein Gesicht* zu bekommen. Neue Kunden konnte ich fast täglich gewinnen. Zumal auch dort, wo ich beim ersten Besuch nicht zum Zug gekommen war, konnte ich jetzt öfters mal schöne Erstaufträge schreiben. Die neue, den einzelnen Kunden unbürokratische Import-Abwicklung machte sich schnell und positiv bemerkbar. Aus Zürich kamen zufriedene Signale. Und die Provisionszahlen fingen an, sich angenehm und wohl versprechend zu rechnen. Die so kurz scheinenden Wochenenden mit der Mücke in Bozen waren denn auch ausgefüllt mit schönen Planspinnereien.

Aber dann ist dem TEE Lau eine Idee gekommen.

Aus Zürich war ein langer Brief von Alice Sommer in der Post. Am Telefon hatte es schon Andeutungen gegeben.

Also, gekürzt: Der TEE Lau hat eine Tochter namens Maria; die soll jetzt im Juli eine Tour durch Deutschland machen, um neue Wäschekollektionen anzuschauen und eventuell für Inro zu akquirieren; aber das so ganz allein zu machen, sei doch nicht ganz das Rechte und vier Augen würden doch besser sehen als nur zwei; auch seien die neuen Erwerbungen in erster Linie und vor allem für Italien gedacht, also letztendlich für *meine* Kunden, deren Ansprüche *nur ich* so richtig beurteilen könne... und also, kurz und gut, ich solle Maria Lau auf ihrem Törn durch Deutschlands Intimwäsche-Fabriken begleiten.

Gefahren würde *natürlich* mit dem töchterlichen VW und das Benzin zahle Inro. *Die Übernachtungen und der Rest an Spesen?* – darüber würde man sich schon einig werden. *Mein Ausfall an Provisionen?* – Investition in die Zukunft, mit wohl ganz klarem Vertrauensbeweis, nicht nur wegen der anvertrauten Tochter, sondern überhaupt und so. Treffpunkt und Start in Zürich, erste Juli-Woche und praktisch an meinem Geburtstag.

Wir hatten es uns ganz anders vorgestellt, am 4. Juli den nun endlich heran kommenden Tag meiner Volljährigkeit zu feiern. Die Mücke wollte zu einem Abendessen mit Kerzenlicht im *Gambrinus* einladen, Bozens glänzendem Lucullus-Tempel. Aber das konnte dann ja nachgeholt werden, sagten wir uns tapfer. Zuerst war jetzt einmal Deutschland an der Reihe... und meine *Investition* in die Zukunft.

In Zürich habe ich die Maria Lau getroffen und kennen gelernt. Wie vereinbart. Sie war ein dürftiges, recht kleines Ding Mitte der Dreißiger; durch frühe Kinderlähmung, wie später erfahren, zu hinkendem Gang und verzogener Schulter verurteilt; aber mit einem bezaubernden Lächeln und immer nett, positiv, freundschaftlich an allen Reisetagen.

Die Tour war ausgearbeitet, die Termine vereinbart: erste Etappe Münstertal bei Staufen, dann Weingarten, Stuttgart und etliche Nester dort in der Gegend, Wiesbaden, Limburg mit seinem überraschend dominanten Dom... ausreichend, um erstmalig etwas von Deutschland zu sehen.

Übernachtung in billigen Pensionen mit Waschbecken im Zimmer, WC auf dem Flur und dem obligatem Einheitsfrühstück der damaligen Zeit. Fast immer durfte ich den VW fahren. Mindestens zwei, eher drei Fabrikbesuche standen täglich an. Die Kollektionen wurden uns meist nicht nur vorgelegt oder im Schauraum auf Bügeln und Puppen gezeigt, sondern körperdirekt von mehr oder weniger drallen Mädchen präsentiert, die eindeutig aus den Werkstätten dazu abberufen waren und ihre Auftritte mehr geniert als routiniert absolvierten. Es war eine schier endlose Reihe von Petticoats, Babydolls, Negligés, Spitzenträumen für die Hochzeitsnacht, einfachen und verzierten BHs, Strapsen, Miederhöschen... und Fleischbeschau.

Wir haben es überstanden. Mit ein paar wenigen Firmen haben wir Vorverträge aufgesetzt, auch etliche Musterstücke ausgewählt und nach Zürich schicken lassen. Endgültige Entscheidungen darüber und wie es weiter gehen sollte, die hatte sich TEE Lau selber vorbehalten.

Die Tour hat mich etliches gekostet, gemessen an der für Verkäufe verlorenen Zeit und den mir damit entgangenen Provisionen. Aber ich habe eine Menge gelernt dabei. Über *Unternehmenskultur* und den Umgang mit Mitarbeitern in mittelständischen Textilfirmen; über deutsche Wertarbeit im hautnahen Bereich und die entsprechenden Modetrends; über Verhandlungstaktik im Mix von ködernden Versprechungen und harten Forderungen und alles offen lassenden Zusagen.

Und noch etwas Besonderes habe ich zusätzlich in den Tagen gelernt: das Verständnis für alte Drucke und einiges von deren Technik. Drucke waren mehr als nur ein Hobby für Maria Lau. Sie hatte Graphik studiert. Sie hatte auch ein paar Bücher zum Thema dabei, und bei jedem einschlägigen Antiquar, den wir auf unseren Wegen fanden, sind wir vor den Schaufenstern stehen geblieben, um das und jenes zu erörtern. Unsere Mittag- und Abendessen hatten somit ein Thema, jenseits von Reizwäsche, Preisvergleichen und Lieferkonditionen: die Kunst der Drucke – Holzschnitte, Kupferstiche, Radierungen, Aquaforte, Aquatinta, Stein-, Linoleum-, Siebdruck... Vorher hatte ich nicht gedacht, wie faszinierend diese oft dunklen, stockfleckigen oder randbeschädigten Blätter sein können. Fast gar nicht wahrgenommen hatte ich sie.

Maria Lau war mir eine spannende und mitreißende Lehrerin in jener kurzen Woche. Ich habe sie später niemals wieder getroffen.

Pneumothorax – natürlich auch ein Thema.

Das ist so ein Detail, das ich immer versucht habe, selber zu ignorieren und anderen nicht bewusst zu machen. Es war noch kein ganzes Jahr her, seit mir in der Mottenburg ein Pneumothorax, ein *Pneu*, angesetzt wurde. Man macht das, um einen Tbc-kranken Lungenflügel still zu legen, so dass er in erzwungener Ruhe aus-heilen kann. Luft wird da durch das Rippfell in den Brustraum gepumpt; und die drückt lähmend auf den Flügel. Ein wenig kurzatmig wird man damit, weil eben nur ein Lungenflügel arbeitet. Aber sonst merkt man nichts. Nur das Füllen ist lästig. Bei mir mussten alle drei Tage etwa 650 ml Luft nachgepumpt werden, spätestens nach vier Tagen. Und dazu brauchte es immer eine Tbc-Station mit verfügbarem Facharzt und Geräten. Solange ich in Bozen war, hatte sich daraus kein Problem ergeben. Ich hatte meinen Arzt und feste Termine, jeweils am frühen Morgen. Das störte weder mich noch andere. Aber mit dem Herumfahren musste das Nachfüllen jetzt logistisch beachtet werden.

In Mailand war die Sache schnell geregelt. Gleich hinter dem Corso Sempione in der Via Pucci, mit dem Auto gar nicht so weit von meiner Bleibe in der Via Lorenteggio, war die städtische Tbc-Zentrale. Dort brauchte ich nur am Eingang meine Karte zu zeigen und hatte Vortritt vor allen, die etwa im Wartezimmer saßen. Ich kam, und schnell war mir stets ein Arzt oder eine Ärztin bereit und ein Schragen mit Gerät zur Verfügung. Jedesmal eine schnelle Durchleuchtung. Nach zehn Minuten hatte ich meist die Prozedur schon hinter mir und Daten, Stempel und Unterschrift im Büchlein. Unterwegs, zu den gegebenen Tagesterminen abseits von Bozen oder Mailand, war die Sache dann schon etwas problematischer. Die geeigneten Stellen mussten gefunden werden; Termine waren vorab zu vereinbaren, um Wartezeiten möglichst zu vermeiden; Zeitteile so frei zu halten, dass sie im Tagesablauf für andere nicht bemerkbar und zu neugierigen Fragen einladend waren.

Es ist mir rückblickend immer noch verblüffend, wie gut und reibungslos das geklappt hat. Ich habe die Orte meiner Nachfüllungen nicht gezählt und sicher habe ich einige vergessen. Mailand natürlich, einmal Turin, das Breisgauer Freiburg, Wiesbaden auf der Fahrt mit Maria Lau, München später auch einmal und...

Schön war das Unbürokratische von damals. Es gab das Blaue Büchlein für die Daten und Stempel. Die klinischen Details waren auf den ersten Seiten eingetragen. Das Büchlein war Ausweis und Türöffner für sofortige und immer kostenlose Behandlung. Auch international. Anstandslos wurde es überall akzeptiert, ohne Nachfragen oder *wenn und aber* – in Italien, der Schweiz, Deutschland. Und niemand in meinem Umfeld hat je gemerkt, dass ich alle drei oder höchstens vier Tage morgens Geheimtermin hatte.

Ruhige Zeit und bald Urlaub – oder?

Zurück von der Deutschland-Tour mit Maria Lau hat sich der Juli noch recht gut entwickelt. Die Schulferien hatten längst begonnen. Viele Mütter waren mit ihren Kindern schon am Meer. Meine Kundinnen und die, die es werden sollten, hatten mehr Muse als sonst und für den Herbst wollten sie auch wieder die Lager auffüllen. Ich habe gut verkauft. Die Wochenenden mit der Mücke waren heiter. Wir haben uns auf zwei Urlaubswochen im August gefreut, unsere erste gemeinsame Reise.

Dann war da der Freitag, der letzte im Juli.

Am frühen Nachmittag hatte ich mir einen Anzug gekauft, im *La Rinascente,* dem Kaufhaus am Domplatz. Sehr hellgrau und ganz sommerleicht. Er saß gut und auch die Hosen hatten die richtige Länge. Ich konnte ihn sofort mitnehmen.

Anschließend wollte ich noch ein paar Kunden nahe dem Viale Umbria besuchen, hoffentlich noch einen oder besser zwei Aufträge schreiben, dann nach Bozen und am Sonntag für zwei Wochen in den Urlaub. An den Bodensee wollten wir und von dort weiter nach Freiburg, wohin uns Gisela und Charlotte, Mückes Schwestern, wieder einmal eingeladen hatten.

Vielleicht habe ich schon zu sehr an die Reise gedacht oder an den neuen Anzug. Vielleicht habe ich auch unversehens gebremst, um nach einem Straßenschild zu schauen. Jedenfalls... plötzlich hat es fürchterlich gekracht und der Kobold hat einen Satz nach vorne gemacht. Hinten war einer mit Schwung und ungebremst aufgefahren. Der Schaden war grausam. Die Motorhaube – der Kobold hatte den Motor ja hinten – eingedrückt, Rücklichter kaputt, linker Kotflügel ganz verformt. Ein Jammer.

Der Auffahrer gab sich sehr erregt und seine Beifahrerin noch mehr. Von Schuld wollten sie nichts hören. Ich habe darauf bestanden, auf die Polizei zu warten.

Später dann, als mit den Papieren alles erledigt war und sich die Gemüter etwas beruhigt hatten, haben wir den einen Kotflügel soweit zurechtgebogen, dass der Kobold wieder fahren konnte, wenigstens ein kurzes Stück. Der Auffahrer hat mich zu einer ihm gut bekannten Werkstatt an der nahen Piazza Napoli gelotst. Mit dem Inhaber hat er dort auch lange palavert und letztlich das Versprechen hinbekommen, dass Samstag und vielleicht auch Sonntag am Kobold gearbeitet werde. Montag möge ich gleich morgens wieder hinkommen und da werde man dann ja sehen.

Aus und vorbei war es mit dem Wochenende in Bozen. Unsere Urlaubsfahrt stand in den Sternen. Und ich war zudem auch verärgert über den leichtsinnigen, doch vielleicht zu teueren Anzugskauf von gerade vorher. An die Mücke zu denken wagte ich kaum. Und so stand ich denn da mit meinen zwei Musterkoffern und der Tüte von *La Rinascente* in noch heißer Abendsonne.

Die Mücke war von meinem Anruf gar nicht erfreut, wie ja nicht anders zu erwarten, und vor allem besorgt, ob mit mir auch alles in Ordnung sei. Den Samstag habe ich zum Teil im schon vertrauten Albergo Diurno verbracht, um den Vorurlaubsbericht für Zürich zu tippen, den ich eigentlich in Bozen schreiben wollte. Ein lang sich hinziehendes, verlorenes Wochenende ist es geworden. Und am Montag bin ich früh morgens beim Karossierer in der Werkstatt gestanden. Der Kobold war zurechtgebogen und hatte provisorische Heckleuchten. Die Motorhaube, der Kotflügel links hinten und ein Teil der Tür waren mit Stuck ziegelrot rau gespachtelt. Die hintere Stoßstange fehlte.

Das sei nun wirklich das Äußerste, was am Wochenende machbar gewesen sei, sagte der Chef, und jetzt müsse erst mal der Stuck trocknen, ehe man ans Lackieren denken könne, und das Trocknen brauche wenigstens acht Tage. So hat man damals Blechschäden repariert. Aber, immer noch der Chef und recht gutmütig: Ich könne ja mit dem blau-rot gescheckten Auto in Urlaub fahren und es ihm dann Ende August wieder bringen. Ein erstes Geld wollte er allerdings sofort, was ja auch nicht verwunderlich war. Er kannte mich nicht und das Nummernschild zeigte BZ, also Bozen, und nicht MI für Mailand. Er hat einen Scheck genommen. Es war ein guter Teil von unsrem Urlaubsgeld. Den hellgrauen Anzug habe ich nochmals und inbrünstig verflucht, als ob er etwas dafür gekonnt hätte für meinen leichtsinnigen Freitagskauf... oder für den Unfall gleich danach.

Natürlich sagte ich mir ständig, dass die Versicherung schon zahlen werde. Aber wann? Und ob sie dann auch alles zahle? Nach dem Scheck für die Werkstatt war mein schmales Konto praktisch leer und ich musste die Alice Sommer anrufen, um einen schnellen Vorschuss auf die Juli-Provisionen loszueisen. Es hat geklappt. Telegraphisch hat sie überwiesen. Die Mücke und ich konnten also doch an den Bodensee und dann nach Freiburg.

Urlaub hatte ich nach so kurzer Zugehörigkeit nur bekommen können, weil um die August-Mitte aus alter Tradition in Italien fast alle Geschäfte Betriebsferien haben und es somit für mich nichts zu tun gab. Der monatliche Spesensatz wurde natürlich halbiert, wegen der zwei Urlaubswochen.

Mit unserem nun ziegelrot-blau gesprenkelten Kobold sind wir nach Lindau gefahren und dann den Bodensee entlang bis Meersburg. Dort haben wir uns das alte Hotel mit Seeblick geleistet, das mit Erinnerungen an die Droste-Hülshoff voll gestellt und gehängt war. Zwei Einzelzimmer natürlich, denn damals ist ohne Trauschein in Deutschland mit Doppelzimmern nichts gegangen. Jeder Schritt wurde uns zum Erlebnis. Wir hatten nie Schwäne gesehen, waren kaum je auf einem richtigen Bootssteg gestanden, kannten keinen Sonnenuntergang über einem weiten See...

Aber unsere Nerven waren doch noch recht angespannt. Kleinigkeiten haben rasch zu übermäßig irritierter Reaktion geführt.

Da war etwa die Sache mit Isny. Dort stand das Tbc-Sanatorium, in dem die Mücke zwei noch kindliche Jugendjahre verloren hatte. Es lag gerade mal 50 km von unserer Route ab. Die Mücke war nie mehr dort gewesen seit 1949. Sie wollte schauen, ob ihre Ärztin noch da war, von der sie liebevoll Katinka genannt wurde; wollte sehen, ob sie sich an alles noch richtig erinnerte und was sich geändert hatte. Sie wollte hin. Ich wollte nicht hin. Ein Umweg wäre es gewesen, aber keineswegs ein weiter. Ich achtete mehr auf den fast leeren Benzintank als auf Mückes Wunsch. Vielleicht hatte ich auch eine Blockade, schon wieder eine Mottenburg zu sehen. Möglich. Doch wenn das so war, habe ich es nicht eingestanden – weder mir noch ihr. Wir sind nicht nach Isny gefahren. Fröhlich hat das Katja nicht gemacht.

Und ganz kurz darauf war dann ich sauer, nicht mehr die Mücke. Wir fuhren mit offenem Verdeck durch die Sonne.

Auf der Rückbank lag die Jacke des unglückseligen neuen Sommeranzugs. Die Mücke hatte geraucht, den noch glimmenden Stummel aus dem Fenster geworfen. Der war dann übers offene Dach wieder herein und auf die Rückbank geflogen, direkt auf die Anzugsjacke, vorne am mittleren Knopf. Beim Aussteigen haben wir das Brandloch entdeckt. Die Fahrt war uns beiden vermasselt. Erst kein Isny, dann das blöde Jackett.

Aber dann wurden wir in Freiburg mit großem *Halli-Hallo* empfangen. Die Mücke dachte vielleicht nicht mehr sosehr an Isny. Gisela kannte eine Kunststopferei gleich bei ihr um die Ecke, die das Brandloch schnell und billig wegzaubern konnte. Unser geschäckter Kobold wurde liebevoll belächelt. Wir wurden durch die Stadt und den Schwarzwald geführt. Abends waren wir fast immer im Theater, weil Schwager Heinz ja dort spielte, und anschließend dann mit einer Gruppe in einer Kneipe. Überall war auch ich gastlich, herzlich aufgenommen, als ob ich voll zu Mückes Familie gehörte. Es sind schöne, echt schöne Tage geworden.

Zurück sind wir dann über Zürich gefahren. Die Mücke konnte so das Büro kennen lernen, die Alice Sommer und die Ines, auch Hugo Schneider, mit dem sie später dann noch intensiv und sehr viel zu tun haben sollte, was damals noch keineswegs voraussehbar war.

Weiter, mit neuem Schwung.

Der Karosseriemeister an der Piazza Napoli in Mailand hat sein Wort gehalten. Nach nur zwei-drei Fußgängertagen mit meinen Musterköfferchen habe ich den Kobold makellos in strahlend glänzendem Kobaltblau wieder bekommen. Die Restrechnung war gar nicht so hoch, wenn ich es recht erinnere. Und die Versicherung hatte schon zugesagt, sich um den Kampf mit der Gegenseite fordernd zu kümmern.

Wieder habe ich überwiegend Mailand bearbeitet. Die Stadt war ja riesengroß und schien unerschöpflich, mit ihren fast schon eingemeindeten Satellitenstädten wie Monza oder Pavia. Bis Bergamo, 40 km im Osten, bin ich noch vorgestoßen. Und zweimal musste ich wieder nach Turin, weil Pejrani mit Nachbestellungen fällig war. Die Stadt konnte mir dabei keineswegs sympathischer werden, mit ihrem eigentümlichen Moderduft und dem gruftig-versnobt und doch proletarischen Ambiente. Ihre Wäscheläden habe ich links liegen gelassen. Vorerst wenigstens, wie ich mir vorsagte.

An eine der Mailänder Kundinnen, eine etwa 60-jährige, kleine und recht pummelige *Signora*, erinnere ich mich besonders gern. Sie hatte ihr Geschäft im Klein-Leute-Viertel am *Naviglio Grande*, dem Kanal von Leonardo da Vinci, wo noch das ursprüngliche, knappe und doch melodiöse *milanés* gesprochen wurde, das ich kaum verstehen konnte. Es war ein ziemlich großer Laden, der sich aber sehr eng anfühlte, so voll gepfropft war er mit überquellenden Regalen, kaum noch verschließbaren Schränken und Schubladenkästen und Schränken, der gewaltigen Theke, auf der sich seitlich auch noch Vitrinen türmten. Ganz hinten, von einem Paravent halb versteckt, stand ein bequemes Sofa mit einem Tischchen davor, auf dem ein kleiner Elektrokocher mit immer warmem Kaffee stand.

Die *Signora* hieß Poggi und deshalb sind wir wohl in ein Gespräch gekommen, das über Bügel-BHs von Körbchengröße D und buntblumige Nachthemden hinausging. Sie war die Tante des lyrischen Tenors Gianni Poggi. Wir, die Mücke und ich, hatten ihn im Sommer 1957, kurz nach meinem Abitur, in Veronas Arena gehört, wo er den Rodolfo von Puccinis Boheme mit Antonietta Stella als Mimì gesungen hatte.

Die Nacht damals in Verona war uns eine Zaubernacht gewesen. Bloß daran denkend vibrierten mir die Gedanken an die Tausende im dunklen Rund der Arena, die in den Nachthimmel steigenden Stimmen und Klänge, das späte Bummeln dann durch die alten Gassen und hin zum Balkon der Julia hinter dem nachtverlassenen Gemüsemarkt, das späte Eis an der mitternächtlichen und trotzdem quirlig belebten Piazza Bra und das Warten dann am Bahnhof auf den ersten Frühzug zurück nach Bozen.

Das musste ich der *Signora* doch erzählen. Und sie, glücklich über meinen begeisterten Bericht, der ihren Neffen im Zentrum hatte, konnte nicht genug bekommen, mir dann von ihm vorzuschwärmen – von seinem ersten Singen als Chorknabe, wo und wann und mit wem er aufgetreten, wie er mit seiner Stimme ein Kristallglas zersplittern konnte, dass er bald zum zweiten oder dritten Mal an die Scala kommen würde... Und weil sie über die Mittagspause im geschlossenen Laden blieb, habe ich mehr als einmal dort ihren Kaffee zu meiner Stulle getrunken.

Ich hatte meinen Rhythmus und fast auch schon so etwas wie mein Ambiente gefunden, bei den Mailänder Kundinnen und im Umfeld. Und insgesamt sah es so aus, in diesen Frühherbstwochen, als würde sich alles konsolidieren.

Schon hatte ich in meinen Berichten nach Zürich angefangen, herum zu spinnen über die Einrichtung einer kleinen Italien-Filiale von Inro, vorerst kostengünstig angesiedelt bei den Fratelli Calcaterra, die im Prinzip damit auch einverstanden waren; und über die baldige Einstellung von noch zwei Verkäufern, einen für den Veneto östlich von Verona bis zur Adria und den anderen für den ungeliebten Piemont; auch mit Details, was das kosten würde und wie ich mir vorstellte, das alles koordinieren zu können, hielt ich nicht hinter dem Berg. Die Mücke hatte einige Bedenken, ob ich da denn nicht zu schnell vorpresche, zumal auch nach dem mich in die Schranken weisenden Züricher Ausbruch des Chefs, der erst so kurz zurück lag. Aber so, wie ich immer wieder neue Kunden gewinnen konnte und wie es sich auch mit den Filialketten Disco Rosso und All'Onestà angelassen hatte, war es auch ihr dann doch überzeugend. Und die Reaktionen aus Zürich waren ermunternder als befürchtet. Von Alice Sommer kam ein positiver Brief dazu. Aber dann hat sich Unvorhergesehenes ergeben.

Abends in der Via Lorenteggio fand ich immer öfter und immer mehr Zettel über Kunden, die angerufen hatten mit Bitte um Rückruf. Immer dasselbe: Die bestellten Teile der Nacht-Kollektion von Helfferich waren nicht angekommen. Auch die Fratelli Calcaterra berichteten darüber mit Unruhe. Und *Pejrani* schickte sogar Drohbotschaften aus Turin. Das Telefon zwischen Mailand und Zürich ist heißgelaufen.

Erst bekam ich nur vage, hinhaltende Antworten im Sinn von kurzzeitigem Lieferengpass bei Helfferich; von gesicherter Rückkehr zum Normalen in wenigen Tagen... in einer... in zwei Wochen; und auch, dass der Chef viel unterwegs sei, aber sich bald melden werde.

Dann, ich weiß nicht mehr nach dem wievielten Versuch, hatte ich TEE Lau direkt an der Strippe. Jovial, fast schon durch die Leitung buddhalächelnd, hat er mich zu einem Treffen nach Bozen bestellt.

Nach Bozen? Ja, dort habe er einen Termin mit Mengin und bei der Gelegenheit könne auch alles geklärt werden, was vielleicht sonst noch und speziell bei mir so angefallen. Ich möge es mir aber einrichten, dass ich dann ein paar Tage nicht in Mailand wäre, weil vielleicht möchte er mich kurz nach München mitnehmen, was aber noch gar nicht sicher sei. Der Mücke hat das Ganze gar nicht gefallen. Mir auch nicht. Alice Sommer blieb diplomatisch stumm.

Wir haben uns dann Anfang Oktober in Bozen getroffen, TEE Lau und ich. Die Mücke kam zum Abendessen auch dazu. Es wurde über dies und das geredet; nur so um den heißen Brei herum, wie mir später klar geworden ist. Vereinbart wurde, dass ich mit TEE Lau für zwei Tage nach München fahren solle, um dort mit ihm zusammen einen wichtigen und vor allem auch zukunftweisenden Termin wahrzunehmen.

Bequemerweise solle nicht mit dem Zug sondern mit meinem Auto, dem kleinen Kobold, gefahren werden. Von Benzinbeteiligung oder so war nicht die Rede. Die Mücke und ich haben uns verwundert gefragt, wie der voluminös ausladende Buddha die mehr als 300 km in den Kobold gequetscht aushalten würde. Er hat es klaglos überstanden.

Unterwegs haben wir nur über Belangloses geredet, obwohl ich doch reichlich neugierig war und auch kribbelig besorgt. TEE Lau ist ausgewichen, immer wieder. Stattdessen ist er mit einer gewaltigen Überraschung gekommen: Opernkarte, weil ich doch klassische Musik so liebte; gleich für denselben Abend; Prinzregententheater, Salome; Karl Böhm dirigiert und Birgit Nilsson singt. Nur *eine* Karte, nur für mich. Ich möge den Nachmittag in Vorfreude verbringen, hörte ich von TEE Lau, er habe den bewussten Termin und am Morgen dann beim Frühstück würde er mir Gehör und Antwort geben.

Ich hatte gedacht, dass ich zu dem Geschäftstermin mitkommen solle. Sollte ich nicht. Wozu war ich dann nach München mitgekommen? War ich etwa nur ein Taxi, so wie nur Dolmetscher im Mai in Bologna? Wir haben uns im Hotel an der Rezeption getrennt. Ich hatte meine konfusen Gedanken und die Vorfreude auf den Abend.

Aus der Zeitung oder sonst hatte ich gewusst, dass man hier in München nur aufgeputzt und aufgebrezelt in die Oper geht. Bei genauerem Hinschauen auf mein Ticket hatte ich zudem gemerkt, dass mein Platz ein besonders privilegierter und aber auch exponierter war – ganz vorne in der zweiten Reihe, fast in der Mitte. Und ich stand da in meinem hellgrauen, kunstgestopften, von der Fahrt im engen Kobold recht krumpeligen Sommeranzug und sollte mich nun vorfreuen...

Der Hotelportier hat Hilfe gewusst, wie seine Berufskollegen meistens und überall. Fußläufig nahe war da ein Kostümverleiher, der auch Smokings hatte und das ganze Zubehör. Dort bin ich hin und habe geliehen, in fast perfekt passender Größe. Aber erst als ich später dann wieder im Hotel und schon umgezogen war, ist mir eingefallen, dass ich auch einen Staubmantel oder sowas hätte dazu leihen sollen, denn so, wie man in München damals einen Smoking für das Opernparkett brauchte, ebenso war es verpönt, im Smoking quer durch die Innenstadt zu laufen – etwa vom Hotel am Hauptbahnhof durch die lange Kaufinger, über den Marienplatz und bis hinüber zum gar nicht so nahen Prinzregententheater. Der Portier konnte mir da auch nicht helfen. Da ist dann zur Leihgebühr für den Smoking auch noch die Ausgabe für ein Taxi dazu gekommen.

Das Theaterambiente war mir dann voll beeindruckend, obwohl ich inzwischen doch schon etliche Male in der Mailänder Scala gewesen war, aber dort immer ganz oben auf dem obersten Rang, dem *loggione*. Die eigentümliche Stufenstruktur des Parketts hat mich verwundert; zumal ich ganz vorne, also unten, zu sitzen kam, knapp schräg hinter dem Dirigenten, auf dessen Bewegung ich dann vollen Bestblick hatte. Und sofort war mir klar, dass mein heller Sommeranzug ganz unmöglich gewesen wäre. Wahrscheinlich hätte man mich gar nicht in den Saal gelassen, trotz gültiger Teuerkarte. Alle waren aufs Wirtschaftswunderlichste festlich adjustiert.

Birgit Nilsson sang wirklich die Salomé. Beeindruckend, umwer-fend und, für mich an dem Abend, einsame Spitze. Auf dem Gipfel ihrer Karriere war sie damals, meist schon eigentlich an der Metropolitan in New York. Sie hat die Bühne dominiert, nicht nur stimmlich den Saal gefüllt. Wer die anderen Sänger des Abends waren... kaum beachtet, vergessen.

Unvergessen dagegen, weil irritierend, ist mir Karl Böhm auf dem Podium geblieben. Das Orchester war hervorragend, soweit ich das aus der vielleicht zu nahen Nähe der zweiten Reihe beurteilen konnte. Mir aber vollkommen unverständlich war, was der Mann mit dem Taktstock und dem linken Wedelarm auf dem Pult da machte. Seine Einsätze hinkten immer einen Tick hinter dem Orchester her – so wie die Füße der Anfänger in der Tanzschule, die immer zuerst auf den Takt warten und sich dann erst verzögert bewegen. Und das gleiche auch beim fordernden Zuwinken. Die Piani hatten schon eingesetzt, wenn er den Ansatz dazu deutete, und die Crescendi waren gerade schon am wachsen, wenn er ihr Weckzeichen gab. Karl Böhm hat mich fasziniert, den ganzen Abend lang und immer dann, wenn die Salome nicht auf der Bühne stand, was ja recht selten war. Vielleicht habe ich deshalb auch vergessen, wer sonst gesungen hat. Birgit Nilsson habe ich dann später bewundernd in ihrer Karriere verfolgt. Karl Böhm nicht.

Es ist mir ein einmaliger, wohl auch als unvergesslich empfundener Abend gewesen... in und mit allem. Was aber würde das Frühstück bringen?

Die Katze aus dem Sack... und wie geht's weiter?

Frühstück im Hotel. Jetzt wollte ich es wirklich klar wissen. Alles wissen, was von Belang sein konnte. Nicht wieder ein Wörterreigen über die Salome oder das Wetter oder sonst was.

Und TEE Lau hat berichtet. Das mit *Helfferich* sei so eine Sache... ja, doch... eine recht unangenehme...

Kurz gebündelt also: Inro hat gekauft und verkauft, aber schon monatelang nicht bezahlt. Helfferich will dringend Geld und solange da keines oder nicht genügend kommt, wird nicht mehr geliefert. Inro kann nicht zahlen. Alle die Wäsche-Aufträge liegen deshalb auf Eis. Eine Lösung dazu ist nicht in Sicht. Und wo es keine Lieferung gibt, da gibt es auch keine Provision.

Die *Helfferich-Geschichte* habe sich schon länger angekündet, hörte ich, ja... leider... länger schon... weil... also...

Dann hörte ich weiter: Dass es da zu Krach und vielleicht auch Bruch kommen würde, lag schon seit Monaten auf dem Tisch. Deshalb doch auch die Idee der Sommertour durch Deutschland, von Maria Lau und mir, um neue Wäschelieferanten zu finden und damit Helfferich zu ersetzen. An eine Ausweitung der Kollektion war dabei überhaupt nicht gedacht gewesen. Nur an Ersatz des einen Lieferanten durch einen anderen eben. Und irgendwie hat es daneben die Hoffnung gegeben, dass größere Aufträge aus Italien Helfferich doch noch dazu bewegen würden, weiter zu liefern und zuversichtlich weiter zu stunden. Das aber hat sich jetzt als Fehlschluss gezeigt. Die Firma will nicht mehr warten und nicht mehr liefern. Und das Ganze, erklärte TEE Lau weiter, sei die Schuld von Mengin in Bozen... ausschließlich... weil eben...

Und so hörte sich das dann an: Mengin hatte mit ihm, dem TEE Lau, vor Monaten einen Vertrag für gewaltige, zeitlich programmierte Abnahmen aus dem BH-Sortiment von Naturana gemacht. Inro hatte dabei bei in großteilige Vorfinanzierung zu gehen, weil das von Naturana zur Sicherung der Produktion verlangt wurde. So denn auch getan. Aber Mengin hat sein Abnahmen-Programm von Anfang an nicht eingehalten und Inro sitzt nun seit dem Frühjahr auf einer gewaltigen, großteils voraus bezahlten Menge von BHs und sonstigem Miederzeug, alles mit den besonderen italienischen Größen etikettiert, die Naturana nicht zurücknehmen und anderweitig verkaufen will. Deshalb hat es jemanden gebraucht, der für Inro in Italien Verkäufe ankurbeln würde. Und so bin eben ich ins Spiel gekommen. Aber ich bin dabei auch nicht die richtige Wahl gewesen, weil ich viel mehr fröhliche Helfferich Wäsche verkaufte als von der recht bräsigen Naturana Kollektion, wobei es doch umgekehrt hätte sein sollen. Mir hatte das niemand gesagt.

Und weiter hörte: Gegen Mengin laufe eine Klage... und in München gäbe es einen Finanzier... und vielleicht...

Also: Zu einem letzten Versuch bei Mengin und dann eventuell der Einreichung einer Klageschrift war TEE Lau jetzt nach Bozen gekommen. Zum erhofften Münchner Investor hatte er mich ursprünglich mitnehmen wollen, es sich dann aber anders überlegt.

Und noch: Die Klage gegen Mengin wird sich lange hinziehen, wie in Italien so üblich. Über die Finanzierung wird in München erst in ein paar Wochen entschieden, wobei aber nur noch ein einziger und ganz sicher gar nicht so schwieriger Punkt offen ist. Und wenn das mit der

Finanzierung klappt, wird Helfferich sofort bezahlt und alles läuft ganz normal weiter.

Und wie soll's inzwischen weiter gehen? Meine Frage schien mir mehr als berechtigt.

Das war das Konzept von TEE Lau, mir vorgetragen am längst schon abgeräumten Frühstückstisch im Münchner Hotel: Wer aus der Kollektion *Naturana* bestellt habe und noch bestelle, würde seine Ware wie bisher schnell bekommen. Ganz anders, leider, sei es bei der Nachtwäsche von *Helfferich*. Da sei bei den Aufträgen nun *ein bisschen Geduld* angesagt. Diejenigen der Kunden, die sich, auf Ware wartend, noch nicht gemeldet hatten, möge ich in Ruhe lassen, bis sie eben selbst von sich hören ließen. Bei den anderen aber möge ich doch versuchen, sie mit netten Worten zu beschwichtigen und sie möglichst auch davon zu überzeugen, bald eventuell ankommende Lieferungen oder auch nur Teillieferungen trotz der Verspätung anstandslos zu akzeptieren.

Der eine Musterkoffer, der mit der Helfferich Kollektion, sei natürlich ab sofort geschlossen zu halten, um so intensiver aber die Naturana-Ware zu forcieren, wenn und wo irgendwie möglich – zum Beispiel bei den großen Kaufhausketten *Upim* und *Standa*, auch mit Spezialkonditionen.

Und in zwei Wochen möge ich nach Zürich kommen, um gemeinsam alle Details wieder richtig in Angriff zu nehmen, weil bis dahin *sicher* auch die Frage der Finanzierung geklärt sein würde... oder doch die Möglichkeit, die Kollektion von Helfferich durch eine der anderen Wäschehersteller zu ersetzen.

Und meine Provision? Wovon soll ich denn leben? Er, TEE Lau, war auf diese Fragen vorbereitet. Spontan kam seine Zusage, dass ich auch auf die nicht ausgelieferten, nicht auslieferbaren Helfferich Aufträge 80% der regulären Provisionen bekommen würde, schnell und unbürokratisch, und über das Weitere möge ich mir vorerst keine Sorgen zu machen. Das werde alles in Zürich besprochen und ganz sicher eine gute Lösung finden.

Immerhin etwas! Ein zwar nur kleiner Trost war es mir trotzdem. Was ich in Mailand und Umgebung aufgebaut hatte, war jetzt allerdings erst einmal großteils im Eimer. Meine mühsam, liebevoll gewonnenen Kundinnen konnte ich nun wohl fast alle mehr oder weniger vergessen. Und dann...

Und was ist denn der Punkt, an dem die Finanzierung jetzt noch hakt? Auch diese Frage war wohl erwartet.

Der Münchner Kontakt, erklärte TEE Lau, sei ein alter Bekannter aus Zwickau, mit besten Verbindungen in die *Zone*. Er sei dabei, es hinzubekommen, dass die ganze für Mengin vorproduzierte Ware nach *drüben* gehe, zu noch akzeptablen Preisen und wenigstens so, dass alle Verbindlichkeiten von Inro ausgleichbar würden... oder mindestens fast alle. Ein Problem, aber ein ganz kleines, sei nun nur noch, die Einfuhrgenehmigung in die *Zone* zu bekommen und für den dort vorgesehenen Abnehmer eine Staatserlaubnis für den Import und die damit fälligen Überweisungen in die Schweiz.

Mir schien das Problem gar nicht so klein. TEE Lau zeigte sich aber voll optimistisch... und er stammte ja aus Zwickau in der *Zone*.

Kein Goldener Oktober.

Der TEE Lau ist dann von München irgendwohin gefahren und ich zurück nach Bozen. Was dann angefangen hat, war das zu erwartende Spießrutenlaufen.

Erst die Fragen der Mücke, natürlich, und der Bericht, intensive Diskussionen darüber, die Überlegungen und das Herumrechnen, erwogene und dann schnell wieder verworfene Möglichkeiten. Bloß nichts davon jetzt in Mückes Familie durchsickern lassen! Deren Reaktion hätte gerade noch gefehlt.

Dann wollte ich aber doch noch wissen, was von der Mengin-Seite zu der ganzen Sache gesagt sei. Dazu musste ich mich doch noch durchringen, den Mengin Gernot zu treffen und sein hämisches Grinsen über mich ergehen zu lassen. Viel ist dabei nicht herausgekommen. So, wie ich es in München gehört hatte, hatte es sich in etwa doch wohl zugetragen. Aber von plagenden Gewissensbissen hat sich beim Gernot gar nichts gezeigt. Anderes hätte mich auch sehr verwundert.

Und wieder Mailand. Die Fratelli Calcaterra waren außer sich vor Wut; zumal der jüngere der zwei Brüder. Verständlich. Sie hatten ja gerade erst kürzlich die Verantwortung für den Sammelimport und die Verzollung aller Kleinaufträge übernommen, hatten das auch schon anlaufen lassen, und hingen jetzt, als in Mailand und der Umgebung angesehene Textilgroßhändler, mit ihrem guten Namen voll drin in der misslichen Sache.

Aber auf einen Vorschlag, der mir so eingefallen war, wollten sie nicht eingehen: Dem TEE Lau die Schulden bei Helfferich zu finanzieren, sich das durch Naturana-Ware absichern zu lassen und mit den so neu gegebenen Voraussetzungen mit Inro einen neuen, für sie günstigen Vertrag zu machen. Das wollten sie nicht. Auch die eventuelle Abtretung des nun doch recht Erfolg versprechenden Vertrags mit Disco Rosso, den ich bekommen hatte und der nur weiterhin unbeschränkt lieferbare Naturana-Ware betraf, konnte die Gebrüder nicht reizen und schon gar nicht überzeugen.

Mit den Einkäufern von *Upim* und, bedeutend schwieriger, mit denen von *Standa* konnte ich nach mehrmaligem Antichambrieren Termine bekommen. Bei beiden den großen Kaufhausketten wollte ich die Einladung erschmeicheln, wenigstens ein paar unserer Artikel bemustern zu dürfen, und dazu auch offen gesagt zu bekommen, was bei den bemusterten Angeboten speziell zu beachten war, insbesondere an freundlichen Beilagen bei deren persönlicher Übergabe.

Schon erwartet hatte ich dabei die Mitteilung, dass die Prüfung und die dann nötigen Überlegungen wohl etliche

Wochen dauern würden, die mit Geduld zu ertragen, weil das Ganze vielversprechend, vorausgesetzt, das Angebot werde auch wirklich *gut und richtig* übergeben. Schmuck haben die beiden Einkäuferinnen von Upim als bevorzugte Angebotsbeilage angegeben. Die männlichen bei Standa dagegen meinten konzilianter, darüber würde man sich zu gegebener Zeit schon einigen.

Zu den mahnenden Kunden – was ja mit täglich neuen Anrufen weiter ging – bin ich einzeln hingegangen und habe um Geduld und Gutwetter gebeten. Manchmal konnte ich Aufschub der Lieferung erreichen, Teilaufträge retten, die schlimmsten Reaktionen vermeiden. Nicht selten bin ich aber auch hämisch abgekanzelt worden, angefeuert von verständlicher Enttäuschung darüber, dass nunmehr auch den als so zuverlässig und ehrlich gedachten *tedeschi* und *svizzeri* nicht mehr zu trauen sei. Es waren keine schönen Besuche. Da haben auch die häufig mitfühlenden, für mich persönlich gedachten Worte und die ungewöhnlich sich häufenden, aufmunternden Einladungen zu einem Espresso nicht viel geholfen.

Fast nur das einzige positive Kundenerlebnis in diesen Oktoberwochen hatte ich mit den *Sorelle Negri*, meinen Topkundinnen mit der Intimboutique an der Piazza San Babila. Sie hatten keine Helfferich Wäsche gekauft, hatten ihre Ware bekommen, gut verkauft, schon einmal nachbestellt und brauchten wieder Nachschub. Einen neuen Auftrag konnte ich schreiben, ohne irgendetwas erklären zu müssen.

Gegen Ende Oktober war es dann soweit, zum vereinbarten Treffen wieder einmal nach Zürich zu kommen. Die Stimmung dort war ganz eigentümlich – so eine Mischung aus hektischer Euphorie und fast greifbarer Bedrückung.

Das, was mich jetzt am meisten interessierte, wollte ich natürlich sofort wissen: Der Münchner Finanzier und die Lieferung in die *Zone*? Dazu gebe es noch keine Entscheidung, wurde mir gesagt, aber noch sei alles im Fluss und es schaue recht positiv aus.

Die anscheinend wichtigste Neuigkeit aber, die mir nun schnellstens mitgeteilt werden musste, war, dass Alice Sommer an Weihnachten nach Amerika auswandern werde. Irgendwohin nach Florida, für einen interessanten Job dort und nicht zum Heiraten oder so. TEE Lau war ganz aufgeregt darüber. Als Abschiedsgeschenk hat er ihr einen großen Schrankkoffer versprochen, weil sie doch mit dem Schiff und ihrem ganzen Zeug *zügeln* wolle und nicht nur mit leichtem Fluggepäck. Ob für Alice Sommer schon eine Nachfolge gesucht würde, das war kein Thema, sich daran aufzuhalten.

Von Helfferich seien nun endgültig keine Lieferungen mehr zu erwarten, erfuhr ich dann kurz und bündig. Für die betroffenen Kunden war eine Mitteilung vorbereitet, die ich übersetzt, ein bisschen freundlicher getextet und gleich auch selber getippt habe. Das Blatt wurde dann fotokopiert, die Namen und die Auftragsdaten jeweils eingesetzt, das Ganze postfertig gemacht und verschickt. Womit vieles, das ich in den letzten Monaten aufgebaut hatte, endgültig mit nassem Schwamm gelöscht war.

Was soll ich jetzt in Italien machen? Diese Frage musste ich klar in den Raum stellen. Die jetzt offen liegende Situation hat es verlangt, denn...

Mit keiner der Wäschefirmen vom Deutschland-Sommer war es zu einen Vertrag oder wenigstens einer lockeren Vereinbarung gekommen. Das wurde mir jetzt bestätigt, wenn auch recht zögerlich. Aber auch wenn es eine neue Wäschekollektion gegeben hätte, wäre es allemal noch offen gewesen, wo und wie ich damit neu durchstarten konnte. Die bisher gewonnen Kunden konnte ich da wohl durch die Bank vergessen.

Andererseits war kurz- und mittelfristig allein mit der Naturana-Ware, dem überwiegend recht bodenständigen Miederzeug, nicht genügend Umsatz zu gewinnen, um mir daraus ein vernünftiges Überleben oder gar Sicherheiten zu erzielen. Gute Grundlagenverträge mit Warenhaus-Ketten wie Standa, Upim oder auch Coin und anderen brauchten ihre recht lange Vorbereitungszeit, wie inzwischen gesehen, wenn sie denn überhaupt erzielbar waren.

Auch auf die Großhändler konnte ich kaum noch zählen. Die Fratelli Calcaterra waren voll vergrätzt. Pejrani in Turin war sowieso überwiegend an Wäsche interessiert, die wir jetzt nicht mehr hatten, und zudem an sich schon ein harter Brocken. Meine Filialkette All'Onestà konnte und musste ich ehrlicherweise abschreiben, denn sie hatte entschieden mehr Nachtwäsche, die sie nun sicht bekommen konnte, als Miederwaren gekauft. Und die immerhin recht gut angelaufenen Monatsaufträge von der anderen Kette, Disco Rosso, konnten nicht ausreichen, darauf auch nur irgendetwas in die Zukunft zu setzen.

Das waren so meine Züricher Gedanken, die mir durch den Kopf schwirrten wie verrückt gewordene Libellen.

Wie sollte es also mit mir weitergehen?

TEE Lau hat geantwortet. In langem Monolog hat er die Situation betrachtet, sich für diese und jene Möglichkeit oder Hypothese erwärmt und sich dabei, Notizen kritzelnd, selber aufmerksamer zugehört, als auf mich einzugehen. Die dabei sitzende Alice Sommer strahlte wie immer frische Effizienz aus und beschränkte sich darauf, diplomatische Halbsätze in die Gesprächsrunde einzubringen. Die Ines schenkte Kaffee nach.

Und Hugo Schneider, der von Maier + Schneider gegenüber auf der Etage, war auch fast die ganze Zeit dabei. Ich hatte den Eindruck, dass er und auch sein Partner etwas Geld in Inro gesteckt hatten, wohl mehr als nur eine Kleinigkeit, und er jetzt mit von der Partie war, zu sehen, was da zu retten war und wie.

Zwischendurch haben Telefongespräche das Zusammensitzen – heute heißt so etwas *Meeting* – immer wieder unterbrochen: TEE Lau mit München und mit der Schweizer Kreditanstalt und mit Naturana und mit mehr als etlichen anderen, Hugo Schneider mit irgendwelchen Leuten in mir streckenweise fast unverständlichem *Züridütsch*, ich dagegen nach Mailand mit dem und jenem und abstimmend auch mit der Mücke in Bozen.

Der Tag hat nichts gebracht... außer vielleicht die sich festigende Sicherheit, dass aus der Phantasie vom *Zonen-Export* und damit dem Münchner Finanzier auf absehbare Zeit wohl auch nichts werden würde. Und mehr als eine sehr absehbare Zeit hatten wir nicht... ich schon gar nicht.

Morgen sehen wir weiter... um neun! Damit verließ uns TEE Lau.

Hugo Schneider hat mich zum Abendessen eingeladen. Von seiner Firma hat er erzählt, die damit angefangen hatte, Deutschen und anderen Ausländern beratend zu helfen, in der Schweiz Fuß zu fassen – steuerlich, arbeitsrechtlich und finanztechnisch, milieu-verständlich auch und überhaupt – mit allem, was zwei gut ausgebildete und recht angesehene Schweizer einfach schon deshalb bieten konnten, weil sie in der Schweiz und eben Schweizer waren. Manchmal, erfuhr ich, haben sie auch etwas eigenes Geld in einen Kunden und dessen Projekt gesteckt. Wie bei Inro. Aber nur wenn sie sehr überzeugt waren von risikofreier Sicherheit.

Also, bei Inro ist es offensichtlich doch schief gegangen, meinte Hugo Schneider ganz trocken, aber wer sagt denn, dass daraus nicht noch was Gutes wird?

Und so hat er mir das Projekt erklärt, das den beiden, Maier + Schneider, jetzt besonders wichtig und, wie er unterstrich, absolut vorrangig für die kommende Zeit war: *Melida*. Später dann, zum Dessert ist auch noch Kevin Maier zu uns gestoßen und es ist eine recht lange Zeit angeregten Palaverns geworden, in einer gemütlichen Altstadt-Kneipe gleich hinter dem Neumarkt.

Melida, also. Das sollte eine neue, neuartige Hautpflege-Linie aus nur natürlichen und vorwiegend pflanzlichen Wirkstoffen werden. Dafür vorausgesetzt und fast schon gesichert: beste Ergebnisse in Allergie- und Funktionstests.

Entwickelt und im Angebot auch garantiert von einem renommierten Institut in Sankt Gallen. Auch das Gütesiegel der Eidgenössischen Prüfanstalt schon praktisch gesichert. Erste Proben von acht Präparaten bereits verfügbar... und die Wirksamkeitstests am Laufen.

Damals durfte man Kosmetika noch an Tieren erproben. Aber richtige Menschenversuche an Züricher Damen liefen nebenher, berichtete Schneider voller Stolz, unter Kontrolle eines Hautarztes und seines Labors, weil diese Ergebnisse dann später doch wohl aussagekräftiger sein würden als die dermatologischen Reaktionen von Häschen und Mäusen.

Ich hatte keine blasse Ahnung von Kosmetik gehabt, bis dahin, und ich war fasziniert. Die Art, wie Kevin Maier das Projekt technisch kühl und detailliert vortrug, war gleich mitreißend wie der projizierende Elan von Hugo Schneider. Mitmachen sollte ich doch, hörte ich zu meiner nicht knappen Verwunderung, und es wollte mir ganz scheinen, als wäre das wirklich so vorgeschlagen.

Lange haben wir darüber geredet. Schneider war mitreißend in seinem Elan und auch von Maier, zwischen einem Bissen und dem anderen, mit guten Argumenten flankiert. Und beim letzten Glas waren wir uns einig, die Sache gemeinsam zu machen. Ich sollte Italien bekommen, den ganzen Markt und seine Möglichkeiten.

Mir war das ein Wahnsinn, an dem Abend. Da war ich doch praktisch arbeitslos. Schulden in Sicht, aber weit und breit kein Geld. Gerade volljährig seit vier Monaten. Keine Ahnung von Kosmetik und von Dermatologie schon gar nicht. Aber auch deprimiert und fast am Boden zerstört von den letzten, so gar nicht vorhergesehenen Entwicklungen und dem düsteren Ausblick.

Jedes einzelne Wort von Projektmöglichkeiten, mir angebotenem Vertrauen, von irgendwo am Horizont aufblitzendem Erfolgsversprechen saugte ich auf wie ausgedörrter Wüstenboden und mit jedem Schluck Veltliner, den wir uns reichlich nachschenkten, war mir Melida zu einem beinahe schon konkreten Etwas geworden.

Am nächsten Vormittag hat mir Hugo Schneider ein Papier ins Büro von Inro herüber gebracht. Zum Lesen und mit der Aufforderung, später zusammen noch etwas zu Mittag zu essen. Das Papier war ein Vertrag. Ein Vorvertrag nur, aber immerhin. Sehr detailliert und positiv gehalten. Gültig werdend, wenn die dermatologischen Tests gut abgelaufen wären. Ein Zeitplan für die vorhersehbare, also die vorgesehene Umsetzung war auch beigefügt: Start, auch in Italien, im zweiten Halbjahr 1960... in acht bis zehn Monaten also, frühestens.

Das ist der Bittertropfen dabei gewesen.

Aber zurück zu Inro und weiter damit.

Am Morgen hatte sich natürlich nichts Neues ergeben – auch nicht aus noch ein paar Anrufen, einer davon wieder in München. Ines ist mit den Rundschreiben an die Kunden zur Post gegangen und Alice Sommer zur Bank. Sie hat dort auch Überweisungen auf mein Konto gemacht: Die 250 SFr Monatsfixum schon jetzt, obwohl noch gar nicht Monatsende war, die 500 SFr Spesensatz für den November, die fällig gewordenen Provisionen auf die regulär gelieferten Waren und, fast nicht erhofft und dann unvermutet hoch, auch die 80% der Provisionen, die bei erfolgter Lieferung und Kundenzahlung der Nachtwäsche fällig geworden wären. Es war mir, als ich den Buchungsbeleg bekam, ganz so als hätte mir da jemand noch ein letztes Gutes tun wollen.

Wir haben uns dann verabschiedet und dabei ist es mir durch den Kopf gegangen, dass ich Alice Sommer etwa nie wieder sehen würde. So ist es auch gekommen. Im November haben wir noch ein paarmal Male telefoniert und es hat auch Korrespondenz hin und her gegeben. Dass ich ihr Briefzeichen – /as – jahrelang und bis heute als mein Zusatzzeichen für die von mir selbst getippten Briefe – *HGZ/as* – verwenden würde, das ahnten wir damals beide nicht.

Dann ist es praktisch nur noch ein Auslaufen gewesen. Mit der Mücke hatte ich noch aus Zürich lange telefoniert. Sie hat Bescheid gewusst.

Und wieder in Bozen, in Mailand.

Sicher haben wir in der Greif Bar gesessen, nach meiner keineswegs glorreichen Rückkehr aus Zürich, oder im Dom Café, unserem zweiten Stammplatz, und wahrscheinlich einen Vermuth getrunken; vielleicht auch Milch mit Rum... auf alle Fälle Alkoholisches. Und bestimmt hat die Mücke ein-zwei Zigaretten mehr als sonst geraucht. Die Details von *wo* und *wie* sind ja auch nicht weiter wichtig. Wieder einmal sind wir eben zusammen gesessen und haben beredend gedacht, hin und her denkend beredet. Klar ist uns dabei nur eines gewesen: Schnellstens musste ich mir etwas Neues finden und bis dahin das aus Zürich überwiesene Geld – den Beleg dafür hatte ich zum Vorzeigen dabei – äußerst sparsam nur verwenden.

Aber nach Mailand musste ich noch. Um das Vereinbarte abzuwickeln und vielleicht...

Was ich dort noch machen und erreichen konnte, war kaum der Rede Wert. Die Fratelli Calcaterra haben sich bereit erklärt, weiter die Naturana-Linie im Angebot zu halten und davon zu bestellen, solange Inro noch existieren und dafür zuständig sein würde. Vom gewaltigen Lagerbestand jedoch, den Mengin verschuldet und der das Debakel begründet hatte, von dem *en bloc* wollten sie nichts wissen; auch nicht bei meinem fast selbstmörderisch versuchten Angebot von bis zu 50% Rabatt auf die normalen Großhandels-Preise. TEE Lau hatte dafür nur ganz vage so etwas wie Grünes Licht gegeben.

All'Onestà hat auf die bestellte und fast unverzagt immer noch erwartete Helfferich-Ware ohne Regressanspruch verzichtet, den regulär gelieferten Naturana-Teil der Aufträge am Fälligkeitstermin korrekt bezahlt und zudem die Tür für eine eventuelle Zukunft noch ein bisschen offen gelassen. Mit Disco Rosso konnte ich vereinbaren, dass die vorgesehenen Lieferungen der für sie exklusiv vereinbarten BH-Modelle weiter laufen konnten, eventuell bald jedoch nur noch mit direktem Draht nach Zürich und also ohne mich.

Die mühsam angeleierten Kontakte zu den ganz großen Ketten – zu Standa, Upim und letztlich Coin – waren immer noch nicht über ein *vielleicht* und *vielleicht bald* hinaus zu bringen und damit wohl erledigt. Für mich jedenfalls. Mit den kleineren Kunden ist es recht durchwachsen gelaufen. Etliche haben Inro verteufelt, mir selber aber, gelegentlich fast liebevoll, meist alles Beste gewünscht.

Meine freundliche Mailänder Bleibe bei den Spadari in der Via Lorenteggio musste ich kündigen. Ich habe es Mitte November getan. Es war traurig und es ist dann ein melancholischer Abschied geworden.

Nach Turin musste ich auch noch einmal, zu Pejrani. Das ist ein recht unangenehmes Treffen geworden, aber kaum schlimmer als die vorhergehenden auch schon. Irgendwie haben wir uns auf dem Boden der Tatsachen geeinigt und der Bericht nach Zürich konnte dann besser werden, als er dort vielleicht erwartet war.

So war denn auch dieser Teil meines Jobs der Abwicklung erledigt. Finanziell gebracht hat es mir nichts. Und Turin ist mir auch mit diesem Besuch nicht lieber geworden. Es war damals die einzige Stadt, die ich im Wortsinn echt *nicht riechen* konnte mit ihrem mir als für sie typisch eingeprägten Duftgemisch von sich selbst ausgrenzendem Proletariat, alt gepflegtem Dünkel und dem dazu aufgesetzten modernistische Gehabe, das ich glaubte, so richtig physisch als muffig-säuerlich in der Nase zu haben. Da wusste ich noch nicht, dass ich später Turins Umland lieben und die Stadt immer tunlichst umgehen würde.

Mitte November war fast alles abgeschlossen und erledigt. Zwei- oder dreimal musste ich dann noch kurz nach Mailand. Da habe ich wieder in der schmuddeligen, billigen Pension an der Via Porpora geschlafen, der meiner ersten Mailänder Nächte im Frühling. Dabei ist es mir vorgekommen als seien Jahre vergangen und nicht gerade mal so sieben Monate.

Das war's dann fast schon.

Mir war das Wichtigste nun, einen neuen Job zu finden. Mit dem vernünftig betrachtet doch recht kleinen Polster an Zahlungen, die ich in Zürich noch bekommen hatte, war nur eine kurze Zeitstrecke überbrückend gedeckt und auf zusätzliche Überweisungen von Inro war nur noch mit fast übergroßem Optimismus zu rechnen. Es war ein schnell davon eilender November und wieder war es die für Jobangebote gar nicht glückliche Vorweihnachtszeit – wie fast genau vor einem Jahr.

Das Projekt *Melida* hat ja noch im Raum gestanden, aber nur irgendwo am Horizont, mit einer Zielvorgabe von noch mindestens einem halben Jahr bis zum Start und wohl auch mehr. Ich wollte es nicht aus den Augen verlieren. Jetzt aber war schnell Konkretes nötig.

Ich habe Glück gehabt und dem auch ein wenig nachgeholfen. *Pavesi.* Ein neues Kapitel tut sich auf.

*

Mir ist damals keineswegs klar gewesen, wie viel ich für meine Zukunft profitiert habe, in diesen kurzen Monaten für und mit Inro. Eines vor allem und ganz besonders: Die Angst war gebannt. Oder richtiger: Meine Verunsicherung habe ich überwunden, wenigstens weitgehend.

Angst, echte Existenzangst, hatte mich schlagartig gekapert, als ich neben meines Vaters Sterbebett stand und der Rica, meiner Mutter, Erstreaktion zu hören bekam: *Und Geld haben wir auch keines!* Sie hatte es nicht resignierend gesagt, sondern geradezu bitter anklagend heraus geschleudert. Es war mir fast zum Trauma geworden, hatte mich wohl letztendlich dazu gebracht, dass ich es akzeptierte, mich als Familienernährer zu versuchen, was mit dem Zwischenspiel in der Tbc-Klinik geendet hatte. Die Angst war noch und wieder da, als ich von dort mehr geflohen als entlassen wurde. Und sie hatte mich das ganze Jahr über fühlbar in den Klauen. Jetzt aber, wo ich wiederum vor dem Nichts stand, ließ sie mich in Frieden.

Es ist nicht so, dass ich später dann gegen Existenzangst völlig immun gewesen wäre. Immer wieder ist es auch später vorgekommen, dass sie sich zischend bemerkbar machte. Aber nie mehr war sie dominant, so beeinflussend, dass sie mir nachts zum Inkubus geworden wäre.

Es hat wohl daran gelegen, dass meine Angst aus tief gelegenen Schichten gekommen war. Wenn ich mich so zurück erinnere, war ich eigentlich immer schon irgendwie verunsichert. Als Schüler war es mir nicht gegeben, fremden Erwachsenen locker entgegen zu treten. In ungewohnt größerem Kreis war ich oft stumm, weil ich mich nichts zu sagen traute. Vor *Höher Gestellten* hatte ich indoktrinierte Scheu. Das war jetzt weg. Soweit ich es rückblickend sehe, erscheint mir nach Inro keine einzige Situation mehr, in der mich Scheu vor anderen, zumal vor *wichtigen Leuten* auch nur kurzzeitig ausgebremst hätte. Eher ist es im Gegenteil geradezu so geworden, dass mir die schwierig erscheinenden Begegnungen und Situationen beinahe die liebsten wurden.

Das rechne ich der praktischen Erfahrung zu, die mich unvorbereitet überfallen hatte, als ich dem Mailänder Umfeld und Kundenpotential unberaten gegenüber stand; als ich unbedarft in den Büros und Schauräumen von Deutschlands führenden Wäscheherstellern saß und die ängstliche Begierde der dort leitenden Leute fast körperlich fühlte, nahezu einatmete; auch als ich mit den Ein-käufern der Kaufhaus-Ketten Upim und Standa sprach und dabei merkte, dass *sie* mehr nach Schmier-Zuwendungen gierten, als *ich* nach Aufträgen – eine Situation, die in meiner Lage echt paradox war. Das Schlüsselergebnis war aber doch wohl der Züricher Ausbruch von TEE Lau. In dem Augenblick, als er sein *Ich bin der Chef!* donnerte, war in mir plötzlich glasklar, dass andere sich auch schwach fühlen konnten, verunsichert waren und damit jederzeit mir auf Augenhöhe.

Eine Menge Praktisches habe ich zusätzlich gelernt in der kurzen Zeit mit Inro. Die Begegnung mit Kunst und Technik der Graphik vor allem, die mir Maria Lau auf unsrer Deutschland-Tour vermittelt hatte. Sie sollte mir noch eine wichtige Rolle spielen. Dann auch der ganze Komplex internationaler Warenabwicklung, die Warenkunde der Intim-Mode, die Abhängigkeit der Hersteller von ihren Wiederverkäufern, die Gepflogenheiten von Kaufhaus-Ketten bei Lieferantenwahl und Auftragsvergabe...

Ich habe erfahren, wie es jenseits der dolomitischen Bergriegel aussehen kann, wie die Menschen anderswo leben, denken und ihre Freizeit gestalten. Und ich habe mitbekommen, wie freundlich, offenherzig und großzügig die Menschen *aus dem Volk* in Italien überwiegend sein können.

Knapp acht Monate Inro haben gereicht, so etliches von dem abzuschütteln, was mich zwei Jahrzehnte lang einengend geprägt hatte. Oder vielleicht besser: Sie haben gereicht zu beginnen, ein kleines Stück davon zu überwinden.

*

Inro hat es als kleines Handelsbüro noch ein paar Jahre lang gegeben, allerdings bald nicht mehr am Neumarkt in der Züricher Altstadt. Die Räume dort hat Maier + Schneider zusätzlich gemietet und auf dem Schild an der Tür stand dann Melida.

TEE Lau hat sich zwischendurch gelegentlich noch mal gemeldet. Einmal noch hatten wir gut ein Jahr später, im Januar 1961, eine intensive Begegnung. Den Prozess mit Mengin hat er durchgehalten, solange er die Anwaltskosten bezahlen konnte... und dann nach ein paar Jahren doch verloren. Eine letzte Weihnachtskarte kam wohl 1963 von ihm, aus Chemnitz, aber ohne Adresse.

Auf meinen Streifzügen durch Mailand, nur ein paar Jahre später, habe ich schon so manches nicht mehr gefunden – und vieles ist dann bald auch noch verschwunden: das Albergo Diurno mit den Mietschreibmaschinen, die Bar Motta samt den abendlichen Opernarien, die meisten der

Parkplätze im Mailänder Zentrum und die Autohalde abgeschleppter Parksünder am Polizeipräsidium an der Piazza Beccaria, die Telefonvermittlung in der Galleria...

Auch die Crota Piemunteisa ist einem McDonalds gewichen und nacheinander verschwunden sind fast alle alten Kneipen, in denen sich fast nur Männer zum Politisieren und Kartenspielen getroffen hatten. Die Sorelle Negri an der Piazza San Babila aber sind über die Jahrtausendwende hinaus unverändert eine Institution geblieben, die längst schon von den Töchtern gepflegt wird. Und bis ganz kürzlich hat es auch All'Onestà noch gegeben.

Die Familie Spadari habe ich nach Jahren wieder gesucht. Sie waren umgezogen. Der Pförtner in der Via Lorenteggio wusste nicht, wohin.

Pavesi, ein Intermezzo.

November 1959. Das Projekt Inro war plötzlich geplatzt wie ein Luft-ballon und das so solide geglaubte Schweizer Unternehmen praktisch pleite. Im rauen Novemberwind verweht waren alle die darin gesetzten Hoffnungen, die Energien, das Gefühl von neu gesichertem Einkommen. Nur ganz knappe Reserven hatten sich in der kurzen Zeit ansparen lassen, aber die Auto-Raten liefen weiter und auch die Ausgaben des täglichen Lebens.

*

Gerade eben hatte ich noch goldene Herbstpläne geschmiedet und jetzt war es vorbei. Der *Crash* von Inro war so schnell und hart gekommen wie ein Hagelschlag. Ich stand praktisch auf der Straße und hatte nur das Glück, noch ein letztes Mal das monatliche Festgeld und einen Großteil der erarbeiteten Provisionen bekommen zu haben.

Jetzt war nicht die Zeit zum Überlegen. Einen neuen Job brauchte ich, was immer auch für einen, wenn nur rasch zu bekommen und halbwegs lebensbefähigend bezahlt. Aber mit Angeboten war der Augenblick nicht reich gesegnet. Der vorweihnachtliche Kalender stand nicht auf meiner Seite. Da galt es, nicht nur alle erreichbaren Zeitungen zu durchforsten und schnell auf Interessantes zu reagieren, sondern auch selber zu inserieren und zu telefonieren und zudem noch spontan auf Leute zuzugehen, die vielleicht etwas anzubieten hatten oder wenigstens etwas wussten.

Einer meiner ehemaligen Kunden aus der Zeit im *Familieneinsatz*, dem Jahr gleich nach dem Abitur und vor der Mottenburg, gab mir den brandheißen Tipp von *Pavesi*.

Pavesi war damals einer der drei größten unter Italiens Keksherstellern, neben Saiwa und Colussi. Als Nachkriegsgründung war es die jüngste der drei Marken, aber mit seinem Spezialgebäck, den Löffelbiskuits *Pavesini*, ein angesehener, aktueller Anbieter.

Die Leute hätten keinen Gebietsvertreter für Südtirol, wurde mir berichtet. Wer die Aufgabe übernommen habe, sei immer wieder schnell verschwunden. Die Firma würde den Fehler machen, immer nur Italienischsprachige einzustellen, die von den Südtiroler Kunden *natürlich* nicht akzeptiert seien und deshalb *keinen Fuß in die Tür* bekämen. Ich solle mich doch mal dort melden.

Sofort bin ich losgespurtet. Telefonanruf zur Verkaufsleitung am Firmensitz in Novara, dessen Nummer leicht zu finden war; die üblichen Schwierigkeiten, bis zu einen der Entscheidungsträger durchzukommen; kurze Begründung des Anrufs und meiner mit gewollt leicht rauchigem Akzent vorgetragenen Meinung, genau der schon lange Gesuchte zu sein. Es hat geklappt. Der Besuch eines Gebietsinspektors wurde mir angeboten, schnell für einen der folgenden Tage. Im Hotel Città am Waltherplatz könne ich ihn treffen. Lebenslauf und Lichtbild möge ich mitbringen.

Wir haben uns getroffen und einander vorgestellt. An einen smarten, noch jungen Mann erinnere ich mich, der gezielt befragte und recht aufmerksam zuhörte. Den Namen habe ich vergessen. Von seiner Geschäftsleitung war er wohl über meinen ungewöhnlichen Anruf informiert worden. Jedenfalls wollte er gleich nach dem üblichen Vorgeplänkel hören, warum ich denn der Meinung sei, für Pavesi der richtige Mitarbeiter zu sein.

Und so habe ich ihm erzählt: Davon, dass meine Familie seit dem Krieg die Gebietsvertretung von Saiwa hatte; dass ich deshalb von Keksen und der Konkurrenz reichlich etwas verstand; dass ich erst kürzlich selber ein Jahr lang den Südtiroler Außendienst für Saiwa gemacht hatte und deshalb Markt und Kunden kannte. Über die Zeit in der Mottenburg und dem Jahr danach habe ich nichts gesagt. Irgendwie hatte ich das auch im geschriebenen Lebenslauf glättend ausgelassen.

Er wollte wissen, wie groß mein aktiver Kundenstamm für Saiwa gewesen sei. Die Zahl von mehr als 420 erschien ihm maßlos übertrieben und absolut unrealistisch. Daran wäre unser Gespräch fast gescheitert. Pavesi habe es in gut zehn Jahren Präsenz gerade mal auf etwa 90 Kunden in ganz Südtirol gebracht, hörte ich von ihm, und das sei ein erreichtes Ziel, auf das man im Hause sehr stolz sei. Warum es dann aber das doch zugegebene Vertreterproblem gab und wir uns deswegen gegenüber saßen, das blieb irgendwie in der Luft hängen. Ich habe diplomatisch meine Zahl heruntergenommen, obwohl sie völlig richtig war. Über die anscheinende Übertreibung nachsichtig gelächelt hat mein Gegenüber und sie dem jugendlichen Versuch zugeordnet, beeindrucken zu wollen, um den Job zu bekommen. Dass Saiwa im Gebiet mehr, vielleicht doch viel mehr Kunden hatte als Pavesi, das wusste er offenbar doch und er hat später aus seinem Wissen auch kein Hehl gemacht. Ob ich ein Auto habe, wollte er noch hören.

Dann hat er mich gebeten, ihn in etwa zwei Stunden wieder zu treffen. Er wollte wohl mit seiner Direktion telefonieren oder etwa einen weiteren Bewerber ansehen oder noch ein paar Informationen über mich einholen.

Kurz und gut, beim Treffen danach hat er mir sein Angebot gemacht und ganz so getan, als hätte ich dem schon zugestimmt: Gebiet ganz Südtirol für Groß- und Einzelhandel; Einstellung als *agente esclusivo*, also als Reisender, der keine Firmen zusätzlich vertreten durfte; Festgehalt 40.000 Lire ohne weitere Spesenvergütung; dazu 5% Umsatzprovision plus 3% Prämie für den ersten Auftrag jedes neu gewonnenen Kunden. Gerade dieses letzte Detail, das von der Prämie, hat er mit deutlich süffisantem Lächeln gesagt und, wie bei sich, noch dazu gemurmelt: *420.*

Aber dann kam der Hammer und er wusste gar nicht, dass es einer war. Ich würde doch das Gesetz kennen, meinte er, nach dem es eine Gesundheitsprüfung brauche für jeden, der beruflich mit Lebensmitteln zu tun habe. Wer da etwa Tbc habe oder sonst welche ansteckenden Krankheiten dürfe nicht arbeiten, wo Nahrung hergestellt oder verkauft werde. Das nehme Pavesi sehr genau. Und deshalb möge ich mich in den nächsten Tagen in der Pavesi-Filiale in

Padua melden, um beim dortigen Vertrauensarzt gleich den Gesundheitstest zu machen, was natürlich nur eine Formalität sei. Von der Filiale könne ich dann auch gleich mitnehmen, was ich für den Start so brauche: den Katalog, ein paar Probemuster, Preislisten und Auftragsblocks, Werbegeschenke... ja, und auch den Vertrag natürlich.

Ich habe an die Mottenburg gedacht und an den Pneu, den ich noch mindestens ein Jahr lang haben sollte und der meine gerade ausheilende Tbc beim ersten Röntgen verraten würde. Mir ist eisig geworden. Den Vorvertrag, der wohl in der Zwei-Stunden-Pause ausgefüllt worden war, habe ich zitternd entschlossen unterschrieben. Wir haben Tag und Uhrzeit meines Eintreffens in der Filiale vereinbart. Mit breitem Lächeln er, ich wohl mit ihm unerklärlich etwas verkniffenem, haben wir uns verabschiedet, mit wechselseitigem Glückwunsch für erfolgreiche Zusammenarbeit und Zukunft.

Zum vereinbarten Termin war ich in der Padua-Niederlassung von Pavesi. Sofort bekam ich die Anschrift der Arztpraxis, mit dem Hinweis, dass dort alle Routineuntersuchungen bei Neueinstellungen gemacht würden und ich schon angemeldet sei. Also bin ich denn bibbernd dorthin gegangen.

Der Arzt machte einen netten Eindruck, wie eigentlich die meisten Ärzte im ersten Kontakt, weil sie sich ja nicht die Patienten verschrecken wollen. Seine ersten Fragen galten meinem Musterungsbefund beim Militär, also ob ich als *tauglich* eingestuft war, und ob ich öfter mal in einen Puff ginge, wegen etwaiger venerischen Ansteckungen. *Ja* zum einen; *nein* zum Puff.

Dann meinte er, ich solle mich mal frei machen für die Untersuchung, und setzte dazu, weil er mich offensichtlich etwas nervös fand, er habe noch niemanden gefressen. Das schien mir der geeignete, aber auch letztmögliche Moment, wieder einmal eine Flucht nach vorne zu machen.

Also sagte ich ihm, er brauche mit der Untersuchung gar nicht erst anzufangen. Dann habe ich ihm berichtet: Tbc, ausgebrochen vor knapp 18 Monaten; gut ein Vierteljahr Aufenthalt in der Tbc-Klinik; negative Sputum-Tests seit über einem Jahr; Pneumothorax, verschrieben für noch wenigstens ein weiteres Jahr der voraussichtlich völligen Ausheilung. Er hat sich das angehört, samt dem abschließenden Appell, dass ich den Job brauche und zwar echt. Ich möge mich doch frei machen, wiederholte er, ohne weiteren Kommentar. Dann kamen alle die Rituale, die bei Untersuchungen so üblich sind; aber zusätzlich auch der Röntgenschirm und langes Betrachten von vorne, von hinten, seitlich links und rechts. Ich wusste nicht, wozu das noch gut sein sollte. Das Verdikt war ja schon bei meiner Erzählung gefallen, weil es dazu schon vom Gesetz her keine Alternative gab. Während ich mich anzog, saß der Arzt an seinem Schreibtisch und kritzelte in Formulare. Als ich mich verabschieden wollte, gab er mir einen Teil davon in einem Umschlag, den ich zur Verwaltung bei Pavesi bringen möge. Und auf meine Frage *Wozu denn?* antwortete er ganz sachlich: *Sie wollen doch den Job!* Er hatte einfach bescheinigt, dass ich OK sei. Ich blieb glotzäugig verdutzt, wie damals beim Führerschein, den ich auch bekommen hatte, weil ich ihn dringend brauchte und trotzdem ich die Fahrprüfung mit einem Fast-Unfall völlig versemmelt hatte.

Der Rest vom Tag hat sich dann abgespult mit dem Ausfüllen von allerlei Papieren, hurtiger Einführung in die Produkte und die Verkaufsbedingungen, den Informationen über so etliche firmeninterne Gepflogenheiten und Normen... was man eben so als ein Minimum braucht, um als neuer Mitarbeiter auf den Markt losgelassen zu werden. Nach einem kurzen Umtrunk, eingeladen von ein paar der neuen Kollegen aus Verwaltung und Versand, bin ich nachts noch die knapp 200 km zurück nach Bozen gefahren. Ich war zu aufgekratzt, in Padua zu übernachten, und ich konnte es kaum erwarten, der Mücke zu berichten.

Die überragenden Umsatz- und Imageträger von Pavesi waren die speziellen *Pavesini*, kleine Löffelbiskuits, die eine

Erfindung des Firmengründers und die Grundlage des Erfolges waren.

Aber Pavesi hatte sehr richtig erkannt, dass ein einziges Produkt und Standbein kein ausreichendes Potential für einen Industriebetrieb sein konnte. Bald wurde deshalb gut ein Dutzend weiterer Kekse entwickelt, die sich in attraktiven Packungen darboten, aber von denen keine Variante auch nur annähernd so innovativ und eigenständig war wie die *Pavesini*. Die meisten waren Nachahmerprodukte ohne besonderes Flair. Und wo es neu Originelles gab, war das weder an sich besonders verlockend, noch sehr geeignet, eine freudige Akzeptanz Südtiroler Händler und Konsumenten anzureizen. Da war etwa das noch ziemlich neue Lieblingskind der Vertriebsleitung. Es war ein Kleingebäck in zwei Varianten, die *Strüdel ai Fichi* und *Strüdel all'Uva* benannt waren, also italienisiert verballhornt *Feigenstrudel* und *Traubenstrudel*, was schon von den Produktnamen her Ablehnung im überwiegend deutschsprachigen Gebiet bewirkte.

Abschreckend kam dazu noch die Konsistenz der Kekse, die mit Strudel nur gemeinsam hatten, dass es außen eine Teigschicht und innen eine Fruchtfüllung gab, aber ansonsten mit ihrer picksüß klebrig zähen Masse allerhöchstens dazu geeignet waren, das Wohlwollen gieriger Zahnärzte zu gewinnen.

Dem Direktorium von Pavesi war durchaus klar, dass nach dem ersten Treffer mit den Löffelbisquits kein großer Wurf mehr gelungen war. Und so wurde ganz einfach festgesetzt: Wer *Pavesini* bestellen wollte, musste wenigstens zwei weitere Produktreferenzen dazu ordern, immer für je einen Karton *Pavesini* wenigstens einen Karton aus der restlichen Palette. Dass für die *Pavesini* recht intensiv geworben wurde und für den Rest nicht, das spielte für die Ordervorschrift keine Rolle.

Es war *Verkaufserpressung*... und gerade für Südtirol gar nicht gut, weil Südtiroler immer dazu neigen, die Borsten aufzustellen, wenn ihnen irgendetwas *draufgedrückt* wird, wie schon Napoleons Bayern mit den Leuten von Andreas Hofer erfahren haben.

Die Verkaufsbedingung war aber nun einmal gegeben und hatte eingehalten zu werden. Da machte es nicht viel Sinn, zu überlegen, ob der bisher knappe Erfolg samt dem häufigen Personalwechsel nun überwiegend daran lag, dass nur italienischsprachige Reisende eingesetzt worden waren, oder ob nicht doch etwa die Verkaufspolitik und das Produktangebot dafür fast ebenso verantwortlich waren.

Noch knapp rechtzeitig für die allerletzten Brösel des Weihnachtsgeschäftes bin ich zurück in die Tour gekommen, die ich für Saiwa und Nestlé ein Jahr lang gemacht hatte: alle die Bäckereien und die auch die Süßwaren verkaufenden Läden der Städte und Dörfer, bis hinauf zu den Grenzpässen und hinein in Südtirols hinterste Täler.

Ich hatte es leicht, weil ich überall bekannt und auch fast überall noch erinnert war. Ich habe es mir leicht gemacht, weil ich mir alles so einteilen konnte, wie ich das wollte. So konnte mit den Besuchen bei den als besonders freundlich erinnerten Kunden anfangen und mir die härteren Brocken für einen zweiten Durchlauf sparen, was den Anfang schon mal einfacher machte.

Nach ein paar Probeläufen war mein An- und Auftritt bald ausgefeilt. Die Platte lief ganz einfach so: Ich bin wieder da, aber mit Neuem; kein riesiges Angebot sondern nur eine Handvoll Produkte, die schnell erklärt und alle gute Renner sind; Kekse... Pavesi... allemal moderner und aktueller als Saiwa, wenn man mal von Waffeln absieht, die Pavesi leider nicht herstellt.

Oft ungern aber meist geduldig habe ich fast überall Gehör gefunden. Das *walsche* Image der Marke konnte ich schnell ausbügeln mit dem Hinweis, dass die zwei größeren Konkurrenten und die kleineren ebenfalls nur rein italienische Firmen waren und ihre Produktionsanlagen noch viel südlicher als Novara hatten. Schwieriger war es da schon, mit der doch erpresserischen Verkaufsbedingung Zugang zu finden. Aber die musste den Kunden ja nicht unbedingt *aufs*

Brot geschmiert werden, zumal wenn sie noch nie Pavesi gekauft hatten. Meist hat es gereicht, mit dem Katalog ganz hinten zu beginnen, und dann, nach schon erzielten Zustimmungen, auf die *Pavesini* als das Prämiumprodukt zu kommen, das sich so ganz allein und verloren im Regal gar nicht gut machen würde, weil eine Marke vom Verbraucher doch nur dann positiv vermerkt werde, wenn sie Gewicht und Vielfalt zeige. Fast immer, wenn ein Kunde neu für Pavesi zu gewinnen war, hat das funktioniert. Weniger locker wurde es später dann, wenn Nachbestellungen fällig wurden und überwiegend nur die *Pavesini* gut abverkauft waren.

Weihnachten näherte sich rasend schnell. Diesmal hatte ich ein richtiges Geschenk für die Mücke, weil ich schon recht gute Pavesi-Provisionen in Aussicht hatte und deshalb ein bisschen leichtsinnig mit dem letzten Geldpolster von Inro umgehen wollte.

Beim Juwelier Bonetti unter den Lauben lag tagelang ein fein gravierter Goldring mit leuchtendem Tigerauge im Schaufenster. Immer und immer wieder ist die Mücke da stehen geblieben, wenn wir abends dort vorbei gingen. An Weihnachten habe ich den Ring in seinem Etui zwischen Schokotrüffeln in einer Pralinenschachtel so versteckt, dass die Überraschung dann doch groß war.

Zum Feiern war ich bei der Mücke zuhause eingeladen. Es war entspannt und freundlich. Später dann sind wir den langen Weg über die Talferpromenade zur Altstadt gegangen, wie schon im letzten Jahr, in der Kapuzinerkirche zur Christmette und den dort von uns so geliebten Chor zu hören. Das Auto haben wir stehen gelassen, um dann auch noch den Rückweg durch die Nacht vor uns zu haben.

Motiviert von der 3%-Prämie für jeden Erstauftrag eines neuen Kunden, aber nicht nur davon, sondern auch von angepeiltem Selbstbeweis, habe ich mir von Anfang an das Ziel gesetzt, im Schnitt täglich zwei Neukunden für Pavesi zu gewinnen.

Bei gut 20 monatlichen Arbeitstagen sollten das in sechs Monaten 240 Neukunden sein, um so, samt den rund 90 vorab schon bestehenden, schon im ersten Semester die 300-Marke locker zu überschreiten. Mehr wollte ich mir selber nicht auflegen. Und auch für die Größe der Erstaufträge habe ich mir kein Minimum gesetzt. Bei meinen früheren Saiwa-Kunden wusste ich, in welchem Rhythmus und wie viel in etwa sie an Keksen bestellt hatten, und daran konnte ich die Angebotsgespräche so ausrichten, dass die Aufträge nicht zu klein ausfielen.

Stark steigern konnte ich gegen früher die Zahl meiner täglichen Besuche. Vorher, verantwortlich für Nestlé *und* Saiwa, brauchte ich immer mindestens eine halbe Stunde für jeden Kundenbesuch, wozu natürlich die Wartezeiten kamen, die für jeden Vertreter langweilige Pflicht sind und oft auch länger dauern als dann das Verkaufsgespräch.

An normalen Tagen, wenn also nicht allzu viel Fahrzeit anfiel, konnte ich früher täglich neun bis zehn Kunden besuchen und zu etwa sechs Verkaufsgesprächen zugelassen werden. Dann war der Tag aber schon voll, zumal wenn auch noch etliche Autokilometer dazu kamen. Jetzt aber, mit so viel kleinerer Kollektion, konnte ich jetzt im Tagesdurchschnitt auf deutlich mehr Besuche kommen. Allerdings lief dabei dann auch so manches Verkaufsgespräch ins Leere, was ich früher so nicht gewohnt war. Bei etlichen brauchte es eben drei oder vier Besuche, bis sie sich dazu durchringen konnten, die ihnen neue Marke aufzunehmen.

Insgesamt hat sich vom ersten Tag an Erfolg eingestellt. Bei den alten und sozusagen geerbten Pavesi-Kunden hatte ich schon zu Anfang kaum Schwierigkeiten, sofort einen Auftrag zu bekommen. Viele hatten seit Monaten keinen Vertreter gesehen und waren nahezu in Wartestellung. Das war eine angenehme Ausgangslage. Darauf aufbauend, habe ich es mir bald schon möglichst so eingeteilt, dass ich mir den ersten Teil des Tages diesen Stammkunden vorbehielt, um so ein Erfolgs- und Provisionspolster zu bekommen, und den Tagesrest denen widmete, die ich neu gewinnen wollte.

Damit konnte ich die Tage meist in zwei Varianten des Verkaufsgespräches gliedern, was auch Abwechslung in die Routine brachte.

In den ersten Wochen, knapp vor Weihnachten, war ich mit meinem Neukunden-Ziel ein bisschen hinter der mir selbst gesteckten Vorgabe zurückgeblieben. Mir war es in erster Linie darum gegangen, die oft schon recht lange nicht mehr besuchten Altkunden von Pavesi zu bearbeiten und bei denen, deren Regale meist schon leer gekauft, aber die doch noch nicht völlig zur Konkurrenz abgewandert waren, möglichst viele und habhafte Nachholaufträge herein zu holen. Dafür, Neukunden zu gewinnen, war die Vorweihnachtszeit sowieso recht ungeeignet.

Die zweimal wöchentlich an die Zentrale geschickten Aufträge haben dort wegen Zahl und Umfang sofort freudig überraschte Reaktionen ausgelöst. Sogar einen handschriftlichen Glückwunsch vom Vertriebsleiter bekam ich dazu mit der Weihnachtspost.

Ab Januar kam ich in meinem Neukunden-Plan dann aber gut in die mir vorgegebene Norm und auch darüber. Anfangs konnte ich wöchentlich zwölf bis fünfzehn neue Kunden für Pavesi gewinnen und vor Ostern, in den ersten Apriltagen, waren es schon knapp mehr als 180 neue, womit der übernommene Kundenstock verdreifacht war. In den folgenden beiden Monaten ist es dann kontinuierlich ausweitend weiter gegangen, wenn auch nicht mehr mit so hastigem Wachstum. Die meisten der neuen Kunden haben zudem angefangen, in normalem Sechs-acht-Wochen-Rhythmus nachzukaufen, wenngleich dabei natürlich nicht ausgeblieben ist, dass etliche auch murrten, weil sie eigentlich nur *Pavesini* ausverkauft hatten und nachbestellen wollten.

Von der Zentrale in Novara kamen nun nahezu regelmäßig verwunderte und auch bewundernde Signale; zumal als sich mehr und mehr herausstellte, dass auch die Zahlungen pünktlich erfolgten, was wohl in etwa bezweifelt war.

Ich war wieder auf Tour zu Kunden, die ich kannte und die mich kannten. Keine Inspektoren wollten mich kontrollierend begleiten und wohlmeinend anleiten. Die statistisch von der Zentrale berechneten und monatlich zugeschickten Umsatzvorgaben schreckten mich nicht, weil sie leicht schon zur Monatsmitte erreicht werden konnten. Fixum, Provisionen und Prämien wurden stets fristgerecht meinem Konto gutgeschrieben. Das Auto, den Kobold, konnte ich unbesorgt auftanken und in die Täler fahren, ohne auf eine rot blinkende Benzinuhr achten zu müssen, wie das in der Zeit meiner *Familientätigkeit* die Norm gewesen war, und auch satt konnte ich mich essen mit der Sicherheit, trotzdem noch Reserven in der Tasche zu haben für nette Abende und die Wochenenden mit der Mücke.

Von drohender Firmenpleite oder ähnlicher Unbill – Inro saß mir immer noch im Kopf – konnte bei Pavesi weitab nicht die Rede sein. Weit fern von allen Gedanken konnte auch jegliche Befürchtung sein, den Job zu verlieren, denn dafür waren die alle Erwartungen der Zentrale übertreffenden Ergebnisse viel zu gut. Und auch gesundheitlich waren da keine Probleme. An das wöchentlich zweimalige Röntgen und Füllen hatte ich mich gewöhnt und auch sonst fühlte ich mich fit.

Weiterhin habe ich in der Familienwohnung in der Bahnhofstraße mein altes Zimmer gehalten und wohnte dort, praktisch nur um zu schlafen. Ohne besondere Abmachung legte ich der Rica monatlich 2.100 Lire dafür auf den Küchentisch, was genau ein Sechstel der damaligen Miete für die Sechs-Räume-Wohnung war. Waschmaschine und Bügeleisen nutzte ich bei Bedarf und die Nebenkosten ignorierte ich einfach, so wie ich die Mitbewohner übersah und sie mich.

Es gab keine Probleme, keine Unsicherheiten. Fast hätte es ein Ansatz sein können für einen einigermaßen vernünftigen Lebensentwurf. Ich wusste, wie relativ anständig gute Firmenvertreter für Süßwaren oder auch für Delikatessen in Südtirol verdienen konnten. Meine Kunden konnte ich als recht sicheren Stamm betrachten. Die Möglichkeit Pavesi dahingehend zu überzeugen, mir früher oder später, eventuell gegen Verzicht auf das Fixum, die Annahme einer weiteren Vertretung als Nebenarbeit und Zusatzeinkommen zu erlauben, war kein abwegiges Gedankenspiel. Die Mücke hatte sich in der Buch-Filiale großartig eingearbeitet, begeistert von ihrer Arbeit und allseits hohe Wertschätzung genießend. Alles hat dafür gesprochen, jetzt darauf aufzubauen. Fast alles. Vieles.

Trotzdem aber...
Bei aller Freude über den Job und darüber, wie gut er sich anließ, wusste ich immer, vom ersten Augenblick an, dass es nur ein Intermezzo sein könne. Und ich hoffte, dass sich dieses Intermezzo nicht allzu lange hinziehe, auf dass es nicht doch zu einem sozusagen eingefahrenen Gleise werde, aus dem auszubrechen dann von Woche zu Woche schwieriger werden würde. Die Mücke wusste darum und sie verstand mich ohne Zögern. Das aber auch anderen verständlich zu machen, zumal meinen Schwiegereltern, erschien uns äußerst schwierig. Und so haben wir es gar nicht erst probiert. Hier aber will ich es versuchen.

Wäre der plötzliche Tod meines Vaters nicht dazwischen gekommen, hätte ich nach dem Abitur mein Studium aufgenommen, so wie die meisten meiner Mitschüler auch. Ich wäre auf dem Weg zu einem echt anerkannten Diplom und einem Beruf gewesen, wohl endlich auch außerhalb von Südtirol.
Jetzt aber war ich Klinkenputzer von miefigen Läden und mehligen Bäckereien. Und das nicht mehr von der Familie gezwungen, sondern in ganz eigener Verantwortung. Mir war eindeutig klar, dass das nun ein Weg dahin war, sich zu Dauerhaftigkeit zu betonieren. Klinkenputzer machen keine Karriere, wenn sie mal am Tropf gut rinnender Provisionen gehangen und ihre Routine als angemessen erfüllend akzeptiert haben.

Es mag dumm klingen, auf meine Lage geschaut, aber mir ging der sogenannte *Beruf* eines Handelsreisenden als solcher voll gegen den Strich. Schon als mein Vater ihn machte, von Bomben und Ehefrau dazu gezwungen, war er mir unangenehm. Ich war mental nicht darauf ausgerichtet, *darin* ein Leistung forderndes, lebensfüllendes Programm zu sehen.

Was war es denn auch schon?

In die Läden aktiver oder potentieller Kunden gehen und auf deren wohlwollende Gesprächsbereitschaft warten; Musterkoffer oder Kataloge aufmachen und die Produkte gebetsmühlenhaft präsentieren, nur selten von Gegenfragen oder gar von ernsthaften Argumenten unterbrochen; immer wieder repetierend nachfragen, was noch auf Lager und was zu ergänzen war. Das übliche Ritual dazu, kleinen Druck auszuüben, um einen Auftrag schreiben zu dürfen, und dann einen leicht größeren im Versuch, das Auftragsvolumen über das spontan vom Kunden Gewollte auszuweiten. Oder aber, in stets wieder kommender Alternative, zukunftsvertröstet ohne Auftrag einzupacken. Ein netter Dank noch und... das Ganze dann wieder von vorne.

Zehnmal und öfter am Tag. Stets nur Produkte anbietend, die andere entwickelt hatten, und papageiend Verkaufsargumente vorzubeten, die vorgegeben waren. Ganz selten mit dem Adrenalinkick, auf einen wirklich widerborstigen, konterkarierenden, harten Brocken von potentiellem Kunden zu stoßen, der Pfeffer und Salz in die Routine bringen konnte. Und am Tagesende, als einziges Erfolgserlebnis oder auch des Misserfolges, immer nur die drei *magischen Zahlen*: Zahl der Aufträge, Tagesumsatz, Provisionsertrag.

Inro war auch Klinkenputzen gewesen. Aber war eine Aufgabe mit eindeutig formulierter Karriereleiter angeboten und durchaus auch in anscheinender Sichtweite gewesen. Pavesi hingegen war deutlich eine Einbahnstraße, die einladend darauf wartete, betoniert zu werden. Ich aber war mir sicher, dass ich einen, meinen, Weg finden konnte, der mehr von mir forderte und damit auch mehr bot. Nicht mehr Geld. Schon gar nicht auf absehbare Zeit. Die Pavesi-Provisionen sprudelten reichlich.

Melida schwelt vor sich hin.

Die Züricher Abmachung mit Hugo Schneider und Kevin Meier war ernst gemeint gewesen und blieb auch ständig präsent, nicht nur in Gedanken. Mit kurzen Briefnachrichten und Telefonanrufen zwischendurch wurde ich stetig auf dem Laufenden gehalten und konnte so Monat für Monat den Fortschritt in der Schweiz verfolgen. Vor Ostern bekam ich Muster der nun kompletten Kosmetik-Serie und das ganze wissenschaftliche bzw. argumentative Dossier, das ich an den Wochenenden übersetzen konnte. Dann kam die Preisliste, die es ermöglichte, für Italien zu kalkulieren und mit denen der Konkurrenz abzugleichen. Die Schweizer Packungen waren sprachlich zu adaptieren... und... und...

Viel Gesprächsstoff hatten die Mücke und ich und angespannt aktiv waren wir in jener Zeit.

Trotzdem war das Ganze monatelang nicht mehr als schwelende Glut. Wir in Bozen und die in Zürich wussten nicht genau, wie das Projekt mit mittelfristiger Zielsetzung zu finanzieren sei. Ob die Produktlinie konkrete Chancen im Markt hatte und welche, das konnten wir nur von ein paar gegebenen Anzeichen her vermuten. Und die inzwischen angelaufenen Schweizer Verkäufe waren in ihrer Historie und Menge viel zu geringfügig, um für eine Marktplanung aussagewertig zu sein. Wir haben das alles nicht ignoriert und deshalb blieb es vorab ein Schwelbrand. Allerdings einer, der nicht nur vor sich hin kokelte, sondern viel Phantasie entzündete und mehr als das.

Irgendwann im späten Mai haben wir uns zu viert in Zürich getroffen – Meier, Schneider, die Mücke und ich. Schneider hatte ein kleines Startkapital für Italien erschlossen. Neueste Testberichte und Vertrauen weckende erste Schweizer Verkaufszahlen lagen als positive Komponenten auf dem Tisch. Wir waren angespannt wie Flitzebögen und alle vier so gründungsbegeistert, wie man das nicht oft sein kann in einem Leben.

Zum Start haben wir uns entschlossen. *Melida Cosmetic Italia KG* sollte es nun definitiv geben. Herzhaft haben wir unseren Mut gefeiert und mit reichlich *Pflümli* auch angemessen begossen.

Nach dem Wochenende teilte ich dann Pavesi mit, dass ich zum Quartalsende aufhören werde und sie schon mal anfangen sollten, Ersatz zu suchen. Begeisterung hat das nicht ausgelöst, nur ungläubiges Unverständnis.

Noch größer war aber das unverhohlen ablehnende Nichtverstehen bei Mückes Eltern, die nun definitiv der Meinung waren, ihre Jüngste sei einem Windbeutel in die Fänge geraten.

*

Das Intermezzo mit Pavesi hat mir nicht viel, also fast gar nichts an Zugewinn für meine Entwicklung und Fortbildung gebracht. So etwa wie Semesterferien war es für mich. Der gewonnene Vorteil war nur finanzieller Art. Jetzt hatte ich ein kleines Polster, das gut in unser neues und prickelndes Projekt passte.

Melida, Herausforderung.

Frühsommer 1960. Seit Anfang des Jahres und während des ganzen Pavesi-Intermezzos war der Kontakt mit Hugo Schneider in Zürich intensiv und das Projekt Melida allzeit präsent gewesen. Die uns selbst vorgegebenen Voraussetzungen zum Start in Italien, für deren Erreichen wir an die zehn Monate angesetzt hatte, waren schneller als angenommen gereift. Schon im Mai fühlten wir uns zum Start bereit.

*

Nochmals kurz worum es ging.

Hugo Schneider und Kevin Maier, die beiden Züricher Betriebsberater, die ich durch Inro kennen gelernt hatte, waren dabei, eine innovative Kosmetik-Serie zu entwickeln und in den Markt zu bringen: Melida. Als wir uns kennen lernten, waren die Erprobungen gerade in vollem Gange und es gab schon erste, gute Zwischenergebnisse. Wenn alles nach Plan lief, sollte die Linie gegen Ende des Frühlings in der Schweiz starten und, Anfangserfolge vorausgesetzt, dann schnell auch in Italien.

Italien sollte mein Territorium sein. Dafür war geplant, eine eigene Firma in Bozen zu gründen.

Dann: Die Labortests konnten früher als vorhergesehen abgeschlossen werden. Die Ergebnisse waren noch besser als erwartet. Mit einer dafür gegründeten und von Frau Schneider, einer ausgebildeten Kosmetikerin, geleiteten Firma war der Verkauf in der Schweiz um Ostern gestartet worden. Erste Zielkunden waren Pflegesalons, in deren Welt Frau Schneider gut Bescheid wusste. Packungen für den professionellen Einsatz wurden vorwiegend angeboten, daneben aber auch Verkaufspackungen für zufrieden behandelte Kundinnen. Schnell hatten sich gut Erfolg versprechende Anfangszahlen ergeben. Besser als gehofft hatte die Pflegeserie begonnen, sich im Schweizer Markt festzukrallen. Und so beschlossen wir Ende Mai, uns schon jetzt auch auf Italien zu stürzen.

Es hatte natürlich einen guten Grund dafür gegeben, auch den italienischen Markt schnell anzugehen. Die Linie wurde in Lohnarbeit von einem bedeutenden Labor hergestellt, das nur dann preisgünstig arbeiten konnte, wenn je Charge nicht zu knappe Mindestmengen geordert wurden. Die Schweiz war klein. Zusammen mit Italien würde es leichter sein, Volumen zu machen und so die angepeilten Herstellungspreise zu erzielen.

Wir fühlten uns gewappnet. Und als wir uns Ende Mai ein entscheidendes Mal in Zürich zu viert zusammensetzten – Schneider, Maier, die Mücke und ich – hat gab es kein *Wenn* und *Ob* mehr gegeben, sondern nur noch ein paar Details zu klären und auf gute Partnerschaft anzustoßen.

Die Vertriebsfirma in Italien sollte von Anfang an ein eigenständiges Unternehmen sein. Die Schweizer Melida sollte die Produkte liefern, zu vorgegebenen Preisen, frei Haus in Bozen, aber unverzollt. Als Zahlungsziel war großzügig angesetzt: Abrechnung zu Ende des Folgequartals nach Züricher Lieferung. Das schien uns finanzielle Atemluft zu lassen. Alle Kosten und Spesen in Italien waren von Melida Italia zu tragen. Dazu gehörten der Einfuhrzoll und alles, was eventuell an Verpackungszusätzen, Verkaufsförderung und Werbung hinzukommen sollte. Die Verbraucherpreise Handelsmargen waren gemeinsam festzulegen. Für alles andere war Melida Italia freie Hand gegeben.

Partner von Melida Italia: die Maier + Schneider OHG mit 30%, Katja mit 15% und ich mit den übrigen 55%. Warum wir uns für die Form einer Kommanditgesellschaft, einer KG, entschieden haben und nicht für die der weit besser absichernden GmbH, das habe ich mich später oft und umsonst gefragt.

Am Morgen nach unserer Ankunft in Zürich trafen wir uns beim Notar, der die Abmachungen nach Schweizer Recht protokollierte, damit auch alles seine Richtigkeit habe. Die nächste Etappe war dann eine Bank am Paradeplatz, von der aus Hugo Schneider 10.000 SFr. auf mein Konto in Italien überwies. Das war die Schweizer Einlage in die neu zu gründende Gesellschaft.

Zurück am Neumarkt bepackten wir den Kobold mit Produkten in großzügiger Bemusterung und ab ging es in Richtung Reschenpass und Bozen. Die erste Grenze machte uns keine Sorgen, weil wir durch Österreich nur durchfahren wollten, doch über die italienische machten wir uns echt Gedanken. Die Kosmetik-Muster in normalen Verkaufspackungen! Verzollen wollten wir sie nicht. Zu teuer! Das Schmuggelrisiko machte uns aber doch recht mulmig.

In einen Waldweg bogen wir kurz vor der Grenze ein, lösten von den Türen die Innenverkleidungen und stapelten in die Hohlräume alles, was da an Flakons und Tiegeln hinein passen wollte. Dann die Verkleidungen wieder in ihre Halterungen und weiter ging es. Die Fenster konnten jetzt nicht mehr heruntergekurbelt werden, aber die Ware war nun bis auf einen kleinen Rest vor Zöllners Augen gut versteckt. Glaubten wir.

Am letzten Gasthaus vor der Grenze regte die Mücke eine Pinkelpause an. Auch eine Tasse Kaffee war fällig. Zurück zum Kobold. Die Mücke hat es gesehen und ist stocksteif stehen geblieben: Das Auto war an beiden Türen rundum mit weithin leuchtenden Handtappern übersäht. Logisch doch. Seit Tagen hatte es nicht mehr geregnet. Dicker Staub hatte sich abgelagert, der auf dem kobaltblauen Lack besonders sichtbar war. Beim Hantieren, die Türen zum Zollversteck umzupolen, hatten wir dicht an dicht unsere Spuren hinterlassen. So dekoriert an die Grenze zu kommen, wäre die einladendste Freude jedes Zöllners gewesen.

Wir hatten Tücher im Auto und gut zehn Minuten zu tun, den Kobold gleichförmig abzustauben. Die knapp noch zwei Kilometer bis zur Zollkontrolle bibberten wir, dass man vielleicht die Zähne klappern hörte. Die Pässe. Grüne Versicherungskarte. Wir wurden durchgewinkt.

Start frei, Melida Italia.

Viel Vorarbeit war da schon geleistet.

Die Wochenenden seit dem Winter waren für unser neues Projekt schon intensiv genutzt worden. Das hatte bereits mit den Packungen angefangen.

Die für den Schweizer Wiederverkauf vorgesehenen und eingesetzten Packungen waren bieder und brav, wie damals die ganze Schweiz. Die Cremen kamen in oben und unten kantigen, rosafarbenen Plastiktiegeln daher, auf die vorne ein Etikett geklebt war; und die Tonika und Lotionen hatten die gleich drögen, unregelmäßig ovalen und Milchglas imitierenden Plastikflakons mit kegelförmigen Schraubverschlüssen, wie sie sich noch viele Jahre später bei den grauenvollen Latschenkiefer-Tinkturen von Sixtwohl finden ließen. Für die Schweiz, wo das Hauptaugenmerk auf dem professionellen Einsatz der Produkte lag, war das nicht so schlimm. Aber Italien?

Die Döschen wenigstens mit ansprechendem Siebdruck beschriften zu lassen, dazu konnte ich Schneider überreden. Für die Hinweise kamen noch kleine Info-Etiketten auf die Böden. Auch die nur simpel etikettierten Fläschchen mit ihren roten und blauen Verschlüssen waren für italienische Verbraucherinnen eigentlich untragbar. Doch da war nicht viel zu machen. Es gab für Pflegemilch und Tonika keine alternativen Behälter, die bei den von uns angesetzten Stückzahlen in ein akzeptables Preisniveau passten. Nur die Verschlüsse konnten von bunt in weiß gewechselt werden und die Etiketten bekamen von der Mücke ein ansprechenderes Design. Zwei Graphik-Kurse, wovon sie die Diplome hatte, kamen uns da gut zu Nutzen. Trotzdem: Auch die neuen Etiketten wirkten keine Wunder.

Wir kamen zum Schluss, dass die ganze Produktpalette in Schachteln musste. Die Mücke entwarf sie: Weiß in Glanzkarton, goldene Schrift und eine stilisierte Biene als Markenzeichen. Nur wenig an Texten kam auf die Schachteln. Wir hatten entschieden, erklärende Faltblätter einzulegen, die das ganze Sortiment argumentierend zeigen konnten.

Bei Maier und Schneider kam die Idee gut an und auch die Entwürfe gefielen den Partnern. Mit den dafür anfallenden Kosten konnte man sich aber nicht befreunden. Und so beschlossen wir, die aufgemotzten Packungen nur in Italien einzusetzen, was aber bedeutete, dass der Druck von Schachteln und Einlegern und das Endverpacken in Italien erfolgen mussten. Darauf stellten wir uns ein. Einen auf Packungen spezialisierten Drucker, der ein vernünftiges Angebot machte, konnte ich schnell finden.

Vor all dem aber, noch lange vor unserem Treffen jetzt in Zürich, hatte unser Projekt ein vorzeitiges Aus riskiert.

Als große Frage hatte vorab im Raum gestanden, wo Melida denn in Italien prioritär angeboten werden sollte. Ob also in Pflegesalons und hauptsächlich für den professionellen Einsatz, so wie in der Schweiz, oder doch erstrangig an die Endverbraucherin gerichtet und somit im klassischen Kanal der Parfümerie. Drogeriemärkte gab es in Italien damals noch nicht.

Schneider war mehr für den ersten Weg und hatte dafür auch gute Gründe. Der erste davon war, dass Frau Schneider in diesem Bereich verankert war und die ganze Melida-Idee den Hintergrund des Salon-Einsatzes hatte. Deshalb war im Ansatz auch so wenig Gewicht auf sexy Packungen gelegt worden. Der zweite Pfeiler des von Schneider bevorzugten Weges war dazu noch, dass im professionellen Salonbereich jede gewonnene Kundin kontinuierlichen Verbrauch und damit viel größere Absatzmengen bedeutete.

Dagegen gab es kein Argument. Von jeder Kosmetikerin in einem Salon war leicht vorauszusehen, wie viel sie von den einzelnen Produkten täglich verarbeiten würde und, vor allem, dass sie, einmal überzeugt, kaum wechseln würde. Wichtig war ja für die preisgünstige Produktion, möglichst schnell auf gute Mengen zu kommen und diese dann auch einigermaßen planbar auf Niveau zu halten.

Ich hatte nichts dagegen, aber dabei doch so ein kleines Ziehen im Bauch. Irgendwo halb unklar fühlte ich da noch einen Haken. Was war denn das überhaupt für eine Welt, die der Pflegesalons?

Es gab sie damals in großer Zahl, viel mehr als heute etwa Sonnenstudios. Ihre Umsätze mussten wohl gut sein, denn man fand sie nicht nur in Hinterhöfen, sondern an den besten Adressen. Ich aber hatte keine Ahnung, wie das Geschäftsmodell funktionierte und worauf es dabei ankam. Bei der Mücke war das auch nicht anders. Lernbedarf! Und während ich noch für die Kekse von Pavesi durch die Läden tourte, setzten wir beide unsere Freizeitschnipsel dazu ein, möglichst viel über die Pflegesalons zu erfahren.

Vieles, was wir dabei lernten, war überraschend und zum Teil recht anders als erwartet. Eines aber war genau so, wie ich es dumpf vermutet hatte, und das erschien mir auch als das Wichtigste: die Kundentreue. Ganz klar zeigte es sich, dass ein Salon von einer einmal gewählten Kosmetik-Marke, *seiner* Marke, nur äußerst schwer abzuwenden und zum Wechsel zu bringen war. Wenigstens in Italien war das eindeutig so.

Das lag einmal daran, dass die Kosmetikerinnen oft erst nach etlichen Fehlschlägen zu *ihrer* Marke gefunden hatten, oder auch viel einfacher, dass sie in ihrem Lehrbetrieb zu einer Marke gekommen waren, die sie dann in die Selbständigkeit mitnahmen und der sie unverbrüchlich treu blieben. Kosmetik ist ja großteils auch *Ideologie* und nur wenige Linien gab es damals, gibt es auch heute, mit echt differenzierenden Pluspunkten ihrer Wirksamkeit.

Dazu kam noch, wie schnell gelernt war, dass die Branche von Exklusiv-Verträgen dominiert war. Häufig waren die Kosmetikerinnen so an die Hersteller ihrer Pflegepräparate gebunden wie eine Schenke an ihre Brauerei. Die wichtigsten und teuersten Salons waren praktisch alle in diesem System. Allein schon deshalb waren sie tabu für eine neue Marke.

Das natürliche Sicherheitsdenken der Salon-Inhaberinnen kam mir bei alldem nur noch als ein kleinerer, wenn auch wichtiger Nebenfaktor in die Überlegung. Vor dem Rundblick hatte ich eher gedacht, dass die größte Barriere für unseren Start nicht Markentreue und Vertragsbindungen sein würde, sonder die natürliche Scheu vor einem Wechsel von Erprobtem zu Neuem, wenn auch noch so innovativ versprochenem. Deshalb auch waren mir die Labortests so wichtig und deren Ergebnisse schnellstens zu übersetzen. Es war die Zeit damals, in der das große Allergie-Palaver seinen Anfang hatte.

Gewappnet mit den schnell zusammengetragenen Informationen hatte ich ein detailliertes Exposee für Zürich geschrieben. Da waren alle Aspekte von *für* und *wider* aufgelistet; dazu meine im Einzelnen argumentierte Tendenz, den Markt der professionellen Anwender am Rande zu belassen und ihm jedenfalls keine Anfangs-Priorität einzuräumen; und meine Absicht, uns doch vorwiegend auf die Endverbraucherinnen und damit auf die Parfümerien zu konzentrieren.

Die Diskussion, die folgte, war ziemlich heftig. Es ging ja auch um das ganze, also um fast das ganze Konzept. Die Argumente von Hugo Schneider hatten Hand und Fuß. Auch mir war klar, dass wir möglichst rasch auf Mengen zu kommen hatten, um uns vernünftige Produktionskosten zu sichern. Fast wäre es zum Bruch gekommen. Wer weiß, wie lange ich da noch für Pavesi Klinken geputzt hätte.

Frau Schneider hat dann den Ausschlag gegeben. Sie, die einzige Expertin in unserem Kreis, hat der Analyse meines Papiers voll zugestimmt. Die Schweiz habe andere Voraussetzungen, räumte sie ein, denn da war *sie* im Salon-Bereich gut verankert, mit einem recht breiten Kolleginnen-Kreis auf den sie für Melida zählen konnte.

Das war also geklärt. Wir hatten beschlossen, in Italien den Fachhandel anzugehen und professionelle Verwender nur sozusagen mitzunehmen, wann immer es sich ergeben sollte. Doch was hatten wir denn anzubieten?

Wir waren in einer Zeit, in der Naturnahes in der Medizin neu aufkam und der Trend begann, alles *Natürliche* an sich schon für viel besser, gesünder, effizienter zu halten. Das hat von der Nahrung bis zur Bekleidung durchgeschlagen. Kosmetik war davon besonders mit betroffen. Melida sollte voll im Trend liegen. Natur, nichts als Natur, keine Chemie. Na ja, fast keine. So wenig wie möglich.

Es waren in ihren Zusammensetzungen einfache Produkte. Das Grundkonzept war das von Helena Rubinstein, die in jeder ihrer Formeln jeweils einen speziellen Wirkstoff zielgerichtet einsetzte und damit im ideologischen Wettstreit mit Elizabeth Arden und der noch mehr sophistisierten Estée Lauder stand. Hamamelis und Azulen waren die Basis unserer Cremen für die Nacht und den Nacht. Die Extrakte von Schweizer Bergkräutern prägten Tonika und Lotionen. Schwefelhaltige Brennnessel-Tinktur stand gegen Akne. Die Hautkriterien waren recht grob gerastert, wie damals so üblich: Fette, magere, gemischte und unreine Haut. Reinigen, beleben, nähren und hydratieren, waren die Zielsetzungen. Die damals noch irre umstrittenen Chimäre *Faltenglättung und Hautverjüngug* bliebe ausgespart, weil sich dafür keine überzeugende Formel gefunden hatte. Auch auf spezielle Aknemittel war verzichtet, weil solche angeblich nicht in eine Pflegeserie passten. Bald sollten wir merken, dass wir damit wichtige Marktchancen vergeben hatten.

Entsprechend kompakt war die Melida-Palette. Anfangs bestand die Serie aus nur zehn Cremen, wobei alle damals marktbestimmenden Hauttypen bedacht waren, und dazu sechs Fluid-Produkten. Das wollten wir mit als eines der Hauptargumente für den Handel einsetzen: Hohe Erfolgssicherheit bei relativ kleinem Bedarf an finanziellem Einsatz und Regalfläche.

Die Preise sollten gerade so eben einen fühlbaren Tick unter dem Niveau der großen Marken liegen. Das hinzubekommen, war nicht leicht. Schon damals war die Schweiz ein teueres Produktionsland und die noch kleinen Chargen verteuerten für Melida die Herstellung zusätzlich. Dazu kam, dass wir wenigstens zu Anfang den Kunden eine etwas höhere Gewinnmarge bieten wollten als die *Großen* –

zwei kostenfreie Stücke je Dutzend statt nur einem, wie meist von der eingeführten Konkurrenz geboten, bei unverändert 40% Einzelhandels-Rabatt vom Publikumspreis.

Schnell lernte ich, dass der Schlüssel vom Produktions- zum Publikumspreis 1:7 sein musste, wenn wir noch Werbung und vor allem auch Ausfallsrisiko und einen Gewinn einrechnen wollten. Es war so recht ein Knipsen und Knapsen, auf sozusagen marktgerechte Preise zu kommen. Aber wir hatten es hingekriegt. Auch die Preisliste war geklärt, als wir im Mai den Start beschlossen.

Weiter mit Vorarbeit.

Die paar Wochen, in denen ich mich noch um meinen Keks-Job kümmern musste, konnten gut für Zusätzliches genutzt werden, das jetzt ohne langes Zögern anstand.

Als erstes war da die Logistik von Büros und Lagerräumen anzugehen. In der Garibaldi-Straße 36, ganz nahe dem Bahnhof, konnte ich ein helles, geräumiges Zwei-Zimmer-Büro und dazu, mit getrenntem Eingang, einen trockenen, gut geschützten Lagerraum preisgünstig finden. Bezugsbereit. Keine Maklerprovision. Zum Anfangen war das ideal.

Von einem Schreiner, den ich seit ewigen Zeiten kannte, ließ ich grob gehobelte Regale für das Lager zimmern. In den Raum, der mein Zimmer sein sollte, kam ein schöner alter Schreibtisch samt zwei niedrigen Schränkchen, ein paar leichten, grün bezogenen Sesseln und einem kleinen Tisch – alles Stücke die ich bei meinem Freund, dem Altwarenhändler, billig gefunden hatte. Fast schon gediegen sah es aus. Für das zweite, das größere Zimmer kam die Einrichtung aus dem für Preisdumping bekannten Möbelladen Berger: Zwei Schreibtische, genügend Schrankraum, Stühle und was man eben als Dringendstes brauchte. Die Zahlung vereinbarte ich mit 90 Tagen Ziel. Das war so üblich und gern akzeptiert. Mir lag daran, erst einmal Zeit zu gewinnen.

Schreib- und Rechenmaschine brauchte es noch. Die besorgte ich mir bei Gruber, mit dem Versprechen, bald zu zahlen.

Die Firmengründung lief über die Bühne. Die erste Ware war im Anrollen. Am 1. Juli 1960 war Melida Italia startklar.

Doch plötzlich war da eine Sache, die nun unversehens zum Problem wurde. Irgendwie ausgeklammert hatte ich, dass es für die Firma auch eine Handelslizenz brauchte. Da hatten wohl meine frühen Zeiten einen familienbedingten Psychoriegel vorgeschoben, bis dann ein Amtsschreiben dazu ins nagelneue Postfach kam.

Dabei war es doch ganz klar, dass man für einen Großhandel mit Kosmetika oder mit was immer auch sonst eine offizielle Registrierung und Genehmigung haben musste. Und so eine Lizenz war gar nicht einfach und schnell zu kriegen. Da musste erst mal die Firma bei der Handelskammer registriert sein. Das ging aber eigentlich nur, wenn dazu die Betriebserlaubnis vorlag, für die es wieder die Lizenz brauchte. Wohin soll sich die Katze denn beißen, wenn nicht in den Schwanz?

Eigentlich.

Italienische Bürokratie gründete auf diesem netten Wörtchen, so wie sie es heute noch tut. Natürlich ließ sich das mit der Betriebserlaubnis umgehen, aber es fraß eben auch seine Zeit. Das andere und nicht gerade unbedeutende Detail blieb unverändert da. Die Lizenz. Eine nicht unerhebliche Stange an Gebühren kostete sie. Und weil sie in meiner Liste nicht bedacht war, hatte ich für sie im Finanzplan, der an sich schon optimistisch eng war, keinen Platz gelassen.

Die Mücke ist eingesprungen. Seit etlicher Zeit hatte sie für ihren Führerschein angespart. Jede Woche, wenn es ihr irgend möglich war, kam eine 500-Lire-Silbermünze in ein weiß-grün gestreiftes Kästchen aus Pappe, das sie zur Sparbüchse umgebastelt hatte. Für die Gebühren zum Erlangen der Handelslizenz hat sie ihr Sparschwein geopfert. Den Inhalt hat sie als ihren Kapitaleinschuss für den 15%-Anteil an der KG hingestellt. Das sollte so aber doch gar nicht sein! Sie hat eine verhängnisvolle Lücke in meinem Finanzplan gestopft. Der Preis war wohl dafür: Den Führerschein hat sie nie mehr gemacht.

*

Mit allem und rundum war es eine schöne Zeit, jener Sommer 1960.

Im Winter hatten wir, die Mücke und ich, einen Englischkurs beim Shenker Institute belegt, in den wir zweimal die Woche abends gingen. Sehr schnell befreundeten wir uns mit dem Lehrer, Bryn Brooks, einem jungen Briten aus Wales, der kurz zuvor die Sprachschule in Bozen übernommen hatte. Er sprach ein gutes Italienisch und war dabei, auch etwas Deutsch zu lernen. Unser Englisch kam anfangs nicht über die ersten drei Brocken hinaus.

Bryn hatte einen italo-amerikanischen Freund in unsrem Alter, Renato Premezzi, der in der Meisterklasse von Arturo Benedetti-Michelangeli war, dem damals schon legendären Pianisten, der seine Klaviere seit ein paar Jahren nahe bei Bozen aufgestellt hatte. Renato wiederum hatte dort einen Freund aus New York gefunden, Daniel Cunin, auch einen jungen Pianisten, der wegen Benedetti-Michelangeli für ein paar Monate gekommen war. Bei ihm war Ayren, seine dunkelhaarige Frau, die uns eines Tages erzählte, dass sie die Cousine von Maria Callas war, Tochter der Schwester von Callas' Mutter Evangelia Dimitriadis.

Bryn, Renato, Katja und ich waren fast unzertrennlich in jenem Sommer, Daniel und Ayren häufig mit dabei. Unsere Kommunikationssprache war abenteuerlich. Renato, dessen Eltern nach New York ausgewandert waren, sprach einigermaßen Italienisch mit gezogenem Ostküsten-Akzent und versuchte, Deutsch zu lernen. Bryn pflegte sein britisches Rein-Idiom, wozu ihn schon sein Lehrerstatus verpflichtete, und gab selten zu, dass er bestens Italienisch und auch schon recht gut Deutsch konnte. Daniel und Ayren mischten unbekümmert dreisprachige Wortschwalle. Katja und ich versuchten, irgendwie dran zu bleiben.

Meist trafen wir uns nach dem Abendessen im Garten der Greif Bar am Waltherplatz, die unsere Stammbleibe wurde. Hans Ebensperger kam gelegentlich dazu, der begnadete junge Maler aus dem Vinschgau, für dessen Ausstellung die Mücke mal Aufsicht gesessen hatte und der immer ein ätzendes Wort über unsere Südtiroler Kulturszene süffisant strahlend auf den Lippen hatte.

Sonntags fuhren wir zu viert gern an den Badesee von Montiggl, der, mitten im Wald gelegen, damals noch ganz ruhige Uferplätzchen hatte, an denen man fürs abendliche Picknick auch romantische Feuerchen anzünden konnte. Bei geöffnetem Verdeck hatte der Kobold genügend Platz für uns alle. Das lud unter der Woche oft auch ein, gemeinsam kreuz und quer durch die Nacht zu fahren, auf sich schlängelnden Nebenstraßen und ohne besonders Ziel. Es waren milde Sommernächte mit zirpenden Grillen und duftendem Heu.

Wegen Renato und Daniel setzten sich gern auch andere junge Pianisten an unseren Tisch im Greif. Martha Argerich war mit dabei. Sie hatte 1957 den Busoni-Wettbewerb gewonnen und war nun 1960 als Gast von Arturo Benedetti-Michelangeli und Cesare Nordio für den diesjährigen Wettbewerb als jüngstes Jury-Mitglied wieder gekommen. Sie war entschieden die Dynamischste von uns allen. Quirlig. Aufmerksam und Aufmerksamkeit fordernd. Jeden ihrer Sätze unterstrich sie mit schnell ausladenden Gesten. Ihr Konsum an Zigaretten war spektakulär. Und die Asche ließ sie solange am Stängel glimmen, bis sie von selbst abfiel. Die nicht seltenen Brandlöcher in ihren stets schwarzen, meist mit Spitzen besetzten Blusen erzählten von oft aufgefangener Glut. Ob die Krise, die sie bald nachher für Jahre vom Piano fern halten sollte, sich damals schon ankündete?

Auch der große Maestro setzte sich manchmal an den Tisch. Meist schweigsam, wie abwesend fast, und dann gelegentlich doch wieder gesprächiger Mittelpunkt. Micky-Maus-Hefte waren seine Lieblingslektüre und von schnellen Autos konnte er nicht genug schwärmen.

Es war eine heiter positive Zeit für uns, voll gepackt mit spannender Arbeit, täglich neuen Erfahrungen und so vielen schönen Stunden mit guten Freunden.

*

Der Kosmetik-Markt war damals noch nicht *von Millionen* Marken überschwemmt, aber viele der noch heute Großen waren da und sie waren nicht verschlafen. Im Fachhandel von Kosmetik und Duftwässern hatte der Konkurrenzkampf der Dominierenden zu einer nahezu allgemein akzeptierten Gepflogenheit geführt, die einen für alle allzu mörderischen Wettbewerb vermeiden sollte: das Depot-System.

Das Prinzip war recht einfach. Die Fachgeschäfte hatten sich zu verpflichten, die gesamte Palette einer Marke stets verfügbar zu führen und sie gut sichtbar auszustellen. Mengenmäßig meist hohe Abnahme-Garantien mussten von den Einzelhändlern gestellt werden. Im Gegenzug bekamen sie ein Exklusivrecht für die Marke, was einem oft recht weitläufigen Gebietsschutz entsprach. Große Fachgeschäfte in prominenter Lage hatten natürlich die Depots einer ganzen Reihe klangvoller Marken; kleinere dagegen und vor allem die an den Stadträndern oder in tiefer Provinz gelegenen Parfümerien, hatten es hingegen oft gar nicht leicht, überhaupt an eines der Marken-Zugpferde zu kommen, und deshalb hielten sie für dieses Wunschziel, falls es sich einmal ergeben sollte, meist einen Großteil ihrer Ressourcen in Reserve.

Die kleineren Marken, jede neue zumal, hatten sich in diesem System ihr Plätzchen, ihre Nischen und Ecken zu suchen. Da konnte gar nicht daran gedacht werden, rasch in die führenden Fachgeschäfte hinein zu gelangen, und noch viel weniger daran, auf Anhieb dort die gesamte Palette zu platzieren, geschweige denn, an irgendwelche Exklusivrechte gebundene Abnahmegarantien herankommen zu können. Spezialisten, die nur ein oder zwei sehr besondere Produkte anboten, hatten es da leichter.

Dazu kam, dass die großen Marken ihre Depot-Kunden durchaus unterstützten. Gerade darin war der Wettbewerb unter ihnen hoch. Probemuster in Mengen wurden da zur Verfügung gestellt. Ästhetik-Beraterinnen der Marken wurden in zeitlich abgestimmtem Rhythmus eingesetzt. Schaufenster-Dekorationen kamen dazu. Und zusätzlich zu allem natürlich auch noch gut sichtbare Werbung in den Medien.

Wir wussten, dass wir einen Kampf vor uns hatten, der auf klar gesetzte Strategien wartete. Und das zumal, weil wir mit geringen, sozusagen abgezählten finanziellen Ressourcen zu starten hatten.

Ursprünglich war ich ja einfach dahin orientiert, überall anzuklopfen, wo Markenkosmetik verkauft wurde, und zu versuchen, möglichst auch hineinzukommen. Das lag an meiner Prägung im Konzept der *flächendeckenden Präsenz*, das für Produkte des Massenkonsums wie Schokolade und Kekse dominante Bedeutung hatte. Kosmetik war aber elitär. Und Melida hatte kein Sonderprodukt, das so speziell war, sich unabhängig vom Markengedanken seine eigene Nische schaffen zu können. Wir hatten eine Pflegeserie. Die große Depot-Kosmetik war unsere Konkurrenz.

Zeitverlust mit vielen vorhersehbar nutzlosen Kundenbesuchen konnten wir uns nicht leisten. Ein kümmerliches Schattendasein dort, wo wir eventuell als marginale Zusatzpalette aufgenommen und irgendwo hinten im Laden verstaubt wären, wollte ich vermeiden. Es hätte Scheinerfolge aber keine weiterführenden Ergebnisse gebracht. So setzte ich auf Anmaßung.

Das zentrale Konzept wurde nun: Melida ist eine Schweizer Kosmetiklinie und die Schweiz steht für Sicherheit und hohe Qualität; ausschließlich Natur wird verarbeitet, keine Chemie; vor allem konzentrierte Extrakte seltener Alpenkräuter und die sind teuer, aber effektvoll und daher ihren Preis wert; Melida gehört zur Standardausstattung in einigen Schweizer dermatologischen Kliniken. Das war der Argumentationstext. Und dazu natürlich: Depot-Linie mit Gebietsschutz.

Für die Klinik-Angaben hatten wir zwei angesehene Referenzen, die wirklich schon regelmäßig beliefert wurden, und wir hatten auch die Genehmigung, ihre Namen zu nennen.

An wen aber herangehen? Als unsere prioritäre Nische im Markt sah ich die Fachgeschäfte, die erst kürzlich in den gerade wie Pilze aus dem Boden schießenden neuen Wohnvierteln eröffnet hatten. Das waren Leute mit Mut, die sich etwas ausrechneten in der Branche; die ihren Kundinnen rundum überzeugend Gutes anbieten wollten; die aber vorerst keine, höchstens nur eine recht geringe Aussicht auf eine der großen Depot-Marken hatten. Mit dem Schweizer Image sollten sie sich in internationalem Flair fühlen und dabei das beruhigende Gefühl von helvetischer Sicherheit haben. Unsere trotz weiß glänzender Faltschachteln immer noch drögen Packungen begannen so, sich fast noch als ein zusätzliches Argument anzubieten.

Ich habe das Ding hin und her gedreht. Es konnte unser Weg sein. *Der* Weg vielleicht. Für mich war es das erste Mal, dass ich ein Vertriebskonzept maßgeschneidert habe. Wie viele darauf in späteren Jahrzehnten noch folgen sollten, dann gegen gutes Honorargeld, konnte ich damals nicht ahnen.

Werbung mit der Mücke.

Wir hatten kaum Werbe-Geld. Bar Verfügbares schon gar nicht. Und wir hatten auch nur geringe Marketing-Margen, um aus den Erlösen teuere Werbung zu finanzieren. Dazu kam natürlich, dass aufwändige Anzeigen nur vergeudetes Geld waren, solange wir kein einigermaßen geknüpftes Kundennetz hatten. Aber schon die ersten Kunden wollten, verlangten gar sichtbare Unterstützung zum Lohn für ihre Bereitschaft, die unbekannte Marke in ihre Läden aufzunehmen.

Für den Anfang einigten wir uns auf Flyer und Displays für die Schaufenster. Einen recht ansehnlichen Prospekt ließ ich mir einfallen, der schweizerisch edel aussah und im Druck nicht teuer war. Die Produkt-Philosophie war da hineingeschrieben, die ganze Linie Stück für Stück kurz vorgestellt und mit Hinweisen zur guten Hautpflege garniert, ganz hinten noch ein Hinweis auf die Labors, die getestet hatten und ihre Ergebnisse. 14x14 cm ist das Heftchen geworden. Seine Seiten hat die Mücke mit zarten, fast schon ätherischen Zeichnungen illustriert, die mich Melida lieben ließen.

Und dazu noch das Schaufenster-Display. Kosmetik wurde damals im Werbeauftritt ausnahmslos mit schönem Frauengesicht gleichgesetzt. Die amerikanischen Marken hatten zum Teil schon ihre Werbe-Ikonen, die man überall und immer wieder fotografiert sehen konnte. Die Europäer, zumal die Deutschen, setzten noch eher auf bunt Gezeichnetes. Beides war teuer. Wie aber sollten wir an ein attraktives Bild kommen, ohne uns tot zu zahlen?

Mut. Die Mücke hatte den Mut. Aufmerksam geschminkt von einem guten Profi und meisterlich ausgeleuchtet vom Fotokünstler Pedrotti, der für Bozens wichtigste Hochzeiten und Taufen zuständig war, steuerte sie ihr Konterfei bei. Es war ein Kunstfoto. Wir hatten s/w gewählt, weil das gerade am Aufkommen war – die Frauenbilder Newtons begannen, durch die Presse zu gehen – und auch, weil s/w im Druck einfach billiger war als Farbe. Kein Text kam ins Bild, nur das Markenzeichen *Melida Cosmetic* und klein daneben das Schweizer Kreuz. Es schien uns wundervoll.

Die erste Auflage wurde vom Drucker dann vermasselt. Er hatte nicht daran gedacht, das Display rückseitig zu kaschieren. Ich hatte keine Ahnung, damals noch, dass und wie ich ihm die entsprechenden Anweisungen geben hätte sollen. Damals meinte ich noch, dass Drucker stets Techniker wären und als solche ihr Metier verstünden. Kurzum: Die Displays wölbten sich abenteuerlich. Ein grausamer Schock. Fürs Schaufenster waren sie ungeeignet.

Die Beanstandung hat die Druckerei angenommen, recht zögerlich zwar, aber doch. Und sie hat gezeigt, dass sie sich ins Zeug legen kann. Der kostenlose Neudruck war sogar glanzlackiert und rundum perfekt.

Produktkataloge für die Vertreter brauchte es auch. Den Digitaldruck von Kleinauflagen gab es noch nicht. Fotoalben also für den Außendienst. Pedrotti machte echt gute Farbaufnahmen dazu, die wir mit Passepartout in Lederalben mit Klarsichthüllen klebten. Als Foto-Dekorationen für die Produkte hatte ich elfenzarte Keramikstatuetten von jungen Elfen-Frauen in wallenden Spitzenkleidern gefunden. Die Linie fing an, sich nett zu präsentieren.

Dann noch Probemuster. Seit Estée Lauder sie für ihre Pflegelinie in Großeinsatz gebracht hatte, waren Gratisproben aus dem Markt nicht mehr wegzudenken. Jeder Waren-Lieferung hatten sie beizuliegen, wobei die Firmen sich in deren Menge noch gegenseitig übertrumpften. Auch wir brauchten also Probemuster. Überraschung war uns das keine.

Für die Fluid-Produkte konnten wir aus der Schweiz Proben in winzigen Flakons bekommen, die sich in einem Puppenladen gut gemacht hätten. Schwieriger war es schon bei den Cremen. Der Hersteller konnte uns keine Mignons liefern. Vielleicht waren sie auch zu teuer und Hugo Schneider wollte sie deshalb nicht, ohne es klar zu sagen. Maier hielt sich bei solchen Sachen immer weit vom Schuss.

Der Kompromiss war, dass wir leere Mikro-Döschen und dazu Kiloware bekamen. Für das Abfüllen wollten wir in Bozen dann schon irgendwie sorgen.

Lange Abende und fleißige Sonntage haben wir damit verbracht, die kleinen Döschen aus mittelgroßen Eimern zu füllen. Die Mücke hatte dazu zwei Streichmesser beschafft. Wir wechselten uns ab. Mal strich sie Creme in die Tiegelchen und ich knipste die Verschlüsse darauf, dann wieder anders herum. Die gefüllten Muster-Döschen klebten wir dann auf postkartengroße Kärtchen, die mit der Marke und kurzen Pflegehinweisen bedruckt waren. Auch der jeweilige Produktname stand natürlich drauf. Klebestoff war ein Tropfen Uhu aus der Tube.

Die Kärtchen kamen auch für die Fluid-Produkte zum Einsatz. Da war es schon schwieriger mit dem Aufkleben, doch bald hatten wir einen guten Trick dafür.

Jeweils 36 Muster, gemischt aus jeweils zwei Lotionen und zwei Cremen kamen dann in Schachteln. Das war die Dotierung für je ein Dutzend Verkaufspackungen. Ein mittlerer Auftrag zur Erstausstattung bestand aus acht bis zehn Dutzend Packungseinheiten und das bedeutete mehr als dreihundert Probemuster. Das brauchte schon seine Zeit, diese Mengen vorzubereiten. Aber es hat uns Spaß gemacht. Wir hatten ein kleines Transistorradio dabei und konnten den jugoslawischen Sender Capo d'Istria, der viel Opernmusik sendete, gut herein bekommen. Kaffee konnten wir mit unserem Maschinchen machen. Gelegentlich holten wir ein halbes Hähnchen von der Braterei im Bahnhof. Und die grünen Sessel waren ideal für so manche Knutschpause zwischendurch.

Echter Start, jetzt.

Noch im Juni hatte ich Kleinanzeigen in drei-vier der wichtigsten Zeitungen Norditaliens geschaltet. Gesucht: Gebietsvertreter, nicht exklusiv. Geboten: Innovative Kosmetik aus der Schweiz. Bedingung: Gute Einführung im Fachhandel.

Ziel war, möglichst rasch einen guten Teil Norditaliens so abzudecken, dass dort möglichst flächendeckend verkauft werden konnte. Durchaus klar war mir dabei, dass kein Handelsvertreter zu Anfang und wohl auf absehbare Zeit allein von Melida-Provisionen leben konnte. Andererseits ließ der Finanzplan aber auch nicht die geringste Möglichkeit, ein Fixum oder auch nur Spesenbeteiligung zahlen zu können. Es galt also, Leute zu finden, die schon ein oder mehrere Stammhäuser hatten und dazu noch eine Zusatzvertretung suchten. Es war ein riskantes Unterfangen und eindeutig nicht ein Optimum. Eine Alternative dazu gab es aber nicht.

Viele Handelsagenten suchen Kollektionen, die sie neben ihren Hauptmarken komplementär betreuen und damit ihr Einkommen aufrunden können. Im Prinzip ist daran nichts auszusetzen; nur hat die Sache einen Haken. Die Hauptmarken sind die Brot- und Butterarbeit. Was nebenher betreut wird, soll meist nur das Kaviar-Löffelchen oben drauf sein. Und entsprechend ist der Einsatz. Den Zusatzmarken wird Aufmerksamkeit und Zeit gewidmet, wenn die hauptsächlichen Schäfchen ins Trockene gebracht sind. Bei Angeboten, die nur ein-zwei Spezialprodukte betreffen, läuft das in der Regel gar nicht schlecht. Ein Beispiel aus unserem Bereich: Nur eine einzige, aber sehr gute Akne-Creme konnte leicht an erfolgreich abgeschlossene Verkaufsgespräche angehängt werden und in wenigen Minuten schöne Zusatzprovision bringen. Wer hingegen die Melida-Linie einführen wollte, musste bei jedem Kontakt etliches an Erklärungs- und Argumentationszeit investieren.

Es galt also, im Idealfall, freie Handelsvertreter zu finden, die nicht auf Fixum oder Spesenvergütung bestanden; die mit ihren Hauptmarken zwar leben konnten, aber nicht ausgelastet waren; die im Fachhandel Kosmetik arbeiteten und sich dort Vertrauen erarbeitet hatten; und die zudem bereit waren, aus welch Gründen immer, sich für eine unbekannte, stark erklärungsbedürftige Auslandsmarke mit immerhin recht komplexer Kollektion ins Zeug zu legen, wobei sie damit zu rechnen hatten, dass es für lange Zeit schwer sein würde, in die Regale der führenden Läden zu kommen.

Ich wusste gut, dass es nicht leicht fallen würde, solche Idealgestalten zu finden. Es gab aber nicht nur die Arrivierten. Es gab Chancen-Hunger im Markt. Ich hatte Vertrauen. Und meine Partner gaben mir das ihre.

Die ersten Anzeigen haben dann auch einen ansehnlichen Packen Bewerbungen gebracht. Vieles war indiskutabel. Eine respektable Reihe aber war mir durchaus interessant, wenn ich so ihre Briefe las.

Mit jedem, der auch nur halbwegs anregend war, telefonierte ich schnell. Das war bei Bewerbungen nicht normal, versprach aber doch, eine Menge Spreu vom hoffentlich vorhandenen Weizen zu trennen, ohne dafür quer durch Norditalien fahren und teure Gesprächsräume in Hotels bezahlen zu müssen. Meine Rechnung ging auf. Zwar machten etliche gerade von denen, die mir am besten gefallen hatte, sofort ihren Rückzieher, als sie von absoluter Neueinfühung hörten. Etliche andere verlangten ein Fixum und kamen deshalb nicht infrage. Ein paar weitere mochte ich einfach nicht, wegen der Art, wie sie sich gaben, oder vielleicht nur ihrer Stimme wegen. Ebenso ausscheiden, wenn auch ungern in ein paar Fällen, musste ich alle, die eine Parfümerie noch nie von innen gesehen und das in den Briefen überspielt hatten.

Fast ein Dutzend ist übrig geblieben. Ich wollte auch sie nicht in Hotels ihrer Städte treffen. Sie sollten in unser Büro kommen, sich sofort ein echtes Bild machen und daraufhin entscheiden, ob sie mitmachen wollten. Es war ein Risiko. Das Ganze war ja klitzeklein und Mara, die sehr junge und ein bisschen pummelige italienische Mitarbeiterin, die ich eingestellt hatte, war auch nicht gerade das Filmbild einer Erfolgssekretärin. Aber dafür roch alles nagelneu, sah recht gediegen aus, und vom Telefonat her wusste jeder, dass wir gerade erst in den Startlöchern waren.

Ich wollte, dass Schneider zu den Gesprächen kam, aber er erinnerte daran, dass er fast kein Wort Italienisch sprach, und eine stumme Rolle hielt er nicht für positiv. Dem war nicht zu widersprechen.

Aber so ganz allein mochte ich mich der Meute doch nicht stellen. Ich kam mir zu jung vor für das, was ich zu sein hatte und auch war; zu wenig glaubwürdig als einziger Verantwortlicher. Aber ich hatte niemanden, den ich als Stütze und auch als Staffage neben mich stellen konnte. Oder vielleicht doch?

Helmuth Jug fiel mir ein, der so gute Freund meiner Mutter, den sie drei Jahre davor eingesetzt hatte, um mich zum Familiendienst zu vergattern. Ich konnte den Mann nicht verknusen. Aber er sah in seiner Art recht gediegen aus, war ganz augenscheinlich ein Büromensch und konnte mit seiner gottväterlichen Art durchaus als Supervisor, eventuell sogar als Schweizer durchgehen.

Den sprach ich also an. Aus *Familienfreundschaft* wollte er seine Zeit nicht dafür hinhalten, aber liebend gern gegen ein von mir als ziemlich heftig empfundenes Tagesgeld. Die Mücke riet mir ab, konsterniert über meine Idee. Diesmal hat sie an die Wand geredet. Dabei war ihre Reaktion goldrichtig gewesen. Was hatte ich mir denn dabei gedacht?

Da hatte ich vorab alles so klar vorgelegt und dargestellt, alles vermieden, was die mir wichtigen Kandidaten als Beschönigung verstehen konnten, und jetzt holte ich mir den Helmuth Jug als Staffage. Noch war ich doch nicht so selbstsicher, wie ich mir das eingebildet hatte.

Die Anwärter kamen. Ich hatte sie alle zusammen zu einem Team-Meeting eingeladen. Die Idee war, die ganze Präsentation von Melida in einem Mal durchzuziehen, dabei jeden dazu einladen, offen und auch von seiner speziellen Berufserfahrung her darüber seine Meinung zu sagen, selbst dabei gut zuzuhören und am Ende dann die Gruppe anhand ihrer eigenen Äußerungen zu motivieren. Ich setzte auf positive Reaktionen und ich ging davon aus, dass Enthusiasmus ansteckender sei als miesepetrige Zweifel, mit denen ich durchaus rechnete. Und es schien gut zu laufen.

Es waren Männer, die alle im Fachbereich Kosmetik tätig waren, zum Teil seit Jahren schon, und denen man ansah, dass sie sich darin schnell ein Urteil bilden konnten. Alle schienen sie die Wettbewerber wie ihre Hosentaschen zu kennen, was fast jeder immer wieder zu beweisen suchte. Und alle schienen hungrig zu sein, doch nicht verhungert. Keiner hatte die Vertretung einer der großen Depot-Marken. Alle schienen Melida zwar nur als eine Zusatzvertretung zu sehen, aber dabei durchaus nicht als gelegentlich und mit der linken Hand zu betreuende Marke.

Einer zum Beispiel, Gentili aus Treviso, hatte für seinen Haupterwerb eine bekannte Bijoux-Kollektion aus Murano, die ihn zweimal im Jahr jeweils zwei Monate lang intensiv beschäftigte, sonst aber relativ viel Zeit für anderes frei ließ. Zwei andere hatten gute Make-up-Marken, einer sogar Max Factor, aber keine Pflegeserie. Kaum einer machte den Eindruck, keinen guten *Türöffner* im Angebot zu haben. So auf Anhieb schienen es geradezu die idealen Leute für uns zu sein.

Und die Reaktionen waren insgesamt nicht schlecht. Die auf nur natürliche Wirkstoffe ausgerichtete Produkt-Idee kam überwiegend noch besser an, als ich vorab gedacht hatte. Nur eine kleine Stimme ließ sich vernehmen, die zu einem der Anwesenden gehörte, der, wie er unterstrich, vormals Elizabeth Arden verkauft hatte und deren Formeln, die so gar nichts von Natur hatten, immer noch als das Maximum ansehen wollte.

Ähnlich positiv war auch das Echo auf die Vertriebs-Strategie mit dem besonderen Augenmerk auf die neuen Parfümerien in den wie Pilze hochschießenden Quartieren an den Stadträndern. Da fehlte es allerdings nicht an Stimmen derer, die sich gut zutrauen wollten, wohl auch in die prominenten Fachgeschäfte in besten Innenstadtlagen zu kommen; aber sie schienen doch froh zu sein, dass das nicht als Hauptziel und für morgen früh verlangt wurde.

Sogar die Preise und Konditionen fanden überwiegend und ohne große Diskussionen Anklang, wobei die Sache mit den zwei *tredicesime* – den zwei kostenlosen je zwölf gekauften Stücken – sogar spontanen Applaus bekam.

6% Provision sollten sie bekommen und dazu 4% Prämie für jeden Neukunden und dessen Nachkäufe der ersten sechs Monate. Das waren zwei Punkte über der Norm, was durchaus vermerkt wurde. Und entgegen meiner Vorgabe von mindestens zwölf einigten wir uns darauf, bei den Erstausstattungen sechs Stück je Referenz zuzulassen und dafür schon je eine *tredicesima* zu geben. Dazu vereinbarten wir auch, dass alle Aufträge von über 20.000 Lire portofrei angeliefert wurden. Eine echt gute Atmosphäre begann, sich aufzubauen. Sie wurde noch besser, als ich im Namen von

Schneider und Maier jeden zu einer Zürich-Reise einlud, sobald er das erste Dutzend Depot-Kunden für Melida gewonnen hatte.

Gegen ein Uhr gingen wir alle zum Essen ins Keller-Restaurant *Da Cesare*, gleich um die Ecke vom Büro. Renato, unser Freund, wohnte ein paar Etagen drüber und so kannte ich Cesare recht gut. Spät am Abend, wenn die meisten Gäste schon gegangen waren, trafen wir uns dort oft zu noch langem Palaver. Deshalb hatte mir Cesare auch einen ganz besonderen Spezialpreis für das Melida-Essen angeboten.

Einen langen Tisch hatte Cesare für unsere 14-Leute-Gruppe eindecken lassen. Ganz unten an seinem einen Ende saß der Helmuth Jug. Ich sah ihn locker mit seinen Nebenleuten schwätzen und war froh, dass er sich als beteiligter Gastgeber gab. Von einem gewissen Punkt an wollte mir aber irgendwie scheinen, dass das Plaudern dort am Tischende in ein Getuschel übergegangen sei. Ich konnte nicht mitkriegen, um was es ging, und achtete wohl auch nicht so besonders darauf.

Aber auf dem Rückweg ins Büro verabschiedeten sich ganz unerwartet drei von denen, die nahe beim Jug gesessen hatten. Sie hätten es sich anders überlegt, nuschelten sie, und wollten nicht mehr mit nach oben kommen. Einen Grund wollten sie nicht nennen. Sie seien einfach nicht weiter interessiert, sagten sie, und da könnten sie gern einen früheren Zug nach Hause nehmen. Und auch Hellmuth Jug schnappte sich dann im Büro gleich seine Tasche, verkündete, nicht länger Zeit zu haben, und war wie ein Blitz verschwunden.

Neun Kandidaten waren noch übrig und Mara und ich. Die Begeisterung vom Vormittag hatte Risse bekommen. So mancher Zweifel wurde wieder laut. Erst ging einer, dann zwei weitere und zum Schluss waren nur noch fünf da, die ihre vorbereiteten Verträge unterschrieben und das Material mitnahmen, das Mara für sie zusammengestellt hatte: Fotokatalog der Linie, Originalprodukte in ausreichender

Menge und Probemuster, Prospekte, Auftragsblock, Ausdrucke der Laborberichte und was es sonst so brauchte.

Zwei von ihnen sind im Laufe der folgenden Tage auch noch abgesprungen. Geblieben waren noch Franceschini für das Gebiet um Bergamo, aus Verona Balducci, der sich am überzeugtesten zur Vertriebsstrategie ausgesprochen hatte, und in Treviso Gentili. Das war die Sturmtruppe, mit der Melida in die Eroberung Italiens zog.

Aber was war denn da geschehen?

Der Jug hat sich ein paar Tage danach wieder gemeldet. Gefragt, eierte er herum, dass er nur ehrliche Antworten auf Fragen gegeben habe; musste er doch; und sagen, dass er gar nicht zur Firma zähle und von der Schweizer Melida nie gehört habe; ja und auch, dass ich weder Kapital noch eine blasse Ahnung von Vertriebsleitung oder gar Kosmetik habe, sondern nur ein abgebrochener Gymnasiast sei; und... na ja, die Wahrheit eben. An das vereinbarte Tagesgeld wollte er aber erinnern und wann ich es überweisen würde. Dass er gleich nach dem Essen schon gegangen sei, tue nichts zur Sache. *Vereinbart bleibt vereinbart!*

Katja ist ganz weit weg von mir gewesen, als ich ihr die Geschichte erzählt habe. Ich wollte hinschmeißen, an den Abend. Alles. Die Mücke hat mich davon abgebracht.

Wir sind gestartet.

In den jetzt drei nun noch abgedeckten Gebieten ließ sich der Beginn zwar recht zäh, aber doch versprechend an. Die Telefonberichte waren positiver als die Zahl der Aufträge in der Post, doch durchaus verständlich war es, dass eine Mehrzahl der Erstkontakte in Vertröstungen mündeten. Der Kalender war gegen uns. Der August stand vor der Tür und das war *der* Ferienmonat in Italien. In den Städten schlossen bald nahezu alle Läden für zwei, viele auch für drei Wochen. *Ci vediamo a settembre!*, das *Bis zum September dann!*, war häufig verweigerndes und dabei doch noch hoffnungsoffenes Ende der ersten Kundenbesuche.

Gentili von Treviso war da die Ausnahme. Sein Gebiet zog sich hinunter bis zur Adria und da hatte er Kunden, die mitten in ihrer Hauptsaison standen. Ihren Sommerbedarf hatten sie zwar längst gedeckt, aber etliche von ihnen zeigten sich dennoch durchaus offen. Mitgespielt hat dabei sicher auch die guten Verkäufe, die sie täglich mit den von ihm auch vertretenen Bijoux hatten. Gentili war es auch, von dem schon in der ersten Woche drei Depot-Aufträge kamen.

Dann hat es trotz bevorstehender Augustflaute auch bei den anderen angefangen, sich einzuspielen. Auch von ihnen trudelten Bestellungen herein, etliche davon für Lieferung erst Ende August oder in den ersten September-Tagen. Wir konnten uns daran gewöhnen, fast jeden Tag wenigstens einen oder auch zwei Aufträge in der Post zu finden. Die Dienstagspost war da natürlich immer die am meisten erwartete. Sie brachte die Aufträge aus Bergamo, die Franceschini immer nur am Samstag schickte.

Seine Verkäufe waren überwiegend klein, in dieser ersten Phase, oft nur drei Stück je Referenz und auch das nicht immer von der ganzen Linie. Seine Erklärung war interessant. Dort, wo er ein recht gutes aber dann doch sehr zögerliches Echo fand, argumentierte er, doch einmal einen Test in der Familie und bei guten Bekannten zu machen. Die würden sicher bald mit Begeisterung berichten und das wäre dann wohl die beste Basis, beim nächsten Besuch im September ernsthaft über Melida zu reden. Das forderte natürlich Geduld, von uns und von Franceschini, und sein Stehvermögen, nach den Sommerferien auch unverdrossen überall nachzufassen. Die Taktik ist recht gut aufgegangen. Im September habe ich sie den anderen empfohlen.

*

Im August lief der Busoni-Wettbewerb. Wann immer möglich, waren wir in den Ausscheidungs-Sessions. Wir hatten Einladungskarten. Daniel war unter den Bewerbern; Renato hingegen hatte sich im letzten Moment entschieden, seine

Teilnahme abzusagen. Spannungen hatte es zwischen ihm und Arturo Benedetti-Michelangeli gegeben und der war Präsident der Jury.

Pflichtstück der Vorrunde war der zweite Satz von Beethovens Waldstein und es war faszinierend für uns, in etwa viertelstündlicher Folge die teils gewaltigen Unterschiede zu entdecken, mit denen das Bravourstück von jedem anders in den Raum kam. Noch heute scheint mir oft, Nuancen davon im Ohr zu haben und dabei das Kribbeln zu fühlen, das aus der spannungsgeladenen Atmosphäre kam. Gern wetteten wir um die Punktvergabe der Jury und warteten ungeduldig auf den Aushang im Foyer. Mit vielen von den Teilnehmern am Wettbewerb hatten wir ja schon mindestens ein Glas Wein getrunken und für jeden fieberten wir mit. Wenn dann gelegentlich die Mücke oder ich mit unserem Tipp näher am Jury-Urteil lagen als Daniel oder Renato, war uns das jedesmal ein besonderer Kick.

Für Daniel reichte es nur, sich unter den Enttäuschten einzureihen, ein gutes Stück hinter dem zehnten Platz. Mit viel mehr hatte er fest gerechnet. Zum Schlusskonzert der Preisträger kamen dann weder er noch Ayren, unsere geknickte Freundin.

*

Einen weiteren Agenten hatte ich noch im Juli finden können: Di Paoli in der Gegend von Bologna. Der Veroneser Balducci hatte den Kontakt vermittelt. Di Paoli zeigte sich schnell als ein eigenartiger, streckenweise auch recht nervender Zeitgenosse.

Wir trafen uns im Hotel Baglioni, dem exklusivsten Hotel von Bologna, das er vorgeschlagen hatte. Ich lernte einen überaus gepflegten, in früherem Sprachgebrauch sozusagen *soignierten* Herrn kennen, der sich viel darauf zugute hielt, *una personalità* – eine angesehene Persönlichkeit – in der Welt der Kosmetik zu sein. In meinem hellen, von der Fahrt zerknitterten Sommeranzug kam ich mir ihm gegenüber recht dürftig vor und hatte auch den Eindruck, dass er das gar nicht anders sah. Erst schwärmte er von seinen Kenntnissen, seinen Beziehungen in den Fachkreisen und auch sonst wo, und nicht zuletzt von den großen Marken, die, wenn ich ihn so hörte, erst und nur durch ihn zu ihrem Erfolg gekommen waren. Die Melida-Linie schien ihm nur ein müde nachsichtiges Lächeln wert zu sein.

Aber er stand nicht auf und ging – konnte er auch gar nicht, denn so ein Mann steht nicht auf, sondern erhebt sich und schreitet davon –, sondern fing an, in stundenlanger Ewigkeit darüber zu dissertieren, was jetzt zu beachten, zu verbessern, schnell in die Wege zu leiten sei. Er habe Vertrauen zu uns Berglern, unterstrich er, und meinte damit wohl gleichermaßen mich wie meine Schweizer Partner, und weil er soviel Vertrauen habe, würde er schon mal die Melida-Linie in die Hand nehmen und seinen Kunden andienen. Nicht allen natürlich, nur von ihm dafür besonders ausgewählten, denn blamieren würde er, *il Signor Di Paoli*, sich bestimmt nicht. Unter einer Voraussetzung allerdings, wie doch wohl selbstverständlich: Aufmerksam sollten wir aufmerksam auf ihn hören und seinen Rat stets zügig umsetzen.

Ich weiß nicht, warum ich den Großkotz eingestellt habe. Ich ahnte in Bologna schon, dass ich mir da eine Nervensäge ins Haus holte, was sich dann ja so entwickelte. Seine fast wöchentlichen Memoranden wurden zu einem kleinen Albtraum. Aber er schickte Aufträge. Seine Kunden bezahlten ohne Mahnung. Und wenn seine Anregungen zum größten Teil in ein schwarzes Loch fielen, beschwerte er sich nie darüber. Er schickte eben neue. Und, gut und gern erinnert: Di Paoli hat immerhin ein paar Sachen angeregt, die für Melida Italia bald bestimmend sein sollten.

Mara war dabei, sich gut einzuarbeiten. Frisch von der Handelsschule war sie gekommen und zumindest anfangs froh, die einzige Angestellte zu sein, weshalb sie sich bei niemandem durchzusetzen hatte. 16.000 Lire war ihr Netto-

Gehalt. Das hatte ihrer Forderung entsprochen und es war lausig wenig; aber es war damals das gesetzliche Level für Berufsanfänger.

Die Tagesarbeit reichte anfangs nicht hin, Mara vollzeitig auslasten zu können. Schrittweise füllten sich ihre Stunden aber mehr und mehr: Lieferscheine, Rechnungen, die Formulare des Bankeinzugs, *Primanota* für die Buchhaltung, Paketetiketten und all das. Bald stellte sie im Lager auch die Sendungen zusammen und kümmerte sich um die Inventarlisten, sodass die Waren nur noch verpackt werden mussten. Und das Telefon natürlich. Sie musste dafür bereit sein, wenn ich oft unterwegs war. Ein stilles Mädchen war sie, litt wohl auch ein bisschen unter ihrer entschieden pummeligen Figur und hatte doch immer ein schnelles Lächeln, wenn sie ein nettes Wort hörte. In toter Zeit büffelte sie Deutsch-Vokabeln.

Auch ich war nicht voll ausgelastet. Oft ging ich deshalb auf Verkaufstour. Da lernte ich, wie schwer es in Südtirol war, Melida zu verkaufen.

Es war eigentümlich. Der stärkste Widerstand kam daher, dass es sich um eine Schweizer Marke handelte. Amerikanische Kosmetik war voll akzeptiert und viel gefragt, selbst solche von kleinen Marken ohne besonderen Klang. Auch Provenienzen aus Deutschland – Sans Soucis etwa, Olga Tschechowa oder Biodroga – waren noch recht gut angenommen, wenn auch doch schon um etliches zurückhaltender. Kosmetik indes, die aus der Schweiz kam wurde so scheel angesehen, als ob es italienische wäre. Warum das so war, habe ich nie herausgefunden.

Trotzdem konnte ich ein paar Kunden hier und dort gewinnen, zumal gegen das Versprechen, ihnen Exklusivität im Umkreis einzuräumen. Leichter wurde es, als ich Unterstützung durch Kino-Werbung zusagte. Damals wurden im Vorspann Werbe-Dias gezeigt, deren Einschaltung man für einzelne Säle und Wochen buchen konnte. Das war nicht besonders teuer. Und so ließ ich im jeweils dem Kunden am nächsten gelegenen Kino diese Werbung schalten. Auf dem Dia, das die Mücke mit zartem Frauenkopf illustriert hatte, standen nur *Melida Cosmetic* und die Anschrift des Kunden. Es funktionierte einigermaßen. Ob das nun aber Meriten des Dias im Filmvorspann waren, mochte ich doch bezweifeln. Die Sichtbarkeit im Regal und die Beratung im Laden schienen mir um sehr viel ausschlaggebender.

Die führenden Parfümerien von Bozen und Meran, konnte ich mir allerdings auch damit abschminken. Ich bekam keinen Fuß hinein. Und in den Ski-Tälern, die damals schon in Touristengeld schwammen, war damit auch kein Bein auf den Boden zu bringen. *Schweizer Marke. Nein!* Der kleine Kundenkreis, der sich ergeben hat, war zumal in Bozens italienischem Stadtteil zuhause, wo ein Wohnblock neben dem anderen neu aus den Obstwiesen schoss.

Und erste Zahlungen kamen herein.

Schon damals waren 60/90 Tage Zahlungsziel die Regel in Italien. Damit hatten wir wie alle zu leben. Darauf war auch unser Finanzplan ausgerichtet. Schön waren deshalb die frühen Herbsttage, an denen unsere Bank erstmals auch Eingänge neben die lange Kolonne der Ausgänge buchen konnte. Und es war auch die höchste Zeit.

Schon monatelang war regelmäßig Miete zu zahlen, mitsamt den Nebenspesen. Die Ware hatte importiert werden müssen, wofür Zoll und die Transportkosten fällig waren. Dazu kam noch, dass die Umsatzsteuer IGE, die Vorläuferin der MwSt, vorab zu zahlen war, wobei auf jede Kundenrechnung Steuermarken in Höhe von 4% des Nettowertes zu kleben waren. Auch für die Bankeinzüge der Zahlungen mussten Spesen und Abgaben vorab entrichtet werden, wobei das recht teure Bankeinzugsverfahren mit sogenannten *Tratten* nicht nur typisch für Italien war, sondern auch lebensnotwendig, weil bei Fälligkeit der Rechnung kein italienischer Kunde auf die Idee gekommen wäre, spontan zu überweisen. Das gilt heute noch so. Und zudem waren da auch die Provisionen. Sie waren zu wenigstens

80% monatlich fällig, auch wenn die Kunden noch nicht bezahlt hatten. Erst bei eventuell verbuchten Ausfällen konnte dann wieder etwas einbehalten werden.

Wie Manna vom Himmel erschienen uns deshalb die ersten Geldtropfen in diesem September. Die Ware aus der Schweiz war noch unbezahlt. Unser Startkapital war zusammengeschmolzen wie ein Eisberg an den Bahamas. Je mehr wir verkauften, umso mehr hatten wir vorab zu finanzieren. Fast täglich rief ich in der Bank an, um unseren Kontostand zu hören. Dass es einmal Internet geben würde, war damals unvorstellbar.

Kobold gegen Dicken.

Glaubwürdigkeit war eines meiner großen Themen in jener Zeit. Wahrscheinlich hat da die Familienprägung noch irgendwie mit hinein gespielt. Den Meinen hatte es ja immer mit zum Wichtigsten gezählt, was wohl *die Leut' denken* mochten.

Wie dem auch immer jedoch: Es ging auch bei Melida Italia nicht zuletzt um die Show. Und dazu gehörte das Auto. Damals war ein Auto in Italien zwar auch ein Fortbewegungsmittel, aber vor allem war es ein Status-Symbol. An dessen Auto maß jeder jeden, mehr noch als an Schnitt und Tuch des Anzugs.

Ich fühlte mich im Blickfeld. Zumal, wenn ich die Vertreter in ihren Gebieten besuchte oder neu einzustellende zu treffen hatte. Eigentlich war ich zu jung, um als seriöser Unternehmer wahrgenommen zu werden. Jugendliches Start-up wurde misstrauisch beäugt, damals, nicht etwa interessiert oder gar anerkennend aufgenommen.

In dieses Umfeld passte unser possierlich kleiner Kobold nicht als Chef-Karosse. Kleine, vielleicht durchaus auch nett gemeinte Spitzen kamen von hier und dort. Di Paoli schoss eine der ersten davon ab, als wir beim ersten Treffen in Bologna aus dem Hotel gingen und er mich noch zum nahe geparkten Auto brachte, was er sich absolut nicht nehmen ließ, um dann zu lächeln, dass das Ding so *smilzo ma sveglio* – dünn aber wendig – aussehe wie ich selber. Ich brauchte wirklich ein Auto, das etwas hermachte. Wir mussten unseren heiß geliebten Kobold gegen etwas Augenscheinlicheres tauschen.

Zufällig hat es sich ergeben, dass Cembran, der Besitzer der gleichnamigen Weinkellerei, seinen Wagen abgeben wollte. In der Touring-Garage hörte ich es, als ich mit dem Kobold zum Ölwechsel dort war. Das Auto stand auch dort, weil gerade in Wartung, und es war ein Traum: einer der seltenen Alfa Romeo 1900 Super mit dem Weber-Doppelvergaser, viertürig, schwarz mit weißer Dachkuppel lackiert und Weißwand-Reifen, bis zu 180 km/h schnell, was damals enorm war, und dabei mit garantiert weniger als zehn Litern Benzinkonsum auf 100 km zufrieden, wie man mir zuraunte, wenn man ihn in vernünftigem Straßentempo bewegte. 80.000 km hatte dieser Traum auf dem Tacho. Mindestens nochmal so viele würde er ohne besondere Reparaturen abspulen, meinte der Chefmechaniker der Touring-Garage. Genau *das* wäre es gewesen! Und später dann möglichst auch noch ein guter Schneideranzug von denen, wie sie mein Vater immer getragen hatte.

Aber da war ein Problem. Selbst der Kobold war noch nicht abbezahlt. Ein ganzer Stapel von Wechseln wartete noch darauf, eingelöst zu werden. Herr Cembran einerseits und die Touring-Garage als Finanzier boten dazu aber fast schon eine Goldene Brücke: Den Kobold in Zahlung, mitsamt den noch offenen Raten; für den Dicken – so hatte ihn die Mücke spontan getauft – ein Preis, der wirklich sehr kulant war; der dann noch zu zahlende Betrag so auf Kredit gesplittet, dass die monatlichen Raten kaum höher wurden als die schon für den Kobold gelaufenen. Einen Satz fast neuer Winterreifen bekam ich zum Dicken noch dazu. Im Lagerraum von Melida war Platz dafür.

Was die Mechaniker gesagt hatten, hat sich durchwegs als wahr gezeigt. Der Dicke lief und lief, ohne sich zu beklagen.

Nur der Vergaser musste gelegentlich justiert werden, wozu es eine spezielle Weber-Werkstätte gab, die das jedesmal in nicht mehr als fünf Minuten und fast für ein Trinkgeld machte. Die verfügbare Höchstgeschwindigkeit habe ich fast nie ausgefahren, aber er schaffte sie, wie ich nachts auf freier Autobahn checken konnte, und zumal auf Bergstrecken war er nahezu unschlagbar. Zu Weihnachten hat mir die Mücke dazu noch eine hell trompetende Zwei-Ton-Fanfarenhupe geschenkt – auch solches Zeug ist längst verboten –, die mir für jedes Überholen freien Weg gab.

Den Kobold verkaufte die Touring-Garage in eine Nachbarstadt. Es wäre uns zu sehr an die Nieren gegangen, ihn etwa täglich nahe geparkt zu sehen – mit allen Erinnerungen an die Unterschriften bei seinem Kauf, Grubers Schreibmaschinen auf Nebensitz und Rückbank, die blaubraun gescheckte Sommerfahrt nach dem Mailänder Unfall, die Handtapper und das Bibbern kurz vor dem Reschenpass, die fröhlichen Gruppenfahrten mit offenem Verdeck durch die gerade soeben verklungenen Sommernächten...

Neue Themen auf dem Tisch.

Mit den ersten Schritten zu so etwas wie einem normalen Tagesgeschäft kamen jetzt im September bald ein paar Themen auf dem Tisch, die gut zu bedenken und auch mit den Schweizer Partnern zu besprechen waren.

Da war vor allem einmal die offene Schere zwischen den schnell fälligen Kosten und dem zeitversetzten Hereinfließen der Zahlungen. Je mehr wir verkauften, desto mehr mussten wir Vorfinanzieren, wobei sich die Fristen weder bei den Abgaben für Zoll und Umsatzsteuer noch bei den Provisionen dehnen ließen. Wir brauchten Liquidität.

Meine Idee war, eine Quelle zu finden, die unsere Rechnungen skontieren würde; gegen einen nicht allzu harten Abschlag; mit daraus folgender Liquidität, wenn auch zu Lasten eines Teiles vom Gewinn.

Das zweite, direkt daran angehängte Thema war das Programm zum Ausbau unserer Vertriebsstruktur. Mit den paar recht verstreuten Mitarbeitern, die gewonnen waren, war für den Anfang natürlich schon was erreicht. Aber mir schien die Basis zu schwach. Es brauchte nur einen einzigen, dem die Geduld ausging, oder der in den wichtigen Arbeitsmonaten einfach nicht genügend Rest-Zeit fand, sich echt für uns zu bemühen, und unsere fragile Basis konnte schnell ins Bröseln kommen. Auch war noch gar nicht abzusehen, wie rasch sich unsere Produkte in den Läden verkaufen würden und mit welchen Rhythmen und Mengen der Nachkäufe wir real rechnen konnten.

Trotz, oder gerade wegen aller meiner Zweifel ich darauf ausgerichtet, mit der Suche nach weiteren Außendienstlern zügig weiter zu machen. Aber dazu musste das Problem der Liquiditätsschere wenigstens den Ansatz zu seiner Lösung haben.

Ein weiteres, auf dem Tisch liegendes Thema war vielleicht noch delikater. Die ersten Erfahrungen hatten fast schon klar gezeigt, dass die Melida-Linie eventuell doch nicht stark genug war, unseren Italien-Laden schnell genug in schwarze Zahlen zu bringen. Aber eine Alternative dazu hatten wir nicht. Dass aus Zürich weiteres Kapital nicht nachgeschossen würde, hatte Maier schon deutlich klar gemacht, während Schneider die Sache mehr offen hielt. Aber wie auch immer: *Ich* musste von dem Laden leben, und da kam eine Negativ-Runde ganz einfach nicht infrage.

Dazu hatte ich nun eine Vorstellung. Di Paoli hatte mich darauf gebracht, als er mir mehrfach vorbetete, dass *die Kollegen* – er natürlich nicht – etwas im Angebot brauchten, das *leicht* zu überschauen und *schön* im Regal sei. Nicht noch eine Linie, um Gottes willen, sondern ein-zwei nette Türöffner, an die man dann das Thema Melida-Depot-Kosmetik anhängen konnte.

Nur langsam konnte ich mich dafür erwärmen, aber mit jeder Gedankendrehung schien mir die Idee doch weniger abstrus. Blieb die Frage, was und wo ich denn Geeignetes finden könnte. Für den Moment schien mir das allerdings nicht *so* problematisch. Schwerer wog schon, dass es völlig offen war, wie sich das nun auch noch mit unserer Liquiditätslage vereinbaren sollte. Auch das dritte Thema hing also mit den anderen zweien eng zusammen.

Die beiden Züricher, Maier und Schneider, kamen über ein Wochenende nach Bozen. Stundenlang hockten wir zu viert im Büro und auch beim Essen war Melida fast das einzige Thema. Über die schwarzen und die roten Zahlen gingen wir schnell konform. Bei den praktischen Überlegungen dazu wurde Einigkeit dann schon schwieriger.

Da war die Zeitlücke zwischen sofort fälligen Ausgaben und dem zeitverzögerten Hereinkommen der Zahlungen. Die Idee, die frisch ausgestellten Rechnungen von einem Finanzinstitut skontieren, sie also vor Fälligkeit auszahlen zu lassen, gefiel Maier überhaupt nicht. Er hatte aber keinen Gegenvorschlag dazu. Und zusätzlich Bares einzuschießen, kam ihm auch nicht infrage. Ihr Hauptgeschäft, Meier + Schneider, war ebenfalls nicht in Goldwatte gepackt, kam es mir ganz klar herüber. Die Frage des *Cashflow* musste aber geklärt sein, vor wir auf die anderen eingehen konnten. Und so blieb dann doch das Skontieren der Rechnungen als angepeilter Ausweg auf dem Tisch.

Hugo Schneider wollte sich in Zürich dazu umhören. Er meinte, jemanden recht gut zu kennen, der da weiterhelfen könne. Aber ich sollte es doch auch hier vor Ort versuchen, schon wegen der eventuellen Hindernisse von grenzüberschreitenden Transaktionen und den Devisen.

Bis eine solche Möglichkeit der Zwischenfinanzierung geklärt sei, sollten die Warenzahlungen nach Zürich vorerst aufgeschoben bleiben. Das war ein spontaner Vorschlag von Maier, der für die Schweizer Partner eine nicht vorab geplante Belastung war. Und Schneider stimmte zu. Er war es, der anregte, die Ware solle sozusagen *auf Kommission* geliefert werden. Jeweils am Monatsende könne es dann eine Aufstellung der vom Markt bezahlten Posten und entsprechende Überweisungen nach Zürich geben. Der Mücke und mir fielen Pflastersteine von der Brust.

Auf denn zum nächsten Punkt. Es gab überhaupt kein Problem, uns darüber einig zu sein, dass wir zusätzliche Außendienstler brauchten. Die Finanzierungslücke nahmen wir nunmehr als lösbar an. So beschlossen wir also, weitere Mitarbeiter zu suchen, allerdings sozusagen *mir gebremstem Schaum*, und deshalb immer nur einen oder höchstens zwei zugleich, mit anschließendem Abwarten dann, wie sich die Neuen und damit die allgemeine Lage entwickeln würden.

Maier warf da einen Stein in den Teich und löste damit Gedankenwellen zu einer Befürchtung aus, die wir bis dahin latent sicher alle gehabt, aber voll in Lethargie gehalten hatten: die Zahlungsmoral der Kunden. Als stark am Ufer des Zürichsees verwurzelter Schweizer, war Maier so manches Vorurteil gegen die *Tschinggen*, die Italiener, durchaus eingekerbt. Dazu gehörte ein immer wieder mal durchbrechender, recht verblüffender Intensivzweifel an deren Zuverlässigkeit ganz allgemein, also nicht nur in monetären Fragen. Er hätte der Idee von Melida Italia nie Raum gegeben, wenn ihn nicht Schneider immer wieder dazu gedrängt hätte.

Das ganze Mittagessen wurde vom Denken an mögliche Zahlungsausfälle überschattet. Es nutzte wenig, dass ich von meinen positiven Keks- und Schokoladekunden in Südtirol berichtete, bei denen es nie auch nur den geringsten Ausfall gegeben hatte. Die Inro-Erfahrungen mit den Wäscheläden in Mailand und anderen Orten Norditaliens führte ich an. Schneider konnte gut bestätigen, dass sie alle positiv waren, und auch Maier wusste Bescheid. Trotzdem wurde ich von den Zürichern zu äußerster Vorsicht gemahnt, und entsprechend wurde beschlossen, den soeben vereinbarten Ausbau des Außendienstes nur in maßvollen Schritten voran zu treiben. Und zumal die Neuen sollte ich dazu verdonnern, Aufträge ausschließlich von solventen und als höchst zuverlässig bekannten Läden anzunehmen. Als ob das nicht deren höchsteigenes Interesse gewesen wäre, gab es doch für Ausfälle keine Provisionen sondern, im Gegenteil, empfindliche Abstriche. Und andererseits war doch überall in der Welt damit zu rechnen, dass auch Kunden, die bis gestern jahrelang pünktlichst bezahlt hatten, es heute nicht mehr tun – aus was für Gründen auch immer. Strengste Ermahnungen und ein höchst wachsames Augenmerk habe ich versprochen. Ob damit Italiens Marktgeschehen sicherer geworden ist?

Den Nachmittag über hockten wir im Büro. Die Mara war nicht da, weil doch Samstag war. Aber Kaffee machte die Mücke und es brauchte immer wieder Nachschub. Mit dem Ansatz zu dem jetzt dritten Thema hatte ich es nicht leicht.
Warum denn noch zusätzliche Produkte? - war die bohrende Frage, die eigentlich etwas ganz anderes meinte. Die Verunsicherung stand im Raum, dass die Melida-Linie etwa nicht marktfähig war; dass sie ein Zugpferd vorab brauchte, um überhaupt präsentiert Gehör finden zu können; sie nicht ausreichte, die Vertreter genug verdienen zu lassen, um sie motiviert bei der Stange zu halten; sie sich nicht schnell genug umschlug, um mit auch zügigen Nachbestellungen rechnen zu können.
Mit Ausnahme des mir eventuell unterstellten Zweifels an der Markfähigkeit unserer Kosmetik-Linie, lagen die hier in der Luft hängenden, nur *durch die Blume* angesprochen Gedanken schon alle richtig. Aber wie sollte und konnte ich das den Schweizer Partnern klar machen, ohne dass sie dann beleidigt waren? Die Einfühlsame Diplomatie der Mücke hat es geschafft. So sehr, dass die beiden Züricher dann anfingen, selber laut zu überlegen, was das denn für Produkte sein könnten, die wir dazu nehmen sollten; wo wir sie finden und hernehmen sollten; dass direkte Konkurrenz-Artikel aber doch auf alle Fälle zu vermeiden seien; und... und...
Die Frage der Finanzierung stand da natürlich wieder im Raum. Dass wir irgendwelche Provisions-Vertretungen aus-

ländischer Firmen für Italien übernehmen würden, kam für uns alle nicht infrage. Melida Italia hatte eigenständig und von niemandem als weisungsgebunden abhängig zu sein. Offen, ohne besonders darauf einzugehen, ließen wir dabei die recht utopische Hoffnung, auf Firmen zu stoßen, die zusätzlich zu interessanten Produkten, auch die Großzügigkeit hätten, uns lange Zahlungsziele anzubieten.

Und damit war dann auch das dritte Thema des Treffens im Konzept gegessen. Auf die Suche nach zusätzlich Verkaufbarem sollte *ich* mich machen, schon weil ja ich die Aufnahmebereitschaft des italienischen Marktes *gut kenne* – was zu dem Zeitpunkt eine schamlose Übertreibung war.

Schweizer Marken, die eventuell Maier und Schneider kontaktieren konnten, wollten wir vorerst ausschließen. Vordergründig Angesprochener Grund dafür war die Ablehnung, die Melida als Schweizer Marke in Südtirol gerade erlebte. Dahinter steckte aber etwa auch, dass es die beiden Züricher vermeiden wollten, bei einem allfällig negativen Ausgang einer Verbindung die neuen Geschäftspartner und dann eventuell Kontrahenten allzu nahe auf dem Pelz zu haben. Beschlossen haben wir also, dass ich mich auf möglichst schon einigermaßen bekannte, in Italien aber noch nicht präsente, deutsche Marken stürzen sollte.

Die Vereinbarung mit Maier und Schneider, die Schweizer Ware *in Kommission* zu bekommen, hat uns in und für Italien Luft gegeben. Sie erst nach Eingang der entsprechenden Kundengelder bezahlen zu können, löste das aktuelle Finanzproblem zu gutem Teil und war Baldrian für schlaflose Nächte. Wie das die beiden Züricher dann mit dem Hersteller der Kosmetikprodukte regeln wollten und wohl auch geregelt haben, konnte ich nie erfahren. Wohl auch, weil ich nie nachgefragt habe.

Die vereinbarte Suche nach einer Finanzgesellschaft, die unsere italienischen Rechnungen skontieren konnte und wollte, hat sich im Sande verlaufen. Schneider suchte in der Schweiz gar nicht mehr so richtig danach und ich in Italien rannte der Sache auch nicht so besonders hinterher, jetzt wo ich ja nicht mehr den so starken Druck hatte, in die Schweiz überweisen zu müssen, noch bevor die italienischen Kunden bezahlt hatten.

Im *Corriere della Sera,* Italiens größter Tageszeitung, habe ich nach diesem Wochenende sofort ein paar Kleinanzeigen aufgegeben. Kandidaten für den Außendienst meldeten sich zahlreich, wie vorher schon. Für die jetzt mir wichtigsten noch freien Gebiete, Mailand etwa und Turin, war aber kaum etwas darunter. Einstellen konnte ich lediglich einen Mann für Genua mitsamt der ligurischen Küste, Franco Risi, und, was keineswegs geplant war, einen Mitarbeiter in Neapel, Mario Dall'Orso.

Einen Agenten für Neapel und sein Umfeld hatte ich eigentlich gar nicht gewollt. Das Gebiet im tiefen Süden lag mir logistisch zu abseits. Es war allgemein verrufen wegen schlechter Zahlungsmoral, Beschwerden-Trickserei und undurchsichtiger Machenschaften. Aber Dall'Orso machte am Telefon einen sehr guten Eindruck und ließ sich nicht davon abbringen, zum Kennenlernen die ganze weite Strecke bis nach Bozen zu kommen. Er war ein sehr junger Mann, der nett aussah, einen dynamisch zielbewussten Eindruck machte und anschaulich über seine gute Einführung zumal bei den Parfümerien der salernitanischen Küstenorte zu berichten wusste. Dass er einmal eine Schlüsselrolle für Melida Italia spielen sollte, konnten wir beide nicht ahnen, als er seinen Vertrag unterschrieb und sich die Verkaufsunterlagen einpackte.

Und dann war da also der gemeinsame Beschluss, doch Zusätzliches zu suchen, das wir aufnehmen und exklusiv in Italien anbieten wollten. Vereinbart war, dass das Neue uns im Prinzip zwar als Türöffner und zusätzlicher Umsatzträger dienen sollte, das unseren Vertriebsleuten helfen sollte, ohne dass es sie aber davon abhalte, vor allem die Kosmetik-Linie intensiv in die Parfümerien zu puschen.

Seit Jahren hatte ich den *Stern* gelesen und die Mücke zudem auch *Brigitte* und *Hör zu*. Daher kannten wir Deutschlands beworbene Marken und konnten schauen, welche davon in Italien noch nicht vertreten waren. Die Anschriften herauszufinden, war dann nicht schwer, auch damals schon, obwohl es Internet noch lange nicht gab. Die Bozner Handelskammer hatte Regale voll Adressbücher aus aller Welt.

Und so schrieb ich denn die mir besonders interessant scheinenden Firmen an. Natürlich zielte ich dabei nicht auf Pflege-Kosmetik. Die hatten wir selber. Es kamen eigentlich nur Einzelprodukte infrage, die etwas ganz Spezielles versprechen konnten und eventuell ohne groß argumentierende Verkaufsgespräche unsere Linie einleiten und sie flankieren würden.

Hormocenta war etwa so ein Produkt. Es war ein Mono-Produkt – eine als für alle Hauttypen gleichermaßen gut geeignet angepriesene Gesichtscreme, die versprach, dank irgendwelcher Hormone aufbauend und Falten glättend zu wirken und deren als fast schon wundersam erfolgreich ausgelobte Formel Professor Sauerbruch von der Berliner Charité erfunden haben sollte. Seine Unterschrift war auch in der Werbung zu sehen, zusammen mit dem stark retuschierten Foto von Marika Rökk und dem konstant wiederholten Slogan *Verjüngt, verschönt und faltenlos!*

Die Hormocenta-Leute saßen in Berlin. Und weil ich schon mal das Berliner Branchenbuch wälzte, holte ich mir daraus noch ein paar weitere Anschriften, bei denen es mir nur zählte, dass ich deren Produkte irgendwann und irgendwo schon vermerkt hatte.

Aber natürlich ließ ich es nicht bei Berlin bleiben. Firmen quer durch Deutschland bekamen meinen Brief, der Melida Italia kurz darstellte und unser Interesse anzeigte, ihnen den *so* äußerst interessanten und *so* lukrativen Italien-Markt zu erschließen. Ein paar vage Andeutungen, wie das gerade für ihre speziellen Produkte gehen solle, waren in diese Versuchsballon-Briefe natürlich auch noch eingeflochten.

Die nagelneue Olympia SG1 gab ein perfektes Schriftbild. Unser Briefpapier war teuer, wie alle Papiere, die ich je benutzen würde. Im Briefkopf war auch die Schweiz vermerkt. Die Anfragen sahen schon so richtig gut aus. Und es kamen Antworten, mehr als gedacht.

Etliche winkten sofort ab, bedankten sich aber freundlich für unsere Wertschätzung. Andere wollten mehr über den Markt wissen und zumal über uns, was schon eher delikat war. Unser *frischgebackenes Dasein* wollten wir nicht gerade an die große Glocke hängen; verschweigen ließ es sich aber auch nicht. Da galt es eben, ein bisschen herumzunebeln.

Gerade mal drei Wochen brauchte dieses Vorsondieren. Wenn es um Chancen und Entscheidungen ging, war der Dialog-Fluss damals doch fast schneller als heute, trotz unseres jetzt ganzen Brimboriums von Internet und E-Mails. Wir haben wohl auch mehr telefoniert, vielleicht weil, oder etwa gerade weil wir kein Quatsch-Handy und keine Flatrate hatten.

In der Post waren jetzt also auch Briefe aus Deutschland. Die Sommerferien waren vorbei und beinahe schon wieder vergessen. Aufträge kamen herein. Nicht so wahnsinnig viele, dass wir etwa ausflippen konnten, aber immerhin. Und Geld floss auf die Bank. Keiner unserer ersten Kunden hatte uns hängen gelassen.

Goldener Frühherbst!

Quer durch Deutschland.

Ende Oktober hatte ich eine Liste beisammen, die recht gut aussah. Es waren die Firmen darin, mit denen vorab telefonisch Grundlegendes schon angesprochen und soweit abgeklärt war, dass es nun zu einem Treffen kommen musste. So stand also eine Rundreise durch Deutschland an. Irgendwie nostalgisch erinnerte ich mich an meine erste mit Maria Lau, die gar nicht so lange her war. Mainz war diesmal das erste Ziel.

Margaret Astor in Mainz war damals die europäische Topmarke für Make-up. Natürlich rangierte sie meilenweit hinter der von Max Factor, der ja in Hollywood der Erfinder des modernen Make-up gewesen war, aber die Produktpalette war nicht weniger aktuell und die Lippenstifte hatten sogar den Ruf, weniger zu verschmieren als die des amerikanischen Konkurrenten.

Eigentlich wollte ich ja keine Produkt-Linie, sondern ein Zusatz- und Türöffner-Angebot, das möglichst sogar aus nur einem einzigen Produkt bestand. Aber die große und in Italien überhaupt noch nicht präsente Zugmarke Margaret Astor war schon sehr reizvoll. Damit, so rechnete ich mir aus, konnten wir eventuell bei vielen von *den* Parfümerien offene Türen finden, die wegen ihrer Lage keinen Depot-Vertrag mit Max Factor oder Rimmel, der großen italienischen Konkurrenz, bekommen konnten. Dass in meinem Hinterkopf vielleicht auch der Gedanke stand, mit so einer Großmarke schon bald mehr verdienen zu können, als mit unserer Melida-Linie, mag wohl auch mitgespielt haben, den Anfangsbrief nach Mainz zu schreiben. Eher war es aber doch wohl nur der Gedanke, dass es auf eine Briefmarke mehr oder weniger nun auch nicht ankäme. Mit einer Reaktion, einer positiven zumal, hatte ich nicht gerechnet. Aber die war dann doch gekommen, mit der Bitte um noch ein paar Details über uns und dann der Aufforderung zu baldigem Besuch.

An den Empfang erinnere ich mich noch gern. Er gab mir nicht das Gefühl, in eine fremde Welt einzudringen, sondern eher das, bei Freunden willkommen zu sein. Die Führung durch das Werk hat mir einen Planeten gezeigt, von dem ich keine blasse Ahnung hatte: die Farben mahlen, mischen, komprimieren fürs kompakte Wangen- und Augen-Make-up, die Produktionsphasen der Lippenstifte bis zur Einbettung in die Hülsen und viel anderes mehr. Ich lernte, dass die Eyeliner von Faber-Castell, dem Bleistifthersteller, kamen und die Nagellacke von Helen Neustetter, die damals die einzige Zulieferantin für nahezu alle Make-up-

Marken war und praktisch das Nagellack-Monopol hatte, obwohl sie nirgendwo offiziell in Erscheinung trat. Über das ganz spezielle Marketing in diesem Bereich bekam ich eine ausführliche Lektion so locker geboten, als würden Fachleute untereinander plaudern und sich dabei noch ein paar aktuelle Tipps geben. Ein dichter Vormittag ist es geworden.

Dann nachmittags war das Geschäftliche an der Reihe. Ich hatte mit etlicher Hybris den Alleinvertrieb für Italien als Grundidee vorgegeben und brannte nun auf die Reaktionen. Die Idee wurde gar nicht belächelt. Intensiv und richtig in die Details gehend wurde mir hingegen dargelegt, mit was für logistischen Problemen diese Aufgabe verbunden war. Es fing damit an, dass die Make-up-Palette, die jedes Astor-Depot vorrätig haben musste, aus über 200 Referenzen bestand – all die Produkte, Farben, Packungsvarianten. Die Sendungen dafür mussten jeweils zusammengestellt werden: komplett bei den Erstausstattungen und bei den Nachbestellungen punktgenau. Aber damit nicht genug. Gut die Hälfte der Nuancen wechselte zweimal jährlich. Und dann gab es noch die spezielle Kleinkollektion der Karnevalsfarben.

Das zügige Verkaufen war da kein Problem, wurde mir schnell klar. Die neuen Depot-Kunden mussten bei der Erstausstattung das ganze Sortiment in vorweg bestimmten Stückzahlen übernehmen; und dann hatten sie von ihren Verkäufen Strichlisten auf vorgegebenen Formularen zu führen, die sie für die Nachbestellungen zu verwenden hatten. Da waren weder Probleme noch ein besonderer Zeitverlust für den Außendienst zu sehen.

Wer aber sollte die komplexen Sendungen zusammenstellen; wer die Rechnungen mit den vielen Einzelpositionen schreiben; wer auch die Lagerbestände unter Kontrolle halten? Allein die Mara und ich konnten das sicher nicht. Und die nötige Logistik aus dem Boden zu stampfen, zumal aufgrund nicht überschaubarer Erfolgsaussichten, war mir im Moment einfach undenkbar. Auch bei Margaret Astor wurde das so gesehen. Das Finanzielle, also ob nun langes Zahlungsziel oder Ware auf Kommission, war da gar kein Thema mehr.

Aber eine Chance, eine an sich vielleicht interessante Chance wurde mir dann doch angeboten: Ich möge doch daran denken, die Vertretung zu übernehmen. Die Kunden in Italien könnten direkt aus Mainz beliefert werden, womit dann alle Probleme der Logistik überwunden wären. Besondere bürokratische Schwierigkeiten – etwa wegen der Verzollung – würde es dank der gerade neuen EWG-Regeln kaum geben, und wenn, dann könne den Kunden ja von uns vor Ort geholfen werden. Und auch die Zahlungen könnten durchaus über ein Italien-Konto laufen. Die Anfangswochen mit Inro fielen mir ein.

Das Angebot war für eine Probe gedacht. Ich sollte selber mit dem Verkaufen beginnen und mir Südtirol vornehmen. Das wäre schon deshalb gut und richtig, weil in dem Gebiet die deutschen Zeitschriften mitsamt der Werbung gelesen wurden. Die dort erzielten Ergebnisse würden dann gut zeigen, ob und wie es in Italien weitergehen möge.

Dauer der Probephase: sechs oder besser noch zwölf Monate. 15% Provision – *ungewöhnlich hoch!* – mit aber der Auflage, den Kunden bei der Import-Bürokratie zu helfen. Sofortiger Beginn in Südtirol und weitere Gebietsgespräche zu Ostern.

Einen der teueren Musterkoffer aus Leder mit voll bestückten Etagenfächern bekam ich gleich mitgegeben, samt Produktinformationen, gedruckten Farbpaletten in größerer Stückzahl und den Auftragsbüchern. Den Vertrag mit allen Details sollte ich bei meiner Rückkehr in Bozen vorfinden.

Ich war überwältigt, wusste nichts zu sagen. Und doch wusste ich fast sofort, dass es nicht das Richtige war. Ich war doch losgezogen, um etwas für unseren *ganzen* Außendienst zu suchen. Wenn ich jetzt für Margaret Astor anfing, Südtirols Klinken zu putzen, brachte das unserem Jetzt-Ziel von Melida Italia überhaupt nichts. Ich aber würde mich eingespannt und nur noch begrenzt für meine eigentlichen Aufgaben verfügbar finden.

Den Musterkoffer und das restliche Material habe ich mitgenommen und in Bozen dann auch den Vertrag gefunden. Ein paar Bozner und Meraner habe ich daraufhin auch besucht, mehr um mein Gewissen zu beruhigen als auf Abschlüsse ausgerichtet. Kein einziger Auftrag für Margaret Astor hat sich dabei ergeben – und in Mainz wurde das dann später, nach meinem Detailbericht, auch verstanden.

Das also war Stepp eins meiner Deutschland-Rundfahrt. Er hat mir eine Menge beigebracht.

Die zweite Etappe war auch in Mainz: die Blendax-Werke von der allseits bekannten Zahnpasta, die auch noch nicht bis nach Italien gekommen war. Den Kontakt aufgenommen hatte ich, weil es in Italiens Fachgeschäften, zu denen auch die Parfümerien mit ihren Abteilungen für Toilettenartikeln gehörten, noch wenig zu Blendax Gleichwertiges gab.

Auch hier wiederholte sich der freundliche Empfang und ich merkte, dass man sich in der Verkaufsleitung schon intensiv mit meinem Italien-Vorschlag befasst hatte. Wieder fing es mit einer Werksbesichtigung an, bei der ich nicht aus dem Staunen heraus kam. Am meisten hat mich verblüfft, dass die Tuben direkt im Haus hergestellt wurden, aus kleinen Aluminium-Rondellen gepresst, um dann sofort über Band zum Bedrucken zu kommen und von dort stufenlos weiter zur Abfüllung. Bis dahin hatte ich noch nie so ein fast vollautomatisch arbeitendes Multifunktions-Band gesehen, auch nicht in einem Dokumentarfilm.

Das Gespräch wurde lang und ging ins Detail. Mir lag natürlich ganz irre daran, Blendax nach Italien zu holen, wobei mich natürlich der Doppelgedanke an die doch sehr limitierte Auftragskraft meiner Truppe und den dagegen lawinenartig anmutenden Ausstoß der Mainzer Produktionsanlage ständig unter Druck hielt. Bald kamen wir denn auch prompt auf das Thema Vertriebskanal und Vertreternetz zu sprechen.

Da hat sich nun schnell herausgestellt, dass Parfümerien, die einzige Welt, die für Melida infrage kam, in Mainz gar nicht besonders interessierten. Die vielen Gemischtwaren-Läden und das, was es in Italien an Drogerien gab, waren im Fokus von Blendax. Oder etwa auch die Apotheken. Da musste ich aber passen. Auf der ganzen Linie. Dabei hätte man für das Finanzielle durchaus einen Weg finden können, wie mir nicht nur ein paar dazwischen geschobene Halbsätze sagten. Ich war für Melida in Mainz, nicht für andere und wenn auch noch so schöne Projekte. Es passte einfach nicht zusammen.

Erst später habe ich zufällig erfahren, dass Blendax die Mutterfirma von Margaret Astor war. Und noch viel, sehr viel später und völlig unabhängig von diesem ersten Zusammentreffen sind die Blendax-Werke dann ein Kunde meiner Mailänder Werbeagentur geworden, woraus sich dann irgendwie zufällig auch noch besonders Gutes nachhaltig entwickeln sollte.

Weiter ging es nun zur Dr. Wander GmbH, dem Hersteller von *Dermawohl*®, der seinen Flachbau irgendwo auf der Brache in der Peripherie eines gottverlassenen Ruhrkaffs zwischen Wuppertal und Solingen hatte.

Von Frau Wander wurde ich herzlich empfangen, nachdem ich gut eine halbe Stunde in recht zugigem Raum gewartet hatte, durch dessen offene Tür ausdauernd eine fleißige Schreibmaschine klapperte. In einer kleinen Vitrine standen einsam zwei unterschiedlich große, goldfarbene und mit buntem Dekor bedruckte Blechdosen Dermawohl.

Erst sprachen wir natürlich über das Produkt, wie sich das meist so ergibt, weil der eine gern von dem redet, was ihm nahe steht, und der andere – diesmal eben ich – gern mehr davon erfährt, bevor er selber reden muss.

Und so erfuhr ich, von Frau Wander emsig erzählt, was ich so ähnlich und in etwa aus der Werbung schon wusste: dass Dermawohl die *einzige* Hautcreme, ja das *einzigste* Produkt überhaupt war, das *hundert-Prozent-sicher* Hautflechten und Hautrisse verschwinden ließ, *ganz gleich* ob sie nun durch Pilzbefall oder sonst was hervorgerufen waren, *unabhängig* davon auch, ob an den Händen, Füßen oder irgendwo sonst am Körper, und das Ganze in *allerhöchstens* acht Tagen, wofür *eigentlich* schon die kleine Dose ausreiche, wenn der Befall nicht *allzu* ausgebreitet oder etwa die ganze Familie zu behandeln sei. *Uff!* Ja, und der Erfinder, also ihr Mann, sei *von Haus aus* Apotheker, liebe aber ebenso sehr die Bienenzucht und die ganze Landwirtschaft, die ihn überhaupt erst auf die Idee zu Dermawohl gebracht habe, wegen der oft so rissigen Hände der Feldarbeiter. *Wau!* Und ja noch, *aseptisch* sei Dermawohl auch noch wegen des hohen Anteils an Arnika, Bienenwachs und Propolis – und registriert, also geschützt natürlich auch, wenn auch nur der Name und nicht die Formel, weil das mit der Formel doch so langwierig und teuer sei. *Na also!*

Es klang alles so wahnsinnig auswendig gelernt. Sicher war es die Platte, die Frau Wander schon wer weiß wie oft abgeleiert hatte. Gut hätte sie in eine der heutigen TV-Verkaufssendung gepasst, aber die gab es 1960 noch nicht. Jetzt war ich dran und leierte mein Sprüchlein ab, fast genau so, wie es schon in meinem Brief stand, der zur Einladung geführt hatte, uns jetzt und hier zu treffen.

Mir war schon vorab klar, dass für Italien Dermawohl keineswegs ein guter Markenname war. Aber rissige Haut, zumal an den Nagelbetten der Hände und an den Fersen, war in Italien damals ein weit verbreitetes Problem und es gab anscheinend nichts echt Wirksames dagegen. Deshalb hatte ich Dr. Wander und seine Creme auf die Liste gesetzt.

Und da saßen wir nun. Jeder mit seinem Gesicht, das da *Was nun?* fragte. Ich fing an, weiter über Italien zu reden – was das für ein tolles Land war und wie kauflustig die Leute dort und zu jeder Jahreszeit auch mit *so* vielen Rissen und Flechten an allen Händen und Füßen – und wie sie zur Idee stehe, wollte ich wissen, dass Melida Dermawohl in Italien eventuell vertreibe. *Positiv.* Na also! Jedes Wort war ihr nahezu aus der Nase zu ziehen. Zwischendurch ließ sie aber

Kaffee bringen und lief ein paarmal ins Nebenzimmer ans Telefon.

Nach einer Stunde oder so hatte ich dann gespeichert: Alles was hilft, mehr Dermawohl zu verkaufen, ist hier willkommen. Derzeit werden im Monat so fünfhundert Dosen hergestellt und für etliche mehr gibt es noch freie Kapazität, sicher für monatlich etwa zwei-dreihundert oder so. Einen Exklusiv-Vertrag möchte sie, Frau Wander, eher nicht, aber darüber ist sowieso mit ihrem Mann zu sprechen. Für den Export kann sie nicht mehr als 40% Rabatt auf den Verbraucherpreis geben, weil das auch die Apotheken um die Ecke zahlen und auch die paar Kunden, die selber vorbei kommen. Die Versandkosten nach Italien auf unsere Kappe, natürlich.

Wer soll das Zeug denn bezahlen, wenn wir 1:7 kalkulieren müssen? – fuhr es mir gleich durch den Kopf, der vor sich hin rechnete, während die Ohren weiterhin aufmerksam lauschten.

Die Dosendeckel in Italienisch zu drucken, so hörte ich weiter, ist kaum möglich, es sei denn bei riesiger Auflage und dann auf unsere Kosten. Bodenetiketten sind vielleicht machbar. Vorauskasse braucht es auf alle Fälle, schon weil man mit dem Ausland ja nie weiß... oder? Höchstens später einmal und nach gutem Kennenlernen kann vielleicht über ein Zahlungsziel auf zehn Tage Sicht geredet werden, aber das muss der Mann entscheiden. *Hei!*

Frau Wander war eingangs recht gewöhnungsbedürftig, dabei aber doch nett. Dass Dermawohl nicht nach Italien konnte, jedenfalls nicht mit Melida, war trotzdem bald klar. Zum Abschied nahm ich noch ein Döschen zur Erinnerung mit und ein paar Prospekte. Um die 7,10 DM durfte ich bezahlen. Und wiederum hatte ich so einiges gelernt.

Weiter ging es in Richtung Aachen, zu Mäurer + Wirtz in Stolberg. Das waren die Hersteller von *Tabac Original*, der in Deutschland damals wohl am meisten beworbenen Marke von Aftershave und Eau de Cologne für Männer.

Dass diese Marke noch nicht in Italien war, konnte ich kaum fassen. Wenigstens im Südtiroler Einzugsbereich ihrer massiven Werbung musste sie doch ein Selbstrenner sein. Warum hatte sich darum noch keiner bemüht? Aus der offenen Art, wie die Firma auf meinen Brief reagiert und mich auch gleich zu einem Gespräch eingeladen hatte, schien doch klar, dass die Leute am Italien-Markt interessiert waren.

In einen gediegenen Besprechungsraum wurde ich geführt und sofort mit dampfendem Kaffee versorgt, was in Deutschland wohl die Regel allgemeine Regel war.

Der unverkennbare Duft von Tabac Original hing überall in der Luft. Nach wenigen Minuten schon kam einer der Herren Wirtz persönlich zum Gespräch. Ab seinem ersten Lächeln und dem schwammigen Händedruck, der sich wie ein Griff in einen Butterkrapfen anfühlte, ging mir der Mann wider den Strich. Und schnell sah ich ihm an, dass ich ihm wohl nicht minder unsympathisch war.

Unser Gespräch war dann auch kurz. Er sagte so etwas wie, dass er mit einem *gesetzteren* – einem älteren, meinte er wohl – Besucher gerechnet habe, und fragte, was denn genau meine Aufgabe bei Melida Italia wäre. Ich überhörte das und hakte nach, ob er denn schon einmal aus Stolberg hinaus gekommen sei, vielleicht gar bis zum Teutonengrill an der Adria. Er dagegen ließ irgendwie fallen, dass sein Tabac Original nur für wirklich exzellente Geschäftspartner gut genug sei, und wollte wissen, was für qualifizierende Exzellenz-Nachweise ich ihm geben könne. Ich konterte wohl etwa mit der Frage, wie er sich denn die werbliche Unterstützung für den Aufbruch in einen ihm neuen Millionenmarkt vorstelle.

Es war gut, dass die Kaffeetasse keine Zeit fand, noch einmal gefüllt zu werden.

Weiter nach Berlin!

Als erste hatte ich die Firma Hygiena Thober & Tiele KG auf der Terminliste, die Herstellerin von *Hormocenta,* der angeblich maximal innovativen Gesichtscreme auf der Basis von aus Plazenta gewonnen Hormonen. Ihre Geschichte mit dem Professor Sauerbruch und der unverdrossen hämmernden Werbung mit der stereotyp lächelnden Marika Rökk hatte es mir angetan. Ich wollte diese Creme unbedingt für Italien. Dabei war mir völlig klar, dass dort keiner eine blasse Ahnung von Professor Sauerbruch hatte und dass dessen Charité dort gleich unbekannt war wie Marika Rökk. Aber so ein Professor kam in Italien immer gut an, zumal ein ausländischer. Hormone in der Kosmetik waren auch bei uns seit kurzem groß im Gespräch, wie zugleich auch Plazenta. Und der apodiktische Slogan *Verjüngt, verschönt und faltenlos!* erschien mir geradezu als ein Sesam-Öffne-Dich, auch ins Italienische übersetzt.

Bei Thober & Tiele fand ich mich dann in einer hoch profes-sionellen Atmosphäre, in der nichts verstaubt oder improvisiert wirkte. Selbst der alte Sauerbruch sah auf dem Farbfoto im Entree noch dynamisch und fast jugendfrisch aus. Und das Gespräch ist sofort konkret geworden.

Italien interessierte. Über Melida wusste man Bescheid. Dass unsere Klitsche gerade erst gegründet war und der Schweizer Hintergrund auch nicht viel älter, zählte nicht gerade als Empfehlung, war aber augenscheinlich auch keine besondere Barriere. Unsere Vertriebsmöglichkeiten wurden unter die Lupe genommen. Die Kaufgewohnheiten der Italienerinnen, sensitive und olfaktorische Präferenzen in der Hautpflege, Handelsmargen und Preisakzeptanz, die Werbemedien und ihre Kosten waren Themen. Ich hatte zu rudern, um einigermaßen mitzuhalten. Dann die Planzahlen. Da wurde von mir Konkretes verlangt und ich musste mich durchmogeln zwischen stratosphärischem Wunschdenken und pessimistischer Erdverbundenheit. Nun aber kam das Finanzielle.

Interesse an der Zusammenarbeit bestand, soviel war bis dahin klar, und das mit der Voraussetzung einer auch finanziell klaren Aufgabenteilung zwischen Hersteller und General-Importeur. Die Ware war ab Berlin abzunehmen und termingerecht zu bezahlen, mit allen Folgekosten des Vertriebs zu unseren Lasten.

Im Grunde wollte ich nichts anderes, aber mit langen Zahlungsfristen. Und die konnte ich bekommen, nach gar nicht einmal allzu zähem Ringen: 120/150 Tage Ziel gegen Absicherung auch durch Melida Schweiz. Ein Unikum für deutsche Gepflogenheit!

Auch mit den Preisen kamen wir ziemlich problemlos klar. Wie mit vernünftigen Margen zu kalkulieren war, brauchte ich hier im Hause nicht zu erzählen. Dass unser italienischer Fachhandel nicht weniger verdienen wollte als der deutsche, erstaunte auch nicht. Die Kosten der langen Transportwege wurden ebenso berücksichtigt wie die Importgebühren. Es waren Profis, die Leute von Thober & Tiele. Auf einen gut verträglichen Grundpreis ab Berlin sind wir gekommen.

Aber dann kam der Hammer. Genau wie in der Strategie, die in Deutschland rigoros durchgezogen wurde, hatten auch in Italien 35% des Nettoumsatzes in die Publikumswerbung zu gehen; und zwar nicht, nachdem der Umsatz getätigt und die Kosten verdient waren, sondern vorab und dem voraus greifenden Absatzplan entsprechend. Es galt das Motto: *Erst die Werbung, dann der Umsatz.* Die Werbekosten waren von uns zu tragen. Als Zuschuss konnte ich für die ersten sechs Monate einen ganz speziellen Warenrabatt bekommen, der an sich schon einen recht satten Beitrag ausmachte, aber weit davon weg war, das Problem der Vorfinanzierung vom Tisch zu bekommen.

Ich wusste nicht, wie ich den Werbeplan finanzieren sollte. Dabei war es im Prinzip leicht. Die Kosten waren in der Kalkulation eingerechnet. Es ging *nur* darum, plangerechte Mengen zu verkaufen und unsere Rechnungen termingerecht bezahlt zu bekommen. Aber da war eben der doppelte Haken. Um der verlangten Strategie gerecht zu werden, musste ich mit den Medien hohe Verpflichtungen eingehen, die auch dann auf uns lasten würden, wenn die Verkäufe nicht so laufen sollten, wie im Plan vorgesehen.

Vielleicht hätte sich das Problem irgendwie lösen lassen. Ich dachte da daran, die Werbeplanung äußerst flexibel zu belassen und sie sozusagen von Woche zu improvisieren, was höchstens ein paar Rabattpunkte der Medien gekostet hätte. Mit dieser Idee biss ich aber auf Granit. *Nicht akzeptabel, nicht akzeptiert!* Genau so wie der Abnahmeplan jeweils für ein halbes Jahr vorab verbindlich festzuschreiben war, so galt es auch für den detaillierten Werbeplan, der ihm als Teil der Abmachung beizufügen war. Ich habe um Bedenkzeit gebeten, zur Beratung mit den Partnern. Wie es damit ausgehen würde, wusste ich schon vorweg. Ich selber konnte es ja nicht verantworten, uns so zu exponieren.

Verjüngt, verschönt und faltenlos! Auf Hormocenta mussten wir verzichten. Ich aber hatte den Ansatz des Prinzips der *Advertising Generation* erkannt, das ich ein paar Jahre später dann zu einem Standardkonzept ausfeilen sollte und das zum Unterbau von vielen Beratungserfolgen der von mir gegründeten Werbeagentur wurde.

Die zweite Berliner Etappe war kurz und schmerzlos. Sie ging zur Boettger GmbH in Wilmersdorf, dem Produzenten des Schaumbads *Algemarin* mit dem Seepferdchen als Markenzeichen. Herr Boettger selbst empfing mich.

Schnell war da geklärt, dass er im Grunde nur an allgemeinen Marktinfos aus und zu Italien interessiert war, an einen Export oder gar an die dortige Durchsetzung der Marke aber überhaupt nicht dachte. Gern gestand er mir trotzdem zu, Algemarin eventuell als Großhändler in Italien anzubieten – ohne Exklusivvertrag, ohne Gebietsschutz und bei Vorauskasse.

Das passte nun so wenig in meinen Rahmen, dass über Preise und anderes gar nicht erst geredet wurde. Wir taten so, als hofften wir, uns irgendwann mal wieder zu sehen.

Da hatte ich nun fast einen halben Tag bis zum nächsten Termin. Die geschenkte Zeit nutzte ich, mir ein Stück Berlin zu erwandern.

Untergekommen war ich in einer kleinen Pension nahe dem Ku'damm. Ich war über Dreilinden und die Avus in die Stadt gekommen und einfach so lange weitergefahren, bis ich auf einem Schild das vertraute Wort *Kurfürstendamm* sah. Ohne besonderes Ziel fuhr ich die Prachtstraße entlang und durch ein paar Nebenstraßen, fand über einem freien Parkplatz die Neonleuchte einer Pension, die von außen weder teuer noch schäbig aussah, und dort gab es ein freies Zimmer. In der Uhlandstraße war das, einer Ecke, die mir heute noch ein nostalgisches Zentrum von Berlin ist.

Den Ku'damm hatte ich schon gleich nach dem Ankommen unter die Füße genommen. Von seiner Breite und vor allem von der Breite seiner Gehsteige mit der dahinter liegenden Kette großflächiger, strahlend heller Schaufenster war ich geplättet. Dabei kannte ich doch Mailands monumentale Innenstadt und hatte Wien gesehen.

Jetzt, nach Boettger, fuhr ich zurück zur Pension, ließ den Dicken dort auf dem Parkplatz und machte mich auf zum Straßenwandern.

Aus Erzähltem Bekanntes wollte ich entdecken.

Zur Tauentzien-Straße zog es mich also hin. Sie ließ mich an meine Großmutter denken, die dort, in einem der Häuser, die es längst nicht mehr gab, geboren wurde, als die Gedächtniskirche nebenan noch fast zehn Jahre auf ihren Grundstein warten musste. Nach dem Luxus am Ku'damm, gerade mal hundert Meter hinter mir, war das nun echt ein Schock. Rund um die notdürftig zusammengehaltene Turmruine und die grauenhafte Betonschachtel der neuen Kirche mit ihren geschmacklos bunten Glasziegeln dehnte sich eine holperige Brache, voll gemüllt mit Imbissbuden, schmuddeligen Verkaufsständen und windschiefen Kiosken, zwischen denen Hunde streunten und Bettler barmten. Ein enormes Bauschild zeigte an, dass hier ein *Europa Center* entstehen sollte. Links von der Brache zog sich das absurd in die Landschaft gestellte Bikinihaus, dessen nacktkalte Arkaden vorne und hinten in ein Nichts ausliefen.

Die Straßenflucht hinauf zum Wittenbergplatz war immer noch vom Bombenkrieg gezeichnet. Baulücken wechselten sich ab mit von Granaten stark gekerbten Fassaden und dazwischen immer wieder ein paar neuen Häusern, deren phantasielose, geschmacksverirrte Architekten man doch hätte schlachten sollen.

Das KaDeWe an der Ecke prangte voll renoviert und strahlte in hellster Konsumverführung. Ich dachte an den Luxusladen, der dort nahebei früher einmal in einem gewesen war und in dem mein Urgroßvater hochfeines Tafelobst in Silberschalen aufs Exquisiteste angeboten hatte und daran Pleite ging. Meine Großmutter war da gerade knapp drei Jahre klein. Viktoria hieß sie, nach der Siegessäule, die bei ihrer Geburt gerade dabei war, hoch zu wachsen. Die Pleite der Obst-Boutique war kein Sieg für sie gewesen. Sie hat ihre Leute aus Berlin weg ins weit entfernte Etschtal vertrieben, wo es auch Obst gab, aber für die Familie keinen neuen Laden.

Ich bin weiter gewandert, bis weit hinüber nach Osten, wo in den Schaufenstern dann plötzlich Blumentöpfe statt Würsten und papierene Girlanden statt Schnapsflaschen oder Nachtklamotten waren. Düstere Baulücken gab es überall. Fenster blickten immer wieder rahmen- und glaslos zu mir herunter. Und der Wind blies affenkalt, obwohl es doch erst Oktober war.

Es war an der Zeit, mich irgendwo aufzuwärmen und meinen Sermon für den nächsten Termin zu durchdenken.

Nach kurzem Warten wurde ich an eine hohe, zweiflügelige Tür geführt und gebeten, doch einzutreten. Vor mir ein weiter Saal. Fast leer. Mit spiegelndem Parkett und ein paar Perserteppichen lässig hier und dort. Ganz hinten ein geschwungener Schreibtisch, sicher fünfzehn Meter von der Tür entfernt. Von dem, der dort sitzt, sehe ich nur die Schultern und darüber einen kugelrunden, kahlen Kopf mit runden Backen und nie gesehen großen Ohren, die in lang gezogenen Ohrläppchen fleischig auslaufen. Zögerlich gehe ich auf ihn zu. Mein Gegenüber wieselt hinter dem Schreibtisch hervor. Die Gestalt von Bonaparte, aber die Rechte nicht auf das *Enbonpoint* gedrückt, sondern, mit schnellen Trippelschritten näher kommend, mir entgegengestreckt: *Kleiner... Alfred Kleiner... von den Gebrüdern der Jüngere... den Älteren gibt's nicht mehr.*

Ich war bei der Gebr. Kleiner oHG in der Joachimsthaler Straße angekommen, meinem letzten Berliner Termin. Den Dicken hatte ich im Hof geparkt, mit Erlaubnis. Schnell war er dort der Mittelpunkt vielgesichtiger Neugier, angestarrt aus den Fenstern, als wäre er ein Einhorn. Wie oft auch kam denn wohl ein großer, zwei-farbiger Alfa Romeo ins damalige Berlin? Davon bekam ich aber gar nichts mit und hörte erst später darüber, denn ich stand vor Alfred Kleiner.

Nach kurzem Vorgeplänkel wurde ein Mitarbeiter dazu gerufen. *Emil Ludewig* – stellte er sich vor, ein schmaler, langer Herr mit akkurat gescheiteltem Grauhaar und in elegantem Anzug. Er war der vieles lenkende Finanz- und Vertriebschef im Hause, wie ich bald erfahren sollte.

Die Firmengeschichte erfuhr ich kurz und dann ging es zu den Produkten. Um *Patra* drehte es sich zunächst. Das war die Duftlinie – Parfüm und Eau de Cologne – mit der die Firma gegründet war und die es in den Fünfziger-Jahren, dank intensiver, wenn auch grausam altbackener Werbung, zu höchstem Bekanntheitsgrad und Umsatz gebracht hatte. Der Flakon erinnerte sehr an den von Chanel N° 5 und die Duftnote stieg schwer und ziemlich aufdringlich in die Nase, wie das damals vielfach *en vogue* war und auch in Italien gut ankam. Ganz eindeutig war dabei aber doch, dass Patra weit weg von den Duft-Gedichten der großen Franzosen war. Dafür stimmte aber der Preis, der auf die Kaufkraft breiter Massen zugeschnitten war, die sich auch den Luxus dessen erlauben wollte, was als *gepflegte Eleganz* galt.

Die Wirtschaftswunder-Jahre waren in voller Blüte. Und weil mit Luxus besonders damals die Idee des Schenkens verbunden war, gab es Patra nicht nur in den Standard-

Packungen, sondern auch in einer Vielfalt von Geschenkgebinden, die phantasievoll auf Valentins-, Mutter- und Geburtstage getrimmt waren und vor allem auch auf Weihnachten. Der Sonderkatalog war gut fotografiert und viele Seiten dick. Die exakten Maße und Gewichte standen neben jeder Referenz. Bunt bedruckte, individuell auszufüllende Geschenkskärtchen gehörten bei jedem Stück auch dazu. Marketing steckte damals noch weitgehend in den Kinderschuhen. Bei Kleiner verstand man offensichtlich einiges davon, wie ich auch an anderen Details bald sehen konnte. Aber nicht nur Patra gab es kennen zu lernen.

Die Marke *Sophie Nerval, Paris* war der jüngste Stolz des Hauses und deren zwei Duftnoten *Indra* und *Renommée*, die in Fragranz und Aufmachung durchaus auf der Höhe der berühmten Pariser Couture-Marken waren.

Indra zeigte sich in leuchtend orangefarbenen Etuis und dem Jugendstil nachempfundenen Flakons aus kristallinem Glas. Mit der leichten Note von Frühlingsgarten und Limonen erinnerte es an *L'Air du Printemps* von Nina Ricci, war aber einen Hauch herber und eine Idee länger haftend. Indra gab es nur als Eau de Toilette und dem noch leichteren Eau de Cologne, nicht aber als Parfüm konzentriert.

Renommée hingegen war ein klassischer Abend-Duft, der mit seiner warmen Schwere an *Shalimar* von Guerlain erinnerte und fast an das legendäre *Joy* von Jean Patou heran kam. Es war ein Bouquet von vollen Rosen, aufgeblühten Lilien und einem Hintergrund von Moschus und Muskat. Die kristallenen Flakons des Parfüms waren eindeutig *Shalimar* nachempfunden, aber keineswegs so, dass sie an ein Plagiat gemahnten. Verpackt waren sie in mit fliederfarbenem Samtpapier überzogenen Köchern. Zusätzlich zum Parfüm gab es das Eau de Toilette in auch vom Jugendstil inspirierten Flakons und zart dekorierten, fliederfarbenen Faltschachteln.

Zwei Duftnoten, hier zwei und dort drei Konzentratstufen und wenige Inhaltsgrößen bildeten eine sehr überschaubare und zugleich gut gestückelte Linie. Dazu noch:

Die Preise ließen sich so rechnen, dass allen Beteiligten vernünftige Margen blieben und sie doch gut im mittleren Niveau der großen Franzosen lagen. Der kleine Nachteil war nur, dass Sophie Nerval kein bekannter Pariser Couturier war, sondern dass es die Dame überhaupt nicht gab. Zu denken aber, dass das allgemein bemerkt würde, wäre doch wohl zu viel vorausgesetzt gewesen.

Ich hatte meine Deutschland-Tour unternommen, um für Melida Italia und die Außendienstler einen Türöffner zu finden, der uns allen das Leben erleichtern und einen unbeschwerten Zusatzumsatz bringen sollte. Und nun stand ich vor Duft-Kollektionen, die wieder harten Arbeitseinsatz und geduldiges Stehvermögen forderten. Aber ich mochte Sophie Nerval auf Anhieb sehr, zumal auch wegen der guten Margen, die sogar versprachen, reichliche Werbung zuzulassen. Ich wollte diese Marke für Italien. Und auch Patra war mir keineswegs unsympathisch, obwohl ich den Duft nicht so besonders mochte. Im Angebot stimmte alles, daraus ein solides Ding zu machen – und die Mücke brauchte Patra ja nicht zu verwenden. So legte ich mich denn ins Zeug.

Und die Herren Kleiner und Ludewig sind mir sehr entgegen gekommen. Sie haben keine Bedingungen zu etwa Mindestumsatz, vorfinanziertem Werbeeinsatz oder vorgegebener Preisbindung gestellt. Ein Exklusiv-Import-Vertrag für ganz Italien ist überhaupt kein Diskussionsgrund gewesen. Der fast einzige, zu längerer Erörterung führende Knackpunkt war das Zahlungsziel. Aber auch da haben wir uns ohne Spannungen und recht schnell geeinigt: Für die Erstausstattung 150 Tage netto und dann 90/120 Tage Ziel für die folgenden Lieferungen. Auch das war hier, wie bei Hormocenta schon, echt unglaublich für Deutschland, zumal damals!

Gleich anschließend haben wir, gemeinsam überlegend, die erste Lieferung zusammengestellt, während parallel ein kurzer Vertrag getippt wurde, dessen anderthalb Seiten alles Wesentliche enthalten haben.

Emil Ludewig hat mich dann noch zum Abendessen eingeladen und auch Walter Seiffert, der Exportleiter, mit dem ich eng zusammenarbeiten sollte, war mit dabei. Wir sprachen über Berlin in West und Ost; über die Spannungen, die auf der Stadt lagen; über Italien und seinen Markt und wie wir ihn angehen wollten; lange auch über meinen schwarz-weißen Dicken, der offensichtlich doch Eindruck gemacht und vielleicht so zum heutigen Tag beigetragen hatte. Ein sehr netter Abend und sehr langer Abend ist es dann geworden.

Mit der Mücke zuerst und dann aber gleich auch mit Hugo Schneider hatte ich noch vor dem Abendessen telefoniert. Beide waren auf Anhieb ziemlich geschockt, wollten eine Menge mehr wissen und es schien ihnen kaum glaublich, dass Ware für an die 8.000 DM schon praktisch im Anrollen war, die nun unsere Außendienstler sofort angeboten werden konnten, wir aber erst im März zu zahlen hatten.

Noch gerade so knapp ins letzte Weihnachtsgeschäft sind dann die Berliner Duftwässerchen nach Italien gekommen und es war ein Erlebnis, das erste Schaufenster mit den glitzernden Flakons von Sophie Nerval leuchten zu sehen. Zur Dekoration hatten wir für die Kunden schön geschwungene Tischlampen mit weißem Metallfuß und einem hellen Schirm mit dem fliederfarbenen Markenzeichen aus Berlin bekommen und dazu mit *Sophie Nerval, Paris* bedruckte Bahnen aus wie Seide schimmerndem Stoff, die für die Schauflakons einen edlen Hintergrund ergaben.

Seit meiner Rückkehr aus Deutschland waren die Wochen schnell verfolgen. Die Waren aus Berlin mussten verzollt werden, was auch eine finanzielle Belastung war, die aber geschultert werden konnte. Es galt, die Außendienstler zu informieren, auf die neuen Marken und Produkte einzustimmen und sie dafür zu motivieren, wobei ich immer wieder hören musste, dass wir für Weihnachten und damit für die beste Zeit des Jahres viel zu spät dran waren. Recht mühsam gelang es mir, den Leuten zu vermitteln, dass wir zugleich aber richtig gut in der Zeit lagen für ein umso phantastischeres 1961.

Die Auftragslage der Kosmetiklinie war noch lange nicht so gut, dass wir unbesorgt ins neue Jahr blicken konnten. Aber Nachbestellungen hatten angefangen, regelmäßig zu kommen und den ganzen Herbst über hatte es keinen einzigen Kunden gegeben, der nicht termingerecht bezahlt hatte.

Franz Gruber fing allerdings an, die volle Zahlung von Schreib- und Rechenmaschine dringlich anzumahnen. Er bekam noch eine weitere Anzahlung und mehr hatte er auch nicht erwartet. Auch Berger von den Möbeln des großen Bürozimmers wollte sein Geld sehen. Mit einem anständigen Teilbetrag beruhigt, hat auch er versprochen, sich noch zu gedulden. Erstes Warengeld konnte aber in die Schweiz überwiesen werden, worauf die Partner dort schon sehr gehofft hatten.

Die Mücke hatte eine fast schon hektische Vorweihnachtszeit in ihrer Bücherstube. Es gab Neuerscheinungen und Sonderangebote für die Mitglieder des Bücherclubs und weitere dazu für neu gewonnene Lesefreunde. Die kleine Bibliothek mit Laden im ersten Stock der Vintlerstraße war von morgens bis abends gerammelt voll und aus Klagenfurt, vom Kaiser-Verlag, kam begeisterte Zustimmung zur Arbeit der Mücke, zu ihren Umsatzmeldungen und den Bestellungen, die sie Woche für Woche schicken konnte.

Oft verbrachten wir die Abende in der Bücherstube, holten uns dazu manchmal ein halbes Hähnchen von einer Braterei um die Ecke, tranken dazu Weißwein, hörten Musik aus Mückes kleinem Transistorradio und freuten uns über unser warmes, ungestörtes Knutsch-Refugium. Selten sprachen wir über Melida, über unsere Hoffnungen und Ängste, über unsere erträumte Zukunft... und dennoch immer, wenn wir über Musik, Bücher, Bilder oder sonst was redeten, haben wir doch nur davon gesprochen.

Wir trafen uns jeden Tag, wenn ich nicht gerade unterwegs zu einem der Vertreter war, aber selten konnten wir lange zusammen sein. Die Mücke musste immer noch und wie all die Jahre schon mit dem Aufmaschen von Strümpfen ihren Beitrag zur Familienkasse leisten, obwohl sie jetzt auch zwei Drittel ihres Gehalts zuhause abzugeben hatte, und das fraß ihr täglich mindestens zwei zusätzliche Arbeitsstunden weg. Meistens machte sie die Strümpfe am frühen Morgen und musste dafür schon kurz nach fünf Uhr aus dem Bett. Oft aber, gerade jetzt im Winter, zog sie es doch vor, ein paar Nachtstunden dafür einzusetzen. Warum das überhaupt nötig war, habe ich nie so recht verstanden.

Mückes Vater, der Toni, war Landesangestellter in leitender Position, mit unkündbarem Beamtenstatus und zahlte nur eine geringe, von Fördermitteln subventionierte Miete für die hübsche, mitten in den Weinbergen gelegene Terrassenwohnung. Da hätte es doch nahe gelegen, dass die bescheiden lebende Familie mit seinem Gehalt gut auskommen konnte. Geld aber war zwischen Mückes Eltern ein ständiger Streitpunkt, und das nicht nur mit stetig wieder kehrenden, scharfzüngigen Spitzen, sondern in echten, lauthalsig schrillen Krächen, die etwa spät abends unterbrochen und am nächsten Morgen wie an einem Stück weitergeführt werden konnten. Wie viel der Toni in seiner Gehalttüte hatte, war sein höchst gehütetes Geheimnis. Es reiche eben nicht, war seine stetige Rede. Und so musste die Mücke nicht nur einen großen Teil dessen abgeben, was sie in der Bücherstube verdiente, sondern dazu weiter die Strümpfe aufmaschen, die dann von ihrer Mutter, der Hanni, zur Sammelstelle gebracht wurden, von der sie mit Nachschub zurück kam. Das Geld dafür, 15 Lire pro Laufmasche, behielt sie zur Hälfte für die Haushaltskasse.

Was der Mücke da geblieben ist, war wirklich wenig, bedrückend wenig, weil sie davon auch ihre Kleider zahlen musste, ihre paar Zigaretten und was sie sonst an kleinem Luxus brauchte. Wie sie es immer wieder geschafft hat, mit ihrem Wenigen fröhlich auszukommen und dabei den

Eindruck zu erwecken, dass es ihr an nichts fehle, das war mir auch eines ihrer Rätsel, das ich nie lösen konnte.

Und Weihnachten lag in der Luft. Aus Berlin kam ein bildschöner Aschenbecher der königlichen Manufaktur, mit handgeschriebenen Wünschen von Alfred Kleiner. Unser Dall'Orso hatte aus Neapel einen ganz besonderen *Limoncello* geschickt, der herb-aromatisch wohl auf die Fragranz von Indra anspielen sollte. Von Daniel und Ayren und von Renato kamen Karten aus dem verschneiten New York. Mit Bryn und allen von unserem Englisch-Kurs trafen wir uns zu adventlichem Glühwein. Nikita Magaloff spielte Chopin im Saal des Konservatoriums und wir waren dabei.

Als Weihnachtsüberraschung kaufte ich der Mücke ein Abendkleid. Ein kleines Schwarzes aus Samt mit ovalem Ausschnitt und amerikanisch angeschnittenen Andeutungen von kurzen Ärmeln, ganz ähnlich dem, das kürzlich Audrey Hepburn in einem Film getragen hatte. Wir hatten es im Schaufenster gesehen, vor dem die Mücke immer wieder bewundernd stehen geblieben war. An Silvester wollten wir irgendwohin zum Feiern und Tanzen gehen und ich sah die Mücke schon vor mir, in dem schmalen Schwarzen, mit ihrem rötlichen Haar, dem grün schimmernden Lidschatten, der so gut zu ihren Augen passte und der hellen, mit dem dunklen Samt so leuchtend kontrastierenden Haut. Gentili, unser Mann in Treviso mit der Bijou-Vertretung, hatte ihr im Sommer eine Kette aus smaragdgrünem Muranoglas und Silber mitgebracht. Ich hoffte, die Mücke würde sie tragen.

Es wurde ein netter Weihnachtsabend bei Katja zuhause mit einer duftenden Tanne, die ich besorgt hatte, und ein paar neuen Schallplatten. Die Mücke freute sich wie Bolle über das Kleid und zog es gleich an. Es passte wie angegossen und ihre Augen strahlten mit dem Lichterbaum um die Wette.

Ruhige, freundliche Feiertage um den Jahreswechsel sind es geworden. Die Neujahrsnacht feierten wir in Meran, beim großen Ball im Kursaal, und von der Terrasse dort hatten wir den besten Blick auf das mitternächtliche Feuerwerk, das uns ein wundervolles Jahr versprach.

Ob es ein etwas ruhigeres werden würde?

Vor knapp mehr als einem Jahr war Inro den Bach runter gegangen. Vor einem Jahr hatte ich das Interim bei Pavesi begonnen. Jetzt hatte ich mit Partnern meine eigene Firma, war unabhängig vom Gewicht der Familie, nur mir selbst verantwortlich und daneben für einen ganzen Markt, hatte vertrauensvolle Geschäftsfreunde in Zürich und in Berlin und ein Gefühl für die Zukunft, wie ich es mir zum vorigen Silvester nur erträumen konnte. Dreiundzwanzig war ich im Juli geworden.

Natürlich musste ich weiterhin zusehen, zweimal die Woche den Pneu gefüllt zu bekommen. Aber das war kein Problem. Es hatte mich das ganze Jahr über nicht gestört, wohin immer ich auch wollte und kam. Eine eigene Wohnung wünschte ich mir intensiv. Daran war aber noch nicht zu denken. Für jetzt und bis auf weiteres hatte es zu genügen, in der Bahnhofstraße ein sicheres Dach über dem Kopf zu haben, für das ich ja auch meinen Beitrag zahlte. Für noch ewig würde es *so* ja doch nicht gelten.

Nicht alles ist locker gelaufen.

Wider Erwarten hat sich das Jahr dann um etliches zäher angelassen, als es für rundum fröhliche Laune angenehm gewesen wäre.

Patra kam nicht so gut an, wie wir das erwartet und vor allem erhofft hatten. Es war nicht wirklich so, dass die Marke nicht angenommen wurde; aber der Enthusiasmus fehlte irgendwie – zuerst bei den Parfümerien und dann, ganz logisch übertragen, auch bei den Vertretern. Die Duftnote erschien vielen als zu vollreif, zu schwer für die italienische Vorliebe, die eher leichtere und auch flüchtigere Fragranzen vorzog.

Flüchtiger. Ich hatte damit gerechnet, dass gerade die besonders nachhaltige Duft-Fixierung, die Patra auszeichnete, durchgehend als ein Vorzug empfunden und Anreiz zu treuer Konsumgewohnheit würde. Das galt aber anscheinend nur für eine Minderheit und wohl vor allem nicht für die raffinierten Kundinnen *unserer* Fachgeschäfte. Wahrscheinlich, begann ich zu überlegen, sollte Patra eher den großen Kaufhausketten angeboten werden als den Parfümerien. Die Kaufhäuser brachten ja auch den Hauptumsatz in Deutschland und preislich lag Patra dafür klar auf richtiger Linie. Aber: Wie konnten wir das dafür vorab zu Investierende aufbringen? An die fordernden Einkäufer der Inro-Gespräche dachte ich dabei mit etlichem Schaudern. Ich habe es dann trotzdem versucht. Es wurde eine lange, recht nervende Geschichte, die sich bis tief ins Jahr hineinziehen sollte.

Zwei der inzwischen sieben Vertreter waren im Januar unversehens abgesprungen, ohne dafür besondere Gründe anzugeben, und von Gentili kamen kaum Aufträge, was er mit der Eigenart seines Gebietes erklärte, das vorwiegend von Stränden und dem Sommer lebte. Neue, zusätzliche Leute waren zu finden. Das war jetzt vordringlich.

Zur Kosmetik kamen in erster Linie nur Nachbestellungen und davon auch nicht so viele, wie ich mir das für nach dem Weihnachtsrummel vorgestellt hatte. Aber Aufträge kamen fast täglich und etliche Berichte sprachen von potentiellen neuen Kunden, die zwar noch zauderten, aber sicher bald einsteigen würden. Und insgesamt bestätigten auch andere guten Zeichen immer wieder, dass wir auf einem richtigen Weg waren.

Sophie Nerval machte echt Freude. Die beiden Duftnoten kamen gut an und deren Aufmachung gefiel. Auch die Preise wurden durchaus gut akzeptiert, mit Ausnahme der Seife zu Renommée. Deren Geschenkspackung in edler Schatulle fand durchaus Interesse. Aber wir kamen mit dem Preis nicht hin. 1.500 Lire mussten die Verbraucher zahlen für die Packung mit nur einem Stück, wenn wir dem Handel seine normale Marge ließen. Das war ein irrsinniger Preis, auch für eine Luxusseife exklusivster Marke. Selbst die von Chanel und Dior kosteten fast nur die Hälfte und normale Gesichtsseifen bekam man für achtzig Lire.

Dabei hatten wir an der Seife noch nicht einmal annähernd dieselben Spannen in der Kalkulation wie bei allen anderen Produkten. Aber da führte kein Weg vorbei. Aus Berlin kam, dass die Seife einfach nicht billiger zu haben war; und dass für sie eben der besonders zarte Schaum und die überdurchschnittliche Langzeit-Lagerung mit dem deshalb sparsamen Verbrauch zu argumentieren seien. Gut und schön! Die Seife, die wir ungern aus dem Sortiment werfen wollten, blieb aber unser Schwachpunkt. Wir lösten das Problem einigermaßen dadurch, dass wir neuen Depot-Kunden drei Stück Seife als zusätzlichen Einführungsrabatt gaben, damit sie so die volle Markenpalette im Regal hatten. Gebr. Kleiner kam der Initiative mit einem kostenlosen Sonderposten entgegen.

Durchwachsen fing das Jahr also an. Der Umsatz reichte noch lange nicht, ruhig planend Schritt für Schritt weiter zu gehen. Wir hatten noch zu wenige Kunden und es zeigte sich jeden Tag, dass es nirgends leicht war, zusätzliche zu gewinnen.

Ob die Anreize genügten, die wir bieten konnten? Sie hatten zu genügen. Die Produkte waren insgesamt marktgerecht. Die Margen stimmten für alle Beteiligten. Material für die Schaufensterwerbung und Verbraucherprospekte war ausreichend vorhanden und es sah gut aus. Und vor allem: Selbst mit Probemustern konnten wir großzügig sein – nicht nur bei der Kosmetik sondern auch für Indra und Renommée. Bei Parfüms war das beinahe neu. Für Sophie Nerval hatten wir gut aussehende Faltetuis, bestückt mit Phiolen, deren Inhalt für mehr als nur ein Pröbchen reichte.

Geduld war eben angesagt. Immer wieder sagte ich mir vor und den Schweizer Partnern ein, dass es nun einfach galt, in der Spur zu bleiben und stetig weiterzugehen. Mit

Kevin Maier war das gar nicht so leicht, bei Hugo Schneider schon eher. Volles Verständnis kam mir jedesmal, wenn ich mit Ludewig oder Seiffert telefonierte. Aufmerksam verfolgten sie meine wöchentlichen Berichte und Statistiken, die sie stets aufmunternd kommentierten.

Eine Schwierigkeit blieb trotzdem, mit der nicht leicht auszukommen war: Die Züricher konnten nicht unbegrenzt Ware *auf Kommission,* also in Klartext *auf Pump* liefern. Der Lohnhersteller musste stets spätestens nach 30 Tagen bezahlt werden, weil er sonst nicht mehr liefern oder die Preise drastisch erhöhen wollte. Mit Gebr. Kleiner hatten wir dieses Problem nicht. Aus Berlin hatte ich die Zusicherung, jede gewünschte Warenmenge zu bekommen, solange wir das gewährte, lange Zahlungsziel einhielten. So war es nun vernünftigerweise angesagt, möglichst viel von den Duftlinien zu verkaufen und dabei auf pünktliche Zahlungen der Kunden zu hoffen; Kosmetik hingegen nicht so sehr in den Markt zu drücken, weil wir ja unseren Kunden allemal deren allgemein praktiziertes Zahlungsziel von 60/90 Tagen gewähren mussten und damit auf Dauer die Geduld in Zürich irritierten.

Das auszubalancieren war nahezu unmöglich. Ich konnte den Außendienstlern nur schwer sagen, sie mögen mit der Melida-Linie kürzer treten und den Rest mehr puschen. Die Leute taten ihr Möglichstes in beide Richtungen und waren auch ihrerseits auf jeden Auftrag angewiesen. Und mit jedem Vertreter, den ich neu ins Boot holte, konnte ich das Problem eigentlich nur vergrößern. Die Sache hat mich intensiv beschäftigt und zu langen Gesprächen geführt, mit der Mücke und natürlich auch mit den Schweizer Partnern.

Irgendwo habe ich zu der Zeit über *Avon* gelesen und deren neu-artigen Kosmetik-Vertrieb. Die Firma umging dabei den Handel und setzte voll auf Beraterinnen und deren direkten Verkauf an Endverbraucherinnen.

Für Melida sah ich darin eine interessante Chance. Wenn wir wie Avon ausschließlich gegen Nachnahme verkaufen würden, bot sich die Möglichkeit, für die Kosmetik schnell zum Inkasso zu kommen. Geld könnte somit nun bald nach Zürich fließen, jedenfalls für den Umsatzanteil, der aus dem Direktgeschäft kommen würde. Für Maier und Schneider wäre das eine Entlastung, sagte ich mir, die es ihnen vielleicht sogar ermöglichen könnte, beim Lohnhersteller bessere Konditionen für die restlichen Italien-Lieferungen zu erzielen.

Ich rechnete die Sache durch. Weil ja die Spannen der Parfümerien wegfielen, ließen sich gut 35% Provision für die eventuellen Beraterinnen ansetzen und die Zusatzkosten für die Bearbeitung kleiner Aufträge, den Postversand und die Nachnahmegebühren auffangen. Es blieb sogar noch eine Spanne übrig, die für Sonderprämien an die Beraterinnen und begrenzte Umsatzbeteiligungen für die zuständigen Gebietsvertreter eingesetzt werden konnten. Das war mir wichtig. Die Beraterinnen sollten für gute Leistung anspornend belohnt werden. Und die Vertreter sollten nicht den Eindruck haben, durch die Direktverkäufe benachteiligt zu werden. Sie sollten mit den Beraterinnen sich in einem Boot fühlen, sie möglichst auch unterstützen; und ihren Kunden vom Fachhandel würden sie gelegentlich auch erklären müssen, dass unsere direkt an Konsumente verkaufenden Beraterinnen keine Konkurrenz für sie waren, weil sie fern vom jeweiligen Einzugsgebiet unserer Depot-Kunden arbeiten würden. Solange wir recht wenige Kunden hatten, war das auch glaubwürdig. Später würde mir dann schon noch ein anderes Argument einfallen.

Je mehr ich mich in das hinein dachte, umso besser gefiel es mir. Die Mücke trug mit ihrer Erfahrung aus dem Buchclub etliche Details zur guten Abwicklung bei. Ich glaube, die Züricher Partner gar nicht vorab informiert zu haben.

Zufällig ergab es sich, mit Risi, unserem Mann in Genua, als erstem Außendienstler über das Projekt zu sprechen. Erst war er konsterniert, wie ich mich gut erinnere, aber schnell verfolgte er meine Ausführungen viel positiver, als ich gedacht hatte. Er meinte, gerade sein Gebiet, die ligurische

Küste mit der Blumenriviera, würde sich gut für einen Test eignen und meinte, vielleicht auch schon jemanden zu kennen, der für den Start infrage käme.

So ist es gekommen, dass Luisa Renzi, Risis Bekannte, die erste Melida-Beraterin für den Direktverkauf wurde. Sie wohnte in Alassio, dem begüterten Küstenstädtchen am Meer, war Hausfrau und Familienmutter, hatte genügend freie Zeit, die sie sich einteilen konnte, und war froh über einen Teilzeitjob, der ihr eigenes Geld einbringen konnte.

Bei unserem ersten Treffen in Alassio mochte ich sie sofort. Sie war selbstbewusst auf die nette Art und ihr spontan offenes Lachen ließ schnell Sympathie aufkommen. Gut konnte ich mir vorstellen, dass sie erfolgreich verkaufen konnte. Gefallen hat mir besonders auch, dass sie nicht im Kreis der Freundinnen und Bekannten beginnen wollte, sondern mit neuen Kontakten, die sie versicherte, *auf ihre Art* gut anknüpfen zu können. Der eigene Kreis könne dann immer noch drankommen, meinte sie, wenn es mit anderen beschwerdefrei am Laufen sei. Diese offenbare Vorsicht – ich hätte sie ja auch beleidigt als Misstrauen aufnehmen können – war vielleicht entscheidend dafür, mit Frau Renzi zu starten.

Das Experiment hat sich gut angelassen. Bald kamen jede Woche wenigstens vier-fünf Bestellungen aus Alassio, wobei Frau Renzi immer darauf achtete, ein ganzes Programm für die Tages- und Nachtpflege zu verkaufen. Auch Risi freute sich über den beständigen Erfolg seiner Bekannten und er schlug zwei weitere vor. Auch sie fingen dann schnell an. In ihren Ergebnissen waren sie nicht ganz so konstant, wurden aber doch bald Mitarbeiterinnen, deren Umsätze wohltuend ins Gewicht fielen.

Sollte ich das Beraterinnen-Team zügig ausbauen? Sicher war ich mir da nicht. Es gab da ein paar kleine Probleme.

Eines davon: Die Bearbeitung der Kleinaufträge musste noch rationalisiert werden. Heute erscheint es fast unglaublich, wie viele und komplexe Postformulare damals für jede Nachnahmesendung auszufüllen waren. Das ging von der genauen Inhaltsbeschreibung über den Verwendungszweck der Ware zur Höhe der Bruchgefahr und was weiß ich noch alles mehr. Dass es dafür bald einmal Computer geben würde, konnte sich niemand vorstellen.

Eigene Vordrucke, in die man die immer gleichen Antworten hätte eindrucken können, durften nicht verwendet werden. Es waren die von der Post gelieferten Formulare einzusetzen. Und jedes Paket musste mit starkem Bindfaden doppelt verschnürt und mit speziellen Plomben versiegelt werden. Dass man die Pakete dann auch selbst zur Post bringen musste – die normale Handelsware wurde von den Spediteuren abgeholt – war zwar zusätzlich lästig, fiel dabei aber kaum noch ins Gewicht. Mit dem Papierkram hatte die Mara hatte kein Problem, außer dass er Zeit fressend war, aber das Verpacken, Verschnüren, Plombieren konnte ich ihr auf die Dauer nicht zuzumuten. Sie war ja als Bürokraft eingestellt.

Infrage kam natürlich, für das Packen der Postpakete eine Hilfskraft an wöchentlich einen Tag einzustellen. Dagegen sprach jedoch die schneckengleiche Langsamkeit der italienischen Post, die auch heute noch sprichwörtlich ist. Bis die Briefe mit den Bestellungen bei uns ankamen, vergingen in der Regel schon etliche Tage. Postpakete brauchten dann mindestens eine Woche zum Empfänger und meist noch länger. Wer aber gekauft hatte, wollte seinen Einkauf schnell bekommen. Jeder Tag länger förderte Zweifel und steigerte Unmut. Und so war es uns eben zum Motto geworden, dass eingehende Bestellungen der Direktkunden innerhalb von 24 Stunden auszuliefern waren. Also: Nichts mit der Lagerhilfe einmal die Woche.

Aber das war nicht der einzige Grund, doch einigermaßen zögerlich an die Einstellung weiterer Beraterinnen heranzugehen.

Mit Ausnahme von Risi waren die Außendienstler impulsiv dagegen, Direktverkäufe in *ihren* Gebieten zuzulassen. Allein das Verharren am Thema nährte Spannungen, die zum Risiko für die Zusammenarbeit zu werden drohten. Ich hätte darüber wegsehen können. Wir hatten ja noch jede Menge von Zonen in Italien, in denen es keine Melida-Leute gab. Aber ich wollte doch, dass die meist nicht in Vollzeit arbeitenden Beraterinnen einen Ansprechpartner nahebei hätten, und dafür kam nur der lokale Vertreter infrage. Abwarten also. Es musste ja nicht alles gleich heute sein.

Franceschini, unser Mann in Bergamo bei Mailand, war dann doch mit einem Versuch in seinem Gebiet einverstanden. Auf unsere Anzeige im *Eco di Bergamo* meldeten sich etliche auch viel versprechende Kandidatinnen, von denen wir zur Probe zwei ins Team nahmen – beide motivierte Hausfrauen, die ihr eigenes Geld verdienen wollten. Und so hatte Melida Italia noch vor Ostern fünf Beraterinnen für den Direktverkauf, parallel dazu die noch aktiven fünf Gebietsagenten für den Fachhandel.

Jetzt war zuzusehen, das erst einmal zu konsolidieren.

*

Die Mücke war kurz nach Neujahr beim Kaiser-Verlag in Klagenfurt gewesen. Herr Kaiser jr. hatte sie mitgenommen, nachdem sie zusammen das Inventar der Bozner Bücherstube aufgenommen hatten. Es war für sie das erste Mal, etwas vom *richtigen* Österreich zu sehen. Bis dahin kannte sie nur das kurze Randstück von der Schweiz über den Arlberg zur italienischen Grenze.

Die barocke Stadt und der fast zugefrorene Wörthersee haben sie fasziniert. Kaisers brachten sie zu jeder Sehenswürdigkeit, luden sie in gute Restaurants ein und hatten auch Karten für einen Abend im Konzerthaus. Katja fühlte sich umhegt und hofiert wie eine Prinzessin, erzählte sie. Die echte Überraschung kam dann aber erst am Bahnhof, als der Zug schon fast am Abfahren war. Herr Kaiser sen. hatte sie hingebracht und gab ihr in letzter Minute einen Umschlag: Neuer Vertrag mit über 15% Gehaltserhöhung. Kaum einkriegen konnte sich die Mücke!

*

TEE Lau hatte Ende Januar überraschend angerufen. Eine große Bitte an mich habe er, ließ er sich am Telefon hören.

Also... da habe er von Borgomanero noch Geld wegen einer Transaktion mit *La Perla* von den Bademoden zu bekommen; aber das müsse in Details noch ausdiskutiert werden, weil Borgomanero Bedingungen an das Bezahlen knüpfe; aber zum Bereden müsse man sich mit Borgomanero in Verona treffen... und er, TEE Lau, könne beim besten Willen nicht dorthin... und ob nicht ich für ihn... und für die Verhandlung natürlich freie Hand... und so weit sei es ja auch nicht von Bozen nach Verona... und...

Na ja! Ich habe zugesagt. Das Gespräch in Verona war zäh. Wir wussten beide, Borgomanero und ich, dass wir uns nicht mochten, und ich hielt ihn zudem noch für einen windigen Kerl. Aber wir kamen zu einer Vereinbarung im Sinne von TEE Lau und ich konnte sogar eine handschriftliche Erklärung von Borgomanero dazu mitnehmen, geschrieben auf dem Hotelpapier, das dort auslag, wo wir uns getroffen hatten.

Und dann bin ich zurück gefahren. Es war ein kalter Spätnach-mittag, aber die Straße war trocken und ich ließ es zügig rollen. Keine 15 km waren es noch bis Bozen, als ich an der Traminer Klause auf eine Eisplatte kam. Sie war ganz plötzlich da, mitten in einer lang gezogenen Rechtskurve, die genau unter einem Felsabbruch im Schatten lag und wahrscheinlich den ganzen Winter hindurch keinen Sonnenstrahl mitbekommen hatte. Der Dicke war nicht zu halten. Geradeaus fuhr er auf einen Lieferwagen von Sait, der Lebensmittel-Filialkette zu und knallte ihm voll auf den Kühler. Und da standen wir nun in der Kälte.

Der Dicke hatte seine spitze Schnauze völlig eingedrückt. Er konnte nicht mehr weiter. Mit Mühe gelang es, ihn soweit an den Straßenrand zu schieben, dass er einigermaßen aus dem Gefahrenbereich war. Der Unfall war ja mitten in einer der Kurve passiert. Ein Glück nur, dass wir Fahrer beide unverletzt geblieben waren und niemanden neben uns sitzen gehabt hatten.

Tja, es brauchte fast zwei Wochen, bis ich den Dicken aus der Reparatur zurück hatte, die natürlich, zusammen mit dem Abschleppen, eine Stange Geld kostete, für die keine Versicherung aufkommen konnte. Es war die Schuld vom Eis gewesen, aber Glatteis ist nun mal nicht haftbar. Da blieb als Trost nur die Mücke mit ihrem: *Du, das hätte schlimmer kommen können!*

Den TEE Lau habe ich natürlich schnell informiert, zugleich mit der Nachricht, dass er das von Borgomanero erhoffte Geld bekommen würde. Gehofft hatte ich schon, dass er für die Unfallkosten einspringen würde. Zum Teil wenigstens. Fehlanzeige! Es täte ihm ja so leid, hörte ich ihn am Telefon, aber er sei zur Zeit so klamm, dass er keinen einzigen Rappen locker machen könne; eigentlich noch nicht einmal für die Telefonkosten; aber er werde sich melden, sobald er das Geld meiner Veroneser Abmachung bekommen habe – ganz bestimmt.

Der Dicke ist wieder wie neu geworden und die Reparatur konnte ich schnell bezahlen, wofür ich einen kleinen Rabatt bekommen habe. Von TEE Lau habe ich dann nichts mehr gehört. Oder doch: Noch eine Weihnachtskarte kam von ihm, viel später mal.

*

Zwischendurch: Hans Knappertsbusch hat die Wiener Philharmoniker im Saal des Bozner Alpi-Kinos am Roseggerpark dirigiert. Mückes Mutter hatte ihn im Haus ihres ersten Schwiegervaters, Waldemar Bonsels, kennen gelernt und immer wieder von ihm geschwärmt. Wir luden sie ins Konzert ein. Beethovens Fünfte stand auf dem Programm und Straussens Zarathustra. Wir hätten ihr kaum ein schöneres Geschenk machen können. Noch wochen-lang dauerte ihre tägliche Freude.

*

Werbung wurde zum von den Außendienstlern immer stärker angesprochenen Thema, dem ich gern entgangen wäre.

Nicht so sehr die Kosmetik-Linie hat es betroffen. Ihre großzügig jeder Lieferung beigepackten Probemuster, das Schaufensterdisplay und die Prospekte schienen dafür auszureichen. Nur recht selten wurde für einen Depot-Kunden auch die eine oder andere Woche Dia-Werbung in einem Kino verlangt.

Mit den Duftwässern war das aber anders. Zumal für Sophie Nerval forderten die Vertreter immer intensiver nach Anzeigen-Werbung. Dabei ging es ihnen vor allem gar nicht so sehr um auflagenstarke Titel, große Reichweite und hohe Wiederholung der Schaltungen, sondern um *Prestige*. Alle bedeutenden französischen Marken – so das Mantra – wären werblich präsent und da *durfte* Sophie Nerval nicht fehlen. Die italienischen Ausgaben von *Vogue* und *Vanity Fair* wurden dazu als Wunsch-Medien immer wieder genannt.

Allen fordernden Aussagen zufolge sollte es genügen, wenn die Mitarbeiter auch nur alle paar Monate mal Belegexemplare von auch nur einer neuen Anzeige den Kunden vorzeigen konnten, am besten jeweils in den auflagenstärksten Heften mit den neuen Frühjahrs- und Herbstmoden. Ich schaute mir diese Verlagsgebilde an und mir kam das Grauen, obwohl ich von Werbung damals weniger verstand als vom Weinbau etwa oder der Pudelzucht.

Schon in normalen Monaten waren die Fashion-Hefte an die drei Zentimeter dick und ein absurder Anzeigenfriedhof. Schwerpunktausgaben aber waren, fast unvorstellbar, nochmals doppelt so dick, wobei sich Fotoseite an Fotoseite zum Überdruss reihte und die Masse der Anzeigen jeden Ansatz von redaktionellen Beiträgen erschlug. Wer sollte sich in diesen Wäldern an ein kleines Bäumchen namens Sophie Nerval erinnern? Meine Nein-Argumente konnten nicht ziehen. Es gab keine vom Außendienst akzeptierte Alternative. Auch mein Vorschlag, erst einmal nur eine der zwei Zeitschriften zu belegen, kam nicht durch. Das sei einfach kleinlich, hörte ich allenthalben, und würde kaum nennenswert nützen. Und immer wieder kam der Zuruf, dass ja *alle guten Namen* in beiden Blättern präsent wären.

Bei Gebr. Kleiner war man dann aber recht angetan davon, dass wir aus eigener Tasche in Italien auch Werbung einsetzen wollten, und aus Berlin konnte ich für Renommée gutes Bildmaterial bekommen, schwarz/weiß wie erbeten, weil ich keine Lust hatte, bei den Anzeigen auch noch die damals üblichen 80% Farbzuschlag zu zahlen. Die Montage des Sujets mit dem italienischen Text machte mir ein Klischee-Hersteller, den ich in den Gelben Seiten gefunden hatte. *Klischee?* Ja doch. Damals wurden Zeitschriften mit kleineren Auflagen noch in Buchdruck gedruckt und dafür brauchte es doch wirklich noch metallene Klischeeplatten, die übrigens eine Stange Geld kosteten und für eine zweite oder dritte Verwendung kaum je infrage kamen, weil sie immer schnell zerkratzt waren.

Im April erschienen die ersten Anzeigen, in Vanity Fair *und* Vogue. Mir blutete das Herz, als die Rechnungen in der Post waren. Mir graute, als ich die Hefte durch und durch blätterte und *unsere* Seiten – blättern, blättern – einfach nicht kommen wollten. Weit hinten versteckt war Renommée in beiden Titeln, so etwa um die Seiten 400 und... Ich wollte protestieren. Die Medienverträge sagten aber klar, dass die Positionierungen ausschließlich Verlagssache waren. Das gute Geld hat mir echt leid getan. Damit hätte ich doch lieber die letzten Möbelraten und Grubers Schreibmaschine fertig abbezahlt.

Die Außendienstler sahen das ganz anders. Die Position fanden sie mehrheitlich ganz großartig. Da konnte man – war die allgemeine Meinung – die Hefte bei den Kunden locker von rückwärts aufschlagen und war durchblätternd dann ganz schnell bei unseren Anzeigen, was angeblich immer einen tollen Eindruck machte, zumal auch weil hinten und in unserem direkten Umfeld ein paar der ganz großen Parfüm-Marken auch ihre Seiten hatten. Und kein Wort hörte ich davon, dass unsere zwei tief im werblichen Massengrab verbuddelten Anzeigen wohl *nicht eine* Konsumentin zu auch nur *einen* gezielten Kauf bewegen würden. Von der Magie und den Mechanismen der Werbung verstand ich damals wirklich überhaupt gar nichts! Es funktionierte nämlich. Die zwei Beleghefte, die jeder unserer Vertreter immer wieder nutzte, waren wirklich echte Türöffner. Sie und ein Foto des Dekorationsmaterials, das jeder Neukunde für sein Schaufenster bekommen konnte, reichten aus, in nur einem Monat mehr Kunden zu gewinnen als in der ganzen Zeit davor. Aber eben nur für Sophie Nerval.

Neue Kunden zu gewinnen *und* gut zu verkaufen, war die Vorgabe. Das galt aber für möglichst die ganze Palette. Zumal die Züricher gar nicht besonders erfreut waren von den Statistiken, die sie wöchentlich bekamen und in denen Indra und Renommée liefen – wenn man das *laufen* nennen wollte –, selbst die Patra-Zahlen noch recht gut aussahen, die Kosmetik-Linie im Fachhandel aber das Schlusslicht war. Ohne die Direktverkäufe unserer Beraterinnen wäre sie ziemlich weit hinter den Planzahlen gelegen.

Von den derzeitigen Außendienstlern mehr zu verlangen, war immer wieder eine Verlockung, die aber wenig brachte. Mir war klar, dass sie alle ihr Möglichstes taten. Fast ihr Möglichstes. Fast alle.

Nahe lag da nur, das Vertriebsnetz nun wirklich und entschieden auszubauen, neue Gebiete zusätzlich zu besetzen. Der Blick auf den Finanzplan riet mir aber, so blöd das scheinen mochte, damit immer noch sehr vorsichtig, sogar zurückhaltend zu sein. Der dafür ständig wieder gültige Grund, trotz der von Berlin und Zürich gewährten langen Zahlungsziele: Die Fälligkeiten der Provisionen.

Unsere Außendienstler bekamen ja weder Fixum noch Spesenvergütung; aber die Provisionen waren Monat für Monat fällig. Wenigstens 80% der mit den monatlichen Verkäufen verdienten Beträge mussten an Ultimo überwiesen werden. Nur die restlichen 20% konnten warten, bis die Kunden auch bezahlt hatten. Und dasselbe galt auch für den Firmenanteil der provisionsgebundenen Sozialabgaben. Damit waren wir in der Progressions-Schere. Je höher unser

Umsatz wurde, umso mehr mussten wir für Provisionen und Abgaben überweisen, *bevor* wir unser Inkasso hatten. Lange vorher. In Italien galten nun mal die Zahlungsziele 60/90 Tage und wir hatten da mitzumachen.

Wieder kam das schon im Herbst mal angerissene Thema auf den Tisch: Die ausgestellten Rechnungen von einem Finanzinstitut skontieren lassen und damit immer wieder schnell zu Barem zu kommen, wenn auch mit einem Abschlag. Die Züricher Partner hielten jetzt gar nichts mehr davon. Nicht einmal darüber nachdenken wollten sie, sich nochmals darauf einlassen, mit irgendwem darüber zu verhandeln, noch gar eine eventuelle Bürgschaft einzugehen. Mir aber stellten sie es frei zu suchen, auszuloten und etwa auch abzuschließen – solange sie dabei außen vor blieben.

Es gab damals kaum Finanz-Gesellschaften für den speziellen Geschäftszweig des Diskontierens, jedenfalls nicht in Bozen. Das machten nur die Banken. Und so wandte ich mich zuerst an die Banca Commerciale, die unser Firmenkonto betreute und somit am besten über Melida Italia Bescheid wusste. Ich brauchte gar nicht lange zu reden und überhaupt nicht auf eine Antwort zu warten. *Nein*, war der schnelle Bescheid. Sie diskontierten praktisch gar nie, oder höchstens ausnahmsweise für uralt eingesessene Unternehmen. Aber vielleicht die Sparkasse, bekam ich als Tipp. Dort war ich dann auch schnell mit dem Rücken an der Wand. Zu riskant, musste ich hören. Tja, wenn wir alle unsere Kunden in Südtirol hätten, dann schon eher und vielleicht... aber in ganz Italien verstreut... und das auch noch zur Mehrzahl... bei *der* Zahlungsmoral, wie doch alle wissen... nein... noch nicht einmal für Abschlagsprozente, die schon Wucher wären und damit sowieso verboten!

Eine Ausfallsversicherung bot ich zusätzlich an. Ich möge gern danach suchen, bekam ich zum Abschied mit auf den Weg.

Um es kurz zu machen: Im Laufe von so zehn Tagen habe ich gut ein Dutzend Gespräche hinter mich gebracht. Alle nutzlos. Einen Kredit hätte ich zu Wahnsinnszinsen beim Banco di Roma bekommen, wo ich vor gar nicht so langer Zeit als Lehrling hätte anfangen können. Das war mir aber wieder zu teuer und auch zu bindend. Skontierte Rechnungen waren keine Schulden, ein Bankkredit aber schon. Und so blieb mir nur offen, den Cashflow unter täglicher Kontrolle zu halten, was wieder bedeutete, auf schnellen Zuwachs der Umsätze zu verzichten. Der weitere Ausbau des Vertriebsnetzes durfte auf so sandigem Weg nur behutsam und in kleinen Schritten erfolgen. Wir waren einfach unterfinanziert.

Oder vielleicht?

Gerade zur selben Zeit brachte der täglich gelesene *Corriere della Sera* immer wieder große, meist halbseitige Anzeigen von George S. May. Das war eine Beratungsfirma, die kleineren und mittelständischen Unternehmen versprach, für jedwedes ihrer Probleme *die richtige* Lösung anzubieten. Beispiele waren groß herausgestellt und Dankesschreiben im Faksimile abgedruckt. Die Berater schienen Götter zu sein und *gratis* waren die Erst-Analysen mit den grundsätzlichen Vorschlägen versprochen.

Ich kannte die Sparte *Betriebsberatung* überhaupt nicht, hatte keine Ahnung, wie der übliche Ablauf und was davon zu erwarten war. Und schon gar nicht wusste ich, wie dafür *vorgebildet* ein Unternehmen zu sein hat, das sich irgendeinen Berater ins Haus holt. Ich sah nur: Problemlösungen sind versprochen und der erste Schritt ist gratis.

Ein Kupon war auszufüllen. Antwortend kam aus Mailand ein Anruf – sehr professionell, sehr freundlich, äußerst zuversichtlich. Gern würde einer der Berater nach Bozen kommen, gratis natürlich, um sich alles anzuhören – Briefing nannte man das damals schon – und die alle Probleme lösenden Vorschläge von George S. May würden dann in wenigen Tagen kommen. Wir vereinbarten einen Termin.

Der Mann, der aus Mailand kam, machte einen gepflegten und kompetenten Eindruck. Für meinen Geschmack war er etwas zu wieselhaft wendig, aber das müsse wohl, so meinte ich, zum Beruf gehören. Was er sich dachte, als er sich so bei uns umschaute, konnte ich nicht erraten. Jedenfalls: Er stellte einen ganzen Katalog gezielter Fragen, notierte sich vieles auf vorgedruckten Formularen, wollte alles über die bestehende Vertriebsstruktur, feste Kosten, gegebene Margen und die Zahlungsziele wissen... und ziemlich das Einzige, was er bemängelte, war unser stückmäßig hoher Einsatz von Probemustern, was mir so irgendwie das Gefühl gab, der Mann habe sich noch nie im Kosmetik-Bereich bewegt.

Natürlich blieb er zum Mittagessen, von mir gern eingeladen. Ratschläge – *er war doch Berater!* – wollte er nicht geben. Noch nicht, wie er unterstrich. Erst seien alle die Informationen auszuwerten, die er sich ja gut notiert habe, und mit seinem Team müsse er sich beraten, aber in spätestens einer Woche würde ich ein Dossier auf dem Tisch haben und darin alle die guten Wege finden, wirklich alle unsere Probleme bestens zu lösen. Mit George S. May, natürlich. Trotz Ungeduld fiel mir da doch ein Stein vom Magen und gut erinnere ich mich, wie herzlich ich ihm dankte.

Die Woche verging. Post kam aus Mailand. Darin eine zwei-seitige *Erstanalyse*, die nichts weiter war als eine kurze Zusammenfassung der von mir gegebenen Informationen, und dazu... eine sofort fällige Rechnung für *erfolgten ersten Beratungsschritt* – also für den als kostenlos angekündeten Besuch aus Mailand und das von mir erfragte Briefing.

Der Rechnungsbetrag war exorbitant, völlig jenseits von Gut und Böse. Um ihn zu bezahlen, hätte es nicht gereicht, den Dicken zu verkaufen und drei Monate lang nur Wassersuppe zu essen. Gut sichtbar stand dazu noch auf der Rechnung, dass die Voraussetzung für jede weitere Beratung die jetzt prompte Bezahlung des ersten Schrittes und die Unterschrift auf dem Vertrag sei, der auch im Umschlag war. Obwohl geschockt, schaute ich mir das Vertragswerk natürlich an. Ein vielpunktiger, kleingedruckter Text war das, der viel von den Verpflichtungen des Beratenen und noch mehr von den Verantwortungsauschlüssen des Beraters so verklauselt sagte, dass es den Kopf dröhnen machte. Fast war nicht zu überschauen, worauf ich mich da einlassen sollte. Aber als erstes ging es mir um die Rechnung.

Ich schnappte mir das Telefon, rief in Mailand an, und kam mir dann schrittweise so vor wie Karl Valentins Buchbinder Wanninger. Endlich dann die Auskunft: Was es zu sagen gäbe, stehe klar in der Rechnung und deren Beilagen; das als *gratis* Versprochene sei ja zu 100% eingehalten; und wenn ich nun nicht zahlen wolle, würde das eben ein Fall fürs Gericht werden, wobei ich mir dann weitere Beratung allerdings abschminken könne.

Gratis wie versprochen? Ich hatte die seitengroße Anzeige von George S. Mai noch. Dreimal wenn nicht öfter habe ich sie durchgelesen, bis dass bei mir endlich der Groschen fiel. Fett als **gratis** ausgelobt war *der erste Kontakt* – und auf der Rechnung stand tatsächlich als erste Position *Primo contatto telefonico.... 0,00 Lire.* Dann erst, nach der Nullrunde dieses ersten Telefonkontaktes, folgten in weiteren Zeilen die jeweils berechneten Kosten, aufgelistet von Vorbereitungs- und Reisespesen bis hin zur sogenannten Erstanalyse. Der Anruf aus Mailand, auf meinen Kupon hin erfolgt, und das Angebot des Besuches waren also das in der Werbung so groß herausgestellte Kostenlose gewesen.

Damit hatte ich die ersten Grundlagen davon gelernt, wie man Werbetexte entgegen jede Ethik und dennoch als nicht angreifbare Käuferfallen *auch* schreiben kann. Das Thema hat mich später viel und intensiv beschäftigt. Doch jetzt im Augenblick half mir das wenig.

Ich rief Hugo Schneider in Zürich an. Er wollte sofort wissen, ob ich etwas Schriftliches aus der Hand gegeben hatte und eventuell was. Nichts. Außer dem Info-Kupon aus der Anzeige, der aber nur in Blockbuchstaben ausgefüllt war. Dann, so meinte er, möge ich doch die Rechnung mit dem Vermerk *„Nicht akzeptiert"* zurückschicken und die Sache einfach aussitzen. Getan.

So locker *auszusitzen* war es dann allerdings gar nicht. Mahnungen kamen ins Haus – zuerst ein-zwei schon recht bedrohliche von George S. May; dann dräuende Briefe von Rechtsanwälten mit immer näher gerückten Gerichtsfanfaren. Meine Antworten blieben textgleich monoton: *Wir haben nichts Kostenpflichtiges bestellt, womit wir auch nichts schuldig sind.* Irgendwann kam dann keine Post mehr zum Thema und vom Gericht auch kein Bote.

In späteren Zeitungsberichten konnte ich dann oft lesen: George S. May war eindeutig ein Betrügerladen und der Trick mit den so genannten Erstanalysen war die Geschäftsidee, mit der sich der Laden – von einem Skandal zum nächsten – noch jahrelang gut verdienend in seinem Markt halten konnte. Der aber war europaweit.

Für mich war es die erste Erfahrung mit Betriebsberatung. Ich hatte natürlich davon in den Wirtschaftsseiten der Tageszeitungen und auch sonst gelesen, aber mir dazu nie so besondere Gedanken gemacht. Jetzt fing ich an, mich intensiv damit zu befassen. Die Vermutung von etwas allgemein Zwielichtigem lag mir nahe und sie fand auch gute Nahrung in so manchem Pressebeitrag. Schnell aber stellte ich dann fest, dass da nicht nur Freibeuter und Scharlatane unterwegs waren. Eine im Grunde seriöse Arbeitswelt tat sich mir auf, in der klare Regeln, exakte Methodik und professionelle Standards vorherrschten. Natürlich gab es auch Schwarze Schafe dabei, damals vielleicht ein paar mehr als später dann.

Noch konnte ich damals nicht ahnen, was für eine Rolle Beratung in meinem Berufsleben spielen sollte. Die Begegnung mit George S. May hat dazu vielleicht mit beigetragen.

Und es ging weiter.

Unsere unterfinanzierte Firmensituation blieb weiterhin bedenklich. Ich musste versuchen, den bestehenden Vertriebsapparat zu pflegen und dabei den Umsatz im Fachhandel eher konstant zu halten, als ihn wachsen zu sehen. Es war paradox und auch gefährlich. Wie wirklich gefährlich, war unversehens schnell zu sehen, als Di Paoli sein Gebiet aufgab.

Er hatte mit der Kosmetik-Linie nie auf besonders freundschaftlichem Fuß gestanden und auch Patra mochte er weniger, als es dem Umsatz im reichen Einzugsbereich um Bologna gut tat. Aber was er für Sophie Nerval tun konnte, war echt beachtlich und es war klar, dass es dafür schwer sein würde, einen gleichwertiger Ersatz zu finden. Und tatsächlich ist die Emilia, Di Paolis Gebiet, monatelang dann unser Sorgenareal geblieben. Schnell gefundene Nachfolger mussten gleich schnell wieder gewechselt werden. Kunden fingen an, abzuspringen, weil sie nicht regelmäßig besucht wurden. Der fehlende Umsatz schlug nervend zu Buche.

Auch die Direkt-Verkäufe der Beraterinnen waren mit stetiger wachsame Aufmerksamkeit zu verfolgen. Gerade bei den zwei zuletzt eingestellten zeigte sich bald, dass sie nicht sehr lange bei der Stange bleiben würden. Beide hatten ihre Arbeit mit dem Kreis der Freundinnen und Bekannten begonnen. Als es dann aber galt, auch auf völlig Unbekannte zuzugehen, konnten sie das Umsatzniveau nicht halten, zeigten sich verunsichert und von Woche zu Woche wurde es schwieriger, sie zu motivieren. Das war gar nicht so leicht und unsere Telefonkosten schossen in die Höhe.

Trotzdem blieb mir gerade jetzt vordringlich, den Bestand an Beraterinnen auszubauen. Sie waren ja die einzigen, die wegen ihrer prompt zahlenden Nachnahme-Kundinnen kaum ein Zeitproblem für die Provisionen bildeten. Um aber gute Beraterinnen vor Ort zu finden und einzuarbeiten, brauchte ich die Mitarbeit der Gebietsvertreter. Und die waren überwiegend immer noch gegen den Direktverkauf. So wurde jede neue Verkäuferin ein mühsam errungener Gewinn, bei dem nicht absehbar war, ob mit ihr der Umsatz wachsen oder nur etwa anderswo bröckelnde Anfangserfolge ausgeglichen würden.

Balance und Geduld waren gefordert.

*

Private Spannungen begannen indessen sich aufzubauen. Mückes Vater, der Toni, ließ mehr und mehr recht offene Aversionen gegen mich verspüren. Mir gegenüber versuchte er, sie irgendwie von höflichem Geplauder überdeckt zu halten. Immer noch durfte ich gegen den sehr geringen Beitrag zum Abendessen kommen, wann immer ich wollte. Aber etwas stimmte nicht in der Atmosphäre. Ich spürte es deutlich und auch der Mücke war es stark und stärker anzumerken. Eines Abends kam sie heraus mit der Geschichte.

Angefangen hatte es schon mit dem Beginn von Melida. Dass ich den guten Keks-Job von Pavesi für *so ein Abenteuer* aufgegeben hatte, konnte der Toni nicht verstehen. Schon vorher mit Inro hatte er nichts anfangen können. Ihn, den lebenslang im öffentlichen Dienst mit Beamtenstatus Bestallten, irritierte es – und hatte ihn sicher auch sehr verärgert –, dass ich sein Bemühen strikt ablehnte, mir zu einem Stuhl, vielleicht gar einem Sessel in der Landesverwaltung zu verhelfen. Er konnte nicht verstehen, dass und weshalb ich dagegen war. Das hatte ich schon gewusst. Aber es war nur der Anfang.

Offensichtlich zeigte sich mehr und mehr, dass es der Mücke und mir ernst war, wenn wir zusammen waren und an Zukunftsträumen spannen. Auch unsere Umwelt kam daran nicht vorbei. Es hing in der Luft, dass die Mücke irgendwann von zuhause wegfliegen würde. Mit mir zumal – und schon das allein hätte ihrem Vater wohl gereicht, immer negativer auf mich zu reagieren. Aber da war noch etwas anderes dazu gekommen: Der Toni plante eine politische Karriere.

In etwa einem Jahr sollte es Neuwahlen geben, die auch das Landesparlament der autonomen Region Südtirol-Trentino betrafen. In Südtirol, dem deutschsprachigen Teil des Verwaltungsbezirks, war seit kurz nach dem Krieg die Südtiroler Volkspartei SVP dominant, in der es für Toni keine Chancen gab. Aber da gab es ja noch den italienisch sprechenden Trentiner Teil der Region und dort hatte sich vor nicht langem der Partito Trentino Tirolese PTT gegründet. Der Toni fühlte sich als *Tiroler*, sprach ein perfektes Italienisch und dazu auch noch die Trentiner Mundart. Er fühlte sich berufen, im PTT mitzumachen und dafür zu kandidieren. Die Leitung der jungen Partei stimmte zu und setzte ihn mit der Nummer zwei auf die Landesliste. Aber was hatte denn das mit mir zu tun? Es hatte.

Um richtig intensiven Wahlkampf machen zu können, wollte sich der Toni für dessen monatelange Dauer auf Halbzeitjob beurlauben lassen und für die letzten Woche sogar ganz. Das ging aber nur mit anteiligem Gehaltsverzicht. Und dazu kam noch, das hat er völlig richtig gesehen, dass er, wenn gewählt, seinen Beamtenjob ruhen lassen musste. Die zu erwartenden Politikertantiemen standen aber erst irgendwo am Horizont.

Es könne gehen, meinte er, solange die Mücke weiterhin praktisch alles ablieferte, was sie in der Bücherstube verdiente, und dazu auch weiterhin fleißig Damenstrümpfe für die Haushaltskasse aufmaschte. Was aber, wenn die Mücke ausziehen sollte; oder wenn sie auch nur anfing, jetzt mehr Geld für sich selber zu beanspruchen? Etwa weil sie sich etwas für einen eigenen Herd und Schrank beiseite legen wollte. Die Vorstellung davon fraß an Tonis Nerven. Das feindlich Böse war natürlich ich.

Ich hatte es in etwa schon so vermutet. Auf die Idee aber, dass er die Mücke definitiv zur Ausquetsch-Zitrone für seine lächerlichen Tirol-Spinnereien und einen in den Sternen stehenden Abgeordnetensessel machen wollte, darauf war ich nun aber wirklich nicht gekommen. Die Mücke schien schon den Versuch begonnen zu haben, ihn wieder einigermaßen auf den Erdboden herunter zu holen. Das hatte aber eher negative Wirkung gehabt. Immer stärker sah er in mir Luftikus den Tochterverderber und das seine Politkarriere hemmende Hindernis. *Seine Karriere.* Und ich war der, der sie ihm nun heimtückisch zu vermasseln drohte. *Uff!* Wie die Mücke dazu stand, wusste ich. Dass wir uns zusammen ein Nest bauen wollten, stand reichlich fest. Aber beiden war uns auch klar, dass das noch irgendwo recht weit weg und sehr verschwommen am Horizont war. Doch wenn der Toni jetzt...

Spät abends auf seinem Heimweg von einer Versammlung habe ich ihn abgepasst. An die drei Stunden lang liefen wir zu seiner Wohnung und wieder weg davon und wieder hin – bis weit nach Mitternacht.

Über seine politischen Bestrebungen sprach er mit der Überzeugung des Erwählten. Dass er dafür das *Opfer* bringen müsse, sich von seinem Beamtenstuhl halbzeitig freistellen zu lassen, sollte ich eher noch bewundern. Ganz offen gab er zu, dass *die Familie* jetzt das Geld der Mücke mehr denn je *brauchte,* und dass er als Vater auch *alles Recht* darauf hätte, weil das einerseits natürlich und andererseits für die ganze Familie auch *das Zweckmäßigste* wäre. Die Hybris gipfelte in Sätzen wie etwa, dass *gerade Töchter* sich unterzuordnen hätten, wenn es um die Familienraison gehe. Warum denn *gerade* Töchter?

Ja und da war also ich, der Alles-Zerstörer. Wäre ich nicht da, würde *seine* Tochter gar nicht auf blöde Gedanken kommen, denn von der Erziehung her wüsste sie schon ganz genau, wo ihr Platz und was ihre Aufgabe wäre. Der Toni dachte dabei wohl an seine Schwester, die Kathi, die ihr Leben lang Dienstmagd ihrer Brüder und stumme Pflegerin ihres Vaters zu sein hatte – ausweglos für sie, irgendwann dann resigniert.

Viel musste sich der Mann in der Nacht anhören vom Schnösel, der seine Tochter zu Aufsässigkeit verführt und nun wohl auch noch entführen wollte. Harte Worte fielen, während wir so durchs Dunkle liefen. Die Schärfe vollen Unverständnisses und tief gefühlter Verachtung prasselte auf den Toni nieder. Alles, was mir an ihm immer schon zuwider war, füllte jetzt die Nacht: Wie er Frau und Tochter ungefragt aus Stuttgart nach Bozen verpflanzt hatte, nur weil er wieder der Gegend seines gottverlassenen Bergkaffs Lusern sein wollte, das noch nicht einmal zu Südtirol zählte; den Tort, den er den beiden Frauen angetan hatte, als er sie praktisch zwang, ihre deutschen Geburtspässe gegen italienische einzutauschen, ohne sie vorab dazu auch nur befragt zu haben; die unglaubliche Tatsache, dass er es in Bozen dann seiner damals gerade 14-jährigen Tochter verwehrt hatte irgendeine Schulausbildung weiterzumachen und abzuschließen; und die noch irrsinnigere Geschichte, wie er es mit fast allen Mitteln zu torpedieren versucht hatte, als Katja Jahre später eigenwillig in das Marco Polo Handelsinstitut ging, um doch noch *etwas* gelernt und ein Diplom zu haben. Die Peinlichkeit seiner ewigen Geld-Streitereien, die selbst ich mir unverblümt anhören musste, bekam er von mir in und um die Ohren geschlagen; und nicht weniger auch die lächerliche Macho-Geheimnistuerei um seinen Lohnstreifen, von dem noch nicht einmal seine Frau wissen durfte, wie viel da drauf stand.

Katja war eine volljährige junge Frau, nicht eines vorgestrigen Hinterwäldlers Sklavin – bekam er noch zu hören. Allein bei ihr hatte es zu liegen, ob und wann sie aus dem Haus gehe – und dann, ob vielleicht mit mir. Ihm, dem Toni, blieb es ja durchaus unbelassen, seinen reichlich spät entdeckten, postpubertären politischen Spielereien nachts oder im Morgengrauen nachzugehen, so wie ja Katja es seit ewigen Zeiten mit dem Aufmaschen fremder Strümpfe für den Familientopf musste.

Die Fronten waren geklärt, als Jupiter hinter der Talfer versank. Von teilbeurlaubter Wahlkampfzeit war von Toni danach nichts mehr zu hören. Dass er sich deshalb nicht ausreichend im Wahlkampf einsetzen konnte, seine Partei dann nur *einen* Sitz bekam und er als Listenkandidat Nr. 2 außen vor blieb, hat er mir nie verziehen.

*

Dall'Orso, unser Mann in Neapel, war kein großer *Aufreißer*, aber zuverlässig und für konstant herein geholten Umsatz gut. Er hatte nicht viele Kunden und die er hatte, kauften nicht besonders viel, aber regelmäßig, und sie alle zahlten pünktlich. Seine durchschnittlichen Aufträge lagen bei etwa

40-50.000 Lire, umgerechnet an die 300 DM. Nur recht selten hatte er etwas auf dem Herzen und rief dafür an.

Da war es schon verblüffend, ihn eines Morgens Anfang Juli ganz aufgeregt am Telefon zu hören. Eine große Überraschung kündete er an, einen neuen Kunden und dessen wirklich schönen Auftrag. Mehr wollte er vorerst noch nicht sagen. Und der Auftrag kam. Wenigstens dreimal musste ich drauf schauen, um ihn voll zu erfassen. Patra war bestellt. Vor allem auch Geschenkspackungen quer durch den ganzen neuen Herbst- und Weihnachtskatalog. Von allen gewählten Referenzen immer gleich ein Dutzend, zum Teil auch mehr. Noch nicht einmal in einem Hungertraum hatte ich so etwas geträumt. Es war ein Auftrag über mehr als 1,4 Millionen Lire, gut 9.000 DM nach damaligem Kurs. Lieferung in der ersten September-Woche, gleich nach der Sommerpause. Zahlung 60/90 Tage Ziel, das bei uns ganz Übliche.

Natürlich habe ich Dall'Orso schnellstens angerufen. Sein Strah-len konnte ich fast aus dem Hörer sehen. Sein hektisch erzählter Bericht hat sich so angehört: Einer seiner besten Kunden hatte ihm den Kontakt zu einem neuen – *Gennaro Esposito* hieß er – vermittelt. Der war ein im Hafen von Neapel vor allem als Schiffsausstatter bekannter Großhändler, der vor allem auch die Kreuzfahrt-Schiffe der Reederei Lauro belieferte. Die bestellte Ware war für die Herbst-Winter-Saison der Schiffsboutiquen bestimmt – und wenn es sich zeige, dass sie sich gut abverkaufe, werde es regelmäßig ungefähr alle paar Monate neue Aufträge in etwa derselben Größenordnung geben, auch vielleicht für Sophie Nerval.

Im Telefonbuch überprüfte ich die Anschrift. Sie stimmte mit der auf dem Auftrag überein; und beim Anruf sagte mir eine nett tönende Dame dann auch, dass das mit der Bestellung wirklich stimmte und man sich über die beginnende Zusammenarbeit freue. Ich freute mich auch – und begann zu rechnen. So ein riesiger Auftrag war nämlich gar nicht eitel Sonnenschein und Eierkuchen. Da war erst einmal mit Emil Ludewig zu klären, ob die für einen einzigen Kunden bestimmte Ware auch freigegeben werde, zumal mit unserem Zahlungsziel. Er hat freigegeben, allerdings mit der Bitte, beim Eingang des Kundengeldes diese eine Lieferung dann gleich zu bezahlen.

Dann waren die sofort Anfang September anfallenden Kosten für die Verzollung und den Transport zu bedenken, auch für den ins ferne Neapel. Und nicht zu vergessen die Umsatzsteuer IGE, die mit 4% zu Buche schlug und deren Stempelmarken auf die Rechnung zu kleben waren. Da kam eine ganze Latte an auftragsgebundenen Kosten zusammen, für die sofort nach den Ferien Deckung verfügbar zu sein hatte..

Und nicht zuletzt war da auch die Provision auf den Auftrag. Nach den Gepflogenheiten hatte Dall'Orso ja das Recht, 80% des ihm zustehenden Betrages sofort schon mit der Juli-Abrechnung gleich in der ersten August-Woche überwiesen zu bekommen. Das wurde richtig eng. Also habe ich ihn gefragt, ob er es denn akzeptieren könne, die Provision für diesen doch ganz besonderen Auftrag erst im September zu bekommen – und auch da möglichst nur etwa 40% Anzahlung und den Rest dann erst, wenn der Kunde bezahlt hatte. Fröhlich hat er es nicht aufgenommen. Er hatte mit dem Geldsegen vielleicht schon Urlaubspläne gemacht. Wir einigten uns dann auf 50% in der ersten September-Woche. Damit hatte ich jetzt Zeit gewonnen. Gelöst war das Problem noch nicht.

*

In der Nacht vom 21. Juni brannte Südtirol. Auf allen Höhen und den Bergkämmen ringsum strahlten die hellroten Punkte der Sonnwendfeuer. Diesen Brauch hatte es *immer schon* gegeben. Aber in diesem Jahr 1961 sollten ganz besonders viele in glasklare, warme Sommernacht leuchten. Das war vielseitig angeregt, erwartet und abgesprochen.

Schon Wochen vorher hatte es in der Luft gelegen, war das Murmeln darüber nicht zu überhören. Andreas Hofer war das Motto. Die Tiroler Befreiungsschlachten am Berg Isel von 1809 wurden in den lokalen Zeitungen wie für einen runden Jahrestag gefeiert und die Sonnwendfeuer sollten diesmal ganz besonders stark werden. Sogar Lagepläne der geplanten Bergfeuer wurden gedruckt, mit Angaben zu den Gruppen, die sie jeweils organisierten. Südtirol sollte leuchten in dieser Nacht. Nicht festlich. *Erweckend!* – das war das vorgegebene Motto. Südtirol sollte ein Fanal setzen für den ungebrochenen Willen zur Unabhängigkeit von Italien, die doch schon seit 42 Jahren verloren war.

Und das Fanal wurde gesetzt. Schlimmer, nachhaltiger als es sich die meisten derer wohl ausmalten, die fröhlich um die romantischen Sonnwendfeuer saßen, tanzten, sangen und becherten. Dann, kurz vor Mitternacht, sind die ersten Dynamitsätze auf den Höhen rund um Bozen detoniert. 37 Hochspannungsmasten, etliche Träger von Bahnviadukten und eine Brücke wurden in wenig mehr als einer Stunde gesprengt. Es war eine helle Nacht, die Südtiroler Feuernacht, vor einer dunkel werdenden Zeit: einer Zeit von neu aufgewecktem Hass, der in den letzten Jahren doch in ein vernünftiges Zusammenleben abgeklungen schien; Zeit der rächenden Repressalien und der antwortenden Attentate, die wiederum Vergeltung evozierten; Zeit des Misstrauens, selbst innerhalb von Familien; Zeit der Abscheu in allen Medien und auf vielen Gesichtern.

Was jetzt? Hass kann doch keine Zukunft haben!

Der Mücke und mir war sofort klar, dass diese verrückte Nacht sich nicht in Morgensonne auflösen würde. Darüber mit ihrem Vater, dem Hochglanztiroler Toni, zu debattieren haben wir tunlichst vermieden, obwohl es kontrovers doch nahe lag. Aber auch sonst gab es kaum noch jemanden, mit dem darüber zu sprechen war. Nur unser Freund Bryn – *I'm not English, I'm Welsh!* – konnte einigermaßen verstehen, worum es uns ging und wovor wir nun Angst hatten.

Die Druckwelle der Detonationen hat uns bald erreicht. Alle, fast alle Grundlagen der letzthin gewachsenen zögerlichen Koexistenz der zwei einander widerwillig aufgezwungenen Ethnien, die eigentlich durch die Alpen getrennt sein sollten und die nach dem letzten Krieg doch meist darum bemüht gewesen waren, einigermaßen gut miteinander auszukommen und sich gelegentlich auch gegenseitig zu bewundern, obwohl sie sich nie verstehen konnten – alle die Grundlagen für diese zögerlich keimende Koexistenz waren in der einen Feuernacht verbrannt.

Terrorismus. Neu. Das heute so alltägliche Wort war damals kaum gebraucht, höchstens zugeordnet der fernen Türkei oder so. Seine rein materiellen Folgen des nächtlichen Wahnsinns ließen sich versicherungstechnisch wohl leicht gewichten. Die grauenhafte Breitenwirkung in den Massen der Köpfe war neues und blieb vermintes Gelände. Die gerade eben aufkeimende Unbefangenheit eines toleranten Miteinanders war verloren. Für Jahrzehnte.

Bozen war keine gute Adresse mehr für unsere Kunden in ganz Italien. Injurien gab es für unsere Außendienstler nicht zu knapp. Aufträge wurden auch storniert. So einigermaßen abgeschirmt haben uns gerade noch das Schweizer Image von Melida und die Provenienz der Duftnoten aus Paris, Berlin.

*

Zurück zu unseren Finanzproblemen.

Der Großauftrag aus Neapel hatte darüber zu verstärkten Überlegungen dazu herausgefordert. Und der jetzt kurzfristig bald zu vermerkende, wenn auch noch nicht Besorgnis erregende Rückgang von Aufträgen nach der Feuernacht hatte auch das Seine dazu getan, nun jeden Schritt noch exakter durchzurechnen. Das in jedem Jahr unvermeidliche August-Loch war schon einkalkuliert, musste nun aber doch noch aufmerksamer bedacht werden. Es war ein Hin- und Herrechnen, das immer wieder zum selben Ergebnis führte: Wir brauchten Überbrückungsgeld. Die einzig erkennbare Alternative dazu war, auf den Auftrag aus Neapel zu verzichten – und damit vielleicht auch den guten Mitarbeiter Dall'Orso zu verlieren.

Die beiden Züricher, darauf angesprochen, wehrten jede Form von direktem Engagement ab. Ich hatte es vorab vermutet. Hugo Schneider hatte die Idee, doch mal anzufragen, ob nicht Gebr. Kleiner bei uns partnerschaftlich einsteigen und eine Kapitalerhöhung finanzieren wolle. Das kam nun *mir* nicht infrage. Und so blieb denn nur wieder einmal die Idee, unsere Rechnungen skontieren zu lassen. Alternativ dazu sollte ich doch noch zusehen, irgendeine Art von Kredit zu bekommen.

Nochmals begann ich den Reigen durch Bozens Banken und Sparkassen, mit dem Neapolitaner Großauftrag in der Hand. Fast bittstellend präsentierte ich dazu detaillierte Tabellen und – wie ich dachte – gut argumentierte Prognosen. Wieder redete ich mir den Mund fusselig und den Gesprächspartnern ein Loch in den Bauch. Wiederum ohne Erfolg, wie schon vordem. Es fehlten einfach die *Sicherheiten*, die für die Banken zählten: Immobilienbesitz etwa, eine alt eingesessene Firmenstory, zumindest irgendeine so gewichtige Bürgschaft, dass damit alle gemütlich schlafen konnten.

Damit war der Juli fast vergangen. Auch wenn von den Kunden alle in den kommenden Wochen fälligen Rechnungen pünktlich bezahlt wurden, gab es doch noch eine offene Lücke in der zu Anfang September fälligen Finanzierung von Transport, Verzollung und der nun auch anstehenden Provisions-Anzahlung für Dall'Orso. Wo hernehmen und nicht stehlen?

Uns, der Mücke und mir, fiel da nur noch eine Lösung ein: Überbrückungskredit aus privater Quelle. Wobei uns natürlich klar war, dass weder aus ihrem noch aus meinem Kreis dafür jemand als Ansprechziel infrage kam. Also die Zeitung, immer wieder dein Freund und Helfer! Ob ich es mir nur einbildete, dass das ältliche Mädchen am Schalter leicht höhnisch lächelte, als es die Wörter der Anzeige zählte und sie wohl auch las? Ob die Leser reagieren würden und wie, war alles, was mich interessierte.

Die ohne große Hoffnung geschaltete Anzeige brachte nur eine einzige Reaktion: Frau Rosa Baumann aus Bruneck konnte Kapital verleihen. Ob sie das beruflich tat oder nur so gelegentlich, war uns keine Überlegung wert. Sie kam ins Büro, eigens angefahren, weil sie es wissen wollte, wo und wie die Leute arbeiteten, denen sie vielleicht ihr Geld leihen sollte. Die Mücke war mit zum Treffen da. Sie schenkte der Frau Baumann gleich als erstes ein Fläschchen Renommée, womit das Eis des Misstrauens eigentlich schon gebro-chen war. Bei einem schnell aus unserem Maschinchen gezauberten Espresso war das Frage-Antwort-Spiel dann gar kein Spießrutenlaufen mehr. Frau Baumann gab uns den erbetenen Kredit.

Er war genau so hoch wie angefragt und das bedeutete noch etwas mehr Luft als minimal vorsichtig ausgerechnet. Bis Weihnachten sollte er gelten, weil ich in der Anzeige ja ausdrücklich von einem Überbrückungskredit – was nur als *ein* Wort zählte – geschrieben hatte. Weihnachten war mir sehr recht. Bis dahin hatte Esposito sicher längst bezahlt! Die verlangten Zinsen waren ebenso hoch wie die der Sparkasse – wenn denn die Sparkasse einen Kredit gegeben hätte. Die Schere des Cashflows war entschärft. Der Auftrag aus Neapel konnte über die Bühne gehen. Und auch der Rest war nicht mehr so eng. Anfang September konnte ich ein-zwei weitere Außendienstler suchen. Die Augustferien konnten kommen.

Sehr glücklich war ich aber trotzdem keineswegs. Das bei Frau Baumann waren nicht mehr Fälligkeiten. Das waren jetzt Schulden!

Urlaubstage und Mauersteine.

Hochsommer war es geworden und der August stand an. Dessen ersten drei Wochen waren in Italien jedes Jahr, als würde das Land nicht existieren. Damals war das sogar noch drastischer als heute. Alle Betriebe und vor allem auch alle Läden waren geschlossen, wenn sie nicht gerade in Ferienorten lagen. Allein schon Brot und Gemüse zu kaufen war ein Problem.

Melida und Mückes Bücherstube machten da keine Ausnahme. Und so beschlossen wir, für ein paar Tage nach Deutschland zu fahren. Als erste Etappe hatten wir wieder einmal Freiburg eingeplant. Dann wollten wir nach Stuttgart, wo Katja geboren war, und weiter improvisierend nach Norden fahren und Angenehmes dabei mit auch Nützlichem kombinieren.

Bei Gebr. Kleiner sagten wir uns an. Es war höchste Zeit dafür. Die trockenen Berichte auf dem Papier und der aus Kostengründen immer kurze Telefonkontakt brauchten die Ergänzung persönlicher Gespräche. Emil Ludewig hatte deshalb einen Berlin-Besuch immer wieder angeregt und dabei niemals zu erwähnen vergessen, dass das auch Herrn Kleiners Wunsch war. Auf den 14. August einigten wir uns, einen Montag.

Die paar Tage in Freiburg waren sonnig, unbeschwert und heiter. Wir konnten wieder bei Gisela, der älteren von Mückes Freiburger Schwestern, wohnen. Jeden Abend durften wir ins Theater am Wallgraben an dem Heinz, Giselas ostpreußischer Mann, mit einer Handvoll junger Enthusiasten beteiligt war und wo sie die neuen Stücke der damaligen Avantgarde – Beckett, Ionesco oder auch Sartre – spielten. Aufs Gastfreundlichste wurden wir herumgereicht und niemanden schien es zu stören, dass wir uns nicht angemessen revanchieren konnten. Nach Badenweiler fuhren wir zum Schwimmen und lachten über Charlottes kleine Regine, die dort ihre ersten Eichhörnchen entdeckte, und auch zum Titisee, nach Colmar zum Choucroute-Essen und über die Bergrennstrecke zum Schauinsland hinauf, wobei unser Dicker so richtig zeigen konnte, was in einem Alfa Romeo steckte.

Und dann ging es weiter. Nach Stuttgart zuerst, wo wir auf Entdeckungswanderungen gingen: Was wohl aus den Straßen und den Häusern geworden war, wo die Mücke geboren und aufgewachsen war; ob es das alte Westend-Kino noch gab oder die Tierhandlung unten an der Johannesstraße; wie das Schloss und die Königstraße in den über zehn Jahren seit 1951 geworden waren... Nostalgisch war es für die Mücke. Bittersüß und voll Erinnerungen. Und weiter nach Heidelberg, Würzburg, Nürnberg – lauter Städte, die wir beide noch nicht gesehen hatten.

Am 12. August übernachteten wir in Bayreuth, nachdem wir uns Haus Wahnfried von außen angesehen hatten. Am Morgen wollten wir über Hof nach Berlin fahren. Schon beim Frühstück im Hotel, es war ein strahlender Sonntag, meinten wir zu merken, dass etwas nicht stimmte. Die Gäste an den umliegenden Tischen tuschelten verdächtig. Manch einer hatte sein kleines Transistorradio am Ohr und flüsterte den Tischnachbarn dann immer wieder etwas zu. Wir konnten nur mitbekommen, dass *etwas in der DDR* vorging. Was aber? Beim Zahlen fragte uns die Maid am Empfang, ob wir denn wirklich nach Berlin wollten und, meinte sie vage, das könne etwa recht schwierig werden und so... *aber nichts Gewisses weiß man nicht.*

Wir kamen an die Grenzstation von Juchhöh, gleich kurz nach Hof. Stau. Aufgeregtes Palaver. Ich fand einen Platz zum Parken und konnte bis zu einem grünen Grenzmann vordringen. *Kein Durchkommen!* – war die Auskunft. Die DDR mache Panzermanöver auf der Strecke, meinte er vage und mit, wie mir schien, recht skeptischem Gesicht, und deshalb sei der Übergang gesperrt; seit Stunden schon; und – mit Blick auf den Dicken – auch für Autos mit italienischer Zulassung. Dann aber doch noch, zögerlich mit Zweifelsstimme: Ich könne es ja mal bei Helmstedt versuchen – die Landstraßen über Eschwege die ganze Grüne Grenze hinauf nach Hannover und dann die Autobahn nach Dreilinden, wenn die etwa durchlässig sei. Er radebrechte sogar noch so etwas Freundliches wie *buona fortuna!*

Wir kehrten um. Den Suchlauf des Autoradios ließen wir durch alle Sender fahren und spitzten gespannt auf jeden Stopp. Automatisch ging das sogar. Der Vorbesitzer hatte uns das Beste an Radio vermacht, ein Becker Mexiko mit allen Schikanen. Immer wieder bekamen wir Nachrichten herein, aber was wir hörten, war konfus. Von Manövern bei Leipzig war die Rede... bei Dresden... rund um Berlin; gegen die Republikflüchtlinge werde mit Großfahndungen vorgegangen; Ulbricht sei gestorben – alles war drin und alles tönte nach nicht informierter Spekulation.

Und wir fuhren nahe der Zonengrenze nach Norden, über eng gewundene Nebenstraßen zum Teil, machten zwischendurch auch schon mal Pause, um bei einem Getränk darüber weiter zu rätseln, was wir beim Fahren nicht klären konnten, umfuhren Hannover und kamen nach Helmstedt. Die Staukette am Übergang war nicht so lang, wie wir befürchtet hatten. Formulare, Geduld mit mürrischen Flintenweibern, die Fragen nach *Wohin* und *Warum,* die ich vom Vorjahr schon kannte, aber sonst nichts Besonderes. Wir durften durch.

Es war dann schon recht spät, als wir uns in Dreilinden um die Ausreise aus der *Zone* zu bemühen hatten. Auch dort gab es keine Schwierigkeiten. Nur auf die Frage, ob denn etwas Besonderes los sei und warum wir nicht über Leipzig nach Berlin hatten fahren können, hörten wir nur kurz und kratzbürstig, dass uns das gar nichts angehe.

Gebr. Kleiner hatte für uns im beeindruckenden Hotel Berlin reserviert. Zwei Einzelzimmer natürlich. Anderes kam ohne Trauschein damals auch im freizügigen Berlin noch nicht infrage. Zum Hotel zu finden war gar nicht so schwer: Die Avus hinunter bis zum Ku'damm, dann fast gerade weiter in Richtung Tiergarten und von dort zum Lützowplatz.

Der breite Betonriegel, auf den wir zusteuerten, stand damals fast frei inmitten einer notdürftig planierten Brachlandschaft und mit Zugang vom heutigen Hintereingang aus. Es war eines der modernsten Hotels zu der Zeit und der Luxus beeindruckte uns schon sehr – zumal als wir am Empfang erfuhren, dass unsere Zimmer schon von Gebr. Kleiner bezahlt waren.

Das Restaurant hatte noch geöffnet. Beim Essen erfuhren wir vom Kellner, dass *sie* dabei waren, *eine Mauer* quer durch Berlin zu bauen, und auch, dass *überall* Panzer stünden. Wir hatten nichts davon gesehen, nur vermerkt, dass die Straßen einsam und leer waren. Sonntagabend spät, eben. Was echt geschah und wie es weiter gehen sollte, darüber konnte uns der Kellner nichts sagen. Vielleicht wollte er auch nicht. Dass wir aus Italien kamen, hatte sich im Hotel sicher schon herumgesprochen – aus *dem* Italien mit den notorisch so vielen blutroten Kommunisten.

Am Morgen danach war dann schon beim Frühstück alles klar. Die BILD lag am Empfang aus. Der Mauer-Titel schrie alles. Details wurden nicht mehr nur getuschelt. Dass die drei *Verbündeten* aber schnellstens eingreifen, dem Spuk ein Ende machen würden, war wohl lauter gehofft als insgeheim gedacht. 1953 hing in den Gesprächsfetzen, die durch die Halle waberten, und Ungarns 1956. Jeder schien eine Meinung zu haben und ganz offensichtlich wusste keiner, was er denn meinen sollte. Angst. Die war fast zu riechen. Ein Schulterzucken, hier und dort. Nicht gleichgültig, eher resignierend sah es aus. *Was sagt...? Wo bleibt...? Was tut...?* – waren die schwirrenden Fragen, die keine Antwort hörten. Konnte man sich auf die Straße trauen? War Westberlin wieder abgeriegelt wie zur Zeit der Rosinenbomber? Die Hotelhalle summte wie ein Bienenschlag. Dichte Trauben drängten sich vor den Kassen und es schien, als wollten alle abreisen, ohne auch nur noch eine Minute in der Stadt zu bleiben. Die fast bleierne Schein-Ruhe des Abends war Hektik gewichen, die sich zum Teil schon panisch ausnahm.

In der Joachimsthaler Straße bei Gebr. Kleiner lag auch Anspannung in der Luft. Etliche der Mitarbeiter waren nicht gekommen, hatten inzwischen angerufen oder auch gar nichts von sich hören lassen. Mutmaßungen schwirrten. Von besonderer Besorgnis war aber nicht viel zu merken. Eher ging es schon darum, wie sich jetzt die Tagesarbeit aufteilen sollte. Dass die im Osten Lebenden etwa, wahrscheinlich etwa überhaupt nicht mehr kommen könnten, war kein Gesprächsthema, obwohl sicher alle daran dachten.

Herr Kleiner empfing uns kurz. Er freute sich sichtlich, Katja kennen zu lernen. Die beiden *konnten miteinander* auf Anhieb.

Mit Ludewig und Seiffert wollten wir über die allgemeine Marktlage in Italien sprechen und dann über die Details, die gerade aktuell waren, beginnend natürlich beim Auftrag aus Neapel. Das war der Plan. Doch Ludewig war um anderes besorgt. Er hatte den Graphiker mit zum Gespräch gebeten, der freiberuflich für das Bild von Packungen und Werbung sorgte. Er sollte uns die für den Herbst vorgesehenen neuen Sachen präsentieren und hören, was wir davon etwa für Italien übernehmen wollten und wie er es dafür eventuell zu adaptieren hatte. Fred *Irgendwas* – sein Nachname ist mir völlig entfallen. Vielleicht habe ich ihn auch nie so richtig gewusst.

Fred war nicht gekommen. Er hatte angerufen, dass die öffentlichen Verkehrsmittel nicht zum Westen durchkämen. Wohnung und Atelier hatte er hinter dem Alexanderplatz, oben in Prenzlauer Berg. Ludewig meinte, wir sollten versuchen, zu Fred zu fahren. Mit dem Auto. Dem italienischen Kennzeichen müsse doch freie Durchfahrt möglich sein, zumal mit unseren Italien-Pässen. Wir versuchten es zu dritt. Ludewig saß hinten. Und er hatte recht gehabt. An der Kontroll-Barriere zur *Hauptstadt der DDR* wurden wir nach nur ganz kurzer Prüfung durchgelassen, während Westautos umdrehen mussten. Jetzt sahen wir die ersten Panzer. Es gab wirklich welche. Aber von der Mauer, von der die BILD getitelt hatte und über die *alle* sprachen, konnten wir nichts sehen.

Dass Fred Australier war, erfuhren wir zwischendurch von Ludewig. Er war irgendwann nach Berlin gekommen, hatte bei einem Verlag gejobbt und da seine Frau kennen gelernt, geheiratet und dann angefangen, als freier Graphiker zu arbeiten. Inzwischen, so das Statement, war er einer von Berlins Besten für Markenbilder und Packungen – zumal für Geschenkpackungen und so. Die Ausstattung der ganzen Linie Sophie Nerval stammte von ihm.

Die neuen Entwürfe von Fred haben wir in seinem Atelier *auch* gesehen. Geredet aber wurde fast nur davon, ob Berlin nun echt geteilt werde und wie sehr und was mit denen werde, die Arbeit in dem einen und Wohnung im anderen Teil hatten und...

Ludewig beschwor Fred immer wieder, jetzt gleich mit in den Westen zu kommen. Mit seiner Frau natürlich. In unserem italienischen Dicken und ohne viel Gepäck wäre das sicher möglich. Beim Herkommen habe es ja auch keine Schwierigkeiten gegeben. Fürs erste könne er in die kleine Firmenwohnung ziehen, die in der Joachimsthaler Straße hinter den Büros lag. Auch für neue West-Kunden würde Gebr. Kleiner sorgen, wenn Fred aus seinem Kundenkreis der Ostberliner Verlage und der Industrie-Kombinate keine Aufträge mehr bekommen sollte. Fred wollte nicht. Ludewig redete auf ihn ein wie auf ein krankes Ross. Fred blieb stur. Seine Argumente hörten sich auch recht vernünftig an: Er war Staatsbürger Australiens und als solcher, so meinte er, auch künftig frei, hinzugehen, wann und wohin er wollte. Seine Frau konnte zweifellos schnellstens und ohne Schwierigkeiten auch den australischen Pass bekommen; sie hatte ihn bisher lediglich nicht gewollt. Die Wohnung und das geräumige Atelier in Prenzlauer Berg kosteten so wenig Miete, dass jeder Vergleich mit West-Berlin schon lächerlich war. Und an der Ecke hatte er seine Kneipe. Die meisten der Freunde und die Freundinnen seiner Frau wohnten nahebei. Fred redete sich fast in Rage. Ludewig unterbrach ihn öfter mal.

Auch Katja schaltete sich ein – und sie war womöglich noch vehementer für ein schnelles Abhauen als Ludewig. Sie hatte echte Angst um Fred und seine Frau. Deutlich war das zu merken. Sich und uns erinnerte sie an die *Welt vom Führer*; an die lähmende Furcht des Kindes vor düsteren Gestalten, die frühmorgens vor Schulbeginn an der Nachbarn Türen klopften und alle mitnahmen; an eingefallene

Gesichter, die vor Ledermänteln flehentlich unterwürfig lächelten; an russische Kriegsgefangene, die in langer Reihe zum Arbeitseinsatz am zerbombten Stuttgarter Schlosspark schlurften...

Katja sprach davon ganz leise zuerst, intensiver dann und auch lauter, zischend dann fast schon, als sie noch das Ende der erwähnten Russen beschwor. In den Gulags des Ural und Sibiriens waren sie alle gelandet, als sie *befreit* dorthin zurückkehren konnten, wo sie geglaubt hatten, in Frieden wieder daheim zu sein. Von ihrem Vater wusste sie es. Er war in der Schwabenmetropole einer der städtischen Beaufsichtiger und Befehlsgeber über die Zwangsarbeiter gewesen.

Fred ließ Katja reden. Er hörte ihr auch zu, vielleicht sogar mehr als Ludewigs Worten. Gelegentlich warf er auch durchaus Zustimmendes ein, zeigte sich nachdenklich, gab abwägende Antworten. Es kam nicht etwa zu einem Streit. Die *ungute* Lage war uns allen vieren im Raum durchaus und untrüglich klar. Die Gefahren, die draußen vor den Fenstern lauerten, waren uns lebendig, wenn sie auch vielleicht jeder anders sah, sehr anders als jeder der anderen. Ich war wohl der von uns, der am wenigsten verstehen konnte, worum es wirklich ging. Und Fred blieb unerschütterlich bei seinem Beschluss.

Wir fuhren zurück zum Büro. Ludewig hatte eine Mappe mit Freds Entwürfen dabei. Alexanderplatz. Ein weithin brach liegendes, zum Teil noch nicht einmal gepflastertes oder asphaltiertes Oval, umgeben von ein paar grauen Häusern, die wie übrig gebliebene oder billig neu eingesetzte Zähne aus breiten Ruinenlücken ragten. Noch grüßte kein Fernsehturm, kein Staatsratsgebäude aus Goldglas stand am Horizont. Wie verloren zogen Tramschienen durch die breite Wüstenei, um sich plötzlich und anscheinend sinnlos zu gabeln. Die Marienkirche stach rotbraun aus dem trostlosen Areal. *Döblin*, murmelte die Mücke.

Und wir fuhren weiter. Vorbei an den rußschmutzigen, von Splittern gekerbten Fassaden der alten Museen, hinab die breite Schneise Unter den Linden auf der keine einzige Linde stand. Kaum Autos waren unterwegs. Auch nur ganz wenige Fußgänger. Der Stadtteil schien ausgestorben, oder eher in einer Art Lethargie, wie Echsen, wenn sie vor Furcht erstarrt im Sand liegen. Nur immer wieder Kübelautos der Polizei, Mannschaftswagen ohne sichtbare Besatzung, zwei Panzer mit langen Geschützrohren vor dem einzigen unversehrten und fast neu scheinenden Prunkbau hinter eisernen Gitterstäben, deren mit Gold überzogene Spitzen nahezu obszön in der Sonne glänzten. Die Russische Botschaft, sagte Ludewig im Vorbeifahren. Auch dort war kein Leben zu sehen; schon gar keine Spur von aufgeregter, vielleicht gar protestierender Bevölkerung.

Das Brandenburger Tor kam näher, einsam und majestätisch vor dem, was einmal der Pariser Platz und jetzt ein rundum leer geräumtes Ödland war. Uniformträger waren plötzlich da, in größerer Menge, aber verstreut und irgendwie hektisch aktiv wirkend, fast sogar konfus mit ihrem Hin und Her. Wir fuhren zum Tor, durch das Tor – das durfte man damals – und keiner hielt uns an. Wir waren durchs Tor durch und...

Das Pflaster am weiten Rundplatz, von dem aus wir schon die Siegessäule golden leuchten sahen, war großteils aufgerissen. Mit Hacken und Spaten waren Uniformierte zugange. Lastwagen waren da, von denen Baublöcke aus Beton abgeladen wurden. Vorne zeichnete sich niedrig so etwas Bauliches ab, das wirklich eine Mauer werden konnte. Grüne Uniformen mit Drohgesichtern unter runden Helmen und mit schräg nach vorne gehaltenen Karabinern. Das war's. Das war im Ansatz die Mauer, von der BILD getitelt hatte. Wir wurden weiter gewinkt, misstrauisch beäugt und – war das Unsicherheit? – eindeutig dazu aufgefordert, schnell durchzufahren und zu verschwinden.

Halt an! – die Mücke. *HALT AN!!* – jetzt schon zischend. *HALTE SOFORT AN!!!* – das war definitiv.

Und ich bleibe stehen. Katja ist wie der Blitz aus dem Auto. In schwarz-weiß engem Pepitarock und mit weißer

Bluse unter leuchtend rötlich flatternden Locken läuft sie einer antiken Furie gleich auf den nächsten Uniformträger zu. Ein blonder, rundgesichtiger Junge, noch jünger als Katja selbst. Sie faucht ihn an. Reißt ihn am Ärmel. Will ihn von seinem Betonblock wegziehen. *Nein! Nein, Verbrecher!! Aufhören!!* – höre ich sie immer wieder schreien. So schnell ich kann – mir scheint es eine Ewigkeit – sause ich hinter ihr her. Andere Uniformierte kommen von allen Seiten angestürzt. Ich versuche, Katja fortzureißen. Vergebens. Sie ist allzu aufgebracht. Es fehlt nicht viel und sie kratzt auch mir noch die Augen aus. Schnell sind wir umringt. Aber die Gesichter um uns sehen gar nicht so mörderisch aus. Eher schon verblüfft. Auch unsicher. Ich rechne mit Knüffen und Püffen und Handschellen.

Die Ausweise! – höre ich schnarren. Wir haben die Pässe dabei. Gottseidank. Italienische Pässe. Die Grünen blättern sie durch, geben sie weiter und nochmals weiter. Wir stehen auf dem aufgerissenen Pflaster vor dem Brandenburger Tor. Unser Dicker ist das einzige Zivilfahrzeug, das da zwischen Militärischem steht. Ein Paradiesvogel mit seiner ewig langen, chromblitzenden Schnauze. Unsere Pässe? Irgendwohin gewandert. Die Mücke versucht noch, auf die zunächst Stehenden einzureden. Alle tun so, als wären wir gar nicht vorhanden. Niemand beachtet uns. Die Zeit scheint stehen zu bleiben.

Und wir werden abgeführt. Vier Uniformierte drängeln uns vorwärts. Zum Auto hin. Ja doch: zu unserem Dicken. Wie denn das jetzt? Die Pässe bekommen wir wieder. *Fahren Sie... schnell und zwar für immer!* – verwundert hören wir es knurren, bevor wir auf unsere Sitze gedrängt und uns die Türen zugeschmettert werden. Ludewig sitzt immer noch auf der Rückbank, steif, die Skizzen-Mappe eng an sich gepresst.

Nichts wie geradeaus weg jetzt. Vorbei an der Siegessäule. Am frei in der Gegend stehenden Charlottenburger Tor links ab zum Bahnhof Zoo und hinüber zur Joachimsthaler. Ob wir auf der Strecke geredet haben und was? Ich weiß es nicht. Mag sein, wir haben dann auch etwas gegessen. Sicher haben wir noch Geschäftliches besprochen, von dem vieles anstand und das alles, wirklich alles dann geklärt war, als es verspätet Feierabend wurde.

Alfred Kleiner hat uns zum Abendessen eingeladen. Wir wurden von Seiffert abgeholt und das Ziel sollte eine Überraschung sein. Weit brauchten wir nicht zu fahren, fast nur um zwei Ecken zur Budapester Straße am Zoo. Im Hilton – Jahre später sollte es Intercontinental heißen – auf der Dachterrasse war der Tisch bestellt. Das war damals der höchste öffentliche Raum von ganz Berlin. Ludewig und Kleiner waren schon da. Wir beide, Katja und ich, wurden so gesetzt, dass wir einen umwerfenden Panoramablick über die ganze Stadt hatten. Der heutige Tag war natürlich *das* Thema und ich bin mir fast sicher, dass das Terrassen-Restaurant genau deshalb gewählt war. Das Schaubild von dort oben war ja auch fast irrwitzig und es war kaum nötig, dass Kleiner uns beide ganz besonders darauf hinwies. Wie er es aber tat, war schon beeindruckend.

Mehr als seine Worte zählte jedoch der Rundblick. Wenn wir gegen Westen zur Turmruine der Gedächtniskirche und dann weiter über den Ku'damm schauten, breitete sich unter uns ein Lichtermeer, das sich in millionenfachem Leuchten weit an den Horizont zog. Man brauchte aber nur den Kopf von links nach rechts gegen Osten drehen und nachtdunkles Schwarz lag vor den Augen, nur selten von kleinen Lichtpunkten durchsetzt, aber doch gerade so oft, dass die sich dort weit und dicht dehnende Stadt nur eher gefühlt als gesehen werden konnte. Das Hilton mit der Dachterrasse lag fast genau auf der Schnittkante zwischen Ost und West. Mir ist das Hell-Dunkel-Phänomen der geteilten Stadt nicht nur ein Bild zum Erinnern geblieben. Es hat mir mehr nachhaltig Prägendes mitgegeben als fast alles, was mir auch später bild-haft beeindruckend vor die Augen gekommen ist.

Der Tag hatte natürlich das Seine dazu getan: Die Unruhe beim Frühstück im Hotel und die schreiende Zeitung; das Ziehen und Hängen bei Fred; die Szene am Brandenburger

Tor, die Ludewig, immer noch erschrocken, ein ums andere Mal kommentierte... wobei bei deren Schilderung nicht zu übersehen war, dass sie nachträglich auch der Mücke an die Nieren ging.

Die demographischen und vor allem die ökonomischen Zahlen, die Kleiner zum Hell-Dunkel-Panorama der Stadt von sich gab, hatten wenig mit den marktschreierischen Stereotypen von BILD zu tun, die ja auch von der übrigen Presse aufgenommen und bis dahin unsere Informationsbasis gewesen waren. Differenziert, abstufend und nahezu behutsam vergleichend ging Kleiner auf Einzelheiten des täglichen Arbeitens und Lebens in Ost und West derselben Stadt ein; auf die Bedeutung von scheinbar Bedeutungslosem; auf die Kaufkraft zum Beispiel auch, deren Gefälle es mit sich gebracht hatte, dass viel des im Ostteil nur eingeschränkt Angebotenen dort von Leuten aus dem Westen so schnell, häufig geradezu raffend weggekauft wurde, dass die, die dort arbeiteten und wohnten, oft wirklich kaum ihr Nötiges zu kaufen fanden.

Alfred Kleiner hat keinen wirtschaftswissenschaftlichen Vortrag gehalten – oder ich habe das jedenfalls nicht so empfunden. Dazu war das Essen auch zu gut und die ganze Atmosphäre bei aller Anspannung zu entspannt, beinahe freundschaftlich schon zu uns beiden Küken vom Land. Was bei Tisch gesprochen wurde war eher der Anstoß für einen nachdenklichen Ausklang eines sehr aufwühlenden Tages.

Doch der Abend sollte noch gar nicht ausklingen. Nach ein paar Stunden wieder unten auf der Straße – Herr Kleiner hatte sich schon verabschiedet – meinte Ludewig, ein kurzer Absacker wäre nicht von schlechten Eltern. Wer konnte denn schon müde sein nach so einem aufkratzenden Tag? Da gäbe es ein nettes Lokal gleich ein paar Schritte neben dem Ku'damm, das uns sicher gefallen würde. Auch Seiffert blieb mit von der Partie. Und Ludewig führte uns in ein plüschig eingerichtetes, gemütlich schummeriges Kellergewölbe, in dem die Wand hinter der Theke ein ganzes Programm für sich war: Whisky- und Whiskey-Flaschen aufgereiht und dämmerig angeleuchtet zu Hunderten, eng an eng und Reihe über Reihe bis obenhin, jede Flasche ein anders Label, alle davon mehr oder weniger gefüllt und ganz offensichtlich in alltäglichem Schankgebrauch. Wie hieß der Laden doch? Seit ewigen Zeiten ist mir der Name weggewischt.

In einer Nische nicht weit vom Eingang stand ein Flügel. Ein schmaler, kleiner Mann mit langer Nase und scharfen Falten von ihren Seiten herunter zu melancholisch herabgezogenen Mundwinkeln klimperte vor sich hin. *Klimperte?* Da waren die Ohren zu spitzen. Das war so, als ob Teddy Wilson oder Count Basie da improvisieren würden. Ein süffisantes Grinsen bekamen wir von Ludewig zugeworfen, als er unsere hingerissenen Gesichter sah. *Paul Kuhn* – flüsterte er uns zu.

Es war *der* Musiker, den liebevoll später alle *Paulchen* nannten. Fast nur für uns allein spielte er an jenem späten Abend, der Montag war, 14. August 1961, und gar nicht einladend, sich in Berlin außer Haus umzutun. Später kam dann auch noch Grete Weiser dazu. Erst lehnte sie mit ihrem Glas am Flügel und hörte nur. Dann trällerte sie einen kleinen Einsatz vor sich hin und, von uns angefeuert, fing sie an zu singen. Die Lieder von Claire Waldoff und Lotte Lenya kamen zu uns herüber, als ob sie nur für uns allein geschrieben waren. Und zwischendurch immer wieder mal ein anzügliches Wort in unsere Richtung hin, dem Ludewig seine Retourkutschen mit Schnauze gab, die überhaupt nicht zum ernsthaften Prokuristen passte, den wir nur kannten.

Ob es zwei oder drei Uhr geworden ist in jener Nacht? Mir scheint in der Erinnerung, dass es eher schon früh als noch spät war. Zwei Taxen wurden uns gerufen.

Am nächsten Morgen waren wir dann nur noch kurz in der Joachimsthaler Straße, gerade nur, um ein paar Arbeitssachen mitzunehmen und uns zu verabschieden. Was es zu vereinbaren gab, war erledigt. Wie wir uns ausreichend bedanken konnten, das wussten wir sowieso nicht.

Es war der 15. August jetzt. Die Straßen lagen ruhig an jenem Vormittag, wenn auch die anscheinende Ruhe wie gelähmt wirkte. Vom Aufmarsch der Hunderttausende am nächsten Tag vor dem Schöneberger Rathaus und der Rede von Willy Brandt war da noch kaum etwas vorzufühlen. Und auf der ganzen Strecke hinaus und über die Avus gab es kaum Ungewohntes, Bedenkliches zu sehen. Es schien uns fast ein ganz normaler Sommertag – wäre denn da nicht die Angst gewesen, die in uns stark und stärker hoch kroch, je näher wir Dreilinden kamen.

Was, wenn *die* nun unser Kennzeichen, unsere Namen durchgegeben hatten? Ob *die* uns jetzt aufhalten, schikanieren, etwa gar verhaften wollten? Wir standen in der Schlange, warteten geduldig und mit versucht fröhlichen Urlaubermienen... und bibberten innerlich wie Espenlaub. Beizender Geruch nach Zwang und Flucht schien mitten durch die Auspuffdämpfe der wartenden Fahrzeuge zu wabern und sie zu überlagern. Jedes Wort der dann mürrisch routiniert gestellten Fragen tönte uns wie Vorboten drohenden Unheils. Als wir die Pässe zur Kontrolle abgeben mussten, waren wir fast sicher, sie nie mehr wieder zu sehen.

Und dann hatten wir Dreilinden doch hinter uns und freie Fahrt über die Betonfugen der Autobahn nach Süden, in Richtung Bayreuth, die wieder offen war. Juchhöh, der Übergang vor Hof, war noch einmal eine uns beklemmende Barriere, wenn auch nicht mehr *sooo* bedrückend. Warum sollten *sie* uns jetzt noch festhalten? Keiner von allen hat uns dann dort besondere Aufmerksamkeit gegeben. Dem brummig röhrenden Dicken schon eher.

Erst wollten wir durchfahren bis Bozen. In München haben wir dann doch Halt gemacht und übernachtet. Es war uns danach, allein unter dem Laubdach eines Biergartens zu sitzen, die ausklingenden Ferientage noch einmal zurück zu holen und vor allem die nicht einmal vierzig Stunden in Berlin, die uns wie eine halbe Ewigkeit vorkamen, Revue passieren zu lassen. Die Szene vor der Westfront des Brandenburger Tors hatte ich noch einmal voll unter der Haut, und die Mücke wohl auch.

Goldener Herbst und früher Frost.

Die Ware für den Schiffsausstatter Esposito kam in der ersten September-Woche, verpackt in robusten Holzkisten, denen auch der Weitertransport nach Neapel nichts anhaben sollte. Sie wurde kontrolliert, verzollt und auf die letzte Strecke gebracht. Das von Frau Baumann geliehene Geld war dazu rechtzeitig auf unser Konto gekommen. Dall'Orso bestätigte wenige Tage später, dass die Sendung gut beim Kunden angekommen und dieser sehr zufrieden war. Normalerweise ging ich natürlich nicht jeder Sendung so nach, aber diese hier war von Volumen und Wert her schon mehr als besonders. Oder hatte ich ein mulmiges Gefühl?

Mit den ersten September-Wochen war auch italienische Normalität betriebsam zurückgekehrt. Die Geschäfte waren alle wieder geöffnet, die Schulen fingen an und die Leute begannen, fast schon vergessen zu haben, was die Ferien gekostet und was sie gebracht hatten. Aufträge kamen uns wieder regelmäßig herein! Ob etwa die Feuersnacht vom Juni auch einigermaßen vergessen war? Mehr als hoffen konnten wir da nicht.

Zur Unterstützung der Außendienstler beim nun anstehenden Weihnachtsgeschäft ließ ich die Anzeigenseite für Sophie Nerval nochmals in die zwei Mode-Wälzer rücken, was – immer noch wunderte ich mich darüber! – durchaus motivierend wirkte. Sie brachten wirklich Neukunden und in den Berichten dazu stand immer wieder, dass die gezeigte Werbung der Türöffner dazu war.

Auch für die Patra-Kunden ließ ich mir etwas einfallen. Ein Sonderangebot stellte ich zusammen, bei dessen Bestellung als Geschenk einen englischen Plaid bekamen. So ganz *englisch* waren die groß karierten Wolldecken wohl wahrscheinlich nicht, aber der Union Jack prangte neben dem

Etikett und die Dinger fühlten sich echt flauschig an. Ich hatte eine kleine Stückzahl günstig bei *Upim* bekommen, der Kaufhauskette, die sich immer noch zierte, Patra ins Sortiment zu nehmen. Und die Plaids stimulierten dann zu deutlich mehr Aufträgen, als ich es mir erhofft hatte, was allerdings zahlenmäßig immer noch nicht wirklich viele waren.

Nur die Kosmetik-Linie wollte sich auch im beginnenden Herbst nicht so richtig bewegen. Dabei war sie offensichtlich nicht schlecht und lag auch preislich oder sonstwie nicht neben dem Markt. Von den nicht gerade zahlreichen Parfümerien, die sie als Depot führten, kamen stetige Nachbestellungen herein – auch in wachsenden Stückzahlen oder mit schneller werdendem Rhythmus. Und sehr gute Akzeptanz bei den Verbraucherinnen meldeten auch die Beraterinnen, die ja nun wirklich ihre Hand ganz direkt am Puls des Marktes hatten.

Aber es blieb und blieb schwierig, für Melida Depot-Fachge-schäfte zu gewinnen. Jedes einzelne neue wurde schon zu einem solchen Freudenfest, dass es schnellstens nach Zürich gemeldet ward. Werbung in den Frauenzeitschriften kam da für die Kosmetik überhaupt nicht infrage, wenn auch fast alle Vertreter darauf drängten, ohne dabei aber auch nur einmal an die Kosten dafür zu denken – oder gar an den völlig absurden Streuverlust bei einer Marke, die man praktisch *noch nirgends* finden konnte. Hugo Schneider drängte auf frische Ideen. Ich konterte mit der auch nicht mehr neuen Forderung, für die Emulsionen und Tonika endlich *anständige* Flakons zu finden.

Der übliche Kleinkampf hatte wieder begonnen. Insgesamt aber wurden es recht angenehme Herbstwochen, die auf einen beruhigenden Jahresabschluss schauen ließen.

Mitte November war es dann abrupt vorbei mit unserem Schwimmen in endlich nicht mehr allzu turbulenten Wassern. Die erste für die Esposito-Zahlung fällig gewordene Tratte – ein in Italien sehr gebräuchlicher, dem Wechsel ähnlicher Bankeinzugsschein – war in Neapel nicht eingelöst worden.

Dall'Orso musste zum Kunden. Sofort. Klären. An eine bewusste Zahlungsverweigerung wollte, konnte ich nicht denken. Aber: In nur noch drei Wochen war die zweite Zahlung des 60/90-Tage-Abkommens fällig. Ich bibberte Dall'Orsos Nachrichten entgegen.

Die waren dann aber beruhigend. Ein völlig unbeabsichtigtes Übersehen sei es gewesen; und sofort werde vom Kunden die Überweisung veranlasst. Ich rief dann selber auch bei Gennaro Esposito an, bekam zwar nicht ihn aber eine doch sehr kompetent wirkende Dame an die Strippe, und auch ich hörte mir ihre Entschuldigungen an und dazu noch, dass die Patra-Linie *so* gut aufgenommen worden sei – besser als überhaupt erwartet.

Mulmige Tage gingen ins Land, zumal als einer nach dem anderen verging, ohne dass Geld aus Neapel gekommen wäre. Das Telefon fing an, heiß zu laufen. Freundlich positive Sätze kamen, Vertröstungen, gelegentlich auch mal leicht hämische Worte über die Trödelei der Banken, die ja nun wirklich notorisch war.

Dann ist auch die zweite Tratte uneingelöst zurückgekommen. Es war ein Horror-Szenario. Jetzt konnte niemand mehr daran glauben, dass da nur Trödelei und Schlamperei am Werk waren, und dass sich schnell alles in Wohlgefallen auflösen würde. Und als ich jetzt wieder bei Esposito anrief, meldete sich dort niemand mehr. Die Linie läutete einfach leer durch, immer wieder. Ob es da eine Störung gebe, fragte ich beim Telefonamt nach, noch irgendwie hoffnungsvoll. Nein, war die lakonische Auskunft.

Auch Dall'Orso konnte mit nicht zu Potte kommen. Espositos Lagerräume mitsamt den Büros im Hafengelände fand er geschlossen. Niemand habe niemals nichts gesehen – berichtete er – und kenne auch keinen, der einen kenne, der vielleicht etwas wüsste oder auch nichts wüsste, und bei der Größe des Hafenareals und der noch größeren Größe von ganz Neapel könne auch niemand sagen, wie denn etwa der eine oder andere oder sonst wer der Firma hieß oder gar, wo er wohnte. *Omertà!*

Dass sich Dall'Orso voll in der Sache einsetzte, stand für mich außer Zweifel. Fast. Für die Mücke gab es dieses *Fast* nur sehr abgeschwächt in ein *Hoffentlich.*

Dramatisch wurde uns die Sache aber, als sich Dall'Orso an die Kreuzfahrt-Reederei Lauro, den uns mitgeteilten Endabnehmer, wandte. Esposito, Gennaro Esposito... da gäbe es viele! Patra, die Duftwasser-Kollektion mit den hübschen Geschenkpackungen... nie gesehen... oder doch vielleicht vor Monaten... Gekauft? Kein Stück davon, ganz sicher nicht. Das war es, wovon Dall'Orso berichtete, und dazu auch, dass er sogar in die Lager der Reederei durfte – und auch dort keine Spur von unserer Ware finden konnte.

Was denn mit einer Wohnung von Esposito war, fragte ich Dall'Orso, und hätte mir im gleichen Augenblick liebend gern meinen Idiotenkopf abgebissen. *Gennaro Esposito!* Jedes der in einer Babyklappe oder sonst wo in Neapel anonym ausgesetzten Kinder bekam den Nachnamen Esposito. Seit Jahrhunderten schon. Täglich wohl Dutzende. *Esposito – l'esposto – der/das Ausgesetzte.* Und dann noch Gennaro als Taufname. San Gennaro, der Heilige Januarius, ist doch der Stadtheilige von Neapel; der, dessen Blut sich zweimal im Jahr ganz wundersam verflüssigt; der Namenspatron, den es in jeder Familie wenigstens für einen geben musste.

Und unser Kunde und seine Firma hießen Gennaro Esposito, in Neapel!

Weihnachten stand praktisch vor der Tür.

Die Anspannung bei Melida Italia war enorm in jenen Tagen und Wochen. Das musste auch auf unsere Mara durchschlagen. Sie kannte fast alle Firmendetails. Natürlich wusste sie auch vom Geld, das wir bei Frau Baumann aufgenommen hatten, und dass es an Weihnachten zur Rückzahlung fällig war. Sie bearbeitete unsere Statistiken und las die Korrespondenz mit allem. Und sie hockte allein im Büro, hatte keine Kolleginnen, mit denen sie mal relaxend quatschen oder auch die Gedanken der Unsicherheit bereden konnte, die ihr sicher im Kopf rotierten. Dazu dann noch: Ihr Gehalt war wirklich dürftig – und ich hatte nicht daran gedacht, dass es nach einem Jahr an der Zeit gewesen wäre, es aufzustocken. Es war kein guter Cocktail, der sich da wohl bei ihr zusammengebraut hatte.

Mitte Dezember legte mir Mara die Kündigung auf den Tisch. Fristgerecht zum 31. Dezember. Damals war das so. Fünfzehn Tage Frist, wenn der Arbeitnehmer kündete, nicht mehr. Sie hatte Tränen in den Augen. Bei Ammon in der Verlags-Großhandlung habe sie einen Job gefunden, wo in *einem* Büroraum *vier* oder gar *fünf* Mädchen arbeiteten und es auch eine Mensa gab, in der sich mittags immer an die fünfzig Leute trafen; und ein bisschen mehr verdiene sie dort auch, wenn auch nicht viel. Nicht den ganzen Tag allein sein: das war's ihr –, und dazu dann noch die Sicherheit eines uralt konsolidierten Unternehmens. Gerade 17 Jahre jung war Mara inzwischen geworden.

Beide, die Mücke und ich, wussten wir wohl im Innersten, dass es mit dem Zahlungsausfall von Neapel vorbei war mit Melida Italia. Ich bin mir sicher, dass wir es wussten. Fast sicher bin ich mir. Irgendwie. Beide aber haben wir es nicht offen zugeben wollen. Uns selber nicht und schon gar nicht den andern. Melida Italia war nicht nur, war nicht ausschließlich mein Traum gewesen. Und jetzt wollten wir beide die Flinte nicht ins Korn zu werfen. Gemeinsam wollten wir es nochmals und weiter versuchen. Wir wollten kämpfen, wenn nötig auch mit harten Bandagen. Lange Redeabende sind es geworden, bei ihr in der Bücherstube oder in meinem Büro.

Es hat sich heraus kristallisiert, dass es wohl keinen Sinn habe, Mara durch irgendein Mädchen zu ersetzen, das einzuarbeiten war. Die Mücke wollte versuchen, eine tragbare Basis dafür zu finden, den Job von Mara selber zu übernehmen – wenn auch nur für eine Zeit lang und bis wieder guter Horizont in Sicht käme. Es war eine an sich hirnrissige Idee. Als solche empfunden haben wir es aber eigentlich nicht. Wir haben das Wasser schon sehr hoch oben an unserem Hals gespürt.

Die Mücke sprach zuerst zuhause darüber und dann, in einem langen Telefonat, sofort auch mit Kaiser in Klagenfurt. Die von uns angedachte Lösung sollte sein: Hanni, ihre Mutter, sollte jetzt mal Katjas Aufgaben in der Bücherstube übernehmen, von ihr weitgehend unterstützt – und dann später würde man ja sicher bald weitersehen. Der Gedanke war dabei auch, dass Melida so vorerst ein Gehalt sparte, denn die Mücke hatte vor, kostenlos zu arbeiten, dabei aber zugleich wollte, dass das, was sie bis dahin Monat für Monat zuhause abgegeben hatte, für ihre Familie gesichert blieb.

Die Hanni hat es so angenommen. Bis dahin hatte sie in ihrem Leben noch keinen einzigen Tag Erfahrung mit bezahlter Arbeit gesammelt. Ihre Meinung, dass es ein großes Opfer war, das sie da zu bringen hatte, verhehlte sie keineswegs, wobei sie mich Verantwortungslosen dabei durchaus nicht schonte. Beim Kaiser-Verlag hat die Idee auch keine Begeisterung ausgelöst und doch ist sie akzeptiert worden. Katja war zu sehr angesehen im Hause, als dass man in ihrem Vorschlag ein Risiko sehen wollte. Ab Neujahr 1962 galt das dann so.

Der Kalender war inzwischen dünn geworden.

Ende Dezember wurde uns die große Berliner Rechnung zum Neapel-Auftrag fällig. 120 Tage Ziel waren vereinbart, wie üblich. Bis auch die zweite Tratte uneingelöst geblieben war, hatte ich Ludewig und Seiffert nichts vom drohenden Debakel mitgeteilt. Jetzt aber gab es keinen Aufschub mehr. In Berlin mussten sie wissen, dass wir zur Fälligkeit nicht zahlen konnten.

Mein Brief wurde lang und ausführlich. Den ganzen Hergang habe ich aufgeführt, mitsamt seiner Vorgeschichte, die in Berlin ja schon bekannt war. Die Details des bisher bereits Unternommenen und der noch offenen Möglichkeiten habe ich gelistet. Auch nicht die Auswirkungen verschwiegen, die jetzt im ein eventuell hartes Vorgehen von Gebr. Kleiner gegen uns für Melida Italia und für mich haben würde. Ohne Beschönigung habe ich dargelegt, wie sehr unterkapitalisiert wir in der Tat waren und auch, dass mir ohne einen Berliner Zahlungsaufschub nur ein Offenbarungseid als Ausweg blieb, was für alle Beteiligten auch keine überzeugende Lösung sein konnte.

Lange, zäh und dabei doch keineswegs unfreundlich waren die Telefongespräche, die da folgten. Eine Stundung bis Ende Januar bekam ich für die Esposito-Ware, vorausgesetzt natürlich, dass ich in Richtung Neapel nochmals und immer wieder *alles nur irgend Mögliche* unternehmen und die anderen laufenden Rechnungen wie bisher termingerecht bezahlen würde. Viel war so nicht gewonnen. Ein klein bisschen rosiger hat damit die Vorweihnachtswoche aber doch ausgesehen.

Frau Baumann war bei alledem natürlich nicht vergessen. Sie war keine Geschäftspartnerin, nicht in Zusammenhänge involviert. An Weihnachten sollte sie ihr geliehenes Geld zurückbekommen. So war es vereinbart und *das* waren Schulden.

Bei einem Besuch in Bruneck habe ich ihr die Situation geschildert. Sie hat dem Bericht geglaubt, was mir schon besser war, als hätte sie nur zweifelndes Verständnis vorgegeben. Wir haben uns geeinigt. Die Hälfte des Betrags mitsamt den Zinsen konnte ich von unserem Konto kratzen. Für den Rest hat sie mir Zeit bis Ende Februar gegeben.

Nie mehr Schulden! – schrie es in mir, wobei ich streng zwischen Verpflichtungen und Schulden unterschied.

Zu den aktuellen Verpflichtungen gehörten in jenen Tagen auch die Beträge, die an Züricher Rechnungen aufgelaufen waren. In den ganzen letzten Zeiten hatte ich die Kosmetik-Lieferungen immer schnell und allemal aufs Pünktlichste bezahlt, sobald Kundengeld herein gekommen war. Jetzt mussten auch Maier und Schneider zurückstecken. Einen Teil von dem, was eigentlich für sie gedacht war, hatte ich

Frau Baumann gegeben. Mir schien, sie hatte Vortritt vor den Partnern. Die beiden Schweizer waren ja Gesellschafter, Mitinhaber und also auch Mitschuldner von Frau Baumann – ob sie das nun so sehen wollten oder nicht. Sie wollten nicht.

Tja, damit hatten wir unsere nächste Krise im Haus. Schneider wollte sofort nach Bozen kommen. Ich versuchte, ihn davon abzuhalten. Es gab nicht viel zu bereden und vor Ort das nahezu leere Bankkonto anzuschauen, das konnte auch nicht viel bringen.

Er kam trotzdem. Gute Nachrichten etwa über schönere Flakons für die Lotionen brachte er nicht mit, aber wir einigten uns über das Laufende, was heißt, dass wir uns in einem theoretisch abstakten Kompromiss trafen, so wie das eben in der Eidgenossenschaft als *sich einigen* verstanden ist: Melida Italia würde die Kosmetik-Lieferungen bezahlen, schnell bezahlen, sofort bezahlen – sobald dafür wieder genügend Bares auf dem Konto lag. Wir haben uns das auch schriftlich so gegeben und es ist noch ein recht netter Abend daraus geworden. Maier aber war damit gar nicht einverstanden, erfuhr ich bald. Er hatte Konkreteres gewollt.

Konkretes im Positiven kam nur aus dem Markt. Noch in der letzten Adventswoche kamen ein paar nette Aufträge herein, die an schon bekannte Kunden gleich nach dem Jahreswechsel auszuliefern waren. Und Dall'Orso teilte mit, dass er die Suche nach Esposito nicht aufgegeben hatte.

Das hatte ich auch nicht.

Den Heilig Abend daheim bei der Mücke hätten wir beide gern schneller hinter uns gehabt, als er sich teigig hinzog. Der Toni und die Hanni machten so fröhliche Gesichter, als wären sie beschwingte Karussellpferde in windgepeitschtem Graupelregen. Mit Akribie vermieden sie in aufmerksam umgehender Gesprächskonstruktion, direkt auf das zu sprechen zu kommen, was sie *die Lage* nannten. Gefehlt hätte da nur noch etwa, dass sie mit Blick auf das Jesulein in der Krippe klar gefragt hätten, ob die Mücke vielleicht auch schwanger war. In den Geplaudertönen schwang das doch auch noch immer irgendwie so mit.

Wie die Tage dann zwischen den Festen verlaufen sind, ob Schnee lag oder Regenpfützen auf den Straßen glänzten, ob wir an Sylvester etwas unternommen haben und was... an gar nichts kann ich mich von diesem Jahreswechsel noch erinnern. Eigentlich weiß ich noch nicht einmal mehr, wie wir uns fühlten, wie wir drauf waren – mehr resigniert oder doch eher auf angespannte Weise hoffnungsvoll; in uns zurück gezogen oder vielleicht doch mit Bryn und anderen zusammen. Ganz sicher waren wir zwischendurch mit dem Dicken unterwegs. Ziellos durch die Natur zu rollen, war uns immer schon das Schönste zum Entspannen gewesen.

Die Wunder des San Gennaro.

Wie ich es geschafft habe, über abenteuerliche Telefonauskünfte und an die hundert vage Spuren an Gennaro Esposito, *den* Gennaro Esposito, zu gelangen, ist mir heute noch ein Rätsel. Schon damals war es mir unmöglich, die einzelnen Schritte nach zu verfolgen.

Warum zum Beispiel habe ich Glauco Scotti bei Nestlé, meinen ehemaligen Inspektor vor der Zeit in der Mottenburg, dazu angerufen? Hoffte ich auf einen Rat von ihm, auf die Unterstützung eines Firmensuchtrupps der Nestlé-Filiale in Neapel, oder hatte mir irgendwer aus irgendeiner Ecke etwas zugeflüstert in der Richtung, dass Scotti vielleicht etwas *wissen* könne? Ich habe keine Ahnung mehr. Aber ich habe ihn eben angerufen. Und es hat genützt. Hat er mir direkt helfen können? Oder hat er mir nur einen Tipp gegeben, der wieder zu einem Tipp führte? Wie denn auch immer...

Und wieder habe ich eine Telefonnummer vor mir, die viel oder gar nichts verspricht. Eine Nummer in Casamicciola Mare, einem Ferienort am Golf des Vesuvs. Sie gehört Esposito. Wer hat es mir gesagt? Wer sie mir gegeben?

Ich wähle, warte, höre ein männliches *Pronto!* aus dem Hörer. *Siete Voi, Don Gennaro?* – meine Frage in neapolitanischem Duktus mit damals noch teutonischem Restakzent verblüfft offenbar. *Sì!?* – tönt es bejahend fragend.

Ich habe ihn! Ich habe *ihn* am Apparat. Und die Adresse, wo er jetzt gerade den Hörer in der Hand hält, habe ich auch. Ich rattere auf ihn ein. Ich frage ihm ein Loch in den Bauch. Und er legt nicht auf. Er hört zu. Antwortet auch. Höre ich da gar so etwas wie eine Entschuldigung heraus? Dall'Orso soll ihn anrufen. Die gleiche Nummer. Für einen Termin. *Servo Vostro!* – höre ich noch. Träumt mir denn?

Dall'Orso hat ihn an die Strippe und auch einen Termin bekommen: In drei Tagen, morgens um zehn Uhr, bei einer Speditionsfirma in Capodichino nahe dem Flughafen von Neapel. Aber der Termin galt nicht für ihn, sondern für mich. Er durfte allenfalls mitkommen. Sollte das ein Witz sein?

Mit dem Nachtzug fuhr ich nach Neapel und lief schon in den frühen Morgenstunden über das lange Oval der Via Caraccio und guckte Fährboote, Fischerbarken und hungrige Möwen. Dall'Orso wohnte dort, mit Balkonblick aufs Meer. Gegen neun Uhr waren wir bei ihm verabredet. Und es versprach, ein heller, warmer Sonnentag zu werden. Hatte ich Wut im Gesicht? Ich fürchte, nein. Die Sonnenbrille wollte ich auf alle Fälle aufbehalten. Ich hatte sie mir eigens am Vortag gekauft. Schwarz mit spiegelnd blitzenden Gläsern, wie man sie gern in Chicago-Filmen sah. Sollten wir ein Taxi nehmen? Ich war dafür. Es schien mir gewichtiger zu sein. Neapel! Der Ruf der großen Nachkriegs-Schiebereien. Die Legenden von der Camorra, die wohl doch gar keine Legenden waren. Und ich kam mir so dünn und jung vor.

Unser Taxi biegt ein in einen weiten, rings ummauerten Speditionshof. Laster stehen seitlich geparkt. Vor mir dehnt sich eine Laderampe mit etlichen Stühlen darauf aufgereiht. Zwei weitere Stühle stehen unten im Hof, ein paar wenige Meter vor der Rampe. Dahin sollen wir uns setzen, bedeuten uns ein paar dunkle Männer. Wir zwei sitzen und warten.

Das Taxi ist weg. Die Hoftore werden geschlossen. Mir läuft der Schweiß hinter der Sonnebrille über die Nasenflügel. Männer kommen auf die Rampe. Sie setzen sich. Dall'Orso stupst mich, aufzustehen. Soll ich? Bleibe ich lieber stoisch sitzen? Einer oben auf der Rampe, der in der Mitte, steht auf. Es ist ein Schrank von einem Mann, in erstklassigem Anzug und auch er mit Sonnenbrille. *So' Don Gennaro* – stellte er sich vor, und – *e Voi siete 'o Zagler?* Der war ich allerdings.

Das sollte also *der* Esposito sein, der so viel Patra bestellt und dann nicht bezahlt hatte? Warum denn? War an der Ware etwas nicht in Ordnung gewesen? Wo ist denn die Ware geblieben, wenn sie bei Lauro doch nicht angeliefert war? Und unser Geld: Wie hatte er sich denn das gedacht? Wann bekam ich es denn? Meine Fragen überstürzten sich.

Die Männerreihe auf der Rampe blieb unbeweglich sitzen. Auch Esposito – also der, der sich dafür ausgab – saß ruhig da und ganz gelassen hörte er mir zu. Dall'Orso wetzte auf dem Stuhl neben mir hin und her, als hätte er Hummeln als Sitzkissen. War ich, war meine Stimme beim Fragen so gelassen ruhig gewesen, wie ich mir das später gern wiederholte? Ich wollte Geld sehen. Ich wollte nicht unverrichteter Dinge weggehen als wäre ich gar nicht da gewiesen. Aber kamen wir da überhaupt noch jemals weg? Lange starrten sich zwei Augenpaare durch schwarze Spiegelbrillen an. Ich kam mir vor wie in einem Film. Ich *war* in einem Film.

Esposito winkte mich auf die Rampe. Nach hinten in die Lagerhalle wurde ich geführt – und da standen sie! Die Kisten von Gebr. Kleiner standen da, in Reih und Glied an die Wand gestapelt, nur zwei oder drei aufgehebelt, sodass die Ware darin zu sehen war. Sie waren gefüllt bis oben hin. Fast nichts, praktisch gar nichts schien zu fehlen. Ich möge doch kontrollieren, wurde mir bedeutet. Die Frachtpapiere holte einer, zeigte auch auf die Kistendeckel, deren unversehrte Nagelungen zeigten, dass niemand sie geöffnet hatte.

Und nun? Mir wurde erklärt, dass die Ware zu dummer Zeit bestellt worden und gekommen sei. Ein paar Spannungen habe es da mit der Reederei Lauro gegeben und sonst auch. Zwischendurch wäre es dann auch gut gewesen, die Firma Esposito für einige Zeit nicht besonders aktiv zu halten und dazu gehörte, dass es mal keine Anschrift, keinen Telefonanschluss brauchte. Aber das alles wäre für mich weder interessant noch wichtig. Bezahlt könne die Berliner Ware natürlich nicht werden, schon weil es keinen Bedarf dafür mehr gäbe. Aber wenn ich sie zurück haben wolle – dem stehe nichts entgegen.

Hatte ich richtig gehört? Die Ware konnte ich zurückbekommen? Wenigstens die Ware! Ich dachte echt, ich flippe aus.

Und der Mann, der sich als Spediteur und Inhaber der Hallen vorstellte, bekam echt den Auftrag, die ganze Sendung wieder nach Bozen zu schicken. Esposito – langsam glaubte ich nun doch, dass er es wirklich war – unterschrieb selber ein paar Formulare.

Er dann zu mir, beider Augen hinter spiegelnder Sonnenbrille versteckt: *Ricordate sempre, Scior Zagler, che omini veraci siamo e torti nu' fammo.* Wahrhaftige Männer also waren sie, die nicht Unrecht tun – daran sollte ich mich allzeit erinnern. Ich habe.

Im Taxi konnte ich endlich die schweißnasse Brille abnehmen. Dall'Orso bibberte noch ein wenig vor sich hin. Sonne strahlte über Neapel und das Meer. Zum Nachtzug hatte ich noch stundenlang Zeit. Ein paar Kunden besuchten wir zusammen, weil ich nun schon mal da war. Freudig war ich dabei überrascht zu sehen, wie angenehm selbstsicher der junge Mann, *unser* junger Mann, auftrat und wie offensichtlich geschätzt er war. Von dem flatterig ängstlichen Dall'Orso vorhin auf dem Speditionshof war nichts mehr zu merken. Jetzt schmeckte der Espresso wirklich so gut, wie er für die Vesuvstadt überall gerühmt wurde.

Und wenige Tage später war dann die Sendung wirklich in der Via Garibaldi. Fast die Hälfte unseres Lagerraumes haben die Kisten eingenommen – und sie waren alle voll gepackt, fast so, wie sie vor viereinhalb Monaten hier durch den Zoll gegangen waren. Nur ein paar Musterstücke fehlten von der gesamten Lieferung.

Später mal habe ich erfahren, dass Nestlé mit einem viel höheren Betrag an Gennaro Esposito echt hängen geblieben war. Eine große Menge Nescafé hatte er nicht bezahlt und diese Ware ist verschwunden geblieben.

Unsere Kisten waren zurück aus Neapel, unsere Probleme aber nicht vom Tisch. Das Loch, das Transporte, Verzollung und die nicht rückvergütbare IGE-Steuer gerissen hatten, blieb ein offenes Loch. Die Ware, die jetzt wieder hier lag, musste an Berlin bezahlt werden, und wenn mir dafür nun auch Zeit bis Ende Februar eingeräumt war, blieb es doch eine sehr bald fällige Forderung. Vor allem aber: Die zurück bekommene Ware war größtenteils unverkäuflich – vorerst jedenfalls. Es waren ja überwiegend festliche, auf Weihnachten getrimmte Geschenkspackungen, für die es uns, wenn überhaupt, erst in vielen Monaten neue Abnehmer geben konnte.

Ich wusste wirklich nicht, wie ich den Bericht nach Berlin freudig lachend mit weinenden Augen schreiben sollte. Gern würde ich heute eine Kopie davon lesen. Die Antwort aus Berlin war jedenfalls kein Fisch und auch kein Fleisch. Ich möge mal bis zur letzten Februarwoche alles Mögliche für positive Ergebnisse tun und dann müsse man eben weiterschauen. Gut gebrüllt, mein lieber Löwe!

Die Schuldenhälfte, die ich Frau Baumann kurz vor dem Fest überwiesen hatte, fehlte natürlich an allen Ecken, wenngleich mir ein Stein vom Herzen gefallen war, als ich sie abbuchen ließ.

Die Ware zurück im Haus hat da aber im Augenblick gar nicht geholfen. Ich musste ganz neu planen. Jeder Auftrag, der nun herein kam, hat angefangen, mir Kopfschmerzen zu machen. Die Umsatzsteuer war ja sofort bei jeder Rechnungsstellung zu zahlen. Auch die Provisionsanzahlungen waren zu jedem Monatsende fällig. Ich sollte da wohl geradezu froh sein, wenn wenig verkauft und also wenig fällig wurde.

Und dann noch: Von Maier kam die knappe Mitteilung, dass neue Kosmetik erst geliefert werden könne, wenn alle *alten* Posten bezahlt waren. Er war offensichtlich gar nicht einverstanden mit dem, was mit Hugo Schneider vor Weihnachten vereinbart worden war. Vielleicht wollte er nur die Feiertage ohne Streit vorbeigehen lassen. Was gegen Zürich noch offen war, war gar nicht so besonders viel, aber ich hatte trotzdem keine Ahnung, wie ich es bezahlen sollte. Und dazu: Wenn ich jetzt intensiv versuchte, die Kosmetik-Verkäufe zu steigern, konnten wir bald ohne Ware dastehen. So besonders viel hatten wir nicht auf Lager. Was also tun?

Fürs Erste hat Katja das mit Maier aufschiebend arrangieren können. Das Schwert des Herrn Damokles blieb weiter über uns schweben.

Wie das dann alles in den schnell danach abfolgenden Wochen gelaufen ist, ist viel zu wirr und dabei doch zu eintönig, um hier noch einmal aufgedröselt zu werden.

Von Tag zu Tag wurde es uns, Katja und mir, jedenfalls klarer, dass Melida Italia keine Zukunft mehr haben konnte, wenn wir von der Berlin-Verpflichtung für die Esposito-Ware nicht herunter kamen und wir nicht zugleich auch unseren Cashflow irgendwie auf eine vernünftige Basis stellen konnten. Der Kampf um beides lief parallel und intensiv. Was sich da tat, wurde von Tag zu Tag bedrückender.

Die alte Idee des Skontierens unserer Rechnungen war da natürlich wieder aufgelebt. Jetzt versuchte ich es auch noch bei zwei Mailänder Finanzinstituten, die als besonders *flexibel* – und teuer – galten. Zeit war als erstes gefragt. Mit 4-6 Wochen Bearbeitungszeit sei schon zu rechnen, bekam ich als Zwischenbescheid, den zugleich aber mit *gute Aussichten* versprechenden Signalen.

Ernsthaft erwogen haben wir nun auch, Frau Baumann um sozusagen eine *Umschuldung* zu bitten. Vielleicht konnte sie die noch ausstehende Hälfte der Anleihe doch auf Langzeitdauer umstellen und dafür etwa höhere Zinsen verlangen. Wir haben das echt ein paarmal diskutiert – und die Idee dann fallen gelassen. Anstatt Überbrückungs-Schulden hätte das Dauer-Schulden bedeutet und das zu vermeiden war unser festes, jetzt vielleicht einzig noch unumstößliches Ziel.

Und die Telefonate, die Briefe gingen hin und her zwischen Bozen und Berlin. Immer drängender wurde meine Bitte, doch wenigstens die Geschenkspackungen zurückzunehmen. Ich wusste, dass sie in Berlin auch erst für die kommende Weihnachtssaison infrage kamen, aber ich dachte doch auch daran, dass der für mich riesig drückende Lagerwert dort im Vergleich nur ein Klacks war. Bei Gebr. Kleiner wurde sicher intensiv darüber nachgedacht, etwa auch diskutiert. Der Zahlungstermin rückte immer näher und ich wusste, dass mir der Millionen-Lire-Betrag am Stichtag nicht verfügbar war.

Mitte Februar kam. Noch einmal habe ich eine Züricher Zahlung zurück gestellt, obwohl das Nötige dafür herein gekommen war. Die dort waren ja Partner, nicht nur Lieferanten, war wieder einmal mein Gedanke. Stattdessen habe ich Frau Baumann die restliche Hälfte ihres Kredits zum Fälligkeitstag überwiesen. Keine Schulden jetzt! Nur Verpflichtungen, die als solche durch Warenwerte und offene Kundenrechnungen insgesamt doch abgedeckt waren.

Eines der zwei Mailänder Finanzinstitute meldete sich. Die Mitteilung: negativ. Das Volumen unserer monatlichen Rechnungen sei einfach zu klein, um sich für einen langfristigen Skontierungsvertrag zu lohnen. Ich fand es groß genug, das Volumen. Wie doch relativ die Dinge meist gesehen sind!

Und der letzte Februartag kam und verstrich. Aus Berlin war kein Signal gekommen, wenigstens die Geschenkspackungen zurückgeben oder erst dann bezahlen zu dürfen, wenn sie im nächsten Weihnachtsgeschäft hoffentlich verkauft waren und der Erlös dafür eingenommen. Die Kisten aus Neapel lagen weiter in der Via Garibaldi auf Lager.

Dann kam der zweite Bescheid aus Mailand. Auch eine Ablehnung. Anderes wäre uns jetzt schon verwunderlich gewesen. Und wieder haben wir die Tage mit Rechnen, mit Inventarlisten und deren Auswertung – und mit einem Telefonat nach dem anderen verbracht: mit den Vertretern, mit den Beraterinnen, mit Maier und Schneider, Ludewig...

Das Bild, das wir dann vor uns hatten, war grauenhaft und dabei doch besser als gedacht.

Da waren die Warenwerte, von denen wir ausgingen. Angenommen wir konnten alle Waren, die wir noch in den Regalen und den Kisten hatten, nach Zürich und Berlin zurückgeben und zum Einkaufspreis verrechnen: das hätte uns praktisch eine Null-Situation ergeben, mit etwa noch einem kleinen Überschuss aus der Schweiz. Also: keine Forderungen mehr von Zürich und von Gebr. Kleiner!

Dann waren da die laufenden Posten. Einerseits die Aufträge, die ausgeliefert, aber uns noch nicht bezahlt waren. Andererseits die offenen Provisionen, Telefon, Miete und Nebenspesen, dazu noch sonstiger unbezahlter Kleinkram. Was dabei an Zahlen heraus kam, sah gar nicht *so* schlecht aus. Wir waren im Plus. Würden wir jetzt im Augenblick den Büroschlüssel von außen umdrehen, käme, wenn alle Kunden zahlten, sogar ein kleines Pölsterchen für einige Monate Überlebens heraus.

Die Gegenrechnung sah schlimmer aus. Ohne Entlastung von der Esposito-Ware, durch deren Rückgabe nach Berlin, waren die laufenden Kosten kaum und ein Wachstum von Außendienst und Verkäufen überhaupt nicht mehr zu finanzieren. Das galt ganz besonders für das reguläre Geschäft mit der Kosmetik-Linie, wenn alle Schweizer Importe von nun ab so schnell zur Zahlung anstanden, wie das von Maier jetzt verlangt war. Nur die wegen der Nachnahmezahlung schnell kassierten Direktverkäufe der Beraterinnen wären da noch finanzierbar gewesen.

Aber wenn wir den Außendienstlern die Kosmetik strichen, konnten wir sie gleich gut alle sofort abschreiben. Für keinen hätte es sich gelohnt, nur die Duftwässer im Angebot zu haben. Und das Ergebnis dann? Wir hätten nur die Agonie von Melida Italia hinausgezögert und dann wohl nicht einmal mehr unser kleines Etwa-Pölsterchen übrig gehabt, das jetzt auf dem Papier stand.

Also: Aufgeben. Aber so ganz wollten wir die Flinte doch noch nicht ins Korn werfen. Einen letzten Versuch sollte ich doch noch wagen, vereinbarten wir. Dass das ziemlich sinnlos war, das war uns durchaus klar. Aber...

Und dann gingen die Briefe hinaus. Nach Zürich, nach Berlin. Nach Zürich, dass wir für die Kosmetik künftig das Zahlungsziel von 150 Tagen brauchten und ganz schnell auch anständige Flakons für die Emulsionen – leider ohne Alternativen dazu. Und nach Berlin, dass wir praktisch die ganze Esposito-Ware gegen volle Anrechnung loswerden mussten und dann einen gemeinsam zu planenden Neustart brauchten, bei dem die Schweizer wohl nicht mehr dabei sein würden... auch das leider ohne Alternativen.

Erst ein paar Tage später, als ich annehmen konnte, dass die Briefe gelesen waren, habe ich bei beiden angerufen. Die Schweizer waren vergrätzt. Einen Brief mit Stellungnahme würde ich bekommen. Ludewig kündete den Besuch von Seiffert an.

Endspiel mit Gesprächspause.

Am 19. März gleich morgens kam Walter Seiffert zu uns ins Büro. Es war ein Montag. Er sagte sofort, dass er noch gar keine Entscheidung mitgebracht hatte.

Sein Plan war vorerst, sich alles ganz genau anzusehen: Lagerbestände, Inventarlisten, Statistiken, Konditionen, die Aufträge und was es sonst noch gab. Als erstes wollte er aber mit mir zur Bank. Persönlich wollte er dort hören, was man von Melida Italia im Allgemeinen und von mir speziell so hielt und welche Möglichkeiten von Überbrückungskrediten es dafür gab und falls keine, warum. Mir war so elend als wir hingingen, dass ich mir wie besoffen vorgekommen bin. Was sollte das Ganze? Es schien mir als ob ich vorgeführt werden sollte. Dass er mir im Gegenteil eher helfen wollte, ist nicht bis zu mir durchgekommen.

Der Filialdirektor empfing uns ohne weiteres. Er sprach Deutsch. Die beiden konnten sich gut unterhalten. Mir aber ging es immer dreckiger. Auf den letzten Drücker konnte ich mich noch aus dem Zimmer retten, aber nicht ganz bis zur Toilette. Die Ecke im Gang vor dem Besprechungsraum sah danach nicht mehr gewienert aus und es roch fürchterlich. Meinen Kopf aber fühlte ich wieder.

Natürlich hatte das Bankgespräch nichts mir Neues gebracht. Seiffert schien befriedigt, wenn auch einigermaßen enttäuscht. Mit deutschen Banken redete es sich leichter, sagte er, und es ließen sich auch bessere Geschäfte machen. Wir waren aber nicht in Deutschland. Gut war nur, dass ihm der Bankmensch bestätigt hatte, dass 60/90 Tage Zahlungsziel bei Italiens Einzelhandel schon das Beste war, was man so erreichen konnte; und dass die Norm eher auch bei 90/120 Tagen lag. Das war ein Punkt gewesen, den man in Berlin zwar immer wieder angehört, aber doch wohl kaum so recht geglaubt hatte.

Der Tag zog sich dann mit allen möglichen Kontrollen hin, von denen auch am Abend noch lange kein Ende abzusehen war. Ich hatte nicht gedacht, dass es in so einer kaum zweijährigen Klitsche so viel anzuschauen, zu begutachten und zu bewerten gab. Zum Essen fuhren wir mit Seiffert dann an den Kalterer See. Wenigstens im Kleinen wollten wir uns doch für die großzügige Aufnahme in Berlin revanchieren und auch zeigen, wie sehr wir das langmütige Bemühen um eine vielleicht doch noch gangbare Lösung zu schätzen wussten. Die Fahrt durch die schon beginnende Baumblüte war dafür vielleicht das Richtige.

Bei Tisch ging Seiffert aus sich heraus. Die eventuelle Rücknahme der Geschenkpackungen sei an sich kein so besonderes Problem und grundsätzlich von Herrn Kleiner in groben Zügen auch schon genehmigt. Wie es denn weiter gehen solle, das sei das gefühlte Problem; zumal wenn im

Raum stehe, dass sich die Schweizer Partner zurückzögen. Darum auch das Bankgespräch am Vormittag und die Notwendigkeit für ihn, sich jetzt alle Daten und Fakten genau anzuschauen. Fortsetzung am nächsten Morgen also. Damit hatten die Mücke und ich nun wirklich nicht gerechnet, als Seifferts Besuch für den Montag angekündet und vereinbart wurde.

Am Dienstag ging es also früh morgens wieder los mit den Listen und den Zahlen. Dass die Mücke ein besonders hübsches Kleid angezogen hatte, bemerkte Seiffert wohl gar nicht. So gegen elf Uhr sagte ich ihm, dass es wegen eines nicht aufschiebbaren Termins nun leider nötig sei, ihn bis zum Mittagessen allein zu lassen. Es störe ihn nicht, wenn ich etwas erledigen müsse – meinte er –, denn inzwischen könne er gern mit Fräulein Nicolussi weitermachen. Die aber müsse bei meinem Termin auch mit dabei sein, bekam er von mir dazu zu hören. Unbedingt. Und so verabredeten wir uns für ein Uhr im Restaurant Gambrinus am Waltherplatz.

Als wir ihn nach zwei Stunden wieder trafen, hatten wir geheiratet. Der Termin war wirklich nicht zu verschieben gewesen. Wir hatten ihn vor drei Wochen schon bekommen und der Bürgermeister hätte es gar nicht nett gefunden, wenn wir nicht pünktlich aufgekreuzt wären.

Ein guter Freund, Heinz Degle, war für die Mücke als Trauzeuge zum Rathaus gekommen. Für mich konnten wir einen Saaldiener der Gemeinde auf die Schnelle und gegen ein kleines Trinkgeld als Zeugen entern. Der konnte sogar einen Blumenstrauß auftreiben und den hatte die Mücke noch dabei, als wir uns mit Seifert wieder trafen. Daran vielleicht, oder etwa auch weil wir es ihm sagten, hat er mitbekommen, was für ein Zwischenspiel da gelaufen war.

Der blonde, große Mann konnte ein irrsinnig breites Lächeln aufsetzen. Und riesig war unsere Überraschung, als mit der Post ein paar Tage später zwei nett gedachte Hochzeitsgeschenke aus Berlin kamen: eine edle Porzellanvase mit Goldrand und ein Kästchen aus rotem Leder mit Spielkarten, die wir dann jahrelang gern benutzten. Aber der Traum von Melida Italia war vorbei.

Für Seiffert rief ich am Nachmittag noch in Zürich an. Lang und teils auch recht hitzig war sein Gespräch mit Maier. Schneider am Apparat wäre mir lieber gewesen. Es hat sich bestätigt, dass unsere Schweizer Partner uns keine Partner mehr waren, sondern nur noch daran interessiert, Kosmetik gegen Cash nach Italien zu verkaufen.

Seiffert verstand nun wirklich unser Dilemma. Nochmals sind wir alle Zahlen durchgegangen, die über den Markt und den Vertrieb etwas sagen konnten. Die Zusammensetzung der Aufträge und die Analyse der Kundenliste zeigten auch ihm ganz klar, dass unser Außendienst wohl abspringen würde, wenn er die Kosmetik nicht mehr haben sollte; und die durchschnittlichen Zeiten unserer Zahlungseingänge sagten ihm ebenso, dass wir mit Maiers neuer Bedingung von Import gegen Kasse die Schweizer Kosmetik vergessen konnten.

Entsprechend hat Walter Seiffert wohl seinen Bericht verfasst. Angedeutet hat er es, als wir uns am Abend noch zu ein paar Drinks zusammensetzten und mehr von unserem Abenteuer in Berlin schwärmten und wie das dann mit der Mauer weiter gegangen war, als über Melida zu reden. Und der Brief von Alfred Kleiner kam dann sehr schnell. Noch im März durften wir unsere gesamten Lagerbestände von Patra und Sophie Nerval nach Berlin zurückgeben, wobei uns die ganze Ware zum vollen Rechnungswert gutgeschrieben wurde. Gebr. Kleiner schickte sogar den Spediteur und hat auch die Transportkosten übernommen. Als dann in der Via Garibaldi die letzte Kiste verladen war, hatten wir gegen Gebr. Kleiner keine Verpflichtungen mehr.

Mit Meier und Schneider ging die Sache dann nicht so locker freundschaftlich über die Bühne. Hugo Schneider kam nach Bozen. Seine Frau hatte er auch dabei. Um ein nochmaliges Suchen nach gemeinsamen Lösungen ist es da schon nicht mehr gegangen. Vorwürfe hörten wir uns an, zumal über meinen *unfassbaren Leichtsinn*, den großen Neapel-Auftrag überhaupt angenommen zu haben. Sogar das Ansinnen kam auf den Tisch, wir sollten jetzt die KG-Anteile der Schweizer käuflich übernehmen, was in jeder Beziehung wohl das Hirnverbrannteste war, das in so einer Situation jemandem einfallen konnte.

Am Ende des Tages beauftragten wir dann einen Spediteur, den ganzen Lagerbestand an Kosmetik mit Ziel Zürich abzuholen, und unterschrieben dazu gegenseitig ein Protokoll. Es war an Warenwert mehr, als an Verbindlichkeiten gegen Zürich noch offen stand. Es war uns gleichgültig, der Mücke und mir. Wir wollten nun einfach nur noch einen Schlussstrich ziehen.

Und das war's dann mit Melida Italia.

Mit ein paar Kundengeldern aus den noch offenen Lieferungen konnten wir in den kommenden Wochen rechnen. Eine reguläre Abwicklung war damit gegeben. Viel mehr jedoch auch nicht.

Den Außendienst habe ich in den folgenden Tagen entlassen, jeden einzelnen der Melida-Pioniere mit einem sehr persönlich gehaltenen Brief von Dank, Bedauern, guten Zukunftswünschen und der Zusicherung, dass die noch ausstehenden Provisionen termingerecht bezahlt würden. Das mit den Kündigungsschreiben war mir selber das vielleicht Schmerzlichste vom Ganzen

Gleichzeitig kündigte ich auch Büro und Lagerraum zum nächstmöglichen Termin und ließ Melida Italia aus dem Handelsregister löschen.

Als wir das Wenige an Büroausstattung verscherbelten, brachte ich die noch fast neue und inzwischen voll bezahlte große SG1 zu Gruber zurück und tauschte sie gegen eine Olympia Monika, die robuste Kofferschreibmaschine, die mir dann viele Jahre lang mit Farbband geschwärzte Papierstapel ausspucken sollte.

Fertig. Der erste Ansatz des Selbstbestimmten war damit nun also schief gegangen, ausgelaufen.

Ich wusste aber, irgendwann würde ich es doch noch einmal versuchen. Die Mücke wusste es auch – besorgt vielleicht.

*

Wenn ich später die knapp zwei Jahre Melida im Rückblick durchlaufen habe, war ich immer wieder verwundert, was und wie viel sie mir beigebracht haben.

In meinem kleinen Wasserglas hatte ich gelernt, wirtschaftliche Mechanismen zu verstehen und einzusetzen, Margen und Preise zu kalkulieren, Außendienstler zu gewinnen und zu motivieren, die Techniken von Schriftsatz und des Druckens zu erfassen und in ersten Schritten die der Werbung zu entdecken. Selbständiges, selbstbewusst verantwortliches Verhandeln mit potentiellen und auch ganz realen Geschäftspartnern hatte ich trainieren können, an Betriebsberatung mit empfindlich lehrreichem Erstkontakt geschnuppert, und ich hatte erleben können, wie leicht es meist ist, mit Unternehmern auf Augenhöhe zu sprechen und wie beinahe unmöglich dagegen mit der Spezies der Bankleute, zumal, sobald man in deren Abhängigkeit gerät.

Und schon damals habe ich zu empfinden begonnen, wie weit weg vom Optimalen alle die Geschäftsmodelle entfernt sind, die auf produzierende Lieferanten angewiesen sind; wie viel besser dagegen schon jene aufgestellt sind, die selber herstellen, was sie dem Markt anzubieten haben; und welch eine besonders gute Basis dann speziell noch die haben, die zur Eigenproduktion ihrer Ware weder Rohstoffe noch kapitalintensive Anlagen brauchen. Kreative Gestalter eben, Textschreiber oder Berater.

Zwei Arbeitslose und ein Nest.

Frühling 1962. Als Mitte Februar näher rückte, hatte es sich abge-zeichnet, dass Melida Italia ohne Finanzspritze wohl nicht zu halten war. Wir hingen inzwischen beide von dem Laden ab, seit die Mücke ihre Stelle in der Bücherstube aufgegeben hatte, um mit mir zu arbeiten. Unser Problem der Unterfinanzierung hatte sich nicht lösen lassen. Wir mussten liquidieren, vor wir uns voll verschuldeten. Und, verrückt vielleicht, gerade da haben wir beschlossen, nun auch zu heiraten und den gar nicht rosigen Horizont zu zweit zu erkunden.

*

Seit gut fünf Jahren kannten wir uns schon, die Mücke und ich, und die ganze Zeit über hatte es wohl selten einmal einen Tag gegeben, an dem der eine oder die andere etwa an eine Trennung gedacht hätten. Jetzt aber, am Höhepunkt der Firmenkrise, fanden wir die Zeit zum Heiraten gekommen.

Nicht plötzlich hatten wir uns dazu entschlossen, und auch die letztendlich als aussichtslos gesehene Situation des Unternehmenstraums hat dazu nicht entscheidend beigetragen. Unabhängig von einander haben sich die zwei Stränge entwickelt. Und so wie die Zeit reif war, Melida aufzulösen, so war sie es eben auch, uns definitiv und mit allen Konsequenzen zusammenzutun.

Gut mag es sein, dass wir den Beschluss verzögert haben. Vielleicht über ein-zwei Jahre hin. Ganz eigentlich hatten wir doch schon in unseren ersten Monaten gewusst, dass wir zusammengehören wollten. Fürs Verzögern hat es einen mir guten Grund gegeben: Partnerschaft, auch voll verbundene, war mir wichtig und erstrebtes Ziel, aber eine Familie wollte ich nicht. Keinesfalls. Klar gesagt also: Keine Kinder.

Sehr bald schon haben wir darüber gesprochen. Bei sich dafür ergebenden Gegebenheiten. Nicht unbedingt gezielt. Nie obsessiv. Und ganz selbstverständlich haben wir unser

Sexualverhalten darauf ausgerichtet, ohne je groß darüber zu reden. Unterschwellig zumindest ist uns dabei wohl beiden und die ganze Zeit über vorhanden gewesen, dass da doch ein etwa sogar sehr wesentlicher Unterschied besteht zwischen sozusagen *ungebunden* oder *verheiratet* zu sein.

Irgendwann kurz vor oder nach dem Jahreswechsel, als wir den Kopf eigentlich in ganz anderer Thematik hatten, hat es dann einfach auf dem Tisch gelegen: *Warum heiraten wir denn nicht?* Diesmal ist die Kinderfrage nicht nur gestreift, fast ausgeklammert worden. Intensiv war sie nun da. Der Abend ist lang geworden... und beiden kompromisslos der Entschluss.

Für Katja war eine kühl standesamtliche Trauung zwar eine bürokratische Realität, aber als *das Richtige* kam ihr nur eine schön feierliche Hochzeit infrage, mit allen ihren Schwestern und den Eltern und blumengeschmückter Kirche und festlicher Tafel. Mir war das recht, weil doch auch ich an großen Festen sehr viel Freude hatte.

Wir sind ganz einfach davon ausgegangen, dass wir in der katholische Pfarrkirche heiraten würden, wo – wie in Italien gültig – auch die standesamtliche Trauung zugleich erledigt wurde. Aber da gab es ein Problem. Die Mücke war nicht getauft. Dem Klerus war das ein unüberwindbares Hindernis. Sie ungetauft, kam für uns also doch nur das kalt-schnelle Ritual am Standesamt infrage. Keine blumenbunte Kirche also, keine salbungsvolle Rede und schon gar keine Musik!

Und eine Taufe? Sechs und mehr Monate Ausbildung wurden da verlangt und dabei keine Garantie der Durchführung gegeben, weil doch der Zweck zu offenkundig und am *rechten Glauben* sehr zu zweifeln war.

Katjas Mutter, die evangelisch war, meinte da durchaus logisch, dass auch eine protestantische Kirche immer noch eine Kirche war, mit weniger Bildern zwar, vielleicht aber auch mit weniger Dünkel. Der Pastor nahm dann die ganze Sache auch viel gelockerter als seine vatikanischen Kollegen.

Taufe müsse natürlich sein, meinte er, und ein Religionskurs vorher auch. Aber so an die zehn-zwölf Stunden würden dazu reichen und die wären auch interessant genug, um eher als Gewinn, denn als Hindernis gesehen zu werden. Abends bei ihm könne man das gern machen, bei einem Glas Wein, und ich möge doch auch mitkommen, weil es nie schade, etwas auch mal aus einer anderen Sicht kennen zu lernen. Die Religionsstunden wurden spannende Abende. Der Pastor war gut im Diskutieren.

Anders als bei den Katholiken, war der Pastor aber nicht behördlich autorisiert, auch standesamtliche Funktion zu übernehmen. So brauchten wir also auch noch eine Ziviltrauung vor dem Bürgermeister und die wollten wir aufs Einfachste über die Bühne ziehen – eine Amtshandlung eben, ohne Sekt und ohne Bedeutung.

Jeder Termin war uns recht, den wir dafür bekommen konnten. Dass dann ausgerechnet an dem festgesetzten Tag Walter Seiffert aus Berlin bei uns sein würde, konnten wir nicht ahnen und auch nicht ändern. Und so hatten wir ihn eben bitten müssen, unser Meeting zu unterbrechen – auch für das Fräulein Nicolussi.

Die Trauung war dann kurz und schmerzlos, wenn auch nicht ohne Charme. Unser Freund Heinz Degle, Katjas Trauzeuge, wartete schon beim Rathaus auf uns. Schnell hatte ich auch einen Saaldiener der Gemeinde gefunden, der gegen ein bescheidenes Trinkgeld gern bereit war, als mein Zeuge aufzutreten. Der Bürgermeister empfing uns in seinem Büro und legte sich erstmal die grün-weiß-rote Amtsschärpe um, wie das für Staatsakte vorgeschrieben ist. Das Telefon klingelte. Ein Gespräch war ihm fällig und dann noch eines. Ein um Verzeihung heischender Augenaufschlag zu uns hin und ein einladendes Zeichen, uns doch zu setzen. Nur zwei Stühle standen vor dem bürgermeisterlichen Schreibtisch. Unser Freund Heinz und der improvisierend dazu gebetene Saaldiener blieben stehen, ein jeder neben seinem Schützling. Dann war es soweit fürs rituelle Fragespiel. Ringe hatten wir mit dabei. Spontan von irgendwoher hatte der

Saaldiener-Zeuge noch einen Blumenstrauß für die Mücke herbei gezaubert.

Nach knapp einer Viertelstunde standen wir wieder auf der Straße. In einer Stehbar an der Ecke prosteten wir uns mit einem Glas Sekt noch auf ein gutes Gelingen zu. Unser Freund ist seiner Wege gegangen und wir zurück zu Seiffert und ins Meeting.

Ein erstes Nest.

Bei der Wohnungssuche waren wir kein mäkeliges Paar. Nur ein paar Anforderungen sollten schon erfüllt sein: hell war uns wichtig, mit einer Bushaltestelle in enger Nähe, nicht laut, in einer guten Gegend gelegen, mit den nötigen Einkaufsmöglichkeiten im engen Umkreis – und natürlich billig. Wir fanden genau das – *oh Wunder!* –, kaum dass wir mit suchen begonnen hatten. Am Mazziniplatz, unweit der Talferbrücke.

Im sechsten Stock eines gerade bezugsfertig gewordenen Hauses stand noch eine Wohnung leer. Geräumige Wohnküche mit einem freundlichem Balkon über dem weitläufigen Platz, Wohnschlafzimmer mit breiter Fensterfront, Bad mit Wanne, im Flur ein großzügiger Einbauschrank und dazu noch Platz für eine Garderobe, Bodenheizung. Der Aufzug hielt neben unserer Eingangstür. Im Treppenhaus gab es einen Müllschlucker. Und über uns in der Penthouse-Wohnung lebte der Ehrenkonsul von Peru. Es war ein stattliches Haus, das im rechten Winkel an den Neubau des Bozner Rundfunks anschloss. Der Bus hielt an der Ecke. Die Geschäfte in den Arkaden gegenüber boten alles Lebenswichtige und noch viel mehr. Über die Grünfläche vor dem Haus konnte kein Straßenlärm bis zu uns nach hoch oben steigen. Und billig war die Wohnung auch noch. Sie lag eben nicht in einem deutschen Viertel.

Für die Einrichtung konnten wir natürlich keine großen Sprünge machen. Wollten wir auch gar nicht. Die Küche war vom Vermieter voll ausgestattet. Einen Tisch und ein paar Stühle stellten wir dazu. Für das Wohn-Schlafzimmer kauften wir uns zwei Schlafcouchen, die tagsüber als einladende Sitzgelegenheiten gut aussahen und für die Nacht mit fast nur einem Griff in bequeme Betten zu verwandeln waren. Dazu kauften wir uns einen quadratischen Couchtisch aus matt glänzendem Palisanderholz.

Aus dem nun ja aufgelassenen Büro nahmen wir zwei niedrige Schränkchen aus heller Eiche mit Schiebetüren mit. Sie passten gut in den Maßen und fügten sich wohnlich ein. In einem davon hatten die Bettsachen tagsüber Platz und die beiden Auflageflächen waren ideal für Radio, Plattenspieler und die Schallplatten. Den uralten Schreibtisch holten wir uns auch noch aus dem Büro. Als fast antikes Stück machte er sich gar nicht schlecht. Es brauchte nur noch Teppiche und Bilder – und natürlich einen nicht zu kleinen Regalraum für unsere Bücher.

Für den Rest unserer ersten Ausstattung vertrauten wir schon stark auf Geschenke zu unserer *echten* Hochzeit, der in der Kirche mit dem Pastor und dem ganzen Rest.

Viel ist da allerdings nicht zusammen gekommen. Von Helga, Katjas ältester Schwester, bekamen wir ein WMF-Besteck für sechs, das wir auch nach Jahrzehnten noch gern benutzten, als wir längst schon Silber hatten. Die beiden anderen Schwestern, Charlotte und Gisela, hatten für ein vielteiliges Tischgeschirr aus weißem Porzellan zusammengelegt. Kristallene Kompottschalen und die dazu passenden Dessertellerchen kamen von ihren Eltern. Emil, mein Vetter der Arzt, schickte uns eine Topfpflanze, einen noch kurzen Gummibaum, der sich schamhaft in eine Ecke stellte. Und ja... da war noch der Teppich.

Das mit dem Teppich ist eine Geschichte für sich. Die Mücke wollte unbedingt, dass ich auch meine Mutter und meine Schwester und meinen Bruder zur Feier-Hochzeit einlud. Meine Weigerung nahm sie nicht an. Sie hoffte, jetzt endlich mit meinen Angehörigen *einmal* in ein Gespräch zu kommen, vielleicht sogar auch akzeptiert zu werden. Katja wollte sie einfach mit dabei haben. Und so lud ich denn das Dreigestirn zur Hochzeit.

Was ich denn als Geschenk haben wolle, fragte die Rica, meine Mutter. Da gab es einen uralten Perserteppich bei uns, der meiner kurz zuvor gestorbenen Großmutter gehört hatte, und der nun irgendwo zusammengefaltet herum lag. Niemand brauchte ihn. Keiner hatte auch den Platz, das 12-Quadratmeter-Ding auszulegen. Verkaufen brachte auch kaum etwas, weil der Teppich einen tiefen Riss hatte, der nur notdürftig zusammengenäht war und ein wirkliches Restaurieren sich nicht lohnte. Uns aber fehlte ein Teppich. Also nannte ich ihn, wenn die Einladung schon ein Geschenk bringen sollte. *Da muss ich wirklich erst die Ortrud fragen!* – war Ricas schmallippige Reaktion. Mein Schwesterherz scheint dann wohl zugestimmt zu haben. So kamen wir auch zu einem Teppich.

Zwischen Nestbau und dem Auflassen des Büros teilten sich die Wochen vor Ostern in einem bizarren Wechseln der Gefühle. So ein paralleles Intensiv-Aufbau-Zerstören ergibt Sensationen, die kaum Vergleichbares haben. Wenn aber noch dazu kommt, wie bei uns, dass kein wie auch immer gearteter Horizont hinter dichtkalten Nebelschwaden zu erahnen ist, davor aber das warme Leuchten eines wechselseitigen Sich-sicher-seins glänzt – ich glaube nicht, dass das zweimal erlebbar ist, oder dass es viele gibt, die es auch nur einmal so mitgekommen.

Wir beide waren arbeitslos, hatten nichts in Aussicht.

Warum zwei Arbeitslose?

Mara hatte nach Weihnachten bei uns aufgehört, vor gerade etwas mehr als drei Monaten, und die Mücke hatte deren Job übernommen. Wir wussten ziemlich genau, in welcher existenziellen Krise Melida steckte und hofften doch, es zusammen zu schaffen.

Ihre geliebte Arbeit in der Bücherstube hatte die Mücke deshalb aufgegeben und den Job der Hanni, ihrer Mutter, überantwortet. *Für vorerst einmal!* – dachte sie und so dachte ich und auch die Kaisers vom Verlag in Klagenfurt haben so gedacht. Knapp vor Silvester war das gewesen. Durchaus gemeint war dabei an eine Übergangslösung, erst mal offen für alles, was da kommen wollte. Keiner von uns konnte damals die für Melida noch bestehenden Zukunftschancen konkret absehen. Es war ein Versuch, den wir noch wagen wollten. Die Wertschätzung, die sich Katja im Kaiser Verlag gewonnen hatte, war ihr ein Rückhalt relativer Sicherheit in den Entscheidungen zum Jahreswechsel gewesen.

Melida war dann im Frühling doch am Ende. Die Mücke hatte damit gerechnet, wieder zurück in ihre Position in der Bücherstube zu können. Ihr war da gar nicht der Gedanke gekommen, dass es damit Schwierigkeiten geben möge. *Für vorerst einmal!* – so und nicht anders war das doch mit ihrer Mutter vereinbart! Oder?

Die Hanni tat verblüfft wie ein Wasserbüffel, der sich plötzlich im Wüstensand findet. Sie dachte gar nicht daran, nun wieder Hausfrau zu werden, wie sie es ihr Leben lang gewesen war. Und jetzt zumal schon gar nicht, wo die Mücke *ihr* Geld ja nicht mehr zuhause abliefern würde, sondern dazu verwenden mochte, mich Pleitegeier durchzufüttern. *Zwischenlösung?* Lächerlich. *Vielleicht nur für kurze Zeit?* Nie gesagt. *Den Job zurückgeben?* Sonst noch was!

Die Kaisers wollten sich in keinen Familienknatsch einmischen. Das sollten Mutter und Tochter untereinander austragen. Es gab aber nichts auszutragen. Was immer im Leben die Hanni sich einmal in den Kopf gesetzt hatte, war und blieb darin verankert. Und so waren wir nun eben beide arbeitslos – und Katja um eine Narbe älter.

Unsere Wochen vor Ostern waren deshalb noch zusätzlich voll damit, uns nur ja keine Gelegenheit entgehen zu lassen, die einen Job für die eine oder den anderen bergen konnte.

Aber erst einmal das Fest. Und was sich davor getan hat.

Den Ostermontag – das war der 23. April – hatte uns der Pastor für die Hochzeitsfeier vorgeschlagen. Das hätte er sich so gedacht, erklärte er ganz praktisch, weil da die Kirche noch österlich in voller Blumenpracht prangen würde und wir damit den besten Schmuck hätten, ohne dass er uns etwas kostete. Und nicht nur das! Die Organistin würde am zweiten Feiertag sowieso in die Kirche kommen, wie sie es immer gern an Festtagen tat, und so ließ sie sich vielleicht bewegen, weil sie schon da war, auch für unsere Feier ein paar Stücke spielen. Und zudem – meinte der Pastor – wären die Osterfeiertage für die von Katjas Familie, die aus Freiburg kommen sollten, die Schwestern Gisela und Charlotte mit ihren Männern und der kleinen Regine, oder aus Bari, wie die älteste Schwester Helga mit ihrem Nico und dem Söhnchen Stefano, sicher auch ein günstigerer Termin als jeder andere.

Wir waren wie fast aus dem Häuschen. Unsere Feier am Hauptaltar der Kirche. Der kostenlose Blumenschmuck! Und Orgelmusik!

Aber vorher musste Katja noch getauft werden. Einen Paten brauchte es dazu. Uns fiel keiner ein. Schon gar kein evangelischer in unsrem erzkatholischen Krämerstädtchen. Ich schlug die Pastorenfrau vor. Weiter reichte meine Kreativität nicht. Abgelehnt vom Pastor. So ein Pate müsse schon Verantwortung übernehmen und davon habe eine Pastorenfrau sowieso schon viel zu viel zu tragen. Aber... warum denn nicht ich? Ich? Ein Katholischer. Ein in den eigenen Katholikenreihen schon notorisch Aufmüpfiger. Einer, den der Pastor in abendlichen Religionsstunden als agnostisch penetranten Gegenredner zu erdulden gehabt hatte. *Wie das denn? Ausgerechnet ich?* Der Pastor wollte. Die Mücke fand es lustig.

So wurde der Palmsonntag für die Taufe festgelegt, gleich nach dem morgendlichen Gottesdienst. Die ganze Nacht hatte es geschneit und es schneite immer noch. Der Parkplatz vor der Kirche war kaum zu befahren. Und doch war die Kirche voll. Und alle sind geblieben, als der Pastor die jetzt *im kleinsten Kreise* geplante Erwachsenentaufe in seinem Schlusswort noch erwähnte. Die Leute haben ja dann auch etwas mitbekommen: Eine von Religionen völlig unbeleckte junge Frau vor dem Taufbecken; ein ursprünglich zu den Konkurrenten gehörender jugendlicher Agnostiker, der ihr glaubensschützend an die Schulter fasst; ein Pastor, der lieber über Gott und die Welt diskutierte, als blind vor sich hin zu glauben; und nicht der Schatten eines Täuflingsverwandten weit und breit. Die Menschen in der Kirche wussten wohl nichts davon. Und wenn auch... sie waren einfach nur gerührt. Wir beide auch. Bach tönte von der Orgel. Es schneite immer noch.

Dann am Ostermontag aber strahlte die Sonne von blitzblauem Himmel. Die Kirche strahlte in blau-weißer Blütenpracht. Katjas drei Schwestern waren mit ihren Männern da und den beiden Kleinkindern Regine aus Freiburg, Charlottes Töchterchen, und aus Bari der dreijährige Stefano, Helgas Junge. Es fehlte nur Imanuel, Katjas Bruder, der in Bern lebte. Unser Freund Heinz war wieder dabei, diesmal um mich zum Altar zu begleiten. Noch ein paar unserer Freunde saßen in den Bänken. Rica und das Trutschele, meine Schwester, konnte ich ziemlich weit hinten im Gestühl entdecken und nahebei, von meiner weitesten Familie, nur noch zwei-drei Vettern und Carla Kepp, meine geliebte Tante Carla, mit ihrer Tochter Nini. Die Organistin war auch da und spielte Bach.

Mit eisern verschlossenem Gesicht führte der Toni mir Katja zu. Sie sah bezaubernd aus mit ihrem schmalen, eierschalenfarbenem, einem Modell von Givenchy nachempfundenen Kleid, dem leichten breitkrempigen Hut in der gleichen Farbe, den langen Satinhandschuhen und dem Bouquet zarter Maiglöckchen. Indra hatte sie aufgetragen, wie zum Trotz.

Es wurde eine sehr intime Feier. Der Pastor hielt sich kurz in seiner Ansprache. Was er darin von Magdalena und Jesus sagte, einem unserer Abendthemen, hat er so verschlüsselt, dass von den Zuhörern vielleicht nur wir beide es verstanden. Vor der Kirche hatte die Frau Pastorin Sektgläser aufgebaut, die fröhlich für alle reichten, die aus dem Portal kamen. Unsere kleine Kirchenspende war damit sicher als *brindisi* vertrunken. Und dann fuhren wir im bebänderten Konvoi laut hupend zum Marklhof bei Girlan, wo im kleinen Barocksaal das Festessen bestellt war. Der Toni wollte es bezahlen. Das war Katjas Aussteuer und Morgengabe.

Das schon vorab eingeladene Pastorenpaar kam gern mit und auch der Heinz. Die Rica und das Trutschele waren auch dabei. Georg, einer meiner Vettern, brachte sie im Auto hin und blieb natürlich mit bei uns. Das war auch schon so vorgesehen. Klaus, mein kleiner Bruder, fehlte. Er war damals in irgendein oberbayerisches Internat abgeschoben und unsere Einladung war nicht bis zu ihm gedrungen, oder er hatte vielleicht kein Geld für die Bahnfahrt bekommen.

Zu sechzehn waren wir und dazu die beiden Kinder. Die Obstbäume um das kleine Landschlösschen standen noch in Blüte. Beim Aperitif im Garten spazierten Pfauen zwischen uns und bewunderten vielleicht genauso die bunten Gewänder der Damen, wie wir ihr schillerndes Gefieder. Die zwei Kleinen hatten uns bald fast schon vergessen. Stefano hatte zu Ostern einen grünen Blechfrosch bekommen, der, wenn er immer wieder aufgezogen wurde, lustig durch den Rasen sprang und um vieles interessanter war als wir gackernde Meute.

Beim Essen ergaben sich dann Gruppengespräche, wie sie sich meist bei größeren Tafeln bilden. Die Rica und das Trutschele hatten sich weit unten am Tisch ihren Platz gefunden und meine neuen Schwiegereltern an dessen anderem Ende. Wir beide hatten das Pastorenpaar neben uns und ein paar von den Freiburgern gegenüber. Die Spannungsfelder waren also schön getrennt, und bei uns Jungen samt dem Heinz und dem Georg kam richtig schöne Stimmung auf, die es dann auch dazu brachte, dass, kaum war die

Torte angeschnitten, die Braut geraubt wurde und ich ihre Schwestern in den blumengeschmückten Dicken laden konnte, um sie in den umliegenden Dörfern zu suchen. Wir hatten uns abgesetzt. Die Schnitzeljagd brachte uns in die Greif-Bar am Waltherplatz, wo wir uns zu siebt wieder gefunden und dann noch in den Abend hinein gefeiert haben.

An eine Hochzeitsreise war natürlich nicht zu denken. Wir brauchten jeden Werktag, uns neue Jobs zu suchen. Ob sich die Rica das erste Mal mit Katjas Eltern unterhalten hat, ob es mehr als ein frostiges *Guten Tag* zwischen meiner und der Mücke Schwestern gegeben hat, wer die Rica und das Trutschele vom Marklhof wieder zurück in ihre Bahnhofstraße gebracht hat: ich glaube nicht, dass wir uns darüber groß Gedanken gemacht haben.

Ein Beitritt zur Gewerkschaft.

Als erstes hatte die Mücke versucht, bei einem der zwei größeren Südtiroler Verlage eine Aufgabe zu bekommen. Die Erfahrungen und das Ansehen, die sie mit dem Kaiser Verlag als Filialleiterin der Buchgemeinde Alpenland gesammelt hatte, mussten doch etwas wert sein, entweder in den Verlagen selbst oder in deren großen Bücherläden, die beide in Bozen unterhielten. Die Ablehnungen konnten nicht schroffer sein. Der Grund dafür ist uns nie klar geworden. Südtiroler eben. Katjas Hochdeutsch klang vielleicht doch zu gut. Was soll's!

Sie ließ nicht locker, antwortete auf jede Anzeige, ging jedem Hinweis nach, den sie irgendwoher kriegen konnte, ganz gleich-gültig, welche Branche oder wie bescheiden das Job-Angebot auch sein mochte.

Ihr sechstes oder siebtes Vorstellungsgespräch bekam die Mücke dann bei der Aurora Versicherungsgruppe. Man suchte eine Bürokraft für die Bearbeitung der eingehenden Formulare oder so. Eine niedrig eingestufte und gering bezahlte Sache, aber eben ein Job. In ein paar Tagen würde sie

Bescheid bekommen, sagte man ihr. Und oh Wunder: In der Woche nach Ostern kam die positive Nachricht. Schon in der folgenden Woche, am 2. Mai, konnte sie anfangen. Ihre Papiere sollte sie mitbringen. Arbeitsbeginn 8.00 Uhr.

Die Lage der Büros war fast schon ideal. Keine zehn Fußminuten hin zur Talfer und dann gleich nach der Brücke links. Der Lohn war bei weitem nicht so hoch wie der alte in der Bücherstube, aber alle Versicherungen zahlten ein zusätzliches Monatsgehalt jährlich, was durchaus auch nicht zu verachten war. Pünktlich also stand sie am 2. Mai am Empfang. Gleich ging es mit den Papieren zur Personalabteilung. Dort ein kurzes Stutzen und betretenes Schweigen. Ein Räuspern. *Sie können bei uns leider nicht anfangen, Signora.*

Die Erklärung war infam: Aurora stellte *aus Prinzip* keine verheirateten Frauen ein. Dass sie eine sei, hätte Katja schon beim Vorstellen sagen müssen. Dass sie von niemandem danach gefragt wurde, das sei ja wohl nicht Schuld der Firma. So etwas habe eine Bewerberin *überall und immer* spontan zu sagen, gleich wie etwa auch, ob sie schwanger sei oder Geschlechtskrankheiten habe oder sonstige Abnormitäten. Aus. Keine Diskussion.

Diesmal sah die sonst meist recht langmütige Mücke rot. Sie wollte sich das nicht bieten lassen. Wo gab es Rat, etwa gar Hilfe? Die Sprechstunden von CGIL, der Roten Gewerkschaft. Katja ging hin. Klar sagte man ihr, dass nur den Mitgliedern geholfen werden könne. Und so ist sie kurz entschlossen dem kommunistischen Gewerkschaftsbund beigetreten. Der sofort fällige Beitrag hat sie schon recht geschmerzt, aber entschieden weniger als das bei Aurora Erlebte.

Das Mitgliedsbüchlein war ihr ein Ärgernis, ihr, für die jede Art von Ideologie ein Horror war und politische Ideologie schon doppelt. Sie hasste es auch, mit ihrem nun eingetragenen Beitritt jetzt *als Kommunistin* registriert zu sein. Die Kämpfe zwischen Rot und Schwarz wurden damals in Italien sogar auf den Straßen ausgetragen und rote Bewerber hatten bei fast allen Unternehmen schlechte Karten. Aber der Affront hatte zu tief getroffen. Und der Aufstand dagegen hat immerhin etwas gebracht. Die Gewerkschaft hat sich um den Fall gekümmert. Eine Einstellung konnte sie nicht durchsetzen. Aber Katja bekam immerhin Gehalt für den ganzen Mai und noch eine Kleinigkeit mehr. Viel nützte das nicht. Eine kleine Genugtuung ist es aber doch gewesen.

Übrigens: Die Einstellungs-Diskriminierung verheirateter oder schwangerer Frauen wurde wenig später gesetzlich verboten. Es war dann nicht einmal mehr erlaubt, vorab danach zu fragen. Wahrscheinlich hatte es doch zu viele Aurora-Fälle überall in Italien gegeben. Nach Katjas *Rotem Büchlein* aber hat niemand je gefragt.

Auch für mich war es keineswegs die Zeit, nur auf einen zufällig angebotenen Job zu hoffen und dazu die Anzeigen der Zeitungen zu durchstöbern, um dann auf jedes Angebot gierig zu reagieren und hoffnungsvoll dabei allem entgegen zu hecheln, was Einkommen versprach. Ich wusste, dass ich an einer Schnittstelle war und jetzt selbst die Weichen zu stellen hatte.

Natürlich habe ich trotzdem weiter die Stellenanzeigen aller greifbaren Zeitungen gefilzt und auf alle möglichen und auch ein paar unmögliche Angebote mit schnellster und eindringlicher Bewerbung reagiert; aber das waren mir in erster Linie doch fast nur Pflichtübungen. Wichtig war, dass ich mir vor allem einmal klar machte, was *ich* eigentlich wollte. Mir selber musste ich auflisten, was ich nun gelernt hatte, was ich wirklich konnte, was mir Spaß machte und wo ich fühlte, auf Dauer erfolgreich sein zu können.

Eindeutig war mir, dass ich geographisch im nahen Umkreis zu bleiben hatte. Jetzt war ich nicht mehr ungebunden. Die soeben bezogene Wohnung konnte nicht für irgendeine Chimäre aufgegeben werden. Zu zweit anderswo neu anzufangen, wäre zumindest viel schwieriger geworden, als hier vor Ort wieder durchzustarten, und auch der

Mücke wäre ein Ortswechsel ins Ungewisse kaum zu vermitteln gewesen. Das territoriale Umfeld war damit klar umgrenzt. Entsprechend festgelegt waren auch die Instrumente meiner Suche. Nur die zwei lokalen Tageszeitungen kamen infrage: *Dolomiten*, das deutschsprachige Blatt, und *Alto Adige*, sein italienisches Pendant.

Zwei oder drei Ansätze mit traditionellen Kleinanzeigen, die wenig kosteten, brachten nichts ein. Es kamen ein paar der üblichen Angebote, die so ein junger Mensch ohne eine besondere Ausbildung normal bekommen konnte. Handelsreisende waren natürlich gesucht und dafür kamen etliche Angebote. Wiederum Klinken zu putzen war aber so ziemlich das Einzige, das für mich jetzt – und ich hoffte, für immer – echt nicht infrage kam. Mit Kleinanzeigen kam ich also offensichtlich nicht weiter. Ich musste mir etwas einfallen lassen, mich zielgerichteter anzubieten.

Nie bis dahin und auch später habe ich je eine Job-Such-Anzeige mit längerem Text gesehen als die, die ich gleich nach Ostern endlich schalten ließ. Gut drei Tage lang und vielleicht auch mehr habe ich an den beiden Texten, dem deutschen und dem italienischen, geschrieben und gefeilt. Die Mücke fand ihn zu lang, aber sonst richtig gut. Ich hielt ihn immer noch für grottenschlecht und nicht so aussagekräftig, wie ich mir das vorgestellt hatte. Tagelang hätte das noch so weiter gehen können. Ich habe dabei gelernt, was mir später dann fast zur Norm geworden ist: Wenn ein Text, nach einer Nacht noch einmal gelesen, nicht spontan ins Papierkorb-Archiv fliegt, sollte er gedruckt werden. Ändern kann man ins Unendliche. Meist werden daraus dann aber doch nur wässerige Verschlimmbesserungen.

Meine Anzeigen standen am Samstag nach Ostern in den zwei Zeitungen. Allerdings, als ich gehört hatte, was die beiden Schaltungen kosten sollten, war mir doch leicht schwindelig geworden. Das *konnte* ich nicht verantworten, sagte ich mir, und war umgekehrt. Was ließ sich denn kürzen, um Platz zu sparen. Nochmals nahm ich mir die beiden Texte vor, strich da und feilte dort ein paar Wörter weg. Es war Quatsch. Und im Schriftgrad kleiner zu setzen, brachte auch nichts, denn der war sowieso schon klein gewählt und *lesbar* sollte das Zeug doch bleiben. So habe ich dann die Anzeigen so gelassen, wie sie waren. Die Latte Geld, die sie gekostet haben, hatte ich eigentlich gar nicht. Recht mühsam habe ich mich überzeugt, dass es doch auszugeben war.

Und dann kam das Warten. Ich hatte die Anzeigen unter Chiffre aufgegeben und musste auf Post hoffen. Telefon hatten wir in unserem neuen Nest noch nicht.

Es kamen ein paar Reaktionen. Einige von mehr oder weniger obskuren Firmen, die zum Teil aber auch recht konkrete Angebote machten; etliche andere, aus deren Zeilen es laut rief, dass sie nur aus Text-Neugier geschrieben waren. Eine Antwort von der Kreissparkasse Brixen war auch dabei, die den Job eines *Zuständigen für die Mitteilungspflege* – wirklich so! – anzubieten hatte. Mit den dort Verantwortlichen habe ich schnellstens einen Termin vereinbart, der dann auch ruckzuck über die Bühne ging. Es wurde ein gutes Gespräch, auch wenn das reichlich angejahrt wirkende Ambiente mich nicht gerade zu Enthusiasmus-Stürmen hinreißen konnte. Bedenkzeit brauche es natürlich noch, meinte das Direktorium, weil ich ja nicht der einzige Bewerber sei. Das dabei gezeigte Lächeln war aber positiv und ermunternd. Dass auch ich gern nochmals darüber nachdenken würde, wurde, wie mir schien, fast schon mit Anerkennung aufgenommen. In acht bis zehn Tagen sollten wir uns wieder sehen, noch festzulegenden Termin. Vielleicht doch noch eine Bankkarriere? An Mückes Vater dachte ich.

Dann war der Umschlag von *C. & V. Zuegg AG* in der Post. Karl Zuegg, der Präsident, hatte den Brief selbst unterschrieben. Darin angegeben war auch, wann ich mich am Hauptsitz in Lana bei Meran vorstellen sollte.

Für mich war diese Einladung beinahe so viel wie, nein, viel mehr als ein Gewinn im Lotto. Diese Firma war nahezu das einzige Südtiroler Unternehmen, das mit Markenartikeln nationale und teils auch internationale Bedeutung hatte. Seine Konfitüren waren Marktführer in ganz Italien und die Fruchtsäfte dabei, die Konsumgewohnheiten innovativ zu beeinflussen. Daumen drücken! Vielleicht wollten sie ja doch nur einen Magazingehilfen.

Als ich am Werkstor vorfuhr, verwunderten mich die erstaunten Kulleraugen des Pförtners doch einigermaßen, bis ich merkte, dass er weniger mich anstarrte als den in seinem Schwarz und Weiß glänzenden Dicken. Ob er den Alfa Romeo gleich nach oben meldete? Würde der Dicke mir jetzt hier schaden, oder eher helfen? Wenn schon...

Karl Zuegg und Roberto Paulato, der Finanzdirektor, empfingen mich. Frau Ladurner, die resolut matronenhaft wirkende Chefsekretärin, wurde fürs Protokollieren dazu gerufen. Kaum begrüßt und hingesetzt, fragte mich Paulato, wer denn die italienische Version meiner Anzeige geschrieben habe. *Beide Anzeigen waren also gelesen worden!* Ich natürlich, warum denn? Worauf Paulato meinte, da sollten wir im Gespräch doch besser beim Italienischen bleiben.

Dass es darum ging, mich zu testen, war klar. Mich störte das nicht. Die ganze folgende Fragerei war dann auch viel mehr interessant als lästig. Es ging nicht wie so oft darum, an welchem Tag ich geboren; wer die Eltern waren und warum; mit was für Noten durch das Abitur gerutscht; was getan und bei wem, in exakter Abfolge der Wochen und Jahre. Meinen Lebenslauf hatte ich dabei. Ungelesen wurde er zur Seite gelegt. Man kenne ihn, lächelte Frau Ladurner.

Die Fragen, die dann Paulato auf mich abschoss, hatten es in sich. Was ich von Markt, Vertrieb, Produkten und deren Kalkulation, von Werbetechnik oder Warenpräsentation, von Statistik und Wahrscheinlichkeitsberechnung wusste und noch eine Latte mehr – Fragen über Fragen, die auf mich einprasselten. Ich meine, mich zu erinnern, dass ich mich nach der ersten Verunsicherung wohl doch recht bald gefangen habe. Das Fragespiel jedenfalls zog sich über Stunden hin. Manches konnte ich gut beantworten, bei manch anderem hoffte ich, nicht allzu unbedarft geklungen zu haben, und bei einigen musste ich einfach passen. Karl Zuegg saß überwiegend stumm dabei.

Dann endlich bekam ich zu hören, was es da überhaupt für einen Job gab und was man von einem wie mir erwartete. Also: Das Unternehmen war daran, sich nahezu auf einen Quantensprung vorzubereiten. Ein Vorstandsmitglied für Marketing war eingestellt worden – eine in der Firma neu geschaffene Position – und der *Neue* wollte Anfang Juli kommen. Er hatte die Verfügbarkeit von zwei nur für ihn abgestellten Assistenten gefordert – einen für die operativen Aufgaben im Vertrieb und einen zweiten für die strategischen Bereiche. Den einen hatte man im Hause gefunden, Peter Johannes, der schon seit ein paar Jahren für die Tagesarbeit mit der Vertriebsorganisation zuständig war; und den zweiten, den für das *Strategische* suchte man jetzt.

Ich hätte gute Chancen, meinte schmunzelnd Paulato gegen Ende des Gesprächs, zumal, weil sich der neue Chef für Marketing ausbedungen hatte, einen Assistenten zu bekommen, der flüssig gutes Italienisch sprach und schrieb. Also denn, ließ sich endlich auch Karl Zuegg, der Präsident, vernehmen, wenn Dr. Norbedo einverstanden sei, dann könne ich ja anfangen. Über die Vertragsdetails gäbe es sicher nicht viel zu diskutieren.

Norbedo! – hatte ich das richtig verstanden? Das konnte wohl nur eine Namensgleichheit sein! Doch nicht etwa *der* Prof. Dr. Ernesto M. Norbedo in Mailand? Der war Italiens anerkannt führender Demoskop und *die* Koryphäe auf dem noch recht neuen Gebiet der konsumbezogenen Trend- und Meinungsforschung. *Er war es.* Bei ihm in Mailand sollte ich mich vorstellen. Den Termin vereinbarte Frau Ladurner gleich am Telefon, während ich noch kurz durch den Betrieb geführt wurde: 29. Mai, Dienstag, 11.30 Uhr.

Beim Weggehen zeigte der Pförtner mir mit verschwörerischer Miene ein Auto, das nahe beim Dicken geparkt war: dasselbe Modell, einer der seltenen Alfa Romeo 1900 Super, aber nur einfarbig hellgrau und ohne Weißwandreifen. Es sei das Auto vom Chef zwinkerte er mir zu.

Zwei lange und im Warten zermürbende Wochen waren es bis zum 29. Mai noch hin.

Auch für die Mücke war es nicht leicht, an einen Job zu kommen. Die Absage im zweiten Stepp von Aurora hatte sie doch mehr verunsichert, als sie sich wohl selber zugeben wollte. Bei allen Vorstellungsgesprächen – sie hatte etliche in den Mai-Wochen – brachte sie selbst es zur Sprache, dass sie gerade geheiratet hatte, deshalb aber doch keine Besorgnis angesagt sei, sie bald schwanger zu sehen. Es muss wohl eher abschreckend gewirkt haben. Direktor Lausch von der Großrösterei Mohren Kaffee, der sie zu einem Bewerbungsgespräch eingeladen hatte, sprach sie darauf an und riet ihr dringlich, das Thema doch gar nicht aufzugreifen, wenn nicht speziell danach befragt.

Sie bewarb sich auf alle auch nur einigermaßen vernünftig erscheinenden Anzeigen, die sich finden ließen, und achtete dabei nur darauf, dass der angebotene Job nicht allzu weit abgelegen oder doch mit dem Bus zu erreichen war. Das immer wiederkehrende *Nichts* verstärkte täglich ihre enttäuschte Spannung.

An einem gewissen Punkt wurde das dann so intensiv, dass sich die Mücke aufs Mühsamste dazu durchgerungen hat, mit ihrer Mutter nochmals über die *ausgeliehene* Bücherstube zu sprechen. Vielleicht hatte es ihr Hoffnung gegeben, von der Hanni immer wieder zu hören, wie zeitraubend und mühsam sie die den Job dort fand. Natürlich bohrte dabei die Erinnerung, wie gern sie ihre Arbeit gehabt und wie viel Anerkennung sie damit bis vor kurzem erzielt hatte.

Hannis Reaktion war auch diesmal wieder ein ebenso schnelles wie klares *Nein*. Was man einmal entschieden habe, dazu müsse man stehen. Sie, die Hanni, habe sich nun ja weiß Gott nicht um den Job gedrängt; doch jetzt, wo sie ihn schon einmal übernommen habe, werde *sie* zu ihrer Entscheidung allemal stehen.

Ich hätte mir den Bauchnabel auffressen können vor Wut, Katja ihre Stelle für Melida weggenommen zu haben, und mein Frust wurde dadurch nicht kleiner, dass die Mücke nicht aufhörte zu betonen, dass *sie* das doch gewollt und *sie* es vorgeschlagen habe.

Dann, nach ich weiß nicht wie vielen Anläufen, hat sich ihr doch noch ein positives Bewerbungsgespräch ergeben. Das Angebot war nicht so besonders. Ein Holz-Großhändler suchte eine Bürokraft *für alles* – also für das Telefon, die Korrespondenz, Auftragsabwicklung, Bankbewegungen, Buchhaltung und was da sonst noch anfallen konnte. *Giongo* hieß der Inhaber und so auch die Firma. Der große Vorteil war, dass die Büros am Mazziniplatz lagen, gerade vier Haustüren von unserer neuen Wohnung entfernt. In der Mittagspause, die damals meist noch zwei Stunden dauerte, konnte sie zuhause etwas essen, viel auch von der Hausarbeit wegschaffen und eventuell auch gelegentlich eine kleine Siesta halten. Holzgeschäfte waren keine Bücher. Tagaus tagein allein vor sich hin zu arbeiten, war auch kein Optimum, wie wir ja von der Mara schon gehört hatten. Aber die Mücke brauchte einen Job und wollte den bei Giongo. Auch der Lage-Vorteil wog dabei schwer.

Und sie bekam den Zuschlag, nachdem sich Giongo ein paar andere Bewerberinnen angesehen hatte. An Gehalt gab es weniger als das schöne beim Kaiser-Verlag, aber Giongos Angebot war auch nicht gerade unverschämt niedrig. Am 1. Juni konnte die Mücke anfangen.

Wolkenkratzer und Wundertöne.

Sehr früh morgens sind wir nach Mailand aufgebrochen, am 29. Mai, zu meinem Treffen mit Dr. Norbedo. Ich wollte die Mücke als Glücksbringer mit dabei haben. Sie freute sich auf die Stadt, von der sie schon so viel gehört hatte. Die langsam sich färbende Morgenröte schien einen heiteren Tag zu versprechen.

Vorstellen sollte ich mich in Norbedos Büro im *Grattacielo Pirelli*. Schon die Anschrift war ein Programm für sich, wie ich aus meiner Mailänder Zeit mit Inro gut wusste. Der *Grattacielo Pirelli* neben dem monumentalen Hauptbahnhof war Mailands erster, noch ganz baufrischer Wolkenkratzer, der Italiens neue Wirtschaftsepoche vorwegnehmen und symbolisieren sollte. Allein schon dort hinein zu kommen, in den bis oben hin verglasten *Grattacielo*, schien mir ein fast magisches Ziel an sich.

Zügig hatten wir die etwa 360 km von Bozen geschafft. Mailand zu durchqueren war kein Problem, da ich den Stadtplan noch im Kopf hatte und der Mailänder Stadtverkehr damals noch recht locker war. Frühzeitig waren wir da und hatten noch Zeit für einen geruhsamen Espresso am Fuß des Wolkenkratzers. Die Mücke wollte dort im Café auf mich warten. Ich also los...

Ich brauche den Job – und ich will ihn!

Nur dieser eine Gedanke kroch durch mein Hirn wie eine Raupe durch den Salat. Damit stapfte ich durch die Marmorhalle, fast ohne die livrierten Wachleute zu bemerken. Mit dem Blitzlift war ich sekundenschnell im 19. Stock, marschierte zur Glastür mit den goldenen Lettern *ISTITUTO CIRN* und sagte einer der Empfangsdamen mein Sprüchlein vor. Keine Wartezeit... oder höchstens drei-vier Minuten. Dann stand ich vor *seinem* Schreibtisch mit dahinter, durch breite Fenster, einem unvergesslichen Panoramablick über halb Mailand. Aber gezählt hat im Augenblick nur meine *Raupe im Salat*.

Der Mann, der auf mich zukam, war mir vom ersten Moment an irgendwie *angenehm*... fast schon auf Anhieb fand ich ihn *stimmig* oder wie man das so nennen könnte. Mittelgroß, um die Fünfzig, rotgrau widerborstig abstehendes Haar, braun gebrannt; fast blitzblaue Augen unter buschigen Brauen und eine kräftige Nase in großporigem Gesicht, nikotinfleckige Raucherfinger und ein ebenso offenes Lächeln wie seine Stimme knorrig war.

Er hat mich knapp eine Stunde lang geprüft. Das heißt: Wir haben miteinander geredet. Dann hatte ich den Job. Sofort wollte er bei Zuegg anrufen und meinte, am besten würde ich gleich am 1. Juni anfangen, damit ich das Unternehmen bei seinem Kommen schon gut kenne und er keine Zeit mit Einarbeiten verliere.

Übermorgen! Der Blitzlift zurück hinunter zur Mücke kam mir schneckenhaft langsam vor.

Es war knapp zwölf Uhr und die Maisonne strahlte und wir hatten alle Zeit vor uns. Wir fuhren mitten ins Zentrum und parkten an der Piazza San Babila direkt vor der kleinen byzantinischen Kirche. Damals gab es dort noch Parkplätze, auch zur Mittagszeit. Durch die Arkaden des Corso Vittorio Emanuele gingen wir zum Dom und von dort auch gleich um die Ecke zum Verlags- und Musikgeschäft von *Casa Ricordi*, das die Mücke *dringend* sehen wollte.

Eines der großen Schaufenster nagelte uns fest. Es war ausschließlich Cherubinis *Medea* gewidmet, mit der Plattenkassette, die etliche Jahre vorher, 1957, zum hundertsten Firmenjubiläum von *Casa Ricordi* aufgenommen war und die zu den besten unserer wenigen Besitztümer gehörte. Tullio Serafin hatte das Orchester der Mailänder Scala dirigiert und die Medea... natürlich Maria Callas. Das Schaufenster war voll dekoriert mit Fotos der Callas und mit den so typischen Plakaten des *Teatro alla Scala*, die in der Grafik seit hundert und mehr Jahren unverändert waren.

Wir schauten und staunten und sagten uns ganz verwundert, wie anhänglich die Mailänder noch an die Callas seien, die doch schon vor gut einem Jahr oder so, von Mailand weg und nach Paris gezogen war. Und genauer schauten wir auf die *alten* Scala-Plakate, die im Schaufenster hingen. Zuerst fiel uns auf, dass gar nicht Serafin als Dirigent ausgedruckt war sondern Thomas Schippers; dann merkten wir, dass außer der Callas die Besetzung eine ganz andere als die unserer Platten war. Wir verstanden das nicht, bis die Mücke auf das Aufführungsdatum der Plakate im Schaufenster schaute... *29 maggio 1962.*

Und dann, völlig verblüfft, ist uns endlich der Groschen gefallen: **Das ist ja heute!**

Schon damals war es sehr schwierig, an Scala-Karten für Parkett und Logen zu kommen. Aber für etliche Plätze im ersten und im zweiten *loggione*, den beiden Rängen ganz oben, gab es immer eine spezielle Reserve für den Verkauf ausschließlich am Aufführungstag, ab 14.30 Uhr. Ich wusste das aus meiner kurzen Mailänder Zeit vor zwei-drei Jahren; und auch, dass die Plätze kaum mehr kosteten als zwei Kinokarten. Also... kein Mittagessen sondern ein hurtiger Sprint zur Piazza della Scala und dort links hinüber zur seitlichen Tür des Vorverkaufs, vor der wir schon eine dicht gedrängte Schlange sahen.

Ich drängelte mich in die Schlange, recht unfair etwa in deren Mitte, wenn ich das recht erinnere, und murrende Proteste gar nicht so sehr beachtend, wie das bei italienischen Warteschlangen auch heute noch verbreiteter Brauch ist. Je näher der Zeitpunkt des Türöffnens kam, umso mehr komprimierte sich die Schlange in dichtes Drängen und Schieben – ganz so, wie ich es ehemals schon dort erlebt hatte. Der Trick war dabei, immer möglichst einen halben Schritt vor die daneben wartenden Nachbarn zu gewinnen. Sehr fair habe ich mich nicht benommen, aber effizient. Und ich konnte noch zwei Sitzplätze ergattern; zwar nur ganz oben im zweiten *loggione,* aber dafür in dessen erster Reihe an der Balustrade und fast in der Mitte. Dass mir im Gerangel ein Jackenknopf verloren gegangen war, war leicht zu verschmerzen. Das Vorstellungsgespräch bei Norbedo hatte ich ja schon hinter mir.

Wir hatten Karten, die Callas zu hören. Für heute!

Jetzt merkten wir Hunger. Kein Wunder, bedenkend, dass wir vor Morgengrauen in Bozen weggefahren waren, mit dem Stress des so wichtigen Termins und der freudigen Entspannung danach, und gleich nachher mit dem Erlebnis vom Schaufenster und dem verlorenen Knopf und den erkämpften Karten für die Callas.

Kassensturz war angesagt. Wir hatten doch gleich am Nach-mittag zurückfahren wollen. An Sonderausgaben war nicht gedacht gewesen, entsprechend unserer angespannten Finanzlage. Also: Benzin muss nochmals getankt werden, aber das ist eingeplant und dafür reicht es. An ein Übernachten in Mailand ist nicht zu denken und wir werden eben *nach der Scala* eine Nachtfahrt einlegen. Kaufen müssen und wollen wir sowieso nichts. Eine kleine Reserve Zehrgeld haben wir in der Tasche. *Lass uns doch was essen gehen!*

Zielstrebig führte ich uns zur *Crota Piemunteisa* an der nahen Piazzetta Beccaria, dem miefig duftenden Gewölbe, das für seine würzig nahrhaft belegten Brötchen berühmt war und wo ich mich früher schon gern im Stehen gesättigt hatte. Nachher liefen wir wohl durch die Stadt oder ich zeigte der Mücke ein paar Orte, an die ich mich besonders erinnerte, oder... ich weiß es nicht mehr so recht. Nur, wir waren beide so aufgedreht und spannungsgeladen wie zwei Kinder im Vorschulalter an Weihnachten vor der Bescherung. Irgendwann wurde es halb acht, also Öffnungszeit für die Scala, und wir durften hinauf in unseren Olymp steigen.

Ich kannte die Scala und doch hat mich die ganz besondere Atmosphäre dort sicher wieder so überfallen wie vorher jedes Mal und auch in den späteren Jahren immer und immer wieder. Es liegt vielleicht an den halbdunklen Umlaufgängen mit den kristallenen Wandleuchten und dem weiß-goldenen Schleiflack der Türen; oder an dem leicht modrig staubigem Geruch, in dem tausend uralte Parfums irgendwie verwoben sind; oder auch nur an den *maschere*, den Platzanweisern, in ihrer behäbig schwarzen Livree mit der dicken Silberkette. Für die Mücke war es Premiere.

Ein bisschen enttäuscht war sie schon darüber, dass wir nicht durch den Haupteingang und in das berühmte Foyer durften, sondern nur am Seiteneingang in der Via Verdi eingelassen wurden, von wo sich die Treppe zu den beiden *loggioni* und deren eigenem Foyer hochschraubt. Aber dann waren da unsere Plätze, fast genau über der dreistöckigen Königsloge und direkt an der Balustrade, fast so schwindelnd hoch über dem Parkett wie der gewaltige Lüster oder die Uhr uns gegenüber am Scheitelpunkt über der Bühne.

Auch der Mücke war der nicht durchschrittene Haupteingang schnell vergessen.

Trotz des warmen Maiwetters, das nun wirklich nicht auf Mäntel rechnen ließ, waren die Garderoben besetzt und man konnte dort Operngläser leihen – kostenlos damals noch und nur gegen ein Pfand, das auch etwa der Führerschein sein konnte. Wir nahmen uns eines und damit war es der Mücke dann doppelt genussvoll, den Blick über die langsam sich füllenden Logen seitlich unter uns und die Sitzreihen im Parkett und die golden gestuckte Architektur des erträumten Saals wandern zu lassen. Die knappe halbe Stunde, die wir schon vor dem Anfang gekommen waren, schrumpfte zu Minuten. Das Theater füllte sich wirklich bis zum letzten Platz. Und kaum sprang der Uhrzeiger auf acht, erlöschten erst der Kronleuchter und dann die Logenlichter und Thomas Schippers wurde mit Applaus empfangen. Wir von ganz oben konnten ihn und das Orchester perfekt sehen.

Die Scala hat eine nahezu perfekte Akustik, wie sie in den bedeutenden Sälen des 18. Jahrhunderts immer angestrebt aber doch nicht so oft erreicht wurde. Die obersten Kränze der beiden *loggioni*, der Ränge über den Logen, profitieren davon besonders, weil sie nicht wie die Logen durch seidenbespannt schallschluckende Trennwände tongedämpft sind. Dort oben auf dem Olymp ist von der Bühne her auch noch das Schleifen einer Kostümschleppe oder das Rascheln eines Briefes so zu hören, als ob da gerade nur ein Abstand von ein-zwei Metern wäre. Und es gibt keinen Nachhall, kein gebrochenes Echo. Niemals hätten wir jetzt unsere billigen, hart erkämpften Zufallsplätze mit teuren Parkett- oder Logensitzen tauschen wollen.

Cherubinis Ouvertüre erschlägt nahezu. Wir kannten Takt für Takt von unseren Platten her. Aber das direkt zu hören, zumal noch vom Orchester der Scala und in deren Flair, hat doch Gänsehaut über die Arme geschickt.

Und dann: Vorhang auf...

Die Auftaktszene bei Hofe mit dem turtelnden Jason-Glauce-Pärchen und dem hoheitsvollen Kreon-König war uns recht langweilig, obzwar an sich spannungsgeladen intensiv. Wir warteten auf die Callas, auf Medea. Dann... weit hinten auf der Bühne, rechts, fast vom Chor verdeckt, bewegt sich etwas. Ein grau verschleiertes Schemen. Und noch ehe Jasons entsetzter Diener zum Schrei ansetzen kann *Signor! Ferma, una donna...* explodiert die Scala in frenetischem Antrittsapplaus. Ein paar Rosen fliegen auf die Bühne. *Sie* ist da... schmal und bleich, mit meterlangen Schritten quer über die Bühne, den rechten Arm und Zeigefinger drohend gestreckt nach dem abwehrenden Getümmel der überrumpelten Hochzeiter und ein *Taci, Giasòn...* mit dem nur Callas möglichen Einsatz, der wie Nadeln durchs Rückmark bohrt.

Es war alles stimmig an diesem Abend. Das Orchester, das den Sängern Raum gegeben hat, ohne selber zu versinken. Der hoch gerühmte Scala-Chor. Giulietta Simionato als Neris in vielleicht besonders guter Tagesform. Ghiaurov, Vickers... alle. Aber *sie* hat dominiert, weil sie *Medea* war, so wie die griechische Tragödie sie sehen musste und wie sie nur das Genie von Cherubini hören konnte, und weil sie uns den Eindruck dabei gegeben hat, als würde sie, das Letzte aus sich herausholend, Gleiches von den anderen fordern.

In den Pausen konnten wir uns kaum einkriegen vor Glück und es hat uns überhaupt nicht gestört, ohne ein Glas *Spumante* dicht gedrängt neben den anderen vom *loggione* im oberen Foyer zu stehen. Wir hatten den Sekt in unseren Adern. Und der tosende Schlussapplaus mit den vielen Blumen auf der Bühne und allen den strahlenden Lächeln hätte gern noch viel länger anhalten können. Die mehr als 25 Minuten Klatschen und Rufen haben uns bei weitem nicht gereicht.

An der Ecke der Via Verdi, gegenüber der Scala, gab es damals noch das große Café *Bar Motta alla Scala*, das bis spät in die Nacht vollen Betrieb hatte. Dort haben wir einen

Espresso oder etwa auch zwei getrunken und dann ab zum Auto und quer durch die Stadt zur Autobahn.

Wir waren aufgekratzt als stünden wir hochgradig unter Kokain oder sonstigen Drogen, die wir allesamt nicht kannten. Wir wussten nicht, was uns nun mehr beschäftigte und schneller beredet werden sollte: die dringlich erwartete und gebrauchte Bestätigung, einen Job zu haben, und dazu noch einen viel versprechenden; das Schaufensterwunder und unser Glück im Kampf um die Restkarten; das für die Mücke erstmalige In-der-Scala-sein und zu sehen, wie sich Parkett und Logen füllen, die Uhr über der Bühne auf acht vorrückt und punktgenau die Lichter ausgehen; oder der Dirigent, das Orchester, die Ausstattung und die Regie, die Sänger insgesamt und jeder für sich...

Das Hauptthema aber, das wie auf einem Karussell rund um rund rotierend immer wieder dominant da war, war natürlich *sie*, Maria Callas. Ihr Auftreten, die Bühnenpräsenz, jeder ihrer Einsätze und ihre Phrasierungen, die wir mit denen auf unserer Platte verglichen und die für uns an diesem Abend fast gleich oder gelegentlich sogar besser, intensiver, teils ausgewogener und dabei manchmal doch härter, mitreißender, einbeziehender waren, als, von den Platten ausgehend, erwartet. Was waren denn die Glanzpunkte? Ihr anklagendes und zugleich doch resignierendes *Dei tuoi figli la madre...* – das große Duett mit Neris, einer sublimen Giulietta Simionato – oder das so ganz mutterliebende *Figli miei, miei tesor...* – oder der schmerzwütende Aufschrei *Son figli tuoi...* – oder doch vielleicht das grausame, sich selbst verteidigende Rache-Ego des finalen *E che? Io son Medea...*

Welches denn? Was denn? Alles! Einfach der ganze Wunderabend vom Wundertag.

Wir fuhren auf der nächtlichen Autobahn nach Osten bis Brescia und dann, von dort ab, den Gardasee entlang nach Norden über die eng kurvige, immer wieder von den dort typischen Halbtunnels durchbrochene *Gardesana*. Ob Vollmond war? Starkes Mondlicht beleuchtete jedenfalls die

Strasse. In den Tunnels, die zur Seeseite hin offene Bogenfenster haben, ergaben sich ganz eigentümliche Lichtreflexe: hell... dunkel... hell... dunkel... in fast schon rhythmischer Folge. Ermüdend. Einschläfernd, trotz aufgekratzter Stimmung und kaum pausierendem Gespräch. Und plötzlich merkte ich, dass ich um ein Haar die Felswand gestreift hätte; dann, nur wenig danach, dass ich eine Kurve gerade noch auf den letzten Drücker angeschnitten hatte; und nochmals Mattscheibe und ein Ausreißer kurz darauf oder vielleicht auch zwei. Fast eingeschlafen.

Die Mücke hatte keinen Führerschein, uns am Steuer abzuwechseln. An einer Straßenbucht haben wir kurz angehalten, aber das war sinnlos. Weiter. Bis *Riva del Garda* sind es gerade noch drei-vier Kilometer! Die Mücke fing an, laut zu singen und mich immer wieder einzuladen, auch mitzumachen. Wir sind nach Riva gekommen und dort, mitten auf dem Dorfplatz, gab es einen Springbrunnen mit einladendem Becken. Da hinein habe ich meinen Kopf gehängt, immer nochmals, sicher zehn Minuten lang oder so. Danach fühlte ich mich wieder wie geduscht und frisch und fit für, wie mir schien, noch einmal so einen Tag wie den heutigen.

Die noch fehlenden knapp hundert Kilometer spulten sich locker ab und nach kaum einem Wimpernschlag waren wir dann zuhause, am Bozner Mazziniplatz, in unserer kleinen Wohnung mit Balkon und Morgensonne, die wir vor erst fünf Wochen bezogen hatten. Fünf Uhr morgens war es oder vielleicht etwas später. Gerade etwa 24 Stunden waren seit der Abfahrt zum Bewerbungsgespräch in Mailands erstem sogenanntem Wolkenkratzer vergangen. Uns schien es eine Ewigkeit. Im Briefkasten war ein Brief der Sparkasse von Brixen: Ich könne dort anfangen, wenn ich wolle.

*

Noch im Foyer des *loggione* haben wir erfahren, dass die Mai-Aufführung der Medea ursprünglich gar nicht geplant war und dass es *den* Abend eigentlich gar nicht geben sollte.

Doch von der Medea, in der heutigen Besetzung, waren im letzten Dezember vier Aufführungen vorgesehen. Aber die vierte war aus irgendwelchen Gründen ausgefallen und sie musste für die Abonnenten nachgeholt werden, was sich wegen der Terminkalender aller Künstler erst nun, Ende Mai, machen ließ.

Man stelle sich einmal vor: das, heutzutage. Welcher Intendant an welchem Haus immer würde denn überhaupt versuchen, eine auch nur in etwa vergleichbare Besetzung nach Monaten noch einmal zusammenzutrommeln, bloß um den Abonnenten das zu bieten, was ihnen im Programm versprochen war? Die Aufführung vom 29. Mai, unsere, war ursprünglich wirklich gar nicht vorgesehen. Einmalig war sie sozusagen, womit das Schaufensterwunder bei Casa Ricordi und der gewonnene Kartenkampf noch ein besonderes Gewicht bekamen. Auch davon war während unsrer nächtlichen Rückfahrt natürlich immer wieder die Rede gewesen – und oft auch später.

Dass es aber auch ein *letztmaliger* Abend gewesen sein sollte, das konnte damals wohl niemand bedenken oder gar wissen. Es war der allerletzte Auftritt von Maria Callas an der Scala. Nie wieder nachher stand sie auf der Bühne, die jahrelang nahezu ihre künstlerische Heimat gewesen war. Und nicht genug. Es war ihre letzte Bühnenpräsenz in Italien überhaupt. Vollständige Opern hat sie nachher dann nur noch in Paris gesungen, ein paarmal am *Covent Garden* und zweimal an der *Met*.

*

Statt am 1. Juni, einem Freitag, habe ich dann am Montag in Lana angefangen. Es fehlten nur noch ein paar Wochen bis zu meinem 24. Geburtstag.

Zuegg, der Unterbau.

Juni 1962. Melida war praktisch abgewickelt und, noch keineswegs nur Erinnerung, doch schon auf gutem Weg es zu werden. Die angespannte, bangende Durststrecke der letzten zwei Monate war vorbei. Katja hatte einen Job bei Giongo, dem Holzhändler, gefunden und nach dem Wunder-Tag von Ende Mai konnte ich bei Zuegg anfangen. Der Sommer fing an – Zeit für neuen Start.

*

Es war Montagmorgen, als ich am ersten Arbeitstag das breite, Eisentor zu den Parkplätzen durchfuhr. Der Pförtner wies mich in einen Platz ganz vorne unter dem riesigen Nussbaum ein. Der sei für den Dicken reserviert, bedeutete er mir, und da könne ich ihn immer hinstellen. Daneben war der Platz des Alfa Romeo vom Präsidenten, wie ich bald erfuhr, wobei mir zugeraunt wurde, dass das wohl wegen der Show für die Besucher so arrangiert sei. Wie auch immer, der Dicke hatte seinen guten Platz.

Die zweite Überraschung gleich am Morgen war der Bescheid, dass ich nicht *stempeln* musste. Bei Zuegg galt, wie bei praktisch allen Großfirmen, die Norm der Stechuhr, mit der die Zeiten von Ankunft und Abgang der Mitarbeiter festgehalten wurden. Von der Kontrolle ausgenommen waren nur die *Direktoren* – also der Präsident und die Leiter der Ressorts Finanzen, Technik & Produktion und ab bald der des neuen Ressorts Marketing, mein künftiger Bereichschef Dr. Ernesto M. Norbedo – sowie fünf Mitarbeiter mit Sonderregelung: Frau Ladurner als Leiterin des Sekretariats, der für EDV zuständige Informatiker, der Assistent des technischen Leiters und die beiden Assistenten des kommenden Verantwortlichen für Marketing. Und ich war nun einer dieser beiden.

So ganz recht war mir das mit der Stechuhr eigentlich gar nicht, obwohl ich mich schon sehr gebauchpinselt fühlte.

Neid der anderen im Hause war das Letzte, was ich mir jetzt wünschte – und die Stechuhr reihte sich nun an den Parkplatz. Aber, um es vorweg zu nehmen: keine der beiden Privilegien hat mir in der Folge irgendwelche Zeichen von Missgunst eingebracht; eher schon so etwas wie anspornende Bewunderung.

Als Arbeitsplatz wurde mir ein heller Raum im gerade neu erstellten Nebengebäude angewiesen, den ich mit dem bereits aktiven Marketing-Assistenten teilen sollte. So lernte ich gleich auch Peter Johannes kennen, einen gemütlich aussehenden etwa Dreißigjährigen mit schon ausgedehnter Stirnglatze und einem mitreißend freundlichen Lächeln. Er hatte den noch leicht nach Mörtel und Farbe duftenden Raum auch erst seit ein paar Tagen bezogen. Unsere Tische waren so gestellt, dass wir uns beide im Blick hatten, ohne uns allzu nahe auf der Pelle zu sein. Der Ausblick durch die breite Fensterfront ging auf das alte Hauptgebäude.

Vor *unserem* Arbeitsraum lag ein nicht besonders großes Durchgangszimmer, das wohl als Sekretärinnen-Vorzimmer oder etwa als Warteraum für Besucher gedacht war. Es war der Raum, den sich Norbedo dann als *sein* Arbeitszimmer nahm, anstatt des viel größeren Raums daneben, der kein Durchgangszimmer war, und den er zum Sitzungssaal bestimmte. Platz für eine Sekretärin war nicht vorgesehen. Zuegg hatte eine *zentrale Schreibstube*, die für das Tippen und Archivieren des ganzen Unternehmens sorgte. Die Diktatbänder wurden nach Bedarf abgeholt und geschrieben kam der Inhalt zur Bearbeitung oder Unterschrift zurück. Ich hatte nie mit einem Diktiergerät gearbeitet. Es hat sich schnell gelernt.

Und so manch anderes mehr gab es neu zu lernen und zu bestaunen. Ich hatte nie vorher einen Großbetrieb von innen her erlebt, weder seine pulsierenden Aktionsbereiche noch gar die Produktions- und Verpackungsanlagen mit ihrem anfangs verwirrenden Labyrinth von Abläufen.

Mein erster Weg nach einem von Johannes geduldig geführten Kennenlern-Rundgang, war ins Personalbüro. Dort erfuhr ich die Arbeitszeiten, was es in der Firma an allgemeinen Regeln und Gewohnheiten gab, und jetzt endlich auch mein Gehalt: 135.000 Lire netto, 14x im Jahr. Das war mehr als erwartet. Es war etwa so viel, wie Abteilungsleiter einer Bankfiliale verdienten. Die dritte nette Überraschung des Tages!

Wochen des Abwartens.

Die folgenden Wochen waren eigentümlich für einen Neuanfang in einem Unternehmen. Alle warteten im Hause auf Dr. Ernesto Norbedo. Keiner wollte mir, einem seiner zwei künftigen Assistenten, konkrete Arbeiten auftragen oder gar Pflichten aufladen, die etwa nicht in *sein* Konzept passen würden. Bei Johannes war das anders. Er war schon seit ein paar Jahren bei Zuegg und hatte seinen operativen Aufgabenbereich im Vertrieb, den er auch weiter haben sollte, nur eben unter neuer Leitung, weil der Vertrieb nun ins Ressort Marketing eingegliedert werden sollte, während es bis dahin bei Finanzen lag. So war das mit Norbedo vereinbart.

Mir blieb also jede Menge Zeit, mich im Betrieb umzuschauen; alles zu entdecken, was mir neu erschien; mich als gerade freie Hilfskraft überall anzubieten, wo man mich eventuell brauchen konnte, oder auch nicht. So lernte ich schnell alle Abteilungen kennen und kam mit den Menschen dort, die ja großteils auf mich Neuen gleich neugierig waren, wie ich auf sie, ins Gespräch. Und weil jeder gern mal eine Arbeitspause einlegt, für die er sich nicht zu genieren braucht, erfuhr ich eine ganze Menge von Sachen, die ich bei einem *normalen* Arbeitsbeginn vielleicht erst nach Monaten oder etwa gar nie mitbekommen hätte.

Zum ersten Mal sah ich eine EDV-Anlage in Betrieb und es war eine vom Modernsten, das es damals gab. Geradezu phantastisch fand ich das irre Spiel der tausendfachen Lochkarten, die von einer Batterie emsiger junger Frauen nach mir unverständlichen Mustern gestanzt wurden, um dann automatisch die Vorgänge zu bewerkstelligen, mit denen sich die Büroarbeit von um vieles größeren Mengen fleißiger Mädchenbienen ersetzen ließ; und ich wusste nicht so richtig, ob mir nun die raumgroße Schrankmaschine mehr imponierte, als der, der sie zu programmieren wusste.

Die Arbeit der Lochkarten-Mädchen habe ich schnell begriffen. Die von ihnen verlangte Präzision bei der eintönig immer gleich bleibenden Arbeit war mir bald schon als akzeptabel und auch als durchaus human verständlich, war sie doch im Prinzip nichts anderes als das, was an fehlerfreiem Eintippen auch von jeder Mitarbeiterin an einer Schreibmaschine oder Ladenkasse in gleichförmigem Acht-Stunden-Tag ganz normal erwartet wurde.

Viel länger habe ich aber gebraucht, zu begreifen, was mit der Maschine zu geschehen hatte, um sie dahin zu bewegen, fehlerfrei das zu erbringen, was man von ihr haben wollte. Die Programme, die mir Moser, der EDV-Verantwortliche, zeigte und zu erklären versuchte, kamen mir so verhext vor, wie zu Gymnasialzeit die Algorithmen von Pater Bonosius, als er und ich noch nicht gelernt hatten, miteinander zu reden. Was mir dabei am meisten imponierte war, dass Moser die Programme selber *schrieb*, also selbst *erfand*, mit denen er die Bestie zum schlauen Arbeitstierchen machte. Ich hatte gedacht, weiß Gott was für Genies es dafür brauchte, und nie vermutet, dass Zuegg so einen selbst im Haus haben konnte; und dass der dann noch dazu ein so umgänglicher Mann wie Moser war, der, wenn er Zeit fand, sich durchaus auch in die Arbeitsbatterie der Locherinnen setzte. Vielleicht hatte ich mit meiner staunenden Verwunderung ja der Zeit vorlaufend nicht so unrecht, denke ich mir so manches Mal, wenn ich heute an meinem PC sitze, für den es jede Menge Standard-Programme gibt, die aber doch von Spezialisten geschrieben werden, dabei aber für wenig Geld wie Brötchen gekauft werden können. Ein bisschen schade ist es heute doch, dass es in Zuegg-ähnlichen Betrieben keine Moser-Tüftler mehr braucht und gibt.

Damit kommt mir die Erinnerung an Franz Wörndle, einen schmalen, semmelblonden Langen in weißem Kittel. Ich schätzte ihn in meinem Alter oder höchstens zwei Jahre drüber. Wie ein Schemen tauchte er überall dort auf, wo es Maschinen gab, und verschwand kurz darauf wieder. Er sei für die Wartung zuständig, dachte ich anfangs. Aber dann bekam ich mit, dass das nur die Hälfte seines Jobs war. Bald erklärte er mir, dass von den neuesten kleineren Maschinen die meisten von ihm entwickelt waren und so auch etliche spezielle Funktionen bei den ganz großen. Seine Werkstatt hatte er ganz hinten im Hof. Mit zwei Gehilfen wurde da in einem nahezu aseptisch wirkenden Raum geschmiedet, geschweißt, geschraubt. Da wurden nicht nur Ersatzteile angepasst oder Zerbrochenes repariert, sondern wirklich auch Neues gebaut.

So hatte ich mir das nicht vorgestellt. Ich hatte gedacht, dass Maschinen und deren Ersatzteile immer nur von komplex zusammengesetzten Expertenteams entwickelt und in hoch automatisierten Fabriken hergestellt würden. Dass das auch sozusagen zuhause möglich war und dabei manches Mal wohl noch schneller ging und sicher billiger kam, das hat mir Franz Wörndle anschaulich vorgeführt. Und wieder hatte ich was, mich zu wundern.

Verblüffend waren mir auch etliche Details bei der Konfitüren-Herstellung. Zum Beispiel bei den Kirschen, deren Ernte gerade voll im Gange war. Nicht alle wurden sofort verkocht, sobald herein gekommen. Oft waren die Anlagen gerade mit anderem ausgelastet, oder die angelieferten Ladungen reichten nicht aus, einen ganzen Kochkessel zu füllen. Da wurden die Kirschen also maschinell entkernt und dann *geschwefelt*, also mit dem Zusatz von reinem Schwefel haltbar gemacht. Die Pampe, die dann in den Fässern wartete, konnte kaum noch an Kirschen erinnern. Kirschrot war schmutziges Gelb geworden und der Duft eben schwefelig. Davon war dann aber nichts mehr zu merken, wenn die endlich doch noch gekochte Konfitüre im Glas auskühlte. Leuchtende Lebensmittelfarbe hatte das sonnengereifte Rot wieder hergestellt und wohl dosierte Aromen auch den prickelnden Duft und den fruchtigen Geschmack süßer Herzkirschen oder säuerlicher Amarenen.

Völlig neu war mir auch die Herstellung von kandierten Früchten. Ich hatte nicht gedacht, dass es dazu gar keine Maschinen brauchte, weil es praktisch keine mechanischen Vorgänge gab. Die gereinigten und nach Bedarf von Hand geschnittenen Früchte kamen in ein sämig dickes Glukosebad, worin sie einfach wochenlang lagen und ihre Zellen mit Zucker voll sogen, während die Flüssigkeit bei Raumtemperatur langsam evaporierte. Hin und wieder wurde der Fortschritt geprüft. Orangen mit ihrer Schale etwa brauchten viel länger als zum Beispiel die Birnen. Wenn es dann soweit war, wurden die Früchte mit großen gelöcherten Kellen aus dem Sirup gefischt und kamen auf weite Abtropfbleche, wo sie blieben, bis sie trocken genug waren, verpackt zu werden ohne noch tropfend die Schachteln zu durchnässen. Es waren Köstlichkeiten, die ich mir da immer wieder einmal verstohlen von den Blechen pflückte.

Auch in der Buchhaltung schnüffelte ich herum, gleich wie im Versand oder bei der Obstanlieferung. Den recht komplexen Vertriebsapparat, Johannes' Domäne, lernte ich zu durchschauen, wobei es mir besonders darauf ankam, über die einzelnen Außendienstler, deren Klagelieder und deren Umsätze zu hören. Da konnte ich Vergleiche mit den Ex-Leuten von Melida ziehen und mit meiner Art, sie zu motivieren und auf sie zu reagieren. Von Johannes konnte ich viel lernen, worin ich nur improvisiert hatte.

Ein paarmal ist es mir gelungen, mich länger mit Paulato, dem Finanz-Vorstand, zu unterhalten. Er erklärte mir die ökonomischen Gegebenheiten und Vorgaben in der Firma, informierte mich über die kürzlichen Schritte der Erweiterung der Produktionskapazität und über die neuen Pläne für den Markt, die nun mit Norbedo anzugehen waren, und er sparte auch nicht mit kleinem Klatsch über Land und Leute.

So erfuhr ich auch etwas über das unterschwellig recht angespannte Verhältnis zwischen den zwei Zuegg-Vettern, dem Präsidenten Karl und Vigil, dem für Technik und Herstellung Verantwortlichem. Vigil war mit dem von Karl gewollten und nun durchgezogenen Ausbau der Produktionskapazität nicht so besonders einverstanden. Er war ihm zu schnell gegangen und hatte seiner Meinung wohl auch zu viel an Investitionen gekostet. Und auch mit der Einstellung von Norbedo hatte er sich nicht befreundet. Theorien waren ihm meist zu abstrakt und raumgreifende Strategien an sich suspekt. Das *überschaubare* Geschäft, das die zwei Väter der Vettern vor Jahrzehnten von deren Vater übernommen hatten, und in dem immer nur auf Verbesserung der Qualität, nicht aber auf Ausbau der Kapazität und Markterweiterung gesetzt war, entsprach viel besser dem, was Vigil wollte. Er war ein Traditionalist und erdverbunden.

Wirklich interessant und auch spannend war es in diesen ersten Wochen, zugleich aber insgesamt doch auch unbefriedigend. Die Zeit dehnte sich. Es gab nichts Konkretes, das ich angehen konnte. Ich hatte keine Aufgaben. Ich hatte nicht einmal einen richtigen Rahmen, in den ich mich einpassen konnte. Dem Johannes bei den Verkaufsstatistiken zu helfen oder ihm ein paar Briefe abzunehmen, die an Handelsvertreter zu schreiben waren, war höchstens Zeit vertreibend.

Und da schlich sich die Befürchtung ein, dass Norbedo vielleicht etwa gar nicht kommen würde. Er konnte es sich ja bis zuletzt noch überlegen. Ich hatte ihn in Mailand gesehen, in seinem Umfeld, und schon da war es mir irgendwie rätselhaft, warum er denn nach Lana hinter die Berge kommen wollte – er, der allbekannte und so angesehene Demoskop und Vorreiter der Meinungsforschung.

Wenn er nun nicht kam? Da war ich doch überflüssig wie ein Kropf hier bei Zuegg, wo alles schon seine gute Ordnung und jede Arbeit ihren zugeordneten Platz hatte. Würde man mich behalten? Wohl nicht. Ich war ja nur und ausschließlich für Norbedo eingekauft. Und wenn ich entlassen wurde, weil er nicht kam? Konnte ich ihn etwa in Mailand anrufen und bitten, mir einen Job zu verschaffen? Vielleicht in seinem Institut. Aber was sollte er mit mir Provinzlümmel in Mailand anfangen, wo er sowieso sicher ein übervolles Menschenreservoir hatte, in dem sich Hunderte drängten, die alle liebend gern seine Assistenten geworden wären? Und auch wenn er mir einen Job anbieten konnte, was sollte ich denn der Mücke dazu sagen, jetzt nach Mailand zu ziehen?

Kurze Tage, ein paar Wochen immerhin, haben sich mir da schon echt zu Ewigkeiten gezogen, die nicht mehr aufhören wollten. Zumal als dann, ich weiß nicht wie und aus welcher Ecke, tatsächlich ein Gerücht aufkam, dass Norbedo wirklich nicht am 1. Juli anfangen würde. Er komme *später*, raunte es, aber Genaues dazu wüssten sicher nur Karl Zuegg und Paulato. Sollte ich einen von ihnen fragen? Lieber nicht. Besser ruhig abwarten.

Ruhig? Gut gebrüllt, mein lieber Löwe.

Dann endlich kam der letzte Juni-Freitag. Vor Feierabend schlenderte ich zu Paulato hinein, um ihm ein schönes Wochenende zu wünschen, und ganz nebensächlich ließ ich fallen: *Montag kommt ja dann Dr. Norbedo.* Paulatos Antwort ließ mich erbibbern. *Ja, mag sein!* – warf er wie bedeutungslos hin. Was hatte er denn damit nun gemeint? *Mag sein.* Was sollte das? Kam nun Norbedo wirklich nicht?

Mein Wochenende war dann kein schönes. Auch das der Mücke sicher nicht. Wir zergrübelten uns in Hypothesen, waren gereizt, wurden fahrig, bis dass wir uns gegenseitig angefahren haben. Und besser ist das auch am Montag nicht geworden. Es war der 2. Juli. Norbedo kam wirklich nicht. Er habe angerufen, hörte ich gegen Mittag, dass es Schwierigkeiten mit seinem Umzug gegeben habe, und er deshalb erst am nächsten Tag antreten könne, aber da gleich am Morgen. Ich hoffte sehr, versuchte zu hoffen, tat so, als würde ich zu hoffen versuchen.

Und dann ist Dienstag. Gegen halb zehn Uhr fährt ein silbergrauer *Simca Mille* durchs Werktor, das ich seit früh morgens nicht aus dem Auge lasse. Norbedo ist da! Schon bald kommt er auch in *sein* neues Büro, begrüßt Johannes und mich, grinst fröhlich zu einem von ihm trompeteten *Na, endlich können wir anfangen!* und *Jetzt gute Zusammenarbeit.*

Hey! Morgen werde ich vierundzwanzig Jahre alt.

Ein Meister und sein Schüler.

Bald schon war eindeutig, dass sich Norbedo kaum bis gar nicht für die alltäglichen Belange des Vertriebs kümmern würde. Sie interessierten ihn wohl einfach überhaupt nicht. Er ließ Johannes freie Hand, den Außendienst so einzusetzen, zu kontrollieren und zu führen, wie er das bis dahin schon gemacht hatte.

Das System, das Johannes zusammen mit Paulato ausgearbeitet hatte, hatte sich augenscheinlich bewährt. An den Umsatzzahlen hatte niemand etwas zu bemäkeln und die Statistiken waren überschaubar. Fast das Einzige, was sich für Johannes änderte, war, dass er jetzt nicht mehr Paulato sondern eben Norbedo als Vorgesetzten hatte, dem es zu berichten galt. Weil Johannes aber mit *jedem* gut auskam, oft genug sollte ich das noch erleben, hat sich auch diese Verschiebung reibungslos und wie selbstverständlich eingespielt. Er hatte seinen gewohnten Arbeitsbereich und Rhythmus. Damit war er ausgefüllt – und für Norbedo war es so wohl optimal.

Fragen. Fragen über Fragen kamen von Norbedo auf mich zu. Ich hatte gedacht, ihn befragen zu dürfen, aber *er* wollte wissen. Nachholen wollte er, was zu fragen er sich vielleicht in Mailand vorgenommen, dann aber wohl übersprungen hatte. Alles, was ich irgendwo im weiten Feld Marketing bisher gelernt, versucht, gemacht und zumal auch versemmelt hatte, fragte er nach. Und damit nicht genug.

Meine Einstellung zu Tageszeitungen, mein Verhältnis zur Mathematik, mein Gedächtnis für Zahlen und Fakten:

auch darüber eine Flut von Fragen. Und dann kamen seine Herausforderungen. Er stellte irgendwelche Behauptungen in den Raum, auf die es zu reagieren galt – mit spontaner Zustimmung, mit schnell argumentierter Ablehnung, oder, wenn nicht anders möglich, mit Zeit gewinnenden Zweifeln.

Es war eindeutig. Jetzt wollte er herausfinden, ob sich ein Versuch lohnte, mir eventuell etwas beizubringen, oder ob es nicht doch gleich besser war, mich nur als Zahlensammler und Laufbursche einzusetzen. Das Fragespiel zog sich über etliche der ersten Tage hin, in immer wieder gesplitteten Gesprächen. Ich fand es zunehmend amüsant, weil dabei doch immer wieder ich im Mittelpunkt stand und so das Gefühl hatte, mich interessant zu machen. Prüfungsangst war ja nicht angesagt, weil: den Job hatte ich doch schon.

Ganz so schlecht habe wohl nicht abgeschnitten, sonst hätte Norbedo sicher schon schneller abgebrochen und mich etwa beauftragt, der Konsumentwicklung von Marmelade seit Gründung der Republik statistisch nachzugehen oder so. Viel hat das Ausloten meiner Untiefen aber auch nicht gebracht. Es gab auf Anhieb keinen Aufgabenbereich, den Norbedo mir zuweisen konnte. Es gab eigentlich überhaupt keine Aufgabe für mich. Norbedo selbst war ja dafür gekommen, vor allem Zukunftsmusik zu komponieren und Planspiele von eventuellen Möglichkeiten zu erarbeiten. Da musste er erst mal für sich selbst den großen Rahmen schaffen, ehe er mir dann etwa einen Haufen Puzzle-Teile zum Zusammenfügen geben konnte. Schnell war das uns beiden klar geworden und übereinstimmend auch akzeptiert.

Heute würde das völlig anders laufen. Da bräuchte es nur, dass einer ein paar vage Ideen als leitende Stichpunkte auf ein Blatt kritzelte, und schon wäre sein Assistent tage- oder auch wochenlang im Internet unterwegs, dazu Daten und Fakten zusammenzusurfen. Und weil das Internet sich aus sich selber immer wieder neu generiert, könnten ein paar nur so hin gekritzelte Ideen den Assistenten vielleicht auf Jahre hinaus beschäftigen und dieser wieder ihn, den Ideen ausbrütenden Meister. Per saldo käme dabei vielleicht auch noch eine Doktor-Arbeit heraus, oder mindestens eine dickleibige EU-Vorschrift, wenn schon nichts ökonomisch Taugliches für den Markt.

Aber es gab eben kein Internet. Norbedo zog sich in sein Büro, das Durchgangszimmer, zurück, wo er großformatige Zeichenblöcke mit zierlicher Schönschrift und weitläufigen Diagrammen füllte. Mir aber gab er eine seitenlange Liste von Büchern, die ich schnell besorgen, sofort kaufen sollte, um sie in von ihm vorgegebener Reihenfolge rasch zu lesen – wobei er ausdrücklich *lesen* sagte, nicht *durcharbeiten*. Ein Fundus für den Bücherkauf sei schon genehmigt, ergänzte er noch, und die Rechnungen würden dann von Paulatos Finanzabteilung gegengezeichnet.

Die Liste hatte es in sich. Da standen die aktuellsten Publikationen derer, die im weiten Marketing schon als Kapazitäten anerkannt waren, oder sich selbst als solche durchsetzen wollten. Die Standardwerke waren alle da. Besonderes Gewicht lag aber auf den Themen, die Norbedos Spezialgebiete waren: Meinungsforschung und die Psychologie der Massen.

Die Bücher kamen, großteils italienische, etliche aber auch in Deutsch geschriebene, und unsere Abteilung begann, ihre Bibliothek zu haben. Noch einmal gab mir Norbedo die Reihenfolge vor, in der ich sie zu lesen hatte. Dass ich schnell vorankam, darauf achtete er. Und kaum ein Tag verging, an dem er nicht wenigstens eine halbe Stunde gefunden hätte, einzelne Aspekte zu diskutieren. Dabei gab es kein Frage-Antwort-Pingpong zum einfachen Abrufen des Gespeicherten, sondern eigentlich nur abwägende Diskussionen. Er griff etwa eine These eines Autors auf und stellte sie provozierend so infrage, dass er damit oft geradezu herausforderte, sie zu verteidigen, oder aber nach Gründen zu suchen, weshalb sie sich vielleicht doch als schwach zeigte. Es ging ihm nicht darum, dass irgendetwas *gelernt* würde, sondern augenscheinlich nur darum, sich damit *auseinander gesetzt* zu haben. Die Sache zu *kennen* oder zu *wissen* setzte er voraus, wenn ich ihm die entsprechenden

Publikationen als gelesen angab, und ebenso setzte er voraus, dass einmal Gelesenes auch für längere Zeit memorisiert war.

Ewig ist das so auf rein akademischer Ebene natürlich nicht weiter gegangen. Im Ablauf der Wochen haben sich naturgemäß doch auch konkrete Aufgaben mehr und mehr entwickelt und in den Vordergrund geschoben, so dass das Operative bald ziemlich tagesfüllend wurde. Und so hat es sich nach und nach ergeben, dass Diskussionsthemen verstärkt aus unserer Tagesarbeit kamen, anstatt abstrakt aus Büchern, wobei die Auslöser dann recht unterschiedlich sein konnten, wie etwa ein gerade erreichter Schnittpunkt in fortschreitendem Strategieplan, oder, viel bodenständiger, die anstehende Erarbeitung der marktgerechten Preisgestaltung einer neuen Variante von Himbeergelee oder so. Aber was auch immer, es hat kaum einen Tag der Lücke gegeben, an dem sich nicht Zeit und Lust fanden, Fachwissen und die verschlungenen Gedankengänge, die dazu geführt hatten, zu thematisieren.

Norbedo sprach kein Deutsch. Italienisch war unsere Umgangssprache und so wurde meine Geläufigkeit in dieser Sprache weiter geschliffen und der Wortschatz, zumal auch fachbezogen, vielseitig erweitert. Bei etlichen Fachthemen fällt es mir auch heute noch leichter, sie italienisch zu erklären als auf Deutsch.

Wohl selten hat ein Student seinen Professor so intensiv und langzeitig so aufmerksam zugewendet erlebt. Beinahe auf den Tag genau anderthalb Jahre lang war ich an fast jedem Wochentag mit Dr. Ernesto M. Norbedo zusammen. Beinahe keiner davon ist in dröger Routinearbeit vergangen.

Und so wie ihn Marketing, also das Marktgeschehen und die Möglichkeiten es zu beeinflussen, faszinierten, so hat er mich dafür gewonnen. Er war in erster Linie Forscher, in erster Linie ein Theoretiker also. Die Zeit mit ihm und seinen Büchern hat mir den theoretischen Unterbau für das gegeben, was mir an Praktischem bis dahin schon zugeflossen war, und damit auch die Basis dafür, später dann selber Neues entwickeln zu können. Besonders nützlich war für mich natürlich, dass vieles des Abstrakten sofort auch in produktive Tagesarbeit umgesetzt und somit zweckdienlich von mir erlebt werden konnte.

Marmelade, staatliches Gängel-Produkt.

Marmelade kochte Zuegg seit 1923 und mit Marmelade war der Betrieb zu einem ansehnlichen Unternehmen gewachsen. Seine bunten Gläser standen in vielen Ladenregalen ganz Italiens und sie wurden gut verkauft, weil die Produkte in Ordnung waren. Mehr oder weniger gleich gute Marmeladen machten aber auch andere. Denkbar gering waren die Merkmale, mit denen sich die Produkte der Wettbewerber unterschieden. Im Grunde beschränkten sie sich darauf, dass andere Herstellernamen auf den Etiketten standen.

Viele Möglichkeiten einer Alleinstellung gab es ja auch nicht, denn Marmeladen waren in Italien seit Vorkriegszeiten gesetzlich strengstens reglementiert. Alle mussten sie wenigstens 60% weißen Zucker enthalten. Diese Gesetzesnorm ging auf das uralte Zuckermonopol zurück, das um die Jahrhundertwende König Vittorio Emanuele III seiner Ehefrau Elena zum Niesnutz geschenkt hatte und das die junge Republik dann 1946 für sich kassierte, natürlich ohne den lukrativen Zwangskonsum aufzuheben, der schon ursprünglich damit verbunden war.

Nicht genug damit. Marmeladen durften ausschließlich in 450g-Gläsern oder in Blechdosen zu 1kg, 2½kg und 5kg in den Handel kommen. Für die Verbraucher, die keine namenlose, offen abgewogene Ware kaufen wollten, durfte es also nur Gläser in der vorgeschrieben einheitlichen Gewichtgröße geben. Aber noch nicht genug damit. Alles was aus Obst und Zucker zusammengekocht war, durfte ausschließlich *Marmelade* bzw. *marmellata* heißen, wenn es außer Zucker und Früchten auch nur einen geringen Anteil von Zusatzmitteln enthielt. Eine andere, möglicherweise höherwertig anmutende Bezeichnung war dafür verboten. Zusatzmittel aber setzte jeder Hersteller ein: Schwefel, um das Frischobst bis zur Verarbeitung haltbar zu machen; Pektin zum Gelieren der verkochten Masse; Aromastoffe, dem geschwefelten Obst Geschmack zurück zu geben; dazu auch kleine Mengen von durchaus zugelassenen Konservierungsmitteln wie etwa Askorbinsäure, also Vitamin C.

Im ganzen Markt gab es also nur offen abzuwiegende und somit nahezu anonyme Marmelade, die von jeder nicht nachprüfbaren Qualität sein konnte, und solche, die unabänderlich nur in 450gr-Gläsern abgefüllt war – beide natürlich immer mit 60% Zuckeranteil. Qualitätsunterschiede ließen sich nur mit dem eingekauften Obst und dessen mehr oder weniger sorgfältigen Verarbeitung erzielen. Und für einen qualitätsbewussten Hersteller blieb als Unterscheidungsmerkmal eigentlich nur sein Firmenname, den er möglichst plakativ auf die Etiketten druckte.

So weit, so gut. Für das Publikum konnte es ja reichen, wenn es zwischen den Marmeladen von *Santa Rosa* oder *Menz & Gasser* oder eben *Zuegg* wählen konnte. Aber was sollte denn ein Hersteller tun, wenn er etwa zwei Qualitätssorten anstatt nur einer anbieten wollte – die eine etwa nur aus Frischobst und die preisgünstigere aus geschwefelt bis zur Verarbeitung konserviertem Obst mit zugesetzten Aromen?

Vor diesem Dilemma stand Zuegg. Zum Einen war da der Wunsch, ein Produkt mit hoch angelegter Qualitätslatte anzubieten und damit gut zu verdienen, und daneben die wirtschaftliche Notwendigkeit, ganz normale Konsumware herzustellen, bei der die Margen entschieden kleiner, aber das Marktpotential viel größer war. Schon damals gab es jede Menge Leute, die bei Lebensmitteln zuerst auf den Preis schauten, und ein paar andere, die lieber ihren Geschmacksnerven etwas Gutes tun wollten.

Die Marmelade-Hersteller Italiens hatten diese Zwickmühle notgedrungen ignoriert; oder sie hatten vor den

Gesetzeshürden einfach resigniert. Nicht so Karl Zuegg. Er wollte beides anbieten können: gewinnträchtige Qualität und Massenware. Wie das gehen sollte, darauf kamen weder er noch sein Vetter Vigil, der technische Leiter, noch sonst wer von den Mitarbeitern in Lana. Da brauchte es also kreative Impulse von außen. Und so war Norbedo ins Spiel gekommen.

Wie Karl Zuegg gerade auf Norbedo als seinen neuen Mann für Marketing kam, hatte mich sofort verwundert.

Norbedo, der Chef des Mailänder *Istituto Cirm*, war ein in der Markt- und Verhaltensforschung als führend anerkannter Kopf. Karl Zuegg aber hat zwischen Forschung und Kreativität, zwischen dem statistischem Auswerten von Trends und dem Erarbeiten von Konzepten, mit denen sich Trends auslösen lassen, nie so genau unterscheiden können. Für ihn war Norbedo wohl ganz einfach eine Koryphäe im Marketing insgesamt, unabhängig davon, ob er nun reiner Analytiker oder doch eher ein Kreativer war, oder ob etwa gar so etwas wie ein zusätzlich auch forschender Praktiker für bodenständige Tagesarbeit. Norbedo selber jedoch sah sich in erster Linie als *kreativer Beobachter*, was an sich schon ein Paradoxon sein könnte.

Zurück zum Brotaufstrich. Die Grundzüge, wie die gesetzlichen Normen bei der Marmelade wenigstens zum Teil umgangen und das von Zuegg angepeilte Doppelziel erreicht werden konnte, hatte Norbedo schon kurz nach dem ersten Kontakt mit Karl Zuegg in ein Konzeptpapier geschrieben. Es waren sicher nicht mehr als zwei Seiten, die vieles versprachen und noch gar nichts sagten. Das war so seine Art, neugierig zu machen und damit an einen begehrten Auftrag heran zu kommen. Karl Zuegg war davon jedenfalls angetan. Die Sache hätte in einen ganz normalen Beratungsvertrag münden können.

Aber da war vorher schon etwas schief gelaufen. Norbedo hatte sein *Istituto Cirm* tief in die Roten Zahlen manövriert. Seine Partner waren dabei, sich abzusetzen und so ihre finanzielle Haut zu retten. Dass das Institut nicht zu halten war, muss Norbedo bereits klar gewesen sein, als Karl Zuegg als ein potentieller Kunde erstmalig im *Grattacielo Pirelli* nach oben fuhr. Vielleicht hat Norbedo es ihm sogar gesagt.

*

Norbedo und Geld: lebenslang ein Trauerspiel. Er war ein Zahlengenie der statistischen Retrospektive und Projektion, aber was Zahlen auf einem Geldschein bedeuten, hat er nie begriffen. Und er war einer der großzügigsten Menschen, die ich je getroffen habe.

Legendär im Gedächtnis der Beteiligten waren noch lange Jahre später seine Mitarbeiterfeste beim Istituto Cirm. Jedesmal, wenn ein größerer Auftrag hereingekommen war, schäumte der Sekt aus ungezählten Flaschen und für alle; war dann der Auftrag erfüllt und abgerechnet, wurde das erneut zum Anlass für eine reich bestückte Feier; und zu einem dritten schäumenden Fest lud Norbedo das ganze Team dann noch einmal ein, sobald der Kunde die Rechnung bezahlt hatte. Drei ausgiebige Feiern für jeweils nur einen einzigen Auftrag – das war die Gepflogenheit in Norbedos Istituto Cirm.

Aber das war nicht alles. Norbedo war fest im nicht nur für Italien typischen Glauben verhaftet, dass die Kunden – zumal in allen Bereichen der Dienstleistung – in erster Linie die Show brauchen und suchen, weil sie die Substanz sowieso nicht verstehen können. Eindeutig übernommen hat er sich mit den Büroräumen oben im *Grattacielo Pirelli*, die zwischen Miete und Nebenkosten eine horrende Belastung gewesen sein müssen. Es war die prestigeträchtigste Anschrift der an sich schon sündteuren Stadt.

Dazu kam dann noch, dass er, nach einer kurz vorher durchgezogenen und wohl recht teuren Trennung von Frau und Sohn, eine neue Familie mit viel jüngerer Partnerin und einem gerade ein paar Monate alten Töchterchen, seinem ganzen Stolz, hatte. Er brauchte Geld anstatt laufend hoher

Verpflichtungen. Und es mag gut sein, dass die Idee, bei Zuegg als Angestellter zu arbeiten, von ihm selber ausging, wenngleich sich Karl Zuegg viele Meriten dafür anrechnete, ihn *exklusiv für sich* gewonnen zu haben. Das für damals fast schon irre hohe Gehalt Norbedos von monatlich einer Million Lire netto sprach jedenfalls gleichwohl für echte Hochachtung wie auch für ein vorangegangenes intensives Werben.

*

Der Plan einer *Evolution von Massenware zu Markenartikel* für Zueggs Marmelade war also das uns jetzt beherrschende Thema.

Das von Norbedo erarbeitete Konzept war an sich so einfach, wie es im Grunde alle innovativen Ansätze sind. Zu spezifisch und an sich zu langweilig sind eigentlich dessen Gedankenschritte, um sie hier zum Lesen aufzulisten. Für mich aber waren die Grundidee, das Vorgehen und das sich daraus Ergebende ein so prägendes erstes Mal, dass sie nicht unerinnert bleiben können. Also:

➢ *Ansatz:* Das Neue soll im Bereich Obst-Produkte angesiedelt sein und mit den verfügbaren Anlagen hergestellt werden. Das schränkt das Feld der Exploration schon mal drastisch ein.
Deshalb: Wir bleiben im Bereich Brotaufstrich aus Obst.

➢ *Ansatz:* Das Neue soll sich vom Gewohnten auf den ersten Blick positiv unterscheiden und zudem eine überdurchschnittliche Gewinnmarge bieten.
Deshalb: Es muss sich von normaler Marmelade in Qualität und Optik deutlich abheben.

➢ *Ansatz:* Alle gesetzlichen Vorgaben und Normen sind so zu beachten, dass das Neue regulär vermarktet werden kann.
Deshalb: Wir erstellen etwas, das zwar an sich als Marmelade empfunden wird, es aber im streng gesetzlichen Sinn nicht ist.

So kam es zu *Fruttaviva*, einem damals für die industrielle Produktion in Italien absolut innovativen Brotaufstrich aus Früchten und Zucker, im Prinzip wie Marmelade, den wir der Gesetzeslage entsprechend aber nicht mehr Marmelade nennen durften, was wir auch gar nicht im Sinn hatten.

Aus heutiger Sicht war es ein einfaches Produkt, zu dessen Entwicklung es nicht viel Phantasie brauchte, die wir ja auch gar nicht bemüht hatten. Die dem Projekt zu Grunde liegende Idee war ganz einfach gewesen, eine Marmelade herzustellen, die wie früher beim Bauern schmeckte, weil sie so gemacht war, wie sie die Bauersfrauen immer schon einkochten.

Die normal angebotene Industrie-Marmelade war zu süß, so fing das schon mal an. Mehr Obst musste eingesetzt werden und viel weniger Zucker. Der volle Geschmack der Früchte musste im Aufstrich noch vorhanden sein und auch deren Duft, wie beim Bauern, und das ohne jede Zugabe von künstlichen Aromen.

Dazu musste frisch geerntetes Obst verkocht werden, das weder schon begonnen hatte, seinen Duft zu verlieren und zu vergären, noch gar für eine erst spätere Verarbeitung geschwefelt war. Zudem musste die Haltbarkeit im Glas gesichert werden, obwohl vom Konzept her keine chemischen Zusatzmittel verwendet werden sollten. Das im Zitronensaft enthaltene reine Vitamin C war dafür die Lösung, kombiniert mit einem Verschluss des Glases, der auch bei den widrigsten Lagerungsbedingungen eine zu 100% sichere Luftabdichtung gewähren konnte.

Das mit dem Zucker war die größte Hürde. Aber: Dank guter Beziehungen zu den Regierungsstellen ist es gelungen, mit einer Sondergenehmigung dem Gesetz ein Schnippchen zu schlagen. Der neue Brotaufstrich durfte mit nur 40% Zucker auskommen, statt der vorgeschriebenen 60%, wofür dann allerdings die Zuckersteuer je Packungseinheit nahezu verdoppelt wurde. Es hat sich dennoch rechnen lassen. In jedes Glas konnten nun fast zwei Drittel frisches Obst, statt wie bisher nur wenig mehr als einem Drittel.

Die Logistik war dann allerdings eine weitere und gar nicht geringfügige Barriere. Um den Brotaufstrich zu erzielen, den wir schon sozusagen auf der Zunge hatten, musste alles Obst stets erntefrisch, also innerhalb von höchstens nur drei Tagen verkocht werden. Das stellte gewaltige Anforderungen an den industriellen Ablauf, weil die Ernte von delikaten Früchten wie etwa Pfirsichen oder zumal auch von Waldbeeren weitaus nicht auf den Tag hin geplant werden können. Die Dispute mit Einkauf und Technik waren entsprechend langwierig und zum Teil auch hitzig. Das Projekt kannte aber keine Alternative.

Neu war gerade die Erfindung des Twist-off-Verschlusses, ohne den heute kein Konservenglas mehr denkbar wäre. Sie war gerade zur rechten Zeit gekommen, denn damit konnte nun auch die bei herkömmlichen Glasverschlüssen bis dahin nie so absolut und dauerhaft erzielbare Luftabdichtung gesichert werden.

Das neue Produkt nahm Konsistenz an. Viel frische Frucht im Glas; nicht zu sehr verkocht, sondern zum Teil noch in richtigen kleinen Stückchen im Endprodukt enthalten; gar nicht besonders süß, sondern stark fruchtig am Gaumen; jahrelang haltbar und doch ohne jede Chemie.

Marmelade durften wir das nicht mehr nennen. Da gab es aber in der Schweizer Patisserie-Fachsprache das Wort *Konfitüre* für spezielle Obst-Zucker-Zubereitungen. Das haben wir als Gattungsbegriff übernommen, zusammen mit der italienischen Übersetzung *confettura*. Damit war auch die Gesetzeshürde der Lebensmittel-Bezeichnung umschifft.

Doch um zu einem eindeutigen Markenprodukt zu kommen, wollten, ja mussten wir noch Zusätzliches an sofort erkennbarer Alleinstellung schaffen. Das Produktkonzept an sich ließ sich nicht patentieren und ebenso nicht die Rezepte. Und auch die Bezeichnung *Konfitüre* war in den beiden Sprachen nicht ausreichend schutzfähig, weil bereits generell genutzt, wenn auch fast nur in der Schweiz. Deshalb sollte die innovative Produktlinie zusätzlich zum

Herstellernamen einen eigenständigen Markennamen bekommen – einen eingängigen, leicht zu erinnernden und Vertrauen bildenden Eigennamen. Es wurde *Fruttaviva*.

Fruttaviva wurde schnell zu einem marktweiten Erfolg und ist auch heute noch, fast fünfzig Jahre später, eine lebendige und längst international gewichtige Produktmarke von Zuegg. Für mich aber war es erstmalig die Gelegenheit, an einer professionellen Produkt-Entwicklung von A bis Z beteiligt zu sein.

Es war die Gelegenheit, zu lernen, wie viel wichtiger offenes Hinschauen und klares Kombinationsdenken sind, als die gerade in unserem Berufsbereich so oft beschworene fantasievolle Kreativität.

Ich hatte gesehen, wie sehr ganz banal erscheinende Sachzwänge einengen können, oder aber gerade der Ansporn werden, neuen Ideen Flügel zu verleihen. Ich hatte vielleicht zum ersten Mal voll mitbekommen, wie konkret wichtig die am Gymnasium erfahrene Schulung gewesen war, jedes Ding *bis zu seinem Ende* zu durchdenken. Und wieder einmal hatte ich bestätigt bekommen, dass scheinbar fest verriegelte Türen nur dazu da sind, aufgeschlossen zu werden.

Und ich hatte meine ersten Begegnungen mit Techniken, die, was mir damals nicht bewusst war, mir bald zu unverzichtbarem Handwerkszeug werden sollten. Ich lernte, mit statistischen Maßen umzugehen und daraus Trends zu entschlüsseln. Mit gezielter Namensfindung für Marken lernte ich umzugehen, mit deren Notwendigkeiten und auch den damit verbundenen Fallstricken. Den in der Packungsgestaltung so eminent wichtigen psychologischen Aspekten von Farben und Formen kam ich das erste Mal nahe. Erstmalig kam ich auch dazu, Verhaltens- und Meinungstests mit vorzubereiten, durchzuführen und auszuwerten. Professionell erarbeitete Werbung war mit ein neues Thema für mich. Und an weiteren Erstlingen hat es mir dazu noch viele mehr gegeben.

Wir haben nicht allein und hinter verschlossenen Türen am Projekt Fruttaviva gearbeitet. Norbedo war zu sehr Profi, als dass er sich als alles könnender Selbstdarsteller verstehen mochte.

Zur Packungsgestaltung und für die Entwicklung der Verkaufsdisplays zog er Vittorio Orsini zu, dessen *Studio Orsini* in Novara gerade dabei war, mit innovativen Arbeiten nationales Auf- und Ansehen zu entfachen. Und für die Werbung, die er ganz selbstverständlich schon zu Beginn ins Projektkonzept eingebaut hatte, holte er sich das Team von *Ogilvy & Mather*, der Mailänder Agenturfiliale des unübertrefflichen David Ogilvy. Peter Quayle war der für uns abgestellte *Account Executive*. Und Giampaolo Fabris holte Norbedo für die Feldarbeit der Akzeptanztests ins Boot. Er war wohl der beste seiner Mailänder Schüler-Assistenten und wurde später der unbestritten einflussreichste Soziologe Italiens.

Intensive Zusammenarbeit mit potenten kreativen und technischen Fachkräften kam uns da dazu. Die Meetings mit ihnen waren über Monate hin häufig und gingen in die Tiefe, auch mit oft recht feurigen, gelegentlich stundenlangen Diskussionen. Ich lernte hautnah Welten zu erfahren, die ich nur aus der Fachliteratur vage gekannt hatte.

Zu lange. Zu lange bin ich jetzt an diesem einen Projekt hängen geblieben und eigentlich viel zu langatmig habe ich davon berichtet. Oder vielleicht doch nicht?

Das erste Mal ist immer etwas ganz Besonderes. Und hier, voll eingebunden in ein Projekt, das wegweisend und sogar lebens-wichtig für ein nicht unbedeutendes Unternehmen war, konnte ich also erstmalig ganz hautnah das verfolgen und auch schon mitgestalten, was mich im späteren Berufsleben wohl am meisten faszinieren und auch finanziell am nachhaltigsten erfreuen sollte: das Entwickeln von Produkten.

Der Weg von der Idee einer vielleicht latent bestehenden Bedarfslücke bis hin zum fertigen Ding, das sie ausfüllen könnte, ist verschlungen, oft dornig und immer wieder voll Fallstricke und Illusionsspiegel.

Das fängt schon damit an, dass die vermeintliche Bedarfslücke nur wie eine Chimäre lockt, real im Markt aber gar nicht existiert. Und auch wenn die Voraussetzungen gut und richtig sind, jeder Schritt aufs Beste gesetzt ist und am Ende alles, wirklich alles zu passen scheint – Funktion, Anmutung, Aussehen, Packung, Name, Preis und all der Rest – auch dann ist immer noch keine Garantie gegeben, dass da nicht mit viel Aufwand doch nur ein Flop entwickelt wurde. Immer wieder ist es eine prickelnde Gratwanderung, bei der hoch professionelle Hilfsmittel und unwägbar Sensitives und dazu auch noch eine gute Stange Glück zusammenwirken müssen.

Jetzt stand ich am Anfang dafür. Ich fühlte es irgendwie, wenn auch noch äußerst vage. Es war fast wie damals, nun auch schon vor fast zehn Jahren, als ich gelernt hatte, mit Pater Bonosius zu sprechen und dadurch mir den Weg zur Mathematik offen zu finden.

Zusammen leben, Zusammenleben.

1962-63. Viel hatten wir, Katja und ich, schon gemeinsam erlebt, gemacht, und durchstanden, als wir im Frühling 1962 heirateten und unsere erste Wohnung bezogen. In den mehr als fünf Jahren seit wir uns eines kalten Dezemberabends zufällig zum ersten Mal begegnet waren, hatten wir uns in zahlreichen Facetten kennen gelernt; und trotzdem war jetzt so vieles anders und wir waren neugierig aufeinander – auf das Zusammenleben, nachdem wir so lange schon zusammen gelebt hatten.

*

Es war ein wirklich rundum neuer Anfang, als wir zum ersten Mal unsere neue Wohnung hoch oben über dem Mazziniplatz in Besitz nahmen. Gerade eben waren wir mit unserer Firma ins Aus gerutscht, hatten sozusagen am Tag der Betriebsauflösung geheiratet und waren beide arbeitslos.

An die ersten Wochen im eigenen Nest erinnere ich mich kaum. Da gibt es wohl auch gar nicht viel Nestbezogenes zu erinnern. Die Zeit war geprägt von hoffendem Suchen, von Bewerbungen und nervendem Warten. Darum und um das knapp werdende Geld haben sich wohl vor allem die Gespräche gedreht, und auswärts unternommen haben wir nicht viel, denn sparen war angesagt. Aber dann bald hatte Katja den Job beim Holzhändler Giongo, gleich bei uns um die Ecke, gefunden und schon kurz später konnte ich bei Zuegg in Lana anfangen. Unser neues Leben konnte jetzt beginnen.

Es war ein schöner Frühsommer. Gut fühle ich noch die milden Abende, die auf unserem Balkon vor der Wohnküche lang wurden. Wir hatten anfangs noch kein Grün dort auf dem Balkon, nur einen kleinen Klapptisch und zwei alte Korbstühle, die ich einem fast befreundeten Trödler abgeschwatzt hatte. Aber wir hatten einen herrlich freien Blick auf begrünte Berge und den Ansatz von Stadtgarten, der sechs Etagen tiefer den halben Mazziniplatz einnahm, und in wolkenlosen Nächten auch auf einen glitzernden Sternenhimmel, der sich frei über uns spannte. Im Radio, das wir hinter der offenen Fenstertür ganz nahe hatten, gab es auf einem der UKW-Sender fast immer gute Musik zu finden. Und wenn wir mal spät abends nicht im Dunkeln sitzen wollten, konnten wir uns vom Licht aus der Küche beleuchten lassen.

Unsere Gespräche – wir hatten immer schon lange, intensiv, vielschichtig und auch in kontroversem Disput miteinander geredet – füllten viel Zeit aus, auch und gerade, wenn wir zwischendurch mutlos waren. Hauptsächliche Themen waren anfangs natürlich die Erfahrungen, die auf uns beide jetzt jeden Tag in neu zu entdeckenden Arbeitsfeldern zukamen, und die sich daraus vielleicht ergebenden Perspektiven. Dazu kamen dann auch, intensiv und hoffnungsvoll, alle unsere Phantasien für das, was wir uns für die noch halbleeren Räume und die kahlen Wände suchen würden, und was wir unternehmen könnten, sobald die Finanzen es erlaubten, und die gelesenen Bücher natürlich und die gerade gehörte Musik, aber auch die wieder neu aufkochenden ethnischen Spannungen und die anstehenden Parlamentswahlen, neuester Klatsch natürlich auch... Themen hatten wir in Mengen und wussten dabei ebenso gut auch stundenlang wortlos mit unseren Büchern beisammen zu sitzen, ohne dass da ein Engel durch den Raum gegangen wäre.

Ein sommerlicher Balkonabend kommt mir in den Sinn, der uns dann noch lange beschäftigt hat. Vom *Festival dei due Mondi* in Spoleto kam im Radio Verdis *Traviata*. Die Festspiele von Spoleto in Umbrien waren damals eine jedes Jahr neu und mit Spannung erwartete Garantie für wenigstens *eine* bedeutende Überraschung in der Musikwelt und diesmal war die Spannung ganz auf eben diese Traviata gerichtet, die der große Regisseur Luchino Visconti inszenieren sollte und für die er ein Aufgebot überwiegend sehr junger, zum Teil völlig unbekannter Sänger angekündigt hatte. Wir waren gespannt, aber keineswegs vorbereitet auf das, was wir in den folgenden Stunden hören sollten: eine neue Stimme der Violetta, die aus einer an sich recht guten Aufführung heraus ragte wie ein Obelisk aus Wüstensand. Schon nach dem *E' strano...* im ersten Akt waren wir sicher, etwas sehr seltenes mitzuerleben: das Debüt einer ganz großen Sängerin.

Den Namen Franca Fabbri hatten wir vorher nie gehört, auf keinem Plattenlabel oder sonst wo je gelesen. Und jetzt drang da aus dem Radio eine Ausdruckskraft, eine Phrasierung, eine Stimme, die in solcher Kombination nahezu unmöglich scheinen wollten. Und es hielt an bis zum Brief im dritten Akt mit dem dann verzweifelt resignierenden *...è tardi!* und bis hin zu den allerletzten Hoffnungsnoten vor dem Schlussakkord. Wir hatten streckenweise die Callas im Ohr, die unsere *Divissima* war, und die wir gerade auch an der Scala erlebt hatten: streckenweise die gleiche Intensität, die unverkennbare Technik des *smorzato* in den verhaltenen Passagen; aber dann ganz eigenständig wieder mit einer kristallinen Helle in der Stimme, die leicht über den Äther kam und uns vor dem Radio doch die Angst anspannte, sie unversehens zerklirren zu hören.

Franca Fabbri. Dieser Name war uns von dem Abend an ein-geprägt und unvergesslich. Die Kritiken, die wir in den Zeitungen finden konnten, gaben uns in ihrem teils sogar überschäumendem Enthusiasmus Recht. Nicht nur wir, *alle* wollten sie wieder hören. Und dann war es doch nicht die große Karriere. Es war vorbei, bevor es richtig anfangen konnte. Noch viele Jahre hat sie gesungen, meist auf kleinen Provinzbühnen, den richtigen Durchbruch aber nie geschafft und nie das werden könne, was ihr jener Juniabend in Spoleto versprochen hatte – und sie uns, an dem Abend auf unserem Balkon.

Sehr selten richteten wir unsere Couchen vor elf Uhr für die Nacht, aber vom ersten Tag an waren wir uns einig, immer gemeinsam und in Ruhe zu frühstücken. Das musste früh sein, weil für uns beide die Bürozeit um acht Uhr anfing, ich aber doch in Lana arbeitete und für die ungefähr 20 km dorthin im Morgenverkehr stets eine gute halbe Stunde brauchte.

Wir hatten kein Tiefkühlfach, aber einen Bäcker gleich gegenüber, bei dem es schon vor sieben Uhr Brötchen gab. Die holte dann, wer von uns zuerst im Bad war. Meist war das die Mücke, weil ich doch *mit Rasieren und so* vorgab, morgens einfach länger zu brauchen, und sie nach dem Frühstück *doch noch einmal* ins Bad konnte, während ich schon auf der Strecke sein musste. Brötchen zu holen wurde so fast nur zum Wochenende mein Job.

Damals gab es in Italien noch die Unsitte der zwei Stunden langen Mittagspausen. Bei Giongo und Zuegg war es nicht anders. Wir beide hatten die gleiche Arbeitzeit, die damals für Büroberufe in Italien allgemein üblich war: 08.00-12.30 und dann 14.30-18.30 Uhr, also 42 Wochenstunden. Die lange Pause war ursprünglich für erholsamen Relax gedacht, erwies sich aber zunehmend als lästig und volkswirtschaftlich unsinnig, je mehr die Arbeitnehmer zunehmend ihre Jobs weitab von ihren Wohnungen hatten. In Firmen, die keine Mensa und keine Ruhezonen für ihre Mitarbeiter hatten, war das Totschlagen der langen Mittagspausen vielmals ein ernsthaftes und wachsendes Problem.

Auch bei Zuegg in Lana war das so. Längst hatte sich das Unternehmen so entwickelt, dass es seinen Mitarbeiterbedarf nicht mehr aus den Ressourcen des vorwiegend bäuerlichen Dorfes decken konnte. Arbeiter und Angestellte kamen aus einem Umkreis von zehn und mehr Kilometern, und ich aus dem noch weiter entfernt liegenden Bozen. An schönen Sommertagen konnten wir es uns unter schattigen Nussbäumen im Fabrikhof gemütlich machen, wo es wie in einem Biergarten ein paar lange Tische und Bänke gab. Aber bei schlechtem Wetter und dann in den kalten Monaten war auch das keine Lösung. Die langen Pausen mit Arbeitseinsatz kurzweilig und sinnvoll zu überbrücken, wie ich das schnell anregte, war auch keine praktische Idee. Die Geschäftsleitung war nicht bereit, so ein Überstundenwesen zu genehmigen, und flexible Arbeitszeiten waren damals noch überhaupt kein Thema.

So kam es, dass wir *besseren* Angestellten, also die, die sich das wenigstens theoretisch leisten konnten, Mittag für Mittag im nahen Wirtshaus zur Traube saßen, das Menü oder sonst etwas aßen und dazu dies oder das tranken, was sich im Monatslauf finanziell durchaus belastend summierte, und dabei unsere Zeit mit Fachsimpeln oder blödem Klatsch vertrödelten, bis wir mit dickem Bauch und drögem Kopf gegen halb drei Uhr wieder an unsere Schreibtische zockelten.

Mir war das schon nach den ersten Wochen zu unerquicklich und auch zu teuer. Und Katja hatte ja auch die zwei Stunden Mittagspause, ihren Arbeitsplatz aber keine fünf Minuten von der Wohnung entfernt. So hat es sich bald eingespielt, dass ich mittags nach Hause fuhr. Wenn ich da kurz nach ein Uhr am Mazziniplatz ankam, hatte die Mücke meist schon etwas Leckeres auf den Tisch gezaubert. Wir konnten in Ruhe essen und uns unterhalten, bis ich dann so zehn vor zwei Uhr zurück nach Lana fuhr. Mir gefielen die Fahrten mit dem Dicken und mich störten auch die gelegentlichen Staus nicht, weil ich ja den Vorteil hatte, mich um die Stechuhr nicht kümmern zu müssen; und immer wieder behauptete die Mücke fröhlich, sich aus dem Kochen keinen Stress zu machen. Ob sich das trotz der zusätzlich verfahrenen Benzinkosten gerechnet hat, haben wir nie ausgerechnet. Unserem Zusammenleben hat es gut getan.

Die Feierabende waren natürlich viel kürzer, als wir sie heute gewohnt sind. Wenn ich in Lana pünktlich aus dem Büro ging, was eigentlich die Regel war, war es doch immer schon gut nach sieben, wenn ich zurückkam.

Da blieb wenig Zeit, etwas zu unternehmen, bevor schon wieder Abendbrot zu bereiten war, zumal wenn es nicht nur ein lieblos schnelles Wurstbrot sein sollte. Das sollte es aber nie sein, weil die Mücke Wurst in jeder Form nicht ausstehen konnte und so zum Abend auf Quark, Jogurt und Salate auswich, wenn uns daran gelegen war, ohne viel Zeitverlust etwas auf dem Tisch zu haben.

Übrigens: In allen unseren Jahren konnten wir uns nie angewöhnen, unter der Woche viel Zeit dem Kochen zu widmen, aber auch nicht, jemals nur belegte Brote oder Brötchen zu konsumieren. Wir wurden bald zu Meistern schnell improvisierter Gerichte. Längere Zeit in der Küche zu stehen, sei es mittags oder abends, das haben wir uns fürs Wochenende aufgehoben. Da konnten wir den Spaß ausleben, auch Raffiniertes zu probieren.

So konnten wir es auch wochentags einrichten, uns doch öfter mal zum Aperitif in der Innenstadt treffen, statt nach der Arbeit sofort zuhause. Obwohl wir in der neu gebauten Peripherie wohnten, brauchte die Mücke zu Fuß ins Zentrum kaum länger, als ich für meine Rückfahrt aus Lana. Und unterwegs konnte sie etwa noch das eine oder andere ansehen und vielleicht kaufen, denn die Geschäfte hatten durchwegs bis halb acht geöffnet. Dem Dicken einen Parkplatz in der Stadt zu finden, war damals nie ein Problem.

Weil uns das Abendessen nie so besonders wichtig war, kam es nicht selten vor, dass wir es einfach übersprangen. Die Mücke und ich waren von frühesten Zeiten an richtige Bücherwürmer und nicht weniger auch passionierte Kinorenner, die versuchten, keinen Film auszulassen, der auch nur in etwa versprechend lockte. Bücher zu kaufen war jetzt finanziell nicht drin. Dafür gab es die Leihbibliothek. Das Kino aber behielten wir bei, auch als wir ganz knapp bei Kasse waren. Und so ergab es sich oft, dass wir in der Innenstadt blieben, bis um neun Uhr die Filme anfingen, und davor nur irgendwo schnell etwas aus der Hand aßen. Da gab es in der Goethestraße eine Konditorei, die an einer Straßentheke gutes Gebäck anbot. Schon früher waren wir dort Stammkunden geworden und sind es gern geblieben.

Oft mussten wir zum Abendessen aber auch zu meinen Schwiegereltern. Anfangs ergab sich das ganz logisch und war uns auch bequem. Wir hatten noch keine Waschmaschine und gern war die Mücke auf Hannis Angebot eingegangen, ihr unsere Wäsche zum Waschen und Trocknen zu bringen. Hinbringen war einmal die Woche fällig und da spielte es sich ein, dass wir natürlich zum Abendbrot blieben. Mit dem Abholen ließ sich dann aber nicht wieder eine ganze Woche warten. Das wäre zu unhöflich gewesen; und so viel Wäsche zum Wechseln hatten wir ja auch nicht, zumal ich meine Hemden täglich wechselte. Also ergab es sich, dass wir nach zwei oder drei Tagen wieder zu meinen Schwiegereltern mussten, wegen der Wäsche, und wieder den Abend dort verbrachten.

Mir war das Angenehme der Sache mit der Wäsche schon bewusst und ich verstand auch durchaus, dass wir nicht einfach den Wäschekorb hinbringen und nach ein paar Tagen wieder abholen konnten. Aber stetig mehr verstärkt fühlte ich den Zwang dahinter, und bei Erzwungenem fand ich mich schon immer gegen den Strich gebürstet. Irgendwann fing ich an, mich in Elektrogeschäften umzusehen und nach den Ratenbedingungen für eine Waschmaschine zu fragen. Viel unserer Zeit, meinte ich, würde das zuhause Waschen nicht kosten und zu bügeln hatten wir das von der Schwiegermutter Gewaschene auch jetzt schon, wobei wir von Anfang an übereingekommen waren, dass ich meine Hemden selber bügelte, wie ich das ja seit Jahren schon gewohnt war.

Aber die Mücke wollte keine Waschmaschine. Die Ratenbelastung dafür sei blödsinnig, zumal noch so vieles in der Wohnung fehle, was nun wirklich dringender wäre. Und dabei blieb es dann. Erst langsam, sehr langsam ist mir aufgegangen, dass es gar nicht um die Waschmaschine ging. Der Mücke fiel es schwer, sich von ihrem alten Zuhause zu lösen.

Damals, in unseren ersten Monaten als eigenständiges Paar, versuchte ich, das zu akzeptieren und damit klar zu kommen. Mir lag daran, obwohl oder vielleicht gerade weil ich selbst mich gefühlsmäßig längst schon von meiner Familie abgesetzt hatte. So richtig verstehen konnte ich Katja in diesem Punkt aber nicht, wenn ich mir auch einredete, es zu versuchen. Sie war doch jahrelang ständig ausgebeutet worden von den ihren, hatte das ewig lautstarke und sich auch über Tage hinziehende Streiten der Eltern verabscheut, war auf ihren Vater sauer wegen der Art, wie er immer wieder versucht hatte, sie fast schon auf altsizilianische Weise zu versklaven, und auf die Mutter wegen deren Egozentrik, die sich gerade kürzlich wieder beim Job im Bücherladen gezeigt hatte. Trotzdem! Ganz offenbar fiel es Katja schwer, sich abzunabeln. Und ich tat mich schwer damit, das so zu akzeptieren.

Im frühen Herbst 1962 bekam die Mücke ein Angebot, das völlig unerwartet kam und angetan war, höchste Freude auszulösen. Eine meiner Cousinen, Ricki Schöpfer, arbeitete beim deutschsprachigen Sender Bozen des staatlichen Rundfunks RAI. Sie kam auf die Mücke zu mit der Nachricht, dass man eine Sprecherin suchte: für eine tägliche Morgensendung, mit angenehmer Mikrophon-Stimme und zumal auch in der Lage, völlig ohne dialektalen Zungenschlag zu sprechen. Ein Termin zum Vorsprechen war schnell vereinbart. Nach den ersten drei Sätzen am Mikrophon wurde Katja der Job angeboten. Sie sprach ja auch ungefärbtes Deutsch, was in Bozen zur absoluten Ausnahme gehörte, und das mit wohl temperierter Stimme.

Es war ein projektbezogener Vertrag für *Guten Morgen*, der Sendung zum Aufwachen, die von Montag bis Freitag von 6.30 bis 7.00 Uhr ausgestrahlt wurde. Der Sender lag am Mazziniplatz, im rechten Winkel zu unserem Wohnhaus, gerade bei unserem Haustor hinaus und ins benachbarte hinein zu gehen. Und es reichte, wenn Katja nur etwa eine knappe Viertelstunde vor Sendebeginn kam, um das vorbereitete Tagesmanuskript kurz einmal zu lesen.

Natürlich hat die Mücke angenommen. Begeistert. Es war ja auch ein Durchbruch gegen alle, die sie in den Jahren als eine *Zugezogene* und damit nicht *Dazugehörende* behandelt hatten. Das frühe Aufstehen schreckte sie gar nicht, jetzt im

Augenblick der ersten Freude. Und der übrige Tagesablauf brauchte sich nicht zu ändern.

So stand Katja also die ganze Woche über gegen sechs Uhr auf, während ich mich nochmals kuschelig umdrehte, ging zehn nach sechs zum Sender und kam kurz nach sieben mit frischen Brötchen wieder. Dann hatten wir fast eine halbe Stunde für unser gemeinsames Frühstück, bevor ich zur Arbeit nach Lana fuhr und sie nochmals ins Bad ging. Ihr Job beim Holzhändler lief dann in unveränderter Arbeitszeit ab wie vordem. Damals haben wir uns angewöhnt, am Wochenende auszuschlafen, erst so um zehn Uhr gemütlich zu frühstücken und samstags dann so gegen elf zusammen einkaufen zu gehen.

Damals ist uns eine Maus zugelaufen. Sie war ein freundliches Tier, das bald auch einen Hamster mitbrachte, der an starkem Asthma litt und von ihr geduldig gesund gepflegt wurde. Bald gehörten Maus und Hamster unverbrüchlich zu uns und wurden uns ausgleichende, aufmunternde Freunde in unserem Alltag.

Die Maus war ein recht freches Ding und hatte das Privileg, alles sagen zu dürfen – zumal auch das, was ihr nicht passte oder einfach nicht richtig schien. Dabei machte sie keine Ausnahme, ob es um mich ging oder um die Mücke. Sie sagte, was irgendwie im Raum stand, und sie machte das so direkt mit ihrer piepsigen Stimme, dass wir meist schnell zum Lachen kamen, womit die Sache meist erledigt und die Maus ihr Ziel erreicht hatte.

Der Hamster war dagegen ein sehr gemütliches Tier, mit Übergewicht, was wohl die Ursache des früheren Asthmas gewesen war, und mit der Neigung, alles positiv zu sehen, solange noch gutes Essen in Sicht war. Wenn die Maus mal allzu spitz und ausfällig wurde, mischte er sich manchmal grummelnd ein und konnte mit oft nur einem Satz ihr vielleicht Überzogenes oder gar Verletzendes relativieren und glätten. Und wenn gelegentlich negative Situationen oder Nachrichten auf uns zukamen, dann reichte oft des

Hamsters gutmütig vor sich hin gebrummter Kommentar, dem ersten Schock die Spitze zu nehmen.

Maus und Hamster haben uns auch später treu begleitet, wo immer wir hingingen, und oft genug waren sie verlässlich da, wenn es im Gebälk bei uns mal knirschte.

Im Frühsommer 1963 dann aber der Schock: Die Mücke fing an, immer schneller zu ermüden, und es gab Tage, an denen sie am liebsten nur einfach herumhängen wollte. Sie kannte diesen Zustand aus ihrer Kindheit und ich hatte ihn gerade vor ein paar Jahren erlebt. Entsprechend allarmiert waren wir, und vom Arzt kam dann auch die gefürchtete Sentenz: Schatten auf dem linken Lungenflügel.

Das war ein Anflug von Tbc, ganz eindeutig und ohne viel darum herum zu reden. Der Schreck saß tief. Sofort standen uns die mehr als zwei Jahre vor Augen, die Katja als Elf- und Zwölfjährige in den Sanatorien am Heuberg und in Isny auf Heilung hoffend verbracht hatte. Die Mottenburg in Brixen lebte uns wieder auf, der ich ja mit viel Glück schon nach etwa fünf Monaten entrinnen konnte. Wir malten uns die Zukunft bedroht und düster.

Was da geschehen war, war dabei durchaus klar: Die Mücke hatte sich doch zuviel zugemutet. Nie gingen wir vor elf Uhr und oft auch erst gegen zwölf ins Bett, und häufig nicht, um dann gleich einzuschlafen. Aber um viertel nach sechs Uhr musste die Mücke beim Sender sein, hellwach und mit fröhlicher Stimme. Dann der Holzhandel von acht bis mittags; schnell kochen, wobei uns abwechslungsreiches Essen durchaus lieb war; anschließend bügeln, oder was der Haushalt sonst immer wieder so brauchte, um ihr auch für eine kurze Siesta keine Zeit zu lassen; und wieder bis halb sieben der Bürojob, der ihr, die ja die einzige Angestellte in Giongos Betrieb war, streckenweise oft so viel abverlangte, dass es durchaus eine zweite oder gar dritte Mitarbeiterin gebraucht hätte.

Wir hatten ein langes Gespräch mit Dr. Martelli, dem Facharzt, der uns beide schon gut kannte. Er zeigte sich froh darüber, dass die Bedrohung schon im Anfangsstadium erkannt war. Eine Einweisung in die Mottenburg hielt er nicht für nötig, zumal noch keine Ansteckungsgefahr bestand. Aber sofort ein Medikamentenzyklus und... Ruhe. Jetzt kürzer treten war von ihm angesagt, dringlich und nicht ohne Härte.

Gemeinsam mit ihm gingen wir Katjas Tageslauf durch. Der Rundfunk am frühen Morgen war zu vergessen, wenn wir nicht beschwören wollten, alltäglich schon um zehn zu Bett zu gehen und dann auch gleich zu schlafen. Und ebenso zu vergessen war die Hektik, jeden Mittag voll zu kochen und dann noch Hausarbeiten zu machen, bevor es schon wieder für den ganzen langen Nachmittag ins Büro ging. Eine Stunde Siesta im Liegen hat er stattdessen verordnet und er brauchte keinen drohenden Unterton, um voll verstanden zu sein. Auch mit ihrem Chef sollte die Mücke eindeutig sprechen: Entweder eine Zusatzkraft, die wenigstens die häufigen Botengänge zu den Banken in der Innenstadt und die Ablage übernehmen sollte, oder Katja musste auf den Job verzichten.

Die Forderungen waren hart. Die Rundfunksendung aufgeben zu müssen, traf Katja fast so schwer wie sie der Tbc-Befund getroffen hatte; und doppelt heftig war es ihr, als sie erlebte, wie bestürzt bedauernd Kollegen und Direktion ihren Abgang kommentierten, zu verhindern suchten und mit den Wünschen baldiger Rückkehr begleiteten. So bald wie möglich sollte sie sich auf jeden Fall wieder zurückmelden. Und bei der Besetzung von Hörspielen wollte man inzwischen zusehen, sie zu berücksichtigen. *Ganz sicher!* Geworden ist daraus nie etwas.

Mit Giongo hingegen war es leichter als vermutet. Natürlich war auch er bestürzt, dabei aber nun keineswegs ängstlich, selbst auch angesteckt zu werden, was ja schon mal eine nicht ganz alltägliche Reaktion war. Auch den Vorschlag, eine zusätzliche Kraft einzustellen, nahm er anders auf, als von uns befürchtet. Er selber habe schon öfters daran gedacht, weil doch auch er gesehen habe, wie sich Katja abstrampelte, ohne auch nur einmal eine kurze Pause zu machen; und wenn es hilfreich sein könnte, dann möge Katja doch morgens eine halbe Stunde später anfangen, oder abends entsprechend früher gehen; mit einer zweiten Mitarbeiterin würde das sicher gehen, natürlich ohne Kürzung an Katjas Gehalt. Erstaunen bei uns, dankbare Gedanken! Und noch am selben Tag bekam Katja den Text für eine Stellenangebotsanzeige, den sie für die nächste Samstagsausgabe aufgeben sollte.

Wir haben uns umgestellt, wobei das von der Mücke am nachhaltigsten Vermisste ihre Rundfunksendung war. Jetzt blieb ich über Mittag wieder in Lana, aß am Schreibtisch gut belegte Brote, oder ging mit Norbedo und ein paar anderen in die Traube. Die mir ständig bohrende Problemfrage war dabei, ob die Mücke zuhause auch richtig etwas essen würde. Sie müsse tüchtig zulangen, war Dr. Martellis Gebot. Aber ich kannte sie. Für sich allein eine Mahlzeit zu bereiten und die dann alleine vor sich hinzumampfen, war nicht ihr Ding, und belegte Brote zu Mittag waren auch nicht das Richtige, weil sie ja Wurstwaren jeder Art nun einmal nicht verknusen konnte. Sie beruhigte mich; sagte sie würde schon essen; brachte das auch recht überzeugend, wobei ich natürlich wusste, wie sehr sie den Gedanken, doch in ein Sanatorium zu müssen, verabscheute, und wie sehr ihr selbst daran gelegen war, möglichst schnell wieder voll auf dem Damm zu sein. Aber meine Zweifel blieben und nagten Mittag für Mittag.

Der Gedanke, uns eine Waschmaschine zu kaufen, war jetzt natürlich für unabsehbar auf Eis gelegt. Immer noch brachten wir die Wäsche zu Hanni und damit hatten wir stets wenigstens zwei Abende der Woche bei Katjas Eltern zu verbringen. Das war schon mal ein Programm für sich. Jetzt aber kam auch bei denen die Besorgtheit dazu und damit der Wunsch, nicht mehr nur mit der Wäsche sondern auch sonst noch helfen zu können.

Die Hanni war eine gute Köchin und sie kannte die Vorlieben ihrer Tochter. Ihr Vorschlag, ihr immer wieder mal etwas für das Mittagessen vorzukochen und uns in Tupperschüsseln mitzugeben, fand ein freudiges Echo bei der Mücke und auch ich hielt die Idee für gut, wenigstens zu Anfang. Nicht vorausgesehen hatten wir dabei wohl beide den Druck, den die Hanni nun machen würde, der Mücke nicht nur für etwa zwei Tage in der Woche etwas vorzukochen.

Hätten wir ein Tiefkühlfach bei uns zuhause gehabt, wäre das sicher ein gern akzeptierter Vorschlag gewesen. Aber wir hatten keines. Und so bedeutete es, dass wir nun wöchentlich doch wenigstens noch ein drittes Mal zum Abendessen kommen mussten, und natürlich konnten wir dann nicht gehen, sobald der letzte Bissen eingeschaufelt war. Und schnell hat es dann auch wirklich begonnen, sich so einzupendeln, dass wir etwa die Hälfte unserer Abende bei meinen Schwiegereltern waren, wenigstens bis gegen neun Uhr, wenn die Abendvorstellungen der Kinos anfingen, die oft unsere erfolgreichen Ausreden wurden, auch wenn wir dann gar nicht in den Film gingen.

Ich hatte Mühe, damit klar zu kommen, was natürlich auch zu Spannungen zwischen uns beiden, Katja und mir, geführt hat.

Und noch etwas war belastend dazu gekommen.

Gleich zu Anfang unsres neuen Lebens, kurz nachdem wir beide wieder einen Job hatten, haben wir uns überlegt, den Englisch-Kurs bei Bryn wieder aufzunehmen. In der Melida-Krise hatten wir ihn aufgegeben, weil wir das Frühjahrs-Quartal nicht hätten bezahlen können.

Aber dann, als wir wieder Jobs hatten, kamen bald die Sommerferien. Und als die Kurse im Herbst neu anfingen, hatte die Mücke gerade mit dem Rundfunk am frühen Morgen begonnen und wir wussten, dass wir nach den Unterrichtsstunden immer mit Bryn und ein paar anderen noch in einer Kneipe landen würden und auch, dass es dann allemal sehr spät zu werden drohte. Wir haben es beredet, darauf verzichtet.

Unserem Freundeskreis hat das nicht so gut getan. Wir hatten uns schon sehr zurückgezogen, als die Probleme mit Melida anfingen, sich zuzuspitzen. Dann, arbeitslos, hatten wir uns fast völlig abgekapselt und damit sicher auch so manche vergrätzt. Wie auch immer... wir sind ziemlich allein gewesen in diesen ersten zwei Jahren unseres häuslichen Zusammenlebens – und wir haben nichts vermisst.

Ein Freudentag war es aber dann, als Dr. Martelli im noch sonnigen September Tbc-Entwarnung gab.

Zum dritten Mal im Abstand von je zwei Wochen hatten die Röntgenbilder nun keine Schatten oder andere Unregelmäßigkeiten mehr gezeigt. Die Attacke schien gebannt. Dr. Martelli hielt sie für richtig und dauerhaft zurückgeschlagen und besiegt, wobei er allerdings doch sehr darauf hinwies, dass Leichtsinn jetzt nicht angesagt und jede Art von Überanstrengung zu vermeiden seien. Daran haben wir uns gehalten, so gut es eben ging, aber auch lange Jahre nachher lag uns der Schreck noch so in den Knochen, dass bei jedem Anzeichen einer Erkältung oder auch etwa einer ganz normalen Ermattung unsere Alarmglocken schrillten. Es ist immer bei glücklichem Fehlalarm geblieben.

Fragen tun sich auf.

1963, Sommer und Herbst. Seit gut einem Jahr war ich nun bei der C.&A. Zuegg AG, in Dr. Norbedos Marketing-Team. Es war ein Jahr intensiven Lernens gewesen, in vielem auch ein Jahr des Umschwungs und eines, in dem mir etliches an Freiraum für eigenverantwortliches Vorgehen gegeben und Anerkennung keine Rarität war. Nahe liegend war es, jetzt dort beruflich Wurzeln zu schlagen und auf konsolidierte Langzeitkarriere hinzuarbeiten.
Aber war es das nun? Sollte es das nun sein?

*

Zum ersten Mal hatte ich einen Arbeitsplatz, an dem mit Geld großzügig umgegangen wurde. Die Zuegg AG konnte einigermaßen aus dem Vollen schöpfen und die Chefetage war nicht knauserig. So brauchte es etwa nur einen kurzen Hinweis, dass ich gern ein Fachseminar beim BDI in Frankfurt etwa über Wettbewerbshürden im EWG-Raum besucht hätte, und schon war das Sekretariat angewiesen, die Teilnahmegebühr zu überweisen und mir ein Hotel zu buchen. Mehrfach kam ich zu Gelegenheiten solcher Art. Nicht nur bei der Fachbibliothek ist es also geblieben, für die Norbedo gesorgt hatte.

Als ein besonderes Glück war dazu gekommen, dass ich von Anfang an in das Großprojekt *Fruttaviva* voll eingebunden war. Es geschieht ja nicht so häufig, dass ein Projekt der Neuentwicklung ansteht, das in der Zielsetzung schon als zukunftsentscheidend für das Unternehmen angesetzt ist.

Doch nun, im Sommer 1963, war Fruttaviva in den Markt gebracht. Mit der Kirschenernte im Juni hatte es begonnen. Längst waren die Gläser der neuen, verbrauchsfreundlicher Form geliefert, die Andrucke der Etiketten auch für die Sommerfrüchte abgenommen und das neuartig attraktive Displaymaterial war mit seinen Einsatzplänen der Lagerverwaltung übergeben. Auch die Werbekampagne war nun angelaufen. Schritt für Schritt hatte ich verfolgen und daran mitarbeiten können, wie so eine flächendeckend angelegte Kampagne professionell konzipiert, getextet und gestaltet, durch Vortests geprüft und entschieden wird; und mit welchen Techniken dann ihr Einsatz in optimaler Kombination von Medien und Einschaltfrequenzen geplant, gebucht und durchgezogen wird.

Meine Neugier auf jedes einzelne Detail hatte mich dazu gedrängt, an möglichst allen fachbezogenen Sitzung mit einbezogen zu sein, gleichgültig, ob das nun Meetings mit den Gestaltern der Packungen und Displays vom Studio Orsini waren, Treffen mit Peter Quayle und seinen Mitarbeitern der Werbeagentur, oder die Termine der Geschäftsleitung, bei denen die einzelnen Schritte präsentiert, diskutiert und entschieden wurden. Dass ich fast stets dabei sein konnte und schnell auch aktiv in die oft überraschend hitzigen Debatten eingebunden wurde, dafür hatte ich Norbedo zu danken. Er hatte meine Bitte darum sofort akzeptiert. Ebenso gut hätte er ja auch meinen können, dass es besser wäre, meine Arbeitszeit für operative Aufgaben *nutzvoller* zu verwenden.

In den ersten zwei Augustwochen hatten wir Betriebsferien bei Zuegg. Katja und ich fuhren für ein paar Tage nach Freiburg. Gisela und Heinz hatten uns wieder einmal dorthin eingeladen. Es war eine Unterbrechung, eine Pause, die sich zufällig ergeben hatte und doch gerade richtig in eine Zäsur fiel, die abzusehen gewesen war.

Die letzten Wochen hatten gezeigt, dass nun wohl eine Zeit von reiner Routinearbeit auf mich zukommen sollte. Die monatelange, verschiedenartige und teils auch hektische Entwicklung war abgeschlossen. Jetzt ging es nur noch darum, die Werbeschaltungen, deren Druckqualität und Positionierungen zu verfolgen und, wenn nötig, bei der Agentur zu monieren, auf Fragen oder auch Kritiken vom Vertrieb und aus dem Markt zu antworten und... Statistiken der Verkäufe gebietsbezogen zu führen, mit den Prognosen abzugleichen, in fernere Zukunft zu projektieren.

Recht viel mehr war da nicht zu tun und auch Norbedo wusste nicht, was er mir Interessanteres anbieten konnte. Er selber tendierte nun dazu, sich hinter seinem Schreibtisch zu verschanzen und stundenlang seine Papierbögen mit zierlicher Schrift und komplizierten Diagrammen zu füllen. Er hatte offensichtlich Neues im Kopf, in embryonalen Konzepten, war aber noch nicht bereit, darüber auch zu sprechen.

Fragen fingen da an, sich mir zu stellen. Zukunftsfragen. Und die Urlaubsfahrt nach Freiburg war gerade zur rechten Zeit gekommen, um nachzudenken und auch mit Katja darüber zu sprechen.

Mir war völlig klar, dass so ein Großprojekt wie Fruttaviva sich in einem doch nur mittelständischen Unternehmen wie Zuegg nur alle paar Jahre ergeben kann, höchstens; dass Konsolidierung viel wichtiger war als stetige Hektik, zumal wenn einmal eine gute Basis für mittelfristig nachhaltigen Erfolg geschaffen war; dass der industrielle Alltag überwiegend von täglich immer wieder gleicher Routinearbeit ausgefüllt zu sein hatte und die Glanzmomente spannender Anforderungen nur eher selten ihren Auftritt bekommen konnten.

Mir war auch durchaus und in jedem Augenblick bewusst, wie hoch der Arbeitsplatz einzuschätzen war, den ich mir da mit viel Glück geschnappt hatte, und der sich nicht nur weitgehend sicher anfühlte, sondern mir zudem auch Freiheiten ließ und Möglichkeiten gab, die ich anderswo so kaum erwarten konnte. Und auch an das gute Geld, das ich da verdiente, dachte ich bewusst. Die finanziellen Probleme von Melidas Zeiten und der arbeitslosen Monate waren noch zu frisch in der Erinnerung.

Aber all dem standen die Fragen entgegen, die begonnen hatten, sich in meinem Kopf zu drehen.

Konnte ich mir ein Leben mit von Routine geprägtem Arbeitsalltag vorstellen? Sollte das mitsamt der damit wohl verbundenen Sicherheit mein Ziel sein? War es mir denkbar, die Arbeitstage von einem Jahresurlaub bis zum nächsten zwischen siedendem Obst und statistischen Blättern zu verbringen, nur gelegentlich etwa mit der Abwechslung, eine kleine Innovation für Sonderangebote auszuhecken, oder über die nächste Jahresplanung nachzudenken.

Und, auch das schlich sich mir bohrend in den Kopf: War ich bereit, mich auf Dauer hier zu sehen? Hier, zwischen den Bergen? Hier, wo die Leute heimelig *‚Bei ins drinnen'* sagten, wenn sie ihr eng umgrenztes Ländchen meinten, und es fast fröstelnd *‚Draußen'* nannten – auch *‚Draußen im Reich'* und *‚Unten bei die Walschen'*, je nachdem, ob sie nun die Welt nördlich der Brennerberge oder südlich von der Salurner Klause meinten? Hier, wo Kasten und Klassen festgeschrieben und die Zugehörigkeiten betoniert waren?

Es waren nicht nur Fragen, die sich aus momentaner Langeweile ergeben hatten, wie sie fast unvermeidbar aufkommt, wenn zwischendurch mal ruhiges Gewässer auf hektische Stromschnellen folgt. Ich fühlte, dass da etwas Existentielles bohrte, und dass es jetzt an der Zeit war, mir Antwort zu finden.

Was hatte ich denn werden wollen?

Vom Tag meines Abiturs an hatte ich daran nicht mehr denken können. Da hatte mich der plötzliche Tod meines Vaters in dessen Fußstapfen gedrängt, um kurzfristig Mutter und Geschwister zu ernähren. Und dann, nach meiner ebenso ungeplanten TBC-Pause, hatte sich mein Leben so irgendwie dahin mäandert, mehrheitlich jeweils gerade dem folgend, was sich an Chancen recht zufällig in Griffnähe ergeben hat. Jetzt hatte ich die Muse, mir dazu mal Gedanken zu machen. Und mehr und mehr wurde mir dabei klar, dass ich mich nicht ewig in Marmeladedämpfen, unter beengenden Bergen und zwischen überwiegend selbstgefälligen Betonköpfen sehen konnte, um Tag für Tag in etwa das Gleiche zu erleben, zu tun und bald wohl auch zu denken.

Es war an der Zeit, mir klar zu machen, was ich denn wirklich aus meinem Leben machen wollte.

An meine frühen Jahre erinnerte ich mich und überlegte, was ich da wohl für Berufsträume gehabt hatte. Es gab nicht viel darüber nachzudenken. Journalist hatte ich werden wollen, möglichst unter Henri Nannen oder beim Spiegel; oder Fotoreporter auf den Spuren von Robert Lebeck; oder auch Regisseur beim Film, nicht am Theater. Es war lächerlich, darüber weiterhin zu grübeln. Schon vor dem Abitur hatte ich aus meiner Umwelt heraus nie auch nur die kleinste Chance dazu gehabt, und jetzt, ich war inzwischen Fünfundzwanzig geworden und verheiratet, war daran erst recht nicht mehr zu denken. Klar wurde mir aber, dass es jetzt, und jetzt wohl zu allerletzt, noch offen war, ob ich mein Leben so weiter laufen lassen oder doch noch aktiv anders gestalten sollte.

Die sich anbietenden Alternativen sah ich ganz eindeutig festgelegt: Zuegg, und eines fernen Tages vielleicht der Schreibtisch, nie das Gehalt aber von Dr. Ernesto Norbedo; oder Aufbruch, noch einmal wieder, und hinein in einen mir völlig neuen Beruf, etwa in einen, an den ich vorher nie so recht gedacht hatte.

Die eine der Alternativen war also: Bleiben – und damit die Option auf relative Sicherheit in abgestecktem Umfeld und vorprogrammierter Routine, aber zugleich auch mit dem Wissen, dass Zuegg bindend war, weil es im ganzen Umkreis nur einen Zuegg und kein weiteres ähnlich großes und damit infrage kommendes Industrieunternehmen gab. Alternativ: Weggehen – und nochmals ein Wagnis eingehen, ganz anderswo, mit aber einer vielleicht dynamischeren und damit verstärkt anreizenden, dabei absehbar aber völlig unsicheren Perspektive. Andere Möglichkeiten kamen nicht infrage. Für anderes fehlten einfach die Voraussetzungen.

Was konnte, was mochte ich werden und dann sein? Das war die sich jetzt stark und stärker in den Vordergrund drängende Frage.

Ich hatte keine Ausbildung, unterwegs aber eine Menge gelernt. Das, was man einen Beruf nennt, hatte ich nicht. Und wenn es die Voraussetzung für einen ehrbaren Beruf war, oder auch nur dessen vorgegebenes und unentrinnbares Wesen, Tag für Tag und immer mehr und mehr stets dasselbe und für ewig die gleichen Menschen in unveränderlichem Umfeld zu tun, dann wollte ich auch keinen Beruf haben.

Ich wusste, dass ich meinen Blick über die engen Bergkämme rundum hinweg lenken musste. Schon allein der Gedanke daran war ein Wagnis. Sollte ich mich darauf einlassen? *Ja doch* – rief es in mir – *aber wohl bedacht!* Falls ich mich jetzt noch einmal für ein Wagnis entscheiden sollte, dann hatte es eine solide, handfeste und rundum überzeugende Argumentationsbasis zu haben.

Kein Ritt ins Blaue!

Und so liefen meine Gedanken über die Felder, die ich kannte; zumal über die letzthin und gerade jetzt eben kennen gelernten.

Norbedo hatte ein Institut für Markt- und Meinungsforschung aufgebaut und geleitet, das mit einem anderen Finanzchef solide und erfolgreich floriert hätte. Er hatte im Prinzip keinen Beruf, denn den eines Markt- und Meinungsforschers gab es damals nur an sich, nicht aber als ausgewiesenen solchen. Das war mir schon mal ein Ansatz. Aber die Idee, nun lebenslang nur zu forschen, Meinungen und Daten zu sammeln, um sie dann irgendwie zu interpretieren und vorzutragen, konnte mir kein professionelles Ziel sein.

Fasziniert haben mich hingegen die Arbeitsfelder von Vittorio Orsini und Peter Quayle: Packungsgestaltung und Werbung in deren breitem, vielschichtigem Umfeld.

Erste, zögerliche und durchaus laienhafte Schritte auf diesen Gebieten hatte ich schon mit und für Melida improvisiert. Hier nun, in den Projektmonaten der Entwicklung von Fruttaviva, versuchte ich, so tief und umfassend wie möglich darin vorzudringen. Der Fundus für Bücher war noch unbeschränkt verfügbar und ich bestellte, las, fraß geradezu alles, was dazu bei deutschen und italienischen Verlagen an Fachliteratur in den Katalogen stand. Auch während der Arbeitszeit natürlich, was durchaus Norbedos Erwartungen entsprach.

Gerade damals, in den frühen 60er-Jahren, waren viele zumal amerikanische Fachtitel nach Europa gekommen, dem Kontinenten, der in den Bereichen Markengestaltung und der Markenkommunikation noch immer, anderthalb Jahrzehnte nach dem Weltenbrand, sehr viel aufzuholen hatte. Vor allem die US-Pioniere von *Design, Advertising* und *Packaging* hatten von ihren Erfahrungen in den Berufen geschrieben, die sie weitgehend selbst mit erfunden und entwickelt hatten. David Ogilvy, Ernest Young, Howard Gossage, Raymond Loewy und wie sie alle hießen, waren nicht nur Praktiker, sondern auch mitreißende Lehrmeister ihres neuen Metiers. Ernest Dichter hatte die Motivforschung entwickelt und ihr den Durchbruch zu anerkanntem Fachgebiet gebracht. Die Erfindung von Edwin H. Land, Polaroid, hatte neues Potential in die Werbefotografie getragen, und die Vorreiter der innovativen Möglichkeiten waren begeisterte Verbreiter ihrer Erfahrungen. Da war eine neue Welt in den Büchern. Eine Welt, die für sich lockte.

Aber die Bücher kamen mir erst an zweiter Stelle. Vor allem fesselte mich, was ich von all dem Neuen hautnah erleben konnte. So war es für mich von Mal zu Mal elektrisierender, wenn die Werbeagentur oder das Designstudio mit neu ausgearbeitetem Material und weiter entwickelten Ideen kamen. Schritt für Schritt konnte ich von Norbedo hören, wie er seine Zielsetzungen präzise formulierte und auch im Einzelnen begründete. Ich konnte sehen, wie diese *Briefings* dann umgesetzt wurden und vor allem auch, ob etwas an Neuem zusätzlich von den externen Fachleuten dazu gekommen und eventuell was und mit welchen Argumenten der Präsentation.

Weil ich dazu immer auch noch die Gelegenheit hatte, das Ganze mit Norbedo anschließend durchzudiskutieren, hat es nicht lange gedauert, bis ich soweit war, meine eigenen

Ansichten und Vorschläge in die Fachrunden einzubringen, wobei ich zügig dahinter kam, wie wahnsinnig viel ich da noch zu lernen hatte. Fast überrascht habe ich dabei aber auch recht schnell bemerkt, wie sehr es dem einen und dem anderen der Experten mangelte, bestimmte Gegebenheiten und deren Auswirkungen *von A bis Z* gedanklich zu verfolgen und bis zum Ende durchzuspielen. Das nun hatte ich aber von *meinen* Patres im Gymnasium sosehr eingetrichtert bekommen, dass es mir ganz spontan kam. Und es hat nicht lange gedauert, bis mir klar wurde, dass gerade *das* im Metier der Ideen, der Visionen und der Hirngespinste eine der ganz wichtigen Stützmauern war.

Besondere Freunde habe ich mir mit meiner Fixierung auf mein oft Wiederkehrendes *"... und dann?"* schon damals nicht gemacht. Und auch nicht damit, dass von mir so manches Mal kam *"... wenn so, dann wird damit zu rechnen sein, dass..."* und dazu dann irgendein Aspekt, der in seiner Art doch nicht ganz so wünschenswert war. Die Agentur- und die Designleute lenkten dann meist ein, ganz augenscheinlich bemüht, sich keine Blößen zu geben und, vor allem, den Kunden nicht zu vergrätzen. Dem Ärger über mich Naseweis konnten sie ja auf der Rückfahrt nach Mailand oder Novara freien Lauf lassen.

Anders dagegen Karl Zuegg, dem wir, Norbedo und zunehmend auch ich, die Schritte und Fortschritte zu präsentieren hatten. Nicht selten kamen von ihm da zusätzliche Wünsche oder auch die Forderungen nach ganz anderem. Hat es sich bei solcher Gelegenheit dann mal ergeben, dass ich mit meinem *"Wenn so, dann wird..."* kam, konnte er sich nicht enthalten, kalt zurück zu pfeifen *"Woher wollen denn Sie das wissen?"* – und damit jeden weiteren Ansatz zu ersticken. Norbedo hatte da dann doch immer wieder mal beschwichtigend zu rudern.

Nicht nur das, was die beauftragten Experten an Entwürfen und Plänen mitbrachten, bekam ich zu sehen, sondern auch ihre Verträge und ihre Abrechnungen.

Einigermaßen verblüffend fand ich dabei das amerikanisch geprägte Vertragswerk der Werbeagentur, das Peter Quayle vorgelegt hatte. Es umfasste so mindestens an die fünfzehn Seiten, die überwiegend den Verpflichtungen des Kunden und den Haftungseinschränkungen der Agentur gewidmet waren. Dagegen nahm sich der Vertrag Orsinis schon nahezu spartanisch aus. Auf nur knapp zwei Seiten war der Auftrag beschrieben, das zu Entwickelnde und Liefernde aufgelistet und dass es dabei für alle Kosten einen Voranschlag zu geben habe. Ein bisschen detaillierter zu sein, hätte *dem* Schriftstück sicher gut getan.

Da lernte ich: Bis die ersten Kosten der Werbeagentur zur Abrechnung anfielen, hatte Zeit zu vergehen. Vorarbeiten wurden in dieser Branche nicht Zug um Zug bezahlt. Geld gab es erst, wenn die Zeit reif für die Erstellung der Druckunterlagen gekommen, eine Kampagne somit am Anlaufen war und bald auch die Medienrechnungen anfangen würden, ins Haus zu kommen.

Anders aber bei Orsinis Packungsgestaltung und den koordinierenden Displays für Schaufenster und Regale. Da war vereinbart, dass Element für Element und Schritt für Schritt abzurechnen und zügig zu bezahlen waren. Und so dauerte es nicht lange, bis ich die ersten Studiorechnungen auf dem Tisch hatte. Sie waren ein Schock für mich, zumal ich vorab keine Kostenvoranschläge gesehen hatte. Hatte Norbedo sie mir nicht gegeben? Waren etwa gar keine gestellt worden? Wie dem auch immer, da standen nun Beträge, die mir wie *Wunschträume an das liebe Jesulein* vorkamen.

Dass in der Branche anständig verdient wurde, hatte ich gewusst. Wie viel das aber im Konkreten war, davon hatte ich keine Ahnung. Und jenseits meiner Vorstellungen hatte gelegen, wie hoch dabei anscheinend belanglose Leistungen zu Buche schlagen konnten.

Nur ein Beispiel für alle: Orsini hatte vorgeschlagen, als Schaufensterdisplay die Fruttaviva-Packung 50cm hoch zu reproduzieren und aus robuster Pappe zu fertigen. Da war nun wirklich kaum eine kreative Leistung dabei und lediglich eine Skizze im Maßstab eines Schaufensters zur Illustration des Vorschlages erstellt. Der Honorar-Betrag, der für Idee und Skizze dann auf der Rechnung stand, war gut dreimal höher als ein Monatsgehalt von mir. Finale Druckunterlagen und die Auflage selber kamen extra noch dazu.

Natürlich hinkte der Vergleich mit meinem Monatslohn. Mir war das schon irgendwie klar. Besonders leicht ist es aber auch Norbedo nicht gefallen, mir zu verklickern, dass diese Abrechnung, so wie alle übrigen auch, *durchaus* gerechtfertigt war, und mir das auch noch zu begründen. An einem gewissen Punkt habe ich es, also den Mechanismus, dann aber doch verstanden. Hängen geblieben ist mir allerdings die Erkenntnis und Überzeugung, dass da sattes Geld zu verdienen war – mit relativ kleinem Einsatz und geringer Verantwortung.

In den Nachkriegsjahren von Italiens Wirtschaftswunder – *auch das hat es gegeben!* – hatten einige der großen und in ihrem Heimatland schon traditionsreichen amerikanischen Werbeagenturen Niederlassungen in Mailand gegründet und begonnen, mit viel Pioniergeist werblich unerfahrene Kunden zu gewinnen und Mitarbeiter aufzubauen. Und auch ein paar besonders motivierte Italiener hatten letzthin angefangen, mit eigenen Agenturen und Designstudios zu starten.

Noch aber war die italienische Szene klein. Gar nicht zu vergleichen mit dem, was man aus England hörte, und auch bei weitem nicht mit Deutschland, wo Werbung bereits zwischen den beiden Kriegen zu professioneller Realität geworden war und sich neben den amerikanischen Urgesteinen schon eine ganze Generation lokaler Werber etabliert hatte. Düsseldorf und Frankfurt hatten längst begonnen, zusammen mit London und Paris genannt zu werden, wenn es um Markenkommunikation ging; und auch Städte wie Hamburg und München waren dran, ausgewiesene Werbestädte zu werden.

Diese Szenerie war zu beachten, zu bedenken. In Italien gab es keine stark ausgeprägte Konkurrenz in der Branche, aber auch nur eine recht geringe Anzahl potentieller und zu Investitionen bereiter Kunden. Es gab aber andererseits auch nicht das enge Korsett der geforderten Ausbildungsdiplome, das in bei Graphik und Fotografie in Deutschland, anders als in Italien, schon begonnen hatte, den Berufszugang zur Werbung beträchtlich einzuengen.

In Italien, wo für die Branche richtiges Neuland herrschte und Pioniergeist angesagt war, konnte Improvisieren also noch gute Chancen haben. Aber die Alternativmöglichkeiten eines Stellenwechsels im Bereich des Berufsfeldes, wenn je einer anstehen sollte, waren beschränkt. Und viele Möglichkeiten boten sich eindeutig auch nicht an, den Beruf, einen dieser neuen Berufe der Werbung, hier im Lande richtig zu erlernen. Was ich so an den Mitarbeitern von Orsini oder Quayle zu sehen bekam, konnte mich auch bei bestem Willen nicht vor Ehrfurcht erschaudern lassen. Wenn ich aber ins Metier der Markenkommunikation wechseln wollte – nur Gedankenspielerei war das noch –, dann wollte ich alle Voraussetzungen mitnehmen können, in der Branche gut zu werden und, sollte Not am Mann sein, auch Auswahlfreiheit zu haben.

Solange Fruttaviva noch ein Entwicklungsprojekt war, liefen meine Phantasien wirklich nur selten in solche Richtung und waren auch nicht mehr als zwischendurch mal aufflackernde Spinnereien, die gar nicht einmal zu klarer Bewusstseinsebene hoch kommen wollten. Über eine so vage Phantasterei hinaus sich zu entwickeln hatte es aber angefangen, als jetzt im Frühsommer die Spannung weggefallen war und Routinetage sie ersetzt hatten.

Die Ferientage nun im August haben jetzt eingeladen, mir intensiv Gedanken zu machen.

Zuerst am Bodensee und anschließend während der paar Ferientage in Freiburg haben sich reichlich Gelegenheiten ergeben, das Ganze mit der Mücke durchzusprechen – das

Warum des Ansatzes, meine Ideen dazu und deren Möglichkeiten, alles insgesamt was es da gab an *Für & Wider*.

Mir war bewusst, dass das Thema für Katja alles eher denn leicht sein würde. Sie hatte meinen mäandernden Weg seit dem Abitur hautnah miterlebt, mich immer gestützt und mir damit auch viel geholfen. Und oft genug hatte sie sich deshalb mit ihren Eltern, zumal mit ihrem Vater, in die Wolle gekriegt, die einfach nicht verstehen wollten, weshalb ich nicht endlich *etwas Vernünftiges* machte und warum sie mir trotzdem immer wieder und immer noch die Stange hielt.

Katjas Vater, der Beamte im Landtag, hatte vielfach versucht, nachdem er sich mit mir als Schwiegersohn schon mal abzufinden gehabt hatte, mich ihm gleich als Beamten in der Südtiroler öffentlichen Verwaltung unterzubringen. Mit den guten Verbindungen, die er hatte, wäre ihm das inzwischen sicher auch gelungen. Dass ich nun aber bei einem seriösen, bodenständigen Industrieunternehmen Fuß gefasst hatte, dort gut bezahlt wurde und es nicht den Anschein hatte, als könnte ich den Job in absehbarer Zeit verlieren, das hatte ihn wohl einigermaßen mit meiner Verweigerung des Beamtentums versöhnt. Allein schon der Gedanke, ihm jetzt etwa beibringen zu müssen, dass nun auch das vorbei sein sollte, musste an sich schon ein Albtraum für die Mücke sein.

Nicht weniger bedrückend war mir, das Thema des mit meiner Idee verbundenen Wegziehens mit ihr zu vertiefen, wann immer ich daran dachte, wie sehr so eine Entscheidung die Mücke selbst belasten würde.

Dass sie vor nunmehr zwölf Jahre sehr ungern nach Südtirol gekommen war; dass sie die ganze dortige Enge in vielem bedrückte; dass sie, schon als wir uns kennen gelernt hatten, immer wieder davon gesprochen hatte, dass sie gern *„nach England oder sonst ins Ausland"* gegangen wäre – all das war zwar da. Aber gleichwohl war da und mir durchaus bewusst, wie sehr die Mücke an ihren Eltern hing, und auch dass es gerade jetzt der schlechteste Augenblick war, über eventuelle und eindeutig drastische Veränderungen zu reden. Ihr neuer TBC-Schatten war noch nicht ganz auskuriert. Dass sie deshalb beim Rundfunk aufhören musste, hatte sie längst noch nicht verwunden. Und sie liebte unsere Wohnung mit dem freien Blick über den Platz, die gerade dabei war, mehr und mehr gemütlich zu werden.

Es war nicht der richtige Zeitpunkt. Aber welche Zeit ist denn richtig, schwierige Themen anzusprechen? Welche denn, einschneidende Entscheidungen zu erörtern?

Wir haben uns besprochen, die Mücke und ich. Unser ganzes Leben haben wir durchgesprochen. Wir haben versucht, nichts auszulassen. Was immer uns alles einfallen konnte, wir haben es wieder und wieder hin und her gewendet. Und wir sind zu einem Kompromiss gekommen, der einer sein konnte und so richtig doch wieder keiner war: Lass uns abchecken, besagte er, ob es für überhaupt Möglichkeiten hin zum erdachten Ziel gibt und welche, wo konkret eventuell und mit was für nun wirklich gesicherten Aussichten. Und lass uns die Voraussetzungen schaffen, das Panorama vor uns und für uns konkreter zu erkennen, um es dann auch realistisch abschätzen zu können. Lass uns eine praktische Basis finden, das Ganze *bis zum Ende* durchzudenken.

Inzwischen aber: Kein Wort zu niemandem. Bei Zuegg möge bloß nicht die Idee aufkommen, ich würde mich nicht voll an den Betrieb gebunden fühlen und mich auch zukunftsbindend dafür einsetzen. Und Mückes Eltern sollten nicht die leisesten Zweifel überkommen.

Was aber wollte ich in der Werbebranche denn eventuell machen, werden, sein?

Ich wusste, dass ich schreiben kann. Und mein Anspruch an mich selbst war darin hoch, obwohl ich längst nicht mehr daran gedacht hatte, selbst irgendwann einmal etwas veröffentlichen zu können. Ob ich nun als Journalist schreiben würde oder als Werbetexter, daran konnte ich kaum einen Unterschied sehen. Beide sind Auftragsschreiber, und was sie veröffentlichen dürfen, darüber entscheiden sowieso immer nur Dritte – Chefredakteure, Agenturleiter, oder Kunden eben. Dass Werbetexte reine Auftragsarbeiten sind, damit hatte ich überhaupt kein Problem.

Und ich hatte auch kein Problem damit, dass Werbetexte meist so dämlich, primitiv, holperig daher kamen. Das war damals noch schlimmer, viel schlimmer als immer noch heute. Das durchschnittlich so evident niedrige Qualitätsniveau sah ich im Gegenteil als anspornende Einladung, als eine Sicherheit sogar, weil ich überzeugt davon war, dass die meisten der Texte nicht schlecht waren, weil das die Kunden und der Markt so brauchten und wollten, sondern ganz einfach, weil nicht genügend Leute da waren, die bessere schreiben konnten.

Vielleicht lag das daran, dass in den Agenturen von jeher die graphische Idee, der bildliche Hingucker, höher bewertet war als das Wort. Und das war ursprünglich auch ganz logisch. Die Texte wurden in der Regel von den Anzeigenkunden angeliefert. Wie sie dann aber graphisch ins rechte Licht zu setzen und damit Anzeigen zu gestalten waren, das wurde zum Metier der ersten Werbemittler und der frühen Agenturen. Darin konnten sie sich in den Pionierzeiten austoben, profilieren, Kunden gewinnen. Und so war es auch weiterhin geblieben, als die Kunden längst schon aufgehört hatten, die Texte selber zu liefern. In den Agenturen, zumal in den amerikanisch geprägten, was ja fast alle waren, waren also in erster Linie die Graphiker gemeint, wenn von den Kreativen die Rede war.

Aber zurück. Ich konnte nur schreiben. Nur?

Gerade kürzlich war David Ogilvys Buch *Confessions of an Advertising Man* erschienen, von dem Peter Quayle sofort ein Exemplar für Norbedo mitgebracht hatte. Nur die Texte einer Markenbotschaft hielt der große Werber Ogilvy für wichtig. Die Texte mussten spannend, mitreißend, interessant sein und – *das war es!* – sie konnten es für jedes Thema, auch für das Banalste aller Produkte werden. Stimmte der Text, dann, so Ogilvys Überzeugung, kam es kaum noch darauf an, wie kreativ er in eine Seite gesetzt war. Hauptsache, er hatte einen attraktiven Titel als Angelhaken und war gut lesbar abgesetzt. Und den Beweis dafür war er nicht schuldig geblieben. Die Vielzahl der Beispiele in seinem Buch hat alles dazu gesagt.

Als Texter, Werbetexter konnte ich mich sehen. Und behutsam war in mir auch so etwas wie eine Überzeugung gereift, dass ich damit in der jungen Branche meine Spielwiese finden konnte – und mehr als das.

Soweit war ich in meinen Überlegungen gekommen, als wir, die Mücke und ich, am Bodensee und in Freiburg darüber redeten. Ich wusste, was ich eventuell machen und wofür ich mich anbieten wollte. Nun ging es also darum, die Möglichkeiten auszuloten.

Wenn schon Neuland, dann kam als Standort nur Deutschland infrage. Die Agenturenlandschaft war dort um vieles weitläufiger und auch strukturierter, konsolidierter als in Italien. Der dort gewachsene Werbemarkt war um vieles größer und damit auch das Kundenpotential, was wiederum mehr Sicherheit in die Branche brachte. Und die *neuen Metiers* der Markenkommunikation hatten sich schon viel stärker zum Professionellen hin gemausert.

Als Erstes besorgte ich mir alles, was es an deutschen Branchenverzeichnissen und Verbandslisten der Werbung gab. Einen möglichst breiten Überblick darüber wollte ich haben, wo Agenturen in Deutschland saßen, wer die Leiter und die verantwortlichen Mitarbeiter waren, welche Kunden sie hatten und einfach alles, was zu wissen sich lohnen konnte. Es gab damals kein Internet. Manchmal vergesse ich es. Aber, wenn auch mühsamer, alles hat sich herausfinden lassen.

Mehr als vierhundert Werbeagenturen gab es zu jener Zeit in Deutschland. Die inzwischen international großen Amerikaner waren natürlich alle da, aber auch eine unerwartet hohe Zahl rein deutscher Gründungen. Der Markt war eben viel weiter gereift als unser italienischer. Sollte mich das schrecken? Es hat mich eher stimuliert.

Wie aber sollte ich diesem Markt nun sagen, dass ich vorhanden und nicht nur auf einen Job scharf war, sondern auf eine richtige Karriere? Job-Such-Anzeigen kamen nicht infrage, auch nicht in den Fachzeitschriften. Sie boten nicht genügend Raum, alles das zu sagen, was mir wichtig schien, abgesehen davon, dass ich es mir finanziell wirklich nicht leisten konnte, die Anzeigen überall dort und so oft zu schalten, dass ich einigermaßen sicher sein konnte, mein Zielpublikum zu gutem Teil zu erreichen.

Ich setzte auf Drucksache. Werbung war damals in erster Linie gedrucktes Papier. Davon konnte ich soviel verwenden, wie ich an Raum benötigte, und die Post sollte dazu da sein, meine Botschaft genau auf die von mir angepeilten Schreibtische zu bringen.

So habe ich mich selbst denn als ein Produkt analysiert und aufgeschrieben, was dieses Etwas war, welche vorteilhaften Eigenarten es hatte, wozu es taugte und wie es mit gutem Gewinnversprechen eingesetzt werden konnte. Ganz klar habe ich auch hingeschrieben, dass das kein Sonderangebot mit kurzzeitiger Gültigkeit war, weil ich nicht etwa auf dringender Jobsuche war, sondern mit meiner Aktion nur wollte, dass die besten Marktteilnehmer wussten, dass ich im Markt war und was das für sie bedeuten konnte.

Etliche Arbeitstage hat es schon gebraucht, bis der Text so in einem Guss war und überschaubar gegliedert, dass ich bei einem letzten Korrekturlesen mir sagte, dass ich selber mich gern kennen lernen und vielleicht auch einstellen würde.

Die Botschaft war nun graphisch zu gestalten. Das fing schon einmal beim Format an. Wenn der Umschlag auf dem Tisch eines der angepeilten Werbeheinis landete, sollte er sich vom Wust der üblichen DinA4-Briefe und Drucksachen sofort abheben. Aber posttauglich hatte das Ding dennoch zu sein. Auf 20x21cm in sechsseitigem Leporello lief es dann hinaus, zweifarbig zu drucken in Grün und dunklem Grau.

Jetzt kam mir eine alte – *so alt war die gar nicht!* – Verbindung aus Melidas Zeiten zugute. Die *Tipografia Moderna* in der Drususstraße hatte uns die Preislisten und Prospekte gut und zu günstigen Konditionen gedruckt. Inhaber waren zwei junge Leute, Francesco und Marco, die gerade seit ein paar Jahren im Geschäft waren und es mit viel Enthusiasmus betrieben. Ob es möglich sei, fragte ich bei ihnen an, dass sie mir ein paar hundert Exemplare meiner Eigenwerbung herstellen würden... und wie billig, am billigsten sie das machen könnten.

Wir haben uns geeinigt. Ich durfte mich samstags oder auch spät abends an ihre Linotype, das Bleisatzgerät, hocken und meinen Text absetzen, die Titel in Handsatz zufügen, mitgebrachte Bildklischees einbauen oder was mir zum Auflockern sonst einfallen würde, die Seiten umbrechen und druckfertig verschnüren – alles kostenlos und, wo nötig, auch noch mit der Hilfe von Francesco. Schon früher hatte ich gelegentlich an Francescos Linotype gesessen und am Setzkasten gestanden, um für Melida die Kosten niedrig zu halten. Es hat wieder Spaß gemacht. Und als ich dann die noch tintenfrische Auflage abholen konnte, durfte ich für Druck und Papier noch nicht einmal etwas bezahlen.

Viel Glück, wünschte Francesco, *und denk an uns!*

Knapp zweihundert Drucksachen habe ich in von mir eigens dafür zugeschnittene Kristallhüllen gegeben, mit kurzem Begleitbrief versehen und mit dem Vermerk *Persönlich* an die sorgsam gewählte Zielgruppe geschickt: die Chefs der mir interessant scheinenden Agenturen, deren Kreativdirektoren und auch ihre Personalleiter natürlich, wo solche ausfindig zu machen waren. Frankfurt und Düsseldorf, die Hochburgen der deutschen Werbung, waren mehrheitlich die Zielorte, aber auch Berliner und Münchner Anschriften waren mit dabei. Jetzt sollte sich zeigen, ob ich den Markt richtig eingeschätzt und ob ich Chancen darin hatte.

Die ersten Reaktionen kamen schnell und waren positiv. Aufforderungen zu Vorstellungsgesprächen waren zwar nicht darunter, aber da waren doch etliche als schnelle Zwischenreaktion zu verstehende Botschaften, die mit teils auch sehr persönlichen Worten auf angenehmes Überraschtsein und sozusagen *vorerst mal gespeichertes* Interesse verwiesen. Das war schon einmal gut, wenn auch nicht ganz das Erwartete.

Fast zeitgleich kamen dann aber zwei sehr konkrete und auch dringlich klingende Anfragen: die eine von *Serviceplan* in München und die andere aus Berlin von *Dorland*. Beide Agenturen wollten mich sehen. Möglichst bald. Wann?

Ich versuchte, die beiden Vorstellungstermine nahe zu einander und so zu legen, dass ich sie ohne allzu lange Abwesenheit von Zuegg wahrnehmen konnte. Ein paar schnelle Telefongespräche dazu. Es hat geklappt.

Von Dorland, bekam ich mit Eilpost auch ein Ticket für den Hin- und Rückflug München / Berlin, den Voucher für ein schon gebuchtes Hotel nahe beim Ku'damm und die Maßgabe, meine sonstigen Fahrtkosten dann beim Besuch noch abzurechnen. Das hatte ich nicht erwartet.

Rückblende, kurz und wichtig.

1961-1963. Melida war erst vor kurzem gestartet und noch war nicht abzusehen, ob und wie das laufen würde. Ein eigenständiges Zubrot, das sich ohne große Investitionen eventuell verdienen ließ, hatte da schon seinen Reiz, auch wenn es sich um anscheinend völlig Abwegiges handelte.

*

Irgendwann zu Melidas Zeiten hatte ich irgendwo, wohl in der FAZ, von einem Hersteller von Verpackungsmaschinen im Ruhrgebiet gelesen, der stark daran interessiert war, den Export in die Mittelmeerländer auszubauen.

Schäfer und Flottmann, kurz S&F, hieß das Unternehmen. Spontan hatte ich dort angerufen, um zu sagen, dass ich eine eigene Firma in Italien hatte, das Land und den Markt kenne und ich ganz sicher die Möglichkeit hätte, gute Kontakte zur verpackenden Industrie vermitteln zu können. Es war ein *Ballon d'Essai*, wie ich gelegentlich mal welche losschickte, ohne mir davon viel zu erwarten. Dafür hatte ich auch ein eigenes HGZ-Briefpapier, um Initiativen dieser Art eindeutig vom Kosmetikbetrieb zu trennen.

Der Ferndialog mit S&F entwickelte sich schnell und gut. Ich lernte, in einer ganz neuen Welt, der der automatischen Produktverpackung, hinter die Kulissen zu schauen und bin dort Techniken auf die Spur gekommen, von denen ich nicht den blassesten Schimmer gehabt hatte. Und es hat nur ein einziges Treffen gebraucht, eine Übereinkunft zu lockerer, beidseitig frei bleibender Zusammenarbeit zu treffen, bei der ich Erfolgsprovisionen bekommen sollte. Die Einzelheiten dazu haben wir gleich in formlosem Vertrag festgehalten.

Mit deutschen Prospektmaterial und deren dazu gelegten Übersetzungen habe ich nun angefangen, Italiens dafür infrage kommende Industrien über F&S zu informieren und deren automatische Anlagen in den Himmel zu loben.

Eine Reihe interessierter Reaktionen und mehr ins Detail gehender Anfragen hat sich daraus ergeben. Viel Konkretes ist dabei allerdings nicht heraus gekommen. Das Angebot von F&S war zu sehr spezialisiert. Es beschränkte sich praktisch auf automatische Einwickelmaschinen für Getränkeflaschen. Das berühmte kleine Underberg-Fläschchen im braunen Papier und darauf dem weiß-grünen Etikett lief über Maschinen von Schäfer & Flottmann. Und auch für größere oder ganz große Flaschen gab es Maschinen von S&F. Aber eben nur für Flaschen.

Stock in Triest, damals Italiens größter Weinbrand- und Likörhersteller, hatte schon auf den Erstkontakt reagiert, wenn auch recht verhalten, und meldete sich nach ein paar Monaten wieder. Für eine der Einwickelanlagen, die größte und leistungsfähigste im Angebot, hatte man sich erwärmt. Es ging um die Endausstattung eines besonders alt gelagerten Weinbrands, der in einer mit kristallklarem Cellophan umwickelten Fasche angeboten werden sollte. Dafür hatte S&F genau das Richtige.

Ein paar Briefe mit technischen Anforderungen und Möglichkeiten liefen hin und her. Ein Kostenvoranschlag wurde von F&S gestellt, den ich nach Triest brachte und mit den dort Verantwortlichen diskutierte. Die Fahrt dorthin ließ sich mir zusätzlich auch zu guter Gelegenheit nutzen, Gentili, unseren Melida-Vertreter an der nördlichen Adria, mal wieder zu besuchen. Die Jahreszeit war dafür günstig und die Reisespesen wurden damit zu Firmenkosten.

Das war es dann aber auch fast schon. Von Stock kam ein netter Brief, der vollen Dank ausdrückte, das noch durchaus bestehende Interesse bestätigte, darauf hinwies, dass das Projekt noch in der Planungsphase stehe, und damit schloss, gern würde man sich wieder melden, sobald die Sache dann spruchreif würde. Viel war das nicht gerade. Von F&S hörte ich, dass das zum Alltag gehöre und Geduld im Maschinenbau zu den unerlässlichsten Tugenden zähle.

Die Zeit lief dahin. Aus Triest kam nichts, außer noch ein paar Vertröstungen bei meinen von schwindender Hoffnung

getragenen Nachfragen. Melida war inzwischen nostalgische Vergangenheit. Ich hatte bei Zuegg Fuß gefasst.
Doch dann war plötzlich der Brief von S&F in der Post. Stock hatte bestellt. Lieferung und Montage waren für April 1963 vereinbart. Vom Kostenvoranschlag war nichts abgeknabbert worden. Das bedeutete, dass auch meine Provision bestätigt war: an die 5.000 DM, fällig nach abgenommener Montage. 5.000 DM!

Ohne die fast vom Himmel gefallene Provision von S&F hätte ich einen Umzug weg von Bozen, irgendwohin, kaum ernsthaft erwägen können. Die Kosten dafür wären nicht zu finanzieren gewesen.
Jetzt aber wusste ich um ein Polster, das da sein würde. Und die Gewissheit, darüber bald verfügen zu können, war eines der wenigen beruhigenden Themen in den langen Gesprächen, die Katja und ich im August am Bodensee hatten und dann in Freiburg und später noch so oft im Herbst.

Angespannte Herbstzeit.

1963, Oktober bis Dezember. Die Angel hatte ich ausgeworfen. Ich hatte mich denen im deutschen Werbemarkt angeboten, in deren Agenturen ich mir vorstellen konnte, als Texter zu Erfolg zu kommen. Jetzt hing es vor allem vom Markt ab, ob sich mir neue Weichen stellten.

*

Anfang Oktober waren die ersten echten Einladungen zum Vorstellungsgespräch gekommen und recht kurzfristig hatte ich Termine in München und Berlin vereinbaren können.

Ich war mir völlig unsicher, was an Material ich zu den Gesprächen mitnehmen sollte. Den detaillierten Lebenslauf hatte ich schon in meine Drucksache geschrieben, soviel ich davon mitteilen wollte, was natürlich nicht unbedingt das Ganze war. Die gestalterisch Kreativen der Werbung haben ihre Mustermappen dabei. Das hatte ich mitbekommen. Die Medienplaner wussten ihr Können sicher mit akkurat ausgearbeiteten Planungen, ganz gleichgültig, wie viel sie selber dazu beigetragen hatten. Und von einem, der sich als Texter anbot, war sicher erwartet, dass er seine witzigsten und frechsten Texte dabei hatte. Ich hatte aber keine Mappe mit Werbetexten.

Sollte ich denn meine Gedichte aus der Gymnasialzeit mitnehmen? Oder die Texte der Fruttaviva-Kampagne, die nicht ich geschrieben, sondern sie nur für die *Dolomiten*, die deutschsprachige Tageszeitung, übersetzt hatte? Lächerlich! Da hatte ich doch einmal nicht zu Ende gedacht. Sonst hätte ich ja Zeit gehabt, ein paar Anzeigenserien für irgendetwas zu schreiben und irgendeine faule Ausrede dazu zu erfinden. So habe ich mich entschlossen, gezwungener Maßen, gar nichts an Textbelegen mitzunehmen, außer eben noch ein paar Kopien meiner Bewerbungsprospekte. In den Gesprächen anbieten wollte ich dagegen meine Bereitschaft, mich gleich vor Ort in ein stilles Kämmerchen zu verziehen und nach Vorgabe eines Projektes zwei-drei Anzeigen zu schreiben, oder auch eine Serie von Slogans. Das, dachte ich mir, sollte sich als glaubwürdiger verkaufen lassen als eine Mappe voll mitgebrachter Texte, die doch, kaum kontrollierbar, irgendwo abgeschrieben sein konnten.

Bei Zuegg meldete mich die Mücke am Montag krank: Fürchterliche Darmgrippe, aber sicher nichts Schlimmes. Am Sonntag fuhr ich im Auto nach München. Für Montagabend war der Flug nach Berlin dran. Irgendwann spät am Mittwoch hoffte ich zurück zu sein.

Bei Serviceplan in der Münchner Maximilianstraße wurde ich von Norbert Kittel empfangen. Es war der Mann, mit dessen Sekretärin ich den Termin besprochen hatte. Laut Visitenkarte war er *Chef-berater & Mitglied der Geschäftsleitung*, was wohl alles sagen mochte, mir aber vom Text her ein spontanes Magenkribbeln brachte. Viel Zeit zum Überlegen, wie das wohl besser formuliert sein konnte, blieb mir nicht.

In einem recht streng eingerichteten Besprechungsraum mit schwarzen Ledersesseln um chromblitzendem Glastisch begann die Befragung, die eigentlich gar keine war. Ich sollte nur einfach von mir erzählen, was mir gerade eben so einfallen, was ich für wichtig halten mochte. Das muss recht stockend vor sich gegangen sein. Herr Kittel fühlte sich immer wieder gefordert, mit einem *Und...?* nachzuhelfen, dem bald wieder ein nicht gerade geduldiges *Und...?* folgte. Mir schien, dass ich einfach keinen richtigen Faden finden konnte. Irgendwann setzten sich zwei weitere Herren dazu, die laut Karten auch zur Geschäftsleitung gehörten. Sie stellten ein paar Fragen, aber nicht viele. Bald redete man darüber, wie schön Südtirol doch sei, zumal im Winter, und solches Zeug. Kaffee wurde großzügig nachgeschenkt.

Dann ein Rundgang durch die Agentur. Reiner Luxus schien sich vor mir auszubreiten. Schon allein die Blumen am Empfang und in den Sitzungsräumen mussten wöchentliche Unsummen verschlingen. Wo Schreibmaschinen standen, waren das ausschließlich IBM-Kugelkopfmaschinen, das Aktuellste was der Markt gerade zu bieten hatte. Und die Möbel schienen alle eigens von teuren Designern gestylt zu sein.

Viel mehr von der Besichtigung erinnere ich nicht mehr. Zu viele Agenturen habe ich nachher und inzwischen gesehen, als dass ich mir da vor einem erinnerten Bildersalat sicher wäre. Besonders spannend oder gar prickelnd war mir die Atmosphäre jedenfalls nicht. Die Leute nickten freundlich, wenn ich an ihre Arbeitsplätze geführt und kurz vorgestellt wurde, widmeten sich dann schnell aber wieder dem, was sie gerade getan hatten, und wurden auch in kein Gespräch verwickelt. Ich konnte mir gut vorstellen, hier zu arbeiten. Höher geschlagen hat mein Herz beim Gedanken daran allerdings nicht.

Prompt, wie schon von mir angeregt, wurde ich an einen Tisch in einer freien Büroecke gesetzt. Ein paar zündende Slogans für Fischer-Ski sollte ich zu Papier bringen. Möglichst so ein Dutzend. Keiner länger als sechs Wörter. Zeit bis mittags. Dann würde das Ergebnis bei gemeinsamem Essen beredet werden. Ob ich eine IBM haben könne, war meine einzige Frage. Ausgerechnet Skier, dachte ich mir leicht irritiert. Ob Kittel wohl wusste, dass ich als Kind ein einziges Mal auf solchen Brettern gestanden hatte und mir das lebenslang reichen mochte? Sicher nicht. Fischer war einfach einer der Kunden von Serviceplan. Wenn da aus meinem Test nebenbei für die Agentur auch etwas zum Abrechnen anfallen sollte, konnte das gern als angenehmer Nebeneffekt der Kandidatenprüfung eingeplant sein.

Nur knapp und fast nebensächlich wurde beim Essen über meine kreativen Zeilen des Vormittags gesprochen. *Recht gut, im Ansatz auch ganz interessant* – hörte ich von Kittel – und im Prinzip war's das dann schon.

Aber dann doch: Wenn ich wolle, könne ich gern bei Serviceplan anfangen. Auch sofort schon. Als Junior-Texter. Allerdings nur auf Probe und mit dreimonatiger Probezeit.

Das sei Firmenusus und kenne keine Ausnahmen. Aber, die Probezeit zu überstehen, das liege wohl allein an mir und letztlich daran, ob ich wirklich Karriere in der Werbung machen wolle.

Ich habe um Bedenkzeit gebeten. Herr Kittel hat sich ein bisschen anmerken lassen, dass er das nicht erwartet hatte. Auf zwei Wochen Frist haben wir uns geeinigt. Mir war das ein Stück zu eng, aber daran war nicht zu drehen.

Der Anflug auf Berlin im Abendlicht und dann die Landung in Tempelhof waren atemberaubend. Die Stadt kannte ich recht gut seit meinen Besuchen bei Gebr. Kleiner und vor allem dem letzten davon in den Tagen des Mauerbaus. Aber ich war noch nie eingeflogen. Und ich hatte mir keineswegs vorstellen können, wie es sein würde, mitten im Häusermeer zu landen. Ich klebte am Fensterchen des fliegenden Propeller-Ungetüms und war davon überzeugt, dass wir von einem Augenblick zum anderen die Dächer schrammen würden.

Die Büros von Dorland beim Olivaer Platz waren ganz anders anmutend als die von Serviceplan. Gleich hell zwar, aber um vieles biederer eingerichtet und ausgestattet. Schon auf Anhieb schien die Agentur etwas irgendwie mehr Konsolidiertes auszustrahlen, das sich von der ins Auge fallend eingesetzten Show der Avantgarde in der Münchner Maximilianstraße entschieden absetzte. Das hatte auch seinen Hintergrund.

Dorland war ursprünglich eine der allerersten amerikanischen Werbeagenturen, 1883 in Atlantic City von John M. Dorland für Hotelwerbung gegründet. Bereits 1928 war die Tochterfirma in Berlin gegründet worden und hatte in ihrer Zusammenarbeit mit dem Dessauer Bauhaus schnell an Prestige gewonnen. Dann der Krieg, ein temporärer Rückzug. Aber schon 1947 hatte Dorland in Berlin neu durchgestartet, mit Kapital der amerikanischen Mutter und geführt von Walter Matthes, dem neuen deutschen Mitinhaber. Serviceplan war dagegen erst vor ein paar Jahren von zwei Münchner Partnern ins Leben gerufen und damit doch noch sehr jung.

Die Berliner setzten im angepeilten Image offensichtlich auf solid Gewachsenes und damit Vertrauen Erweckendes, die in München dagegen auf Fashion und Flair. Aber das bildete ich mir etwa auch nur ein. Vielleicht war es ganz einfach so, dass die Einrichtung der Berliner Agentur schon ein paar Jahre auf dem Buckel hatte, die in München aber neu und wohl von einem der guten Büroausstatter gekommen war.

Wieder musste ich nur gerade einmal ein paar Minuten warten. Walter Matthes empfing mich selbst, der Mann, von dem ich schon wusste, dass er Dorland Berlin nach dem Krieg neu aufgebaut hatte. Er war ein ziemlich kleiner, quirliger etwa 50-Jähriger, der mich als Allererstes gleich durch die Agentur führte.

Drei geräumige Stockwerke waren das in einem altbürgerlichen Haus mit hohen Stuckdecken und nach vorne, zum Olivaer Platz hin, hohen Fenstertüren. Interessant für mich war, dass in einer der Etagen, der der Kreativen, jeweils ein Texter und ein Graphiker Gesicht an Gesicht im selben Raum arbeiteten, sozusagen als Paargemeinschaft. Das war mir vom Konzept her neu. Was ich so gehört und auch bei Ogilvy & Mather in Mailand gesehen hatte, war völlig anders: die Graphiker arbeiteten dort gemeinsam, meist Tisch an Tisch in großen Räumen, die allein ihnen vorbehalten waren, und die Texter waren ganz wo anders untergebracht.

Die Idee dahinter, hinter dem Tandemkonzept, war ganz einfach, erklärte mir Matthes: Die Botschaften der Werbung bestehen nun mal aus Bild und Text, dozierte er, die von Fall zu Fall zwar unterschiedliche Gewichte haben können, die aber doch immer zusammen gehören. Da sei es doch hirnrissig, wenn die beiden Leute, die die Botschaften schaffen sollten, jeder einsam vor sich hin pusseln würde, um dann anschließend eine Menge Zeit und Überzeugungskunst zu vergeuden, um den anderen dazu zu bewegen, seine vorgefertigten Wörter ins Bild zu setzen, oder umgekehrt die schon vorgefertigten Skizzen dort mit Wörtern zu füllen, wo dafür Platz gelassen war. Texter und Bildgestalter haben im Tandem zu arbeiten, von früh morgens bis Feierabend – das war Dorlands Credo. Mir war es mehr als einleuchtend.

Fünf oder sechs Arbeitsräume mit solchen Paaren hatten wir besucht und dabei den Schaffenden über die Schulter geschaut. Dann waren wir aber plötzlich doch in einem Großraum, in dem Graphiker und nichts als Graphiker arbeiteten. Verwunderung. Matthes hat es schnell erklärt. Die im Tandem Arbeitenden waren die Kreativen, also die Mitarbeiter, denen die Kampagnen und die einzelnen Sujets einzufallen hatten. Deren Skizzen und die dazu gehörenden Texte bekamen dann die Reinzeichner, die für die Endmontagen mit all ihrem Drum und Dran zuständig waren. Sie hatten handwerklich versiert zu sein. Dass ihnen etwas Zündendes einfalle, verlangte niemand von ihnen. Bei Serviceplan hatte ich das gerade gestern noch ganz anders gesehen.

Wie das dann aber im Tagesgeschäft sei, war meine erste und recht besorgte Frage. Ob das für die Tandems nicht bald mal eintönig würde. Es würde nicht, war Matthes' Antwort, weil erstens jedes Paar für eine ganze Reihe verschiedenartiger Kunden zuständig sei, und auch weil sich Paare untereinander nach einiger Zeit immer wieder lösten und anders kombinierten. Für ungebrochene Spannung sei da schon gesorgt.

Ob es nicht an der Zeit sei, von mir zu sprechen, wagte ich nach geraumer Zeit einzuwerfen. Recht viel wollte er dann aber gar nicht von mir erzählt bekommen. Er war, bestätigte er dann später, viel mehr an meinen Reaktionen interessiert gewesen und die hatte er wohl aufmerksam verfolgt.

Zum Mittagessen schickte er mich mit einem der kreativen Tandems in eine nahe Kneipe. Ich würde mir einbilden, ein Texter zu sein, war seine Information an die zwei, und sie sollten nun mal herausfinden, ob da genug vorhanden sei, mich ins Team zu nehmen. Es waren zwei nette junge Leute, die es mir gar nicht schwer machten. Genau erinnere ich mich noch, wie wir einfach nur so quasselten: über Berlin, die Unterschiede zwischen Italien und Deutschland, vor allem über Werbung natürlich. Für mich war ja so vieles neu, was ich da aus dem Inneren einer Agentur hörte. Die Mittagspause ist wohl recht lang geworden.

Zurück in der Agentur wurde ich dann von Matthes' Sekretärin abgefangen. Sie sagte mir, dass ich jetzt gern ins auch für diese zweite Nacht gebuchte Hotel gehen oder sonst etwas unternehmen könne, und dass ich am nächsten Morgen gleich um acht Uhr nochmals erwartet sei. Sollte ich mal kurz bei Gebr. Kleiner vorbeischauen? Ich habe es bleiben gelassen. War ich am Abend noch in einem Theater? Falls ja, war ich dermaßen kribbelig, dass mir davon gar nichts hängen geblieben ist.

Dann am nächsten Morgen saß ich in Matthes' Büro, ihm am Schreibtisch gegenüber. Ja doch, die zwei Kreativen hätten sich recht positiv über mich geäußert, eigentlich sogar sehr. Und auch sonst wäre ich nicht übel aufgefallen. Und ja, mein Vorstellungsprospekt sei immer noch eine fast schon besondere Referenz...

Um es kurz zu machen: Matthes bot mir einen Job an. Junior-Texter vorerst, mit der Zusage, nach den ersten drei-vier von mir getexteten und veröffentlichten Kampagnen zum wirklichen Texter aufzusteigen. Dazu nebenher und an nicht so sehr ausgelasteten Arbeitstagen eine schrittweise Ausbildung zum Kundenberater, wofür ich, meinte er, eine gute Eignung haben könnte.

Probezeit? – war meine Frage. Keine. Probezeit sei ein Quatsch, hörte ich Matthes, der bei Dorland nicht infrage komme. Das sei doch völliger Blödsinn, sich jemanden ins Haus zu holen, der dann ein paar Wochen oder Monate voll verunsichert durch die Gänge schleicht, bei niemandem anecken will, nichts tut, um nur nichts falsch zu machen, nutzlos Geld kostet und eventuell nie imstande ist, auch nur einigermaßen das zu leisten, was er eigentlich kann und wofür er eingestellt ist. Einleuchtend war das ja. Wehte hier wirklich ein anderer Wind?

Aber dann kam doch noch ein Hammer. Düsseldorf sollte mein Arbeitsplatz sein, nicht Berlin.

Die Düsseldorfer Filiale, erfuhr ich, war gerade vor zwei Jahren eröffnet worden, weil Düsseldorf doch die neue Werbemetropole war, und weil Berlin gerade jetzt und wegen der Mauer für immer weniger Kunden ein idealer Standort ihrer Agentur war, und weil sich auf Sicht wohl die ganze kreative Szene in den Westen und vor allem nach Düsseldorf verlagerte, und...

Matthes sang das große Lob von Dorland Düsseldorf. Dasselbe Konzept wie am Berliner Hauptsitz gebe es dort. Das ebenso positive Arbeitsklima. Aber alles viel neuer, dynamischer auch, mit netten Leuten, interessanten Kunden und vor allem mit jeder Menge Zukunft. Dass Heinrich Ritter, der Geschäftsführer dort, sein Schwager war, brachte Matthes noch wie eine besondere Garantie auf den Tisch.

Hätte das Angebot für Berlin gegolten, würde ich wohl nicht lange gezögert haben, einzuschlagen. Düsseldorf aber? Ich hatte mit der Mücke nur höchstens am Rande mal über Düsseldorf als unsere eventuelle Zukunftsstadt gesprochen. Wollte ich dorthin? Und die Mücke?

Wieder habe ich um Bedenkzeit gebeten. Meine Frau solle das mit entscheiden. Matthes hat das sehr vernünftig genannt. Dabei aber doch nochmals unterstrichen, dass das Angebot für Düsseldorf galt, nicht für Berlin. Zwei Wochen Zeit zum Überlegen, auch hier jetzt.

Rückflug nach München. Am Flughafen in Riem stand mein Auto. Es war noch gar nicht Mitternacht, als ich zuhause die Tür aufschloss. Die Mücke war noch wach. Es ist eine lange Nacht geworden.

Dass ich so positive Ergebnisse mitbrachte, zwei konkrete Zusagen immerhin, war an sich schon elektrisierend. Es war uns wie eine Wende und erst jetzt, in dieser Nacht, ist es uns die ganze Trag-weite so richtig klar geworden. Bis dahin hatte das Ganze doch noch etwas Spielerisches gehabt, so wie man sich mit einer Hypothese ungebunden herumbalgen kann. Das war vorbei. Nun stand die Entscheidung wirklich an.

Schon in dieser Nacht waren wir uns eigentlich darüber einig, dass ich eines der zwei Angebote annehmen würde. Wir taten zwar so, als würden wir auch das noch in die Bedenkzeit hinein schieben, wussten zugleich aber doch, dass die grundsätzlichen Weichen gestellt waren.

Natürlich war München auch für die Mücke um vieles attraktiver als das ferne Düsseldorf, das wir beide gar nicht kannten. Ruhrgebiet, Kohlenpott, Messestadt – das waren so Assoziationen, die auch nicht gerade dazu beitrugen, die uns unbekannte Stadt zum Wunschziel unserer kommenden Bleibe zu machen. Aber andererseits...

Dorland hatte bei nüchternem Bedenken den Vorzug des anscheinend Solideren. Auf langzeitig gewachsene Tradition konnte die Agentur zurückschauen. Ihre amerikanischen Wurzeln und die noch andauernde Verflechtung sprachen für professionelle Basis, ganz unabhängig davon, was ich dazu in den kurzen Besuchsstunden wirklich mitbekommen konnte. Das besagte uns natürlich nicht, dass Serviceplan etwa *wackeliger* gewesen wäre, nur weil die Agentur an Jahren noch jung war, und auch nicht, dass die Basis dort weniger professionell war, nur weil ein amerikanischer Background fehlte. Vielleicht war Serviceplan ja doch dynamischer, der Zeit entsprechender und hatte so die besseren Zukunftschancen. Und Serviceplan war in München.

Ein Vergleich der Kundenlisten brachte auch nicht viel, das irgendwie zur Entscheidung helfen konnte. Serviceplan erschien stark gewichtet im Sportsegment, was wohl auch mit der Nähe zu den Ski- und Wandergebieten zusammenhängen mochte. Dorland Berlin hatte ein breiter gestreutes Kundenspektrum, das von Industrie zu Mode spielte. Über die Düsseldorfer Kunden wusste ich gar nichts. Ich hatte nicht nachgefragt. Aber Kunden kamen und gingen bei

Werbeagenturen und sie alle waren Auftraggeber, die an sich nichts anderes als Werbeerfolge wollten. Besondere Sicherheiten waren nicht bei den Namen oder Branchen der Kunden zu sehen, sondern nur bei deren Treue. Und über das *Wie-lange-schon-bei...* hatten wir keine Informationen.

Aber da lag ja noch die Bedenkzeit vor uns. Zeit zum Überlegen, zu bewerten und wieder verwerfen. Wir schoben die Entscheidung vor uns her, als ob zwei Wochen ewig wären und uns Erleuchtung irgendwann wie ein Blitz treffen würde. Und vielleicht kam mit der Post ja noch eine dritte Möglichkeit. So irre viel Zeit war seit meiner Postaktion noch nicht ins Land gegangen. Immer noch blieb der Blick in den Briefkasten ein prickelnder Moment.

Wir haben uns für Dorland entschieden. Den Ausschlag hatte vorwiegend die Überlegung über das Professionelle gegeben, vor allem das Konzept der kreativen Tandempaare. Je mehr ich darüber nachgedacht und auch mit der Mücke geredet hatte, umso stärker war in mir die Überzeugung gewachsen, dass ich darin meine echte Karrierechance sehen konnte. Viel rechnete ich mir davon aus, im Dialog, auch in ständiger Konfrontation mit einem sicher erfahreneren Kollegen an denselben Zielsetzungen zu arbeiten, wobei der eine in Bildern zu denken hatte und ich in Wörtern.

Von Matthes kam prompt das Einschreiben mit dem Vertrag. Die Konditionen: so wie besprochen. Keine Probezeit. Der Antritt am 2. Januar in Düsseldorfs Berliner Allee.

Jetzt war Norbedo zu informieren und bei Zuegg zu kündigen. Irgendwie undankbar bin ich mir schon vorgekommen, wenn ich an meine *Rettung* dachte, die gerade anderthalb Jahre zurück lag; an all die Freiheiten, die mir vom ersten Tag an gewährt waren; daran vor allem auch, welche Möglichkeiten des Lernens ich bekommen hatte und wie viel ich davon profitiert hatte, ohne dafür besonders Nennenswertes gegeben zu haben.

Gemildert wurde mein Unbehagen dann jedoch schnell, als Norbedo sagte, auch er trage sich mit dem Gedanken, bald wieder wegzugehen. Er sehe nicht so recht, was er bei Zuegg noch machen könne, nachdem die Weichen für die Zukunft des Unternehmens nun gut gestellt und sein Projekt Fruttaviva auf Erfolgskurs waren. Dass er mit vielen im Betrieb gar nicht sprechen könne, weil sie seine Sprache nicht verstanden, bedrücke ihn; viel mehr beunruhige ihn zudem aber seine junge Frau, die Franca, die sich im feindschaftlichen Südtirol offenbar gar nicht zurecht fand. Mit ein paar Unternehmen in Mailand sei er schon gut im Gespräch, sagte er mir mit Bitte um Verschwiegenheit.

Wahnsinn! Da bereitete sich also gerade eben das Szenario vor, das ich am meisten befürchtet hatte. Es war nicht nur so, dass mein Arbeitsfeld auf dem bestem Weg war, in Routine zu versanden, Ohne Norbedo und seine Zukunftsvisionen im Hause riskierte ich, völlig überflüssig zu werden und damit auf einem Schleudersitz. Die Werbung würde künftig Karl Zuegg selber betreuen wollen. Um das Vertriebsnetz kümmerte sich Johannes in ausreichendem Maße. Und ich – ich war ja sowieso nur für Norbedo eingestellt worden.

Es kam mir vor, als hätte nicht viel gefehlt und ich wäre in einer Falle gesessen. Ein Job ohne echte Aufgaben und damit ohne Aussicht auf Karriere. Ständige Angst vielleicht dazu, als Überflüssiger auch noch den Stuhl zu verlieren. In einem Landstrich, der, wie ich schon leidvoll erfahren hatte, kaum Job- und schon gar keine Karriere-Perspektiven bot. In der Falle!

Aufatmend übergab ich meine Kündigung.

Noch hatten wir aber, die Mücke zumal, eine besonders harte Nuss zu knacken. Ihren Eltern war mitzuteilen, dass wir dabei waren, unsere Zelte abzubrechen und nach Düsseldorf zu ziehen. Bangend sahen wir den Reaktionen entgegen. Einigermaßen darauf vorbereitet glaubten wir uns schon. Es ist noch schlimmer gekommen.

Wieder einmal waren wir erwartet, die Wäsche abzuholen und bei einem frühen Abendbrot mitzuessen. Nicht länger aufschieben wollten wir unsere Beichte. Es war der 22. November, ein Freitag.

An die Details der folgenden zwei-drei Stunden will ich mich gar nicht mehr erinnern. Hysterisches Heulen von Katjas Mutter. Wutexplosionen mit sogar fast tätlichem Angriff von ihrem Vater. *Verrückter, Versager, Verbrecher* war noch das Harmloseste, was ich über mich zu hören kriegte. Kraft väterlicher Gewalt wollte man von der Mücke, dass sie die Scheidung einreiche... Für Erklärungen war da kein Platz. Für Argumente schon gar nicht.

Sobald es auch nur irgend möglich war, sind wir geflohen: angespannt wie Geigensaiten; nahe am Explodieren wie Nitroglyzerin. Die Spätvorstellungen der Kinos waren gerade am Beginnen. Wir sind ins Capitol gegangen. Ein Film mit Audrey Hepburn wurde gespielt, den wir beide unbedingt sehen wollten: *Charade.* So ganz das Richtige war das auch nicht für diesen Abend. Wir haben aber sowieso kaum etwas mitbekommen von dem, was da über die Leinwand lief. Dann noch ein Glas Wein in einer Kneipe und vielleicht waren es auch zwei.

Mitternacht war längst vorbei, als wir dann nach Hause kamen. Unten am Lift trafen wir den Konsul von Peru, der über uns wohnte. Wir fuhren mit ihm hoch. Was wir denn *dazu* sagen würden, fragte er mit eigenartig belegter, und merklich zitternder Stimme. *Wozu denn?*

John F. Kennedy war ermordet worden.

Den Weihnachtsabend verbrachten wir bei Katjas Eltern. Mussten wir. Und ich glaube, die Mücke wollte es auch sehr, obwohl sie ganz das Gegenteil von sich gab und klar vorauszusehen war, dass die Luft dort zum Schneiden sein würde. Irgendwie ist der sich dehnende Abend dann doch zu Ende gegangen. Lange noch haben mir dazu die Ohren gesaust.

Für Neujahr sind wir nach Freiburg gefahren, die Mücke und ich. Gisela und Heinz hatten uns zum Silvesterfest eingeladen. Wir waren im Theater und nachher in einer ganzen Gruppe zusammen. Ob das fröhlich war? Ich weiß es nicht mehr. Mir war eher mulmig, wenn ich an das Unbekannte dachte, das im neuen Jahr auf mich zukommen würde.

Und am nächsten Morgen startete ich dann bald in Richtung Düsseldorf. Schmerzlich war der Abschied von der Mücke und dabei doch so voll von Hoffnung.

Vereinbart war, dass Katja unsere Wohnung erst dann auflösen sollte, wenn ich eine gute Bleibe in Düsseldorf gefunden hatte; und so lange würde sie auch noch bei Giongo, dem Holzhandel, arbeiten. Wohnungen waren damals rar in Deutschlands immer noch zerbombten Großstädten. Wir waren dennoch optimistisch. Mit immerhin etwa drei Monaten haben wir trotzdem gerechnet... einer Ewigkeit, weil so unbestimmt.

Autobahn nach Norden. Ich hatte die Berge hinter mir gelassen und vor mir lag Zukunft in der Schneelandschaft des Jahresanfangs.

Gut erinnere ich mich noch an das Gefühlsgemisch, das da in mir brodelte. Angst war natürlich auch mit darin. Erleichterung war aber das absolut Vorherrschende. Ganz intensiv fühlte ich, dass ich jetzt frei sein würde von all dem gedanklich Engen, borniert Selbstgerechten, in kleinlichem Kastendenken Verhafteten, das nun mal Südtirol war. Frei von Vorurteilen, die dort jedem täglich entgegenschlagen. Frei auch von den Erwartungen, die jederzeit auf mich zugekommen waren, ohne dass ich selbst je welche stellen durfte. Und tief im Inneren wusste ich, dass ich jetzt auf dem Weg war hinein in *meinen* Beruf.

Die letzten Jahre sind mir durch den Kopf gegangen, auf meiner Fahrt nach Norden. Meine fünf Jahre seit dem Abitur hatten viel mehr mäandert als Vater Rhein, dem entlang ich gerade fuhr. Die einzelnen Etappen habe ich vor mir vorbei ziehen lassen. Was ich dabei alles gelernt hatte, ist mir durch den Kopf gezogen, diese fast kaum glaubliche und vielschichtige Menge, die mir keine Universität der Welt hätte beibringen können.

Und ehe ich es überhaupt werden konnte, war mir, als wäre ich es schon: *Ich bin Werbemann, kreativer Mann der Werbung!* – sang es in mir auf dem Weg nach Düsseldorf und ganz bestimmt wusste ich, dass es so sein würde.

Noch war mein Rinnsal nicht an seine Mündung gekommen. Gut konnte ich mir denken, dass da sicher noch einige Schleifen auf mich warteten, und war jetzt auch neugierig darauf. Doch gar nicht so fern vor mir roch ich geradezu das weite, aufnahmebereite Meer, dem ich Kehre für Kehre entgegengeschlängelt bin.

Neunzehn Monate war ich bei Zuegg gewesen – anderthalb Jahre intensiven, gut geleiteten Lernens und mit nur geringer Verantwortung. Zum Abschied hatte mir Norbedo noch ein Wort mit auf den Weg gegeben, das, so sagte er, mir wie ein Fanal auf meinem Weg stets leuchten solle:

Alles, was es nicht gibt, ist die große Herausforderung.
Der Markt wartet darauf. [1]

---

[1] *Tutto ciò che non esiste è la grande sfida. Il mercato lo aspetta.*

Zwei Jahre, drei Schleifen.

1964-1965. Mit dem neuen Jahr begann mein neues Leben. Ich hatte eine Welt hinter mir gelassen: die der frühen Zeiten, des Aufbruchs, der Suche, des hoffend Aufsaugens und Lernens, auch des Zufälligen. Die Brücken hinter mir hatte ich abgebrochen. Die deutsche Werbeszene erwartete mich und ich sie. Jetzt stand ich an der Schwelle dessen, was ich mir als Beruf gewählt hatte.

*

Am 2. Januar 1963 um acht Uhr stand ich am Empfang von Dorland Düsseldorf. Ich war gespannt auf das Ambiente, auf die mir angekündeten zweiundzwanzig Mitarbeiter, auf die Kunden und vor allem auf Heinz Ritter, deren Chef.

Und gleich schon die erste Verwunderung: Da war gar kein richtiger Empfangsraum hinter der hohen Glastür, die sich hinter mir fast geräuschlos schloss. Ein langer, fensterloser Gang erstreckte sich nach vorne. Aus der offen stehenden ersten Tür rechts leuchtete warmes Licht. Darauf bin ich zu und in den Raum hinein marschiert. Es war das Reich von Frau Lewandowski, wie ich bald erfuhr, der Dame, die Empfang, Sekretariat, Auskunftei und Tele-fonzentrale in einem war. Sie, rundlich mit nettem Lächeln, hatte mich schon erwartet. Kaffee gab es gleich zur Begrüßung und dann wurde ich ins Chefbüro geführt.

Heinz Ritter war ganz anders, als ich ihn mir erwartet hatte. Anders auch im ersten Eindruck, als ihn mir Walter Matthes, sein quirliger Berliner Schwager, mit ansteckender Begeisterung beschrieben hatte. Die füllige, groß gewachsene Figur eines sehr gesetzt wirkenden Endfünfzigers stand da vor mir, grauer Haarkranz mit säuberlich über den Kahlkopf geklebten Strähnen, joviales Lächeln, öliger Stimme, ein weicher Händedruck.

Er brachte mich als erstes mal an meinen Arbeitsplatz. Ein einsamer Schreibtisch stand da in einem an den Wänden völlig kahlem Zimmer mit kleinem Fenster zum Innenhof. Nein, hörte ich auf meine verwunderte Frage, das Berliner Tandem-System mit jeweils einem Texter und einem Grafiker als Gespann in einem Raum, das gebe es in Düsseldorf nicht. Für ihn, Ritter, sei das keine optimale Lösung und er stehe mehr traditionell dazu, dass jeder eigenverantwortlich seine Arbeit tun solle, ohne den Tag mit nutzlosem Gequatsche zu verplempern. Auch sonst sei manches anders als bei Dorland Berlin, aber damit würde ich sicher gut zurechtkommen und es zu schätzen wissen. Ein paar Poster als Wanddekoration werde er mir gleich bringen lassen und, wenn ich es so gewohnt sei, auch eine Schreibmaschine.

Und noch etwas sei wichtig, hörte ich zur Einstimmung von Ritter: er lege sehr viel Wert auf Pünktlichkeit der Mitarbeiter, zumal beim Dienstanfang am Morgen. Deshalb mache er jeden Tag um 08.05 Uhr einen Rundgang durch die Agentur und wer da an seinem Arbeitsplatz sitze, der bekomme für mittags einen Essensbon, einzulösen in der Cafeteria des nahen Kaufhauses. Wer aber durch unpünktliche Abwesenheit glänze, der habe an dem Tag eben hungrig zu bleiben.

Whow! Ich dachte, ich hörte wohl nicht recht. Und das als Auftakt gleich in der ersten halben Stunde.

Das Team lernte ich nach und nach im Laufe des Tages kennen. Mit meinen bald 25 Jahren war ich mit Abstand der Jüngste. *Und das in der Werbung!* Schritt für Schritt konnte ich herausfinden, wer was machte und wie die Kompetenzen so verteilt waren. Das war gar nicht so leicht, weil sich die Aufgabenbereiche weitgehend überschnitten. Herbert Lehr zum Beispiel, dem ich zugeteilt wurde, war Kundenberater, aber auch Texter und zudem zuständig für die Pressearbeit, aber das nur zum Teil. Franz Neugebauer stellte sich als der Verantwortliche für Medienplanung vor, der aber, wie er stolz sagte, auch für die Betreuung des wichtigsten Kunden zuständig war, das Britische Wollsiegel, weil er im Hause der war, der am besten Englisch sprach. Und so ging es quer durch den Gemüsegarten. Jeder war für so mancherlei verantwortlich, keiner für ein fest umgrenztes Ressort.

Nach *meiner* Rolle fragte ich allarmiert. Ich sei Texter, kreativer Texter und nichts anderes, versuchte ich zu erklären, und was ich denn als solcher jetzt konkret an Kunden, an Aufgaben habe. Geduld, wurde ich vertröstet. Man legte mir nahe, mich erst mal um eine Bleibe zu kümmern und mich einzuleben in das Team.

Das mit einer provisorischen Bleibe bis ich eine eigene Wohnung gefunden, hatte Frau Lewandowski schon vor meiner Ankunft gelöst und ich brauchte nur zuzustimmen. Freunde von ihr, die Dachdeckerfamilie Bunse, hatten ein gemütliches Zimmer, das ich für günstigstes Geld mieten konnte, samt täglichem Abendbrot, Badbenutzung und auch Familienanschluss im Sinne, dass ich gern im Wohnzimmer mit fernsehen oder etwa Halma spielen konnte. Das war also schnell auf den Weg gebracht und die Bunses zeigten sich dann auch sehr nett, was mir allerdings ein etwas mulmiges Gefühl nicht nehmen konnte, als mir klar wurde, dass *mein* Zimmer eigentlich das der fünfjährigen Tochter war, die, solange ich als Untermieter da war, bei den Eltern im Bett schlafen musste.

Es gab für mich praktisch keine Texter-Arbeit bei Dorland. Jedenfalls nicht auf die Schnelle und mit kreativer Herausforderung. Zwei Kunden jedoch warteten darauf, endlich einen Betreuer zu bekommen, auf den sie jederzeit zählen konnten. Die beiden gab mir Ritter in die Verantwortung, als ob es *das* war, was mein Job sein sollte. Abner Rasenmäher war der eine, die Gerresheimer Glashütte der zweite. Einmal nur brachte Ritter mich zu den beiden, nachdem er mir zu lesen gegeben hatte, was sich von ihnen an Meetingreports, Planungen, Graphik und Texten in der Agentur so angesammelt hatte.

Es fiel mir nicht schwer, mit den zwei Kunden klar zu kommen. Beide waren vernachlässigt gewesen. Bei Abner stand die Hauptsaison vor der Tür und es gab noch nicht einmal den Ansatz zu einer Planung für die neue Frühlingskampagne und auch nicht für Texte und Gestaltung der dazu gehörenden Prospekte. Und bei den Gerresheimern war das auch kaum anders, nur dass die keine Saisonartikel anzubieten hatten. An Aufgaben, die sich da schnell sammelten, war weiß Gott kein Mangel. Und jetzt begann, mir Schritt für Schritt klar zu werden, warum Walter Matthes mich in Düsseldorf haben wollte.

Aber wollte *ich* das?

Dorland Düsseldorf hatte nichts von all dem, was ich mir als Werbeagentur ausgemalt hatte und vorstellen konnte. Das hatte nichts mit den Kunden zu tun und wenig auch mit den einzelnen Mitarbeitern im Düsseldorfer Laden. Die Struktur an sich war überaltert, nicht nur nach den Geburtsdaten des Teams, die alle nicht mehr die Neuesten waren, sondern in der ganzen Art der Einstellung, des Vor-sich-hin-wurstelns aller und jedes einzelnen für sich, der drögen Abläufe, die alles wie in Zeitlupe versetzten. Bald schien mir wirklich, als würden die Tagesläufe nur durch drei sozusagen in Bronze gegossene Momente bestimmt: um 8.04 Uhr am Arbeitsplatz sitzen, um den Essensbon aus Ritters Hand zu bekommen; 11.59 Uhr gemeinsam sich mit allen anderen durch die Glastür drängen und *Mahlzeit* rufen; und 16.58 in die Toiletten und dann nichts wie weg, um ja nicht in den fürchterlichen Verdacht zu geraten, sich etwa mit Überminuten Lieb Kind beim Chef machen zu wollen.

Eine Woche lang oder so habe ich mir das angesehen. Dann war ein Anruf bei Matthes in Berlin fällig. Es ist kein nettes Gespräch geworden, das ich vom Postamt am nahen Bahnhof führte, weil ich das Büro dafür nicht so geeignet gefunden hatte.

Matthes tat so, als verstünde er, dass ich sauer war; nicht verstehen konnte oder mochte er dagegen meine Besorgnis. Ich wollte doch Werber sein und als solcher Karriere machen, erinnerte er mich, und da sei Dorland Düsseldorf nun wirklich die für mich optimale Gelegenheit: keine starren Strukturen, sondern die herrliche Möglichkeit, alle Aufgaben und Verantwortungen an sich zu reißen, die Lust und Laune machen konnten; keine geregelten Abläufe und somit jede Menge von Möglichkeiten, sich nach eigenem Gutdünken zu organisieren; auch keine Zwänge, mal abgesehen – *ha, ha, ha* – von der morgendlichen kleinen Pünktlichkeitsmarotte des Schwagers. Und dazu noch Kunden, die keineswegs verwöhnt waren und auch nicht darauf bedacht, die Agenturleistungen, zumal auch die kreativen, ständig neu auf den Prüfstand zu stellen. Sicherheit also, und dazu gute Lernaufgaben! Aber ja, zugegeben, Dorland Berlin sei wirklich ganz etwas anderes als die Tochter-Schwester in Düsseldorf; doch Berlin komme für mich nicht infrage, denn da sei das Team komplett, wie schon von Anfang an klar gemacht.

Abends, wenn ich nicht mit Bunses fernsehen wollte, trieb ich mich in Düsseldorfs Altstadt-Kneipen herum. Dort war es leicht, bei einem Kölsch mit anderen aus der Werbeszene ins Quatschen zu kommen. Ritter war darin bekannt wie ein bunter Hund. Jede Menge Kolportiertes konnte ich über ihn hören – über seine Kriegslaufbahn und seine Unfreude, als Zivilist durchs Leben zu schlurfen; über sein Glück, Matthes als Schwager zu haben und deshalb so tun zu können, als sei er ein Werbemensch geworden; über das müde Lächeln und Schulterzucken auch, das die junge, dynamische Düsseldorfer Agenturwelt für Ritters Dorland-Ableger nur hatte.

Schön war das nicht. Und was immer Matthes dazu auch sagen mochte, mir ging ein Licht auf, dass ich da riskierte, auf einem Abstellgeleise gelandet zu sein. Einem vielleicht wohl sicheren, entschieden auch gemütlichen. Garantiert aber nicht auf der Schiene der Werbung, an die ich gedacht hatte, von der ich wusste, dass es sie gab, und die ich gerade jetzt nicht mehr aufgeben wollte.

Dass Platz für mich in der Werbeszene war und ich gut dazu gehören würde, das sagten mir die Kneipengespräche immer wieder und recht deutlich. Wie aufregend die Arbeit überall bei den anderen war, das mitzubekommen brauchte ich keine feinen Antennen. Doch Ritters Laden war da ganz einfach außen vor. Also was?

Vor den Weihnachtstagen, als ich Serviceplan längst abgesagt und Matthes' Angebot akzeptiert hatte, war noch ein Brief der Münchner Werbeagentur Lorz gekommen. Ein bisschen entschuldigend war er gehalten für die späte Antwort auf meine Bewerbung und brachte die Einladung, mich jederzeit zu melden, falls ich doch noch interessiert sein sollte. Mit guten Weihnachtswünschen hatte ich geantwortet, mich bedankt und alles offen gehalten.

Jetzt war es an der Zeit, sich darum noch einmal zu kümmern. Bei Ritter schützte ich dringende Verpflichtungen in Bozen vor und fuhr nach München, mich mit der Lorz Agentur bekannt zu machen. Es ist ein interessanter Besuch, ein gutes Gespräch geworden.

Zwei junge Leute wurden gebraucht: beide Texter vor allem, jeder als Assistent von einem der zwei Inhaber, Hans und Hermann Lorz, gedacht. Der für Hans Lorz vorgesehene war schon eingestellt und würde am 1. Februar anfangen. Ich könne der andere sein, erfuhr ich, der für Herman Lorz, dem älteren der Gebrüder und eigentlichen Gründer der Agentur.

Natürlich habe ich zugesagt. Sofort. Die Mücke konnte sich vor Freude kaum einkriegen, als ich sie von der nächsten Telefonzelle anrief. Da hatte ich den Vertrag schon in der Tasche: keine Probezeit, anständig bezahlt, direkt den Agenturinhabern unterstellter Texter als Aufgabenbereich, Antritt möglichst schnell und spätestens 1. März. Also!

Mein Schwiegervater war gleichwohl entzückt wie giftig empört. Er hatte es ja kommen sehen, dass ich es nirgends und wirklich gar nirgends aushalten würde; München sei aber schon besser, weil viel näher.

Jetzt also doch München.

Die Brüder Hermann und Hans Lorz, allgemein HeLo und HaLo genannt, hatten ihre Agentur schon 1948 gegründet. HeLo war ein Werbemann sozusagen der ersten Stunde.

Er war einer der ersten Dozenten gewesen, als in Berlin 1936 die Höhere Reichswerbeschule gegründet wurde, später auch ihr Direktor, und aus seiner Feder stammten etliche der griffigen *Slogans* des damaligen Regimes: *Pssst... Feind hört mit!* und *Achtung, Kohlenklau!* und *Räder müssen rollen für...* waren ein paar davon. Nach dem Krieg zog er nach Bayern und war 1954 unter den Mitgründern des Marketing-Clubs München.

Es war eine junge, fröhliche Agentur, die ich da in der Brienner Straße vorfand, auch wenn die beiden Inhaber schon in den Fünfzigern waren. Zusätzlich zu den beiden Brüdern und Jutta, HeLos Frau, die für die Buchhaltung verantwortlich war, war da eine Gruppe von sechzehn Leuten mit einem Durchschnittsalter von 23-24 Jahren. Vier davon arbeiteten in der Graphik, Silke Reich hatte ein voll ausgestattetes Fotolabor, Axel Weng war für Produktion zuständig und für die Medien Robert Neuman, der stets einen hellbraunen Anzug trug, mit seinem Assistenten Weber. Als Adlatus von HaLo und damit sozusagen mein Pendant hatte Heinz Wittschiebe am 1. Februar angefangen, ein Bild von Mann mit seinen gut zwei Metern Länge und dem dichten, rabenschwarzen Haar.

Schnell kam ich gut zurecht mit allen in der Gruppe. Es war ein richtiges Team, das miteinander lachen konnte und in dem niemand sich zurückzog, wenn es darum ging, mal einzuspringen und schell einmal helfend für die anderen etwas zu übernehmen. Mit wenigstens der Hälfte von ihnen haben wir, die Mücke und ich, uns bald auch privat immer wieder getroffen und uns angefreundet.

So geschlossen die ganze Truppe der Mitarbeiter war, so von einander getrennt, fast abgeschottet gaben sich allerdings die beiden Brüder. HeLo hatte *seine* Kunden und HaLo *die seinen*. Jeder hatte *seine* Sekretärin und jetzt auch *seinen* Assistenten. Und nicht selten gab es leichte Spannungen, wenn die Graphiker oder Silke oder sonst wer gerade mal für den einen voll eingespannt waren und die Dringlichkeiten des anderen in die Warteschleife kamen. Das spielte sich aber vorwiegend zwischen den beiden Brüdern ab, ohne uns andere besonders zu berühren.

HeLo war immer noch Dozent mit Leib und Seele. Unermüdlich konnte er stundenlang dozieren, wenn ich, allein oder mit einem der Graphiker, ihm gegenüber saß und wir eigentlich nur auf die Projektinformationen scharf waren, die wir für unsere Arbeit brauchten. Seine Themen streuten von aktuellem Kundengeschehen zu Analogien aus der gesamteuropäischen Vergangenheit und sich daraus ergebenden Eventualitäten für morgen, von Bauhaus zum Blauen Reiter, von systemimmanenter Bildersprache zum zeitlosen Rhythmus des Wortes. Immer hatte er dabei weiße Blätter vor sich liegen, die er mit weichem Bleistift vergewaltigte. Skizzen, Kurven, Symbole flogen da über das Papier, immer wieder zusätzlich eingeschwärzt von der Asche, die ihm unfehlbar von der Zigarre fiel, bevor sein Arm den Weg zum Aschenbecher fand.

Das war aber keineswegs Geschwätz eines alternden Mannes, der sich in Reminiszenzen verlor oder einfach nur seine Zeit totschlagen wollte. Er dozierte, ohne dabei den Faden zu verlieren und immer wieder auf das zurück kommend, was aktuell anstand und weshalb er Mitarbeiter vor sich hocken hatte.

Er war der Vertreter der *Ganzheit* in der Werbung und in der damit zusammenhängenden Beratung. Nichts schien er mehr zu verabscheuen als *Zeug, das in der Luft hängt,* wie er das nannte. Irgendein Titel, ein Slogan oder auch ein Bildelement, das nur als reine Effekthascherei gelten mochte, empfand er als Gräuel. Jede Botschaft musste *Hand und Fuß* haben. Der Bezug zum Verbraucher durfte niemals verloren gehen. Und Respekt vor den anderen, zumal auch vor den Menschen, auf die die Werbung gezielt wurde, war ihm ein heiliges Anliegen. Er hat versucht, uns Ethik der Werbung nahe zu bringen.

Bald schon führte er mich im Marketing-Club als Vollmitglied ein und die Agentur zahlte dafür auch den Jahresbeitrag. Er nahm mich und Katja mit, als in München Ernest

Dichter, der damalige Stern am internationalen Himmel der Motivforschung, seine Vorlesung hielt. Er war es auch, der immer wieder auf Ausstellungen hinwies, die Trends aufzeigen konnten und von keinem Werber übersehen werden sollten.

Die ersten Münchner Wochen hauste ich als Untermieter bei einem ältlichen Fräulein in der Augustenstraße, gleich um die Ecke von der Agentur. Die Wohnung roch nach einem Gemisch von Lavendel und Zimtkeksen. Damenbesuch, so wurde mit schon vorweg gesagt, war gänzlich unerwünscht. Das bekam die Mücke dann zu spüren, als sie mal nach München kam, um unsere möglicherweise künftige Wohnung anzuschauen, und über das Wochenende blieb, was bei meiner Wirtin einen morgendlichen *Skandal* ergab, der gar nicht leicht zu beruhigen war.

In der Neuhauser Straße, gleich hinter dem Rotkreuzplatz und nahe am Nymphenburger Schloss, haben wir unsere Wohnung gefunden. Schon Anfang April beziehbar. Sonnige zwei Zimmer mit Balkon, große Küche und ein Bad, an dessen Kacheln bunte Fische unablösbar aufgeklebt waren. Sie lag im ersten Stock, gegen Süden ausgerichtet und auf eine nahezu unbefahren ruhige Allee hinaus. Im Parterre wohnte Marika Rökk – ja genau sie – mit ihrem Partner, dem Regisseur Georg Jacobi.

Dafür, für diese Wohnung, den Zuschlag bekommen zu haben, konnte nicht einfach gewesen sein, und oft haben wir uns gefragt, wie und warum das für uns wohl so locker gelaufen sein mag. München hatte damals noch intensive Wohnungsnot. Attraktiver Wohnraum war eigentlich nur mit guten Verbindungen zu bekommen und auch da meist nur, wenn man dem Vermieter einen satten BKZ – Baukostenzuschuss – für verloren bezahlen konnte. Wir aber kannten niemanden in München und für einen BKZ hatten wir auch kaum Geld. Fast unsere ganzen Ressourcen waren das kleine Polster von der S&F-Provision, das nicht für die Umzugskosten drauf gegangen war. Kein BKZ wurde aber für das Wunderding verlangt und 360,00 DM Warmmiete im Monat hat es gekostet. Das war entschieden weniger als ein Drittel dessen, was ich bei Lorz verdiente. Noch heute kann ich mir nur denken, dass Herman Lorz da seine Finger sehr für uns im Spiel hatte.

Gut ist es gelaufen, das ganze Jahr über. Interessant, kurzweilig auch mit den neuen Freunden und all dem, was es in der großen Stadt zu entdecken gab. Die Mücke fand bald einen Halbtagsjob, von neun bis zwei Uhr, bei Pongratz, einem luxuriösen Einrichtungshaus am zentralen Ottoplatz, der ein nettes Arbeitsklima hatte und nur den Nachteil, dass dort Einrichtungen verkauft wurden und nicht Bücher.

Gelegentlich liefen wir zum uns nahen Nymphenburger Kanal, um die Enten zu füttern, oder im Winter dem Eisstockschießen zuzuschauen. In der Theatiner Straße gab es ein Essaykino mit oft uralten Filmen, in das wir gern gingen. Unten im Parterre des Agenturgebäudes in der Brienner Straße war ein jugoslawisches Restaurant, in dem wir uns häufig trafen und lange Abende verbrachten. In Kabaretts waren wir zwischendurch und im Theater. Und meist zweimal im Monat fuhren wir über das Wochenende nach Bozen. Die Mücke wollte nun mal ihre Eltern sehen. Regelmäßig und immer wieder.

Eigentlich hätte es langzeitig so weiter gehen können. Aber immer mehr und mehr zeigte sich, dass Lorz als Agentur dabei war, den Anschluss zu verlieren.

Wir konnten keine neuen Kunden gewinnen, obwohl sich fast die ganze Agentur dafür anstrengte, Listen potentieller Kunden mit allen dazu passenden Daten zusammenstellte und attraktive Info-Aktionen ausarbeitete. HaLo und HeLo bemühten sich Woche für Woche gleich intensiv wie vergebens um Neukunden, und auch dass Wittschiebe seit dem Sommer praktisch kaum anderes tat, als von morgens bis abends am Telefon mit angepeilten Neukunden zu hängen, hat nichts gebracht. Es war wie verhext. Kein Fisch wollte anbeißen. Und in den fortschreitenden Herbst hinein begann das, die Atmosphäre zu belasten.

Wir hatten bei Lorz, auf Dauer gesehen, zu wenige Kunden. Dabei war es nicht so, dass die von uns betreuten zu klein waren oder etwa unsichere Kantonisten. Adler, der damals führende Schmelzkäse aus dem Allgäu war einer; dazu Kienzle Uhren, die neben den Großuhren und den Weckern auch robuste und deshalb gut gekaufte Armbanduhren fertigten; dazu die Deutsche Gemeinschaftswerbung Uhren, deren Verantwortliche zu jeder Zeit eine Masse an Ideen erwarteten, dabei aber leider nur über recht geringes Werbegeld verfügten; Sopi Benzin, eine Marke, die fast nur in Bayern stark war und heute längst vergessen ist; und dazu Batscheider, die Vollkornbrotfabrik in Deisenhofen, die ein rundum engagierter Vorläufer der Bio-Ideologie war und damit gelegentlich richtig nerven konnte.

Es waren gute, seriöse Kunden, aber eben zu wenige, um einer Truppe von fast zwanzig Leuten Sicherheit zu geben.

Zum ersten Mal so richtig gefühlt wurde das Thema, als Kienzle im Sommer mitteilte, den Etat der Weihnachtskampagne um etwa einem Viertel gegenüber dem Vorjahr kürzen zu wollen. Dass stattdessen der Gesamtkatalog von uns neu gestaltet werden sollte, was nur einmal alle paar Jahre fällig war, glich die finanzielle Einbuße mehr als aus. Etwas vom Unbehagen, das die Kürzung des Etats ausgelöst hat, ist aber doch geblieben. Und es hat sich verstärkt, als Monat für Monat intensiver Anstrengungen zur Gewinnung neuer Kunden erfolglos verstrichen und HaLo im Spätherbst begann, ein paarmal etwas von wohl sinnvoller *Strukturstraffung* von sich zu geben.

Ich war als Letzter eingestellt worden und stand damit, so fürchtete ich, wohl ganz oben auf einer eventuellen Streichliste. Die Verunsicherung wuchs in mir auch, weil ich in den letzten Monaten viel zu wenig zu tun gehabt hatte und mich unterfordert fühlte. Auch das musste ja auffallen, dass ich bald mehr Zeit im Palaver mit HeLo, bei Weng in der Produktion oder sonst wo war, als an meinem Schreibtisch.

Der erste mögliche Kündigungstermin war zwar erst der 15. Februar per Ende März, aber so um Weihnachten fing ich doch an, mich in der Münchner Werbeszene nach möglichen Alternativen umzusehen.

Mehr als ein Schuss ins Blaue.

Vor allem *eine* Agentur hatte es mir schon seit längerem angetan, obwohl anfangs nur ganz abstrakt: Heye & Partner in Unterhaching. In Münchens Großraum war das *die* aktuelle Agentur. Sie galt als die dynamischste, ließ eine Flut interessanter Sachen von sich sehen und schien Neukunden anzuziehen, als hätte sie einen dafür eingebauten Magneten. Besonders interessant war mir dazu noch, dass Heye auch ein paar italienische Kunden hatte und eng mit der Mailänder Agentur NCK zusammenarbeitete.

Kurz nach Neujahr 1965 rief ich Friedrich W. Heye an und bat um ein Gespräch. Ich unterstrich meine italienischen Wurzeln und meine Zweisprachigkeit. Und ich sagte ihm, dass ich als Texter in seine Agentur zu kommen hoffte, aber nicht nur dafür, sondern auch um die Agentur in ihrem Italiengeschäft zu unterstützen.

Ich habe den Termin bekommen und wurde so richtig in die Zange genommen. Noch heute scheint es mir, als hätte das Befragen stundenlang gedauert. Ein paar Übersetzungen ins Italienische musste ich gleich vor Ort machen, ohne Wörterbuch natürlich, aber handschriftlich. Später habe ich erfahren, dass Heye die Seiten nicht nur einem Italienisch-Professor sondern auch einem Gutachter für Handschriften zum Prüfen gegeben hat.

Wochenlang habe ich nichts gehört. Der 15. Februar kam näher und damit bedrohlich der nächstmögliche Gefahrentermin. Ich rief Heye an. Er war ausweichend, wollte mich eindeutig abwimmeln, bot dann doch an, ihn in den nächsten Tagen noch einmal anzurufen.

Dann aber ließ er mich kommen.

Die Agentur sei ja einigermaßen interessiert an mir, hörte ich zum Auftakt, aber er selbst müsse doch skeptisch sein. Grund dafür sei das graphologische Gutachten, das er da eingeholt habe, und das mir ein gerütteltes Maß an Aggressivität bescheinigte, wenn auch gepaart mit ein paar nicht so schlechten Seiten.

Nochmals hatten wir ein recht langes Gespräch. Johannes Schaaf, der Cheftexter im Hause, und noch ein paar andere waren auch dabei, voll engagiert, mir auf den Zahn zu fühlen. Und dann hat Heye mich akzeptiert. Am 1. April sollte ich anfangen. Mit monatlich 200 DM mehr als ich bei Lorz verdiente.

Ich fühlte mich der Unsicherheit entkommen. Das Neue elektrisierte mich, zumal Heye versprochen hatte, mich mit Arbeit bis über beide Ohren einzudecken. Aber trotzdem: ungern bin ich von Lorz weggegangen – wegen HeLo und wegen der Gruppe, die mich gut aufgenommen hatte und in die ich mich integriert fühlte.

Wieder einmal hatten meine Schwiegereltern hatten jede Menge Grund, empört zu sein.

Endlich gefordert, von morgens bis abends.

Das Team von Heye & Partner hatte das ganze alte Rathaus von Unterhaching belegt und für die Buchhaltung dazu das daneben liegende Wächterhäuschen.

Der Altersdurchschnitt war nicht ganz so jung wie bei Lorz. Das ganze Team machte aber auf Anhieb genau den dynamischen Eindruck, der seinem Ruf entsprach und jeder in der Gruppe zeigte von den ersten Augenblicken ein mir ungewohnt hohes Maß fachlicher Kompetenz. Das empfand ich zumal auch in der Medienabteilung, die in Unterhaching damals schon mit Forschungs- und Kontrollprogrammen arbeitete, wie sie im Grunde auch heute noch weitgehend aktuell sind. Mich, den Adepten von Norbedo, hat das zu Anfang besonders beeindruckt und interessiert.

Für das Texten nahm mich Herbert Schaaf unter die Fittiche der mir gleich etliche umfangreiche Aufgaben für DKW gab, der Automarke, die ein paar Jahre später in Audi umfirmiert hat. Arbeiten für eine Reihe weiterer Kunden stellte er mir in Aussicht, wobei er aber sofort betonte, dass meine Tage mir reiner Texterei nicht ausgelastet sein würden.

Wohl auf seine Anregung hin wurde mir deshalb fast vom ersten Tag an die verantwortliche Betreuung einiger der Agenturkunden übertragen: Charmor, Damenwäsche, von der ich ja einiges verstand; Götzburg, Herrenwäsche, die dazu ein gutes Pendant war; und Gardisette, die italienischen Gardinen aus Glasfasertextilien, für die auch die Zusammenarbeit mit der Mailänder Agentur NCK wichtig war. Das alles, Texte und intensiver Kundenkontakt und dazu die Koordinierung der Gestaltungs- und Produktions-Arbeiten für diese, hielt mich auf Trab. Echt ausgelastet war ich jetzt und hatte den Kopf frei von Grübeleien über heute und morgen, Sicherheiten und Karriere. Und wie das immer so ist im engen Kontakt mit Projekten und Produkten: es gab eine Menge zu lernen.

Da war etwa Mark Mender, einer der sozusagen *kommenden* Modefotografen, der innovative, verblüffende Techniken der Rückprojektion-Fotografie entwickelt hatte. Mit ihm fotografierten wir die neue, von mir getextete Kampagne *Charmant Charmor*, wobei ich ihm am Set und im Labor nicht eine Minute von der Seite wich.

Oder da war die Idee, alle Packungen der Herrenwäsche von Götzburg auf Kaufhaus-Selbstbedienung umzustellen, wobei es sowohl um die Entwicklung von neuartigen, für Hängeregale geeignete Ösen-Schachteln ging, wie vor allem auch darum, sie von bedientem Einkauf auf Selbstbedienung umzustellen. Das war innovativ und viel komplexer, als man denken würde. Damals gab es kaum Erfahrung mit SB im Wäschebereich und das Projekt setzte ein nahezu umwälzendes Denken voraus. Keine Verkäuferin war mehr da, die zu wissen hatte und beraten konnte. Die Packungen hatten von sich aus alles Nötige zu sagen und dazu auch ganz allein zum Kaufen zu verlocken.

Da mussten an den Frontseiten die einzelnen Modelle so naturnah wie möglich, also auf spezielle Art fotografiert, gezeigt werden. Dazu hatte gut im Blickfeld und zum Lesen einladend alles das zu stehen, was bis dahin überwiegend beratend gesagt war: die Größe natürlich, aber auch all die anderen für den Verbraucher wichtigen Informationen und das sind mehr, als man auf Anhieb denken möchte.

Über Selbstbedienungs-Packungen an sich schon hatte ich nie besonders nachgedacht. Dass es zusätzlich aber noch ganz spezielle Techniken und Kniffe brauchte, um Feinripp-Slips oder Boxershorts attraktiv und zugleich informativ zu zeigen und wie das Ergebnis zu sein hatte, das musste ich mir jetzt erarbeiten. Schaudernd stand ich anfangs vor dem Erkennen, was alles außer dem Produktbild und der Marke noch an Texten und Zahlen auf so einer Packung unterzubringen war, die dann im Endergebnis aber keineswegs den Eindruck von abschreckender Textlastigkeit vermitteln durfte. Es war Neuland, nicht nur für mich. Eine Menge mehr ließe sich dazu erzählen.

Und zum Erzählen reizen könnte etwa auch Schaafs besondere Methode, Werbetexte anzugehen; oder das für mich neue System, die einzelnen Projekte so zu erfassen, registrieren, Schritt für Schritt notiert zu verfolgen und zur Abrechnung zu bringen, dass dabei jederzeit funktionelle Transparenz gegeben war, bis hin zur auch den Kunden verständlichen Rechnungsstellung; oder die mir von Heye selbst beigebrachten Tricks, den Kunden und zumal deren angestellten Werbeleitern irgendwelche Ideen und Vorschläge so zu vermitteln, dass sie fast den Eindruck bekamen, ihnen selbst sei der geniale Einfall gekommen – aber das dann doch wieder nicht so sehr, dass sie etwa auf den schlimmen Gedanken kommen konnten, die Agentur sei eigentlich überflüssig. Heye war ein Meister darin und ihn auch praktisch dabei am Werk zu sehen war für die Eingeweihten lehrreiches Vergnügen.

Bald einmal durfte ich auch nach Mailand, um die Leute von Gardisette und unsere italienischen Agenturpartner kennen zu lernen und mit ihnen die anstehenden Projekte durchzusprechen. Es wurden aufschlussreiche, konstruktive Treffen, die dazu beitrugen, neue Weichen zu stellen und dazu angetan waren, die Zusammenarbeit zu vertiefen. Erstmals ist es dabei auch gelungen, dass wir uns auf eine einheitliche internationale Kampagne für Gardisette einigten. Wir in Unterhaching sollten sie kreativ ausarbeiten und ich dann ins Italienische adaptieren, während die Medienarbeit jeweils im Zielland gemacht werden sollte. Der Kunde war damit einverstanden. Für ihn bedeutete es eine nicht unerhebliche Kostenersparnis, wobei beide Agenturen trotzdem mit besserem Gewinn dastanden.

Als echt positiv hat sich dabei erwiesen, dass ab jetzt Italienisch die gemeinsam Sprache war, und nicht mehr mühsames Englisch. Das löste schnell auch ein Problem, das anscheinend bereits seit Monaten vor sich hin geschwelt hatte. Bei den Abrechnungen zwischen den beiden Agenturen hatte es Spannungen gegeben, wobei beide Teile sich gleichermaßen im Recht wähnten, in Wirklichkeit aber Heye ein nicht zu knappes Guthaben bei NCK hatte. Auch da konnte jetzt alles geklärt werden, in langem Meeting, mit rechtem Eingehen auf die italienische Mentalität und mit dem Ergebnis einer netten Überweisung nach München zu gutem Ende.

Schnell hatte ich mich eingelebt bei Heye & Partner und die Tage verflogen mir nur so. Lästig war nur, dass Unterhaching im Süden von München lag und ich, um dorthin zu kommen, die ganze Stadt von Nymphenburg im Norden bis über Hellabrunn durchqueren musste.

Dann einmal, nur so zum Spaß...

Aus reinem Spaß und höchstens irgendwie als Testballon habe ich im Juli einmal einen Brief geschrieben.

Da hatte ich im Kontakter, der Klatsch- und Quatsch-Zeitschrift der Werbung, die Notiz gelesen, dass GGK dabei sei, in Mailand seine Filiale aufzubauen, dafür auch bereits die Biersparte des Oetker-Konzerns als fetten Kunden habe und weitere wohl bald folgen würden.

GGK in Basel war damals *die* Kreativ-Agentur im deutschen Sprachraum. Was diese Leute für Swissair, VW, IBM und deren Kugelkopf-Schreibmaschine oder für den Söhnlein Sekt gemacht hatten, war in aller Munde. Die Zigarettenwerbung für Peter Stuyvesant mit ihren Unikat-Anzeigen hatte geradezu Kultcharakter.

Denen schrieb ich also. Wirklich nur aus Spaß und um zu sehen, wie belustigt lachend sie vielleicht reagieren würden. Ich beschrieb mich so kurz es ging, unterstrich dabei, dass ich Texter war aber nicht nur, dass mir Italienisch so gut wie Deutsch vertraut war und ich Mailand gern mochte... ja, und dass ich als Nummer 2 gern GGK Italien mit aufbauen und leiten würde, annehmend, dass die Nummer 1 sowieso einer der drei Inhaber – Gerstner, Gredinger oder Kutter – sein würde. Immerhin schrieb ich *leiten* in den Brief, was an sich schon reinste Hybris war, wenn ich an die Kundenliste, die Arbeiten und den Ruf von GGK dachte. Ein echt blöder Spaßbrief, dachte ich mir schon nach wenigen Stunden. Aber da war das Ding schon in der Post.

Ich ließ es laufen und dachte kaum noch daran. Doch gar nicht viele Tage später lag die Antwort im Postfach. Eine Frau Preiswerk schrieb. Paul Gredinger wolle mich in Basel sehen und kennen lernen. Der Flug dorthin sei genehmigt, mit voller Spesenvergütung bei Vorlage des Tickets. Am 16. Juli wäre es angenehm, einem Freitag.

Mein Spaß war witzig pariert, fand ich. Wir beide lachten uns einen Ast, die Mücke und ich. Ob sie denn überhaupt mit nach Mailand kommen würde, blödelte ich mit ihr. Sie werde sich ein Logen-Abo in der Scala besorgen, witzelte sie zurück.

Aber die Neugier war doch stark. Was soll's, dachte ich mir, und rief bei GGK an, fragte, ob es denn da eine Frau

Preiswerk gebe, wurde prompt mit ihr verbunden – und sie bestätigte mir, dass ich schon wirklich von Herrn Gredinger erwartet wurde. Auch das mit dem Flugticket sei so gemeint. *Und also denn: Grüezi bis zum Früitig.*

Natürlich bin ich nach Basel geflogen. Das Gespräch mit Paul Gredinger wurde intensiver, als ich mir je denken konnte. Markus Kutter, das K von GGK, kam später auch dazu, und noch später dann Lazlo Alföldy, der für das Administrative Zuständige. Und als ich mich dann gerade noch so rechtzeitig verabschieden konnte, den späten Flug nach München nicht zu versäumen, hatte ich nicht nur die Spesenvergütung in der Tasche, sondern dazu auch Brief samt Unterschrift, dass ich mich eigentlich schon von jetzt an zum GGK-Team zählen konnte. Antritt spätestens am 1. Oktober 1965 in Mailand. Allfällige Kaution für die nötige Mietwohnung und volle Umzugskosten von der Agentur bezahlt. Ein 2-Jahres-Vertrag angeboten. Die Qualifikation auf den mir zugedachten Geschäftskarten: *Leiter GGK Italien.* Und das Gehalt knapp doppelt so hoch wie jetzt bei Heye. Mehr zu fordern, hatte ich nicht gewagt.

Noch hatte ich, hatten wir Zeit, es uns zu überlegen. Wir hatten nicht damit gerechnet, dass ich mit so einem Brief aus Basel zurückkommen würde. Beide hatten wir keineswegs daran gedacht, aus München je wieder wegzuziehen, noch einmal das Risiko einer ganz anderen Stadt mit völlig anderem Umfeld auf uns zu nehmen, nochmals wo anders voll neu anzufangen.

Wir wussten auch beide nicht einzuschätzen, ob ich mich mit dem anstehenden Job nicht übernehmen würde. Wir machten uns Gedanken darüber, wie es denn sein würde, wiederum ohne Bekanntenkreis, ohne Freunde dazustehen. Und wenn ich schon mit Magenbeklemmen an das Team dachte, in das ich bei Heye jetzt eingebettet war, war es für die Mücke ganz sicher nicht weniger leicht, an ihre Tage bei und mit der Pongratz-Gruppe zu denken, die sie inzwischen so richtig mochte.

Einigermaßen schwergewichtig kam noch dazu, dass die Mücke gar nicht so sicher in ihrem Italienisch war, das sie ja nicht schon von Kindheit an kannte. Vor allem zählte ihr aber, dass Mailand an Kilometern und zumal auch psychologisch um etliches weiter von Bozen entfernt war als jetzt unser München. Für mich war dieser noch größere Abstand jedoch eines der Gewichte, das da auf der positiven Seite in der Waagschale lag. Nicht so für Katja. Ganz im Gegenteil.

Wenn es in den letzten Zeiten gelegentlich und überhaupt Spannungen zwischen der Mücke und mir gegeben hatte, dann nur wegen Bozen. Der Druck, der sich mehr und mehr aufgebaut hatte, jeden Monat zwei Wochenenden dort zu verbringen, nagte an mir mit stetig stärker werdendem Biss.

In der Münchner Anfangszeit hatte ich noch gedacht, dass es sich einpendeln, die Wochenendfahrten also seltener würden, um sich irgendwann fast nur noch auf die großen Feiertage zu beschränken. Aber Katja konnte sich nicht freischwimmen. Sie hing an ihrem elterlichen Ambiente, wahrscheinlich mehr am Ambiente selber, das ihr Sicherheit zu geben schien, als an den Eltern selbst. Dabei verliefen die Bozner Wochenende meist alles andere als harmonisch. Mein Verhältnis mit den Schwiegereltern war immer schon angespannt gewesen, um das mal milde auszudrücken, und hatte sich natürlich nicht gebessert, seit ich ihnen die Tochter ins Ausland *entführt* hatte.

Und jetzt nun Mailand. Von dort nach Bozen war es doch ein Stück weiter als aus München. Zumal auch gefühlt. Es war also alles eher als nur eitel Freude, was die Mücke und mich nach dem Basler Vorvertrag bewegte. Aber andererseits: Die Karrierechance war doch zu einmalig, zu unwahrscheinlich nachgerade, sie in den Wind zu schlagen. Und nicht nur unterschwellig kam für mich der größere Abstand von Bozen eben auch noch dazu.

Bevor ich Mitte August bei Heye dann kündete, sechs Wochen vor Quartalsende wie das so vorgeschrieben war, war ich nochmals in Basel. Ich wollte die ganze Agentur kennen lernen, deren Gegebenheiten und Projekte genau erfahren, wissen auch, was exakt für Italien vorgesehen war und wie die Abläufe sein sollten. Und nicht zuletzt wollte ich herausfinden, ob ich auch mit Karl Gerstner, dem zweiten G von GGK, auskommen konnte.

Dann waren die Würfel gefallen. Mein Fluss hatte sich daran gemacht, eine weitere Schleife zu mäandern.

Italiens jüngster Agenturchef.

Oktober 1965. Weniger als zwei Jahre hatte ich in Deutschland Werbung geatmet, als Junior beginnend und ohne Facherfahrung. In angenehme Umfelder war ich gekommen, hatte beachtenswerte Menschen und nette Leute erlebt, Freunde gewonnen und eine schöne Wohnung in Münchens Nymphenburg-Viertel. Dann aber hatte sich ein fast unwahrscheinlicher Karrieresprung geboten und so kam ich jetzt zurück nach Italien.

*

Die erst 1962 in Basel gegründete GGK war in kurzer Zeit zu *der* Kultagentur der deutschsprachigen Werbung geworden. Geschliffene, auch doppelsinnige und oft recht witzige Texte waren ebenso ihr Markenzeichen wie die kühle Schweizer Graphik, die sich eindrücklich von den durchgehend überwiegenden Schnörkeleien der damaligen Werbung absetzte. Jetzt, drei Jahre nach der Agenturgründung, stand in der Kundenliste die Creme und Avantgarde der in Deutschland Werbenden: VW, IBM, die Sekt- und Biersparten des Oetker-Konzerns, Zigaretten von Reemtsma, Swissair, Gruner & Jahr und andere desselben Kalibers.

Um GGKs neue Italien-Filiale aufzubauen und zu leiten, war ich nach Mailand gekommen. Prinz Bräu, Dr. Oetkers ehrgeiziges und gut gepolstertes Bier-Engagement in Italien war der erste Kunde. Die neue Kampagne sollte im Februar starten.

In Mailand angekommen, fand ich nur ein enges, freudloses Provisorium vor: zwei in abgelegener Peripherie zur Untermiete belegte Zimmer in den Räumen der kurz früher auch in Italien gestarteten Züricher Agentur Brüllmann & Contini. Peter Quayle, den ich bei Zuegg als Verantwortlichen von Ogilvy & Mather erlebt hatte, fand ich zu meiner Verblüffung dort als Leiter wieder. Das war schon mal positiv, trotz der unmöglichen Unterbringung.

Mein erster Auftrag war denn auch, einen vernünftigen Firmensitz zu finden. Die Basler Meinung und Anweisung war dazu, irgendwo in einer auch vorörtlichen Gegend eine möglichst alte Villa zu kaufen, in der neben den nötigen Büroräumen auch noch eine kleine Wohnung Platz finden konnte für Basler Mitarbeiter, wenn sie nach Mailand kamen. Von typisch Schweizer Kleinstadtdenken war das der Ausdruck, das wohl auch die avantgardistischen Werber prägte. Ich war *damit* kein Stück einverstanden.

Gut genug kannte ich die Erwartungen, die in Italien an so ein Projekt gestellt wurden, wie es die Niederlassung eines auf Erfolg abzielenden Dienstleistungsunternehmens war. Ein altes Häuschen mit Vorgarten irgendwo in einem Randbezirk war das sicher nicht; gleich wenig wie es die weit abseits vom Zentrum gelegenen, dunklen Büros von Brüllmann & Contini waren.

So gab ich denn vor, die Villa zu suchen, und schaute mich stattdessen intensiv vor allem danach um, was mir so vorschwebte. Und es hat keine vier Wochen gedauert, bis ich es gefunden hatte – zur Miete allerdings, weil zum Kauf weder angeboten noch erschwinglich.

Es gab da den sogenannten *Torre*, einen elfstöckigen, alle umliegenden Gebäude hoch überragenden Büroturm an der Piazza Liberty, einem kleinen Jugendstil-Plätzchen mitten in Mailands Zentrum, keine zehn Schritte von den Arkaden des Corso Vittorio Emanuele entfernt. Ganz oben auf dem Turm waren geräumige Büros zu mieten, im letzten Stock und mit darüber einer dazu gehörenden Dachterrasse, die seitlich von einem überwiegend gläsernen Pavillon begrenzt wurde, der dringlich dazu einlud, zum Graphiker-Atelier zu werden. Vor den deckenhoch mit Fenstern bestückten Frontwänden von Chefbüro und Sitzungszimmer ragten zum Greifen nahe die *guglie*, die tausend gotischen Spitzendes Doms, und die ihn krönende goldene *Madonnina* in den Himmel. Und unten auf der Piazza Liberty gab es bewachten Parkplatz mit einem beflissenen Wärter, der sich gern gegen kleines Trinkgeld zu einem inoffiziellen Autoplatz-

Freihalte-Abkommen bereit erklärte. *Das* war es, was ich als Firmensitz von GGK Italia wollte.

Das Basler Dreigestirn war gar nicht angetan von der Idee. Schon allein den Gedanken an Miete empfanden sie als Gräuel. Das Ganze sehe auch viel zu sehr nach Angeberei aus, hörte ich eindringlich, was nun wirklich nicht Schweizer Stil sein könne. Und teuer sei es auch noch, gab Lazlo Alföldy mit Buchhalterblick zu bedenken. Ich habe mir den Mund fusselig geredet. Dreimal war ich dazu in Basel, bis Gredinger bereit war, sich das Mailänder Ding doch wenigstens einmal anzusehen. Was dann gelaufen ist, dahinter bin ich nie so richtig gekommen. Keine Ahnung, mit wem sich die Basler etwa beraten haben. Möglicherweise mit Italien-Leuten von Dr. Oetker. Jedenfalls: Basel hat mir Grünes Licht gegeben.

Schon im Januar konnte ich ganz Medien-Mailand zur Vernissage einladen. Sie kamen alle, die Rang und Namen hatten. Es ist ein viel erinnertes Fest geworden, mit gutem Nachhall in der Presse. Und, aus dem Nichts gekommen, war ich plötzlich ein Jemand in Mailands Werbeszene: Italiens jüngster Leiter einer internationalen Agentur.

Es war vereinbart, dass die Graphik in Kreativität und Produktion der Druckunterlagen auch für Italien in Basel erarbeitet werde. Das war Karl Gerstner nicht zu nehmen. Auch für die Urformen der Texte sollte dasselbe gelten. Paul Gredinger bestand darauf, jede einzelne Zeile entweder selber zu schreiben oder wenigstens zu bearbeiten. Mir kam für Italien dann die Verantwortung für das Übersetzen und werbliche Adaptieren der Basisversionen zu. Dafür sollte ich Mailands besten Übersetzer finden und als Adlatus rekrutieren.

So kam ich an Chicco Cicogna, der eigentlich Dr. Enrico dei Conti Cicogna Marchese di Bajos hieß. Er hatte unter vielem anderen auch die Memoiren von Konrad Adenauer übersetzt, ein knorriges Stück Arbeit. Inge Feltrinelli, die Verlegerin, hatte ihn mir empfohlen. Die Zusammenarbeit mit ihm ist mir beruflich goldeswert und zwischenmenschlich noch viel mehr geworden

Ich konnte Italienisch. Meine Grammatik und die Syntax waren in Ordnung; der Sprachschatz reichlich und zum Teil sogar erlesen. Doch so ganz sicher war ich mir damals noch nicht, dem Volk auch nach dem Maul zu schreiben. Das aber brauchte es unbedingt, wenn gute Werbetexte angesagt waren, und gleich doppelt war es nötig, wenn die Anforderungslatte so hoch gelegt war, wie von Paul Gredinger vorgegeben. Chicco Cicogna hatte das Zeug, dem gerecht zu werden. Und er war bescheiden genug, sich dafür keine Eitelkeitskrone aufzusetzen. Im Gegenteil.

Eine der kreativen Hauptaufgaben der ersten Zeit war, die Basler Rohlinge der Anzeigenkampagne von Prinz Bräu umzusetzen. Das war keine Arbeit für schnell mal nebenbei und gerade sie hat sich dann zu einem Dauerbrenner entwickelt.

GGK-Kampagnen erschöpften sich nie in nur zwei-drei Sujets. Sie alle waren Anzeigen-Schnüre und kein Motiv wurde oft wiederholt oder in vielen Medien geschaltet. Und die Texte waren alle relativ lang. Kleine Geschichten in Serie mussten sie erzählen, durch die aus Lesern Stammleser werden sollten. Das war so ganz im Sinn von Werbegurus wie David Ogilvy, Howard Gossage, oder eben Bill Bernbach, Paul Gredingers bewundertem Vorbild. Eine gute Portion Wortwitz war in jedem dieser Texte, oftmals bewirkt durch doppeldeutiges Formulieren. Dies dann in den italienischen Adaptierungen mit gleichwertiger Pointierung und locker dahin fließendem Rhythmus wieder zu finden, war die gestellte Anforderung, für die der *beste* Übersetzer gerade gut genug war.

Es war keine leichte Aufgabe, auch nicht für einen so erfahrenen Profi wie Chicco Cicogna. Es waren ja auch keine literarischen Texte, an die er gewohnt war, und auch keine spröden Erinnerungssätze wie die von Adenauer, die auch übersetzt gern ein bisschen sperrig daher kommen konnten. Es war Werbung. Und mit dem Geist von guter Werbung, von Werbung, die unterhält und interessiert, musste auch er sich erst einmal vertraut machen.

So hat es sich dann fast natürlich ergeben, dass wir uns für jeden Text zusammensetzten. Gemeinsam haben wir geklärt, was etwa tief drinnen auch zwischen den Zeilen beabsichtigt war; wo der eventuelle Wortwitz oder das Doppelbödige waren; und wie das zweckgerecht in die Sprache von Dante, der Signora Rossi und dem Klempner Brambilla zu bringen war. Dass wir da auch etwa einen ganzen Nachmittag über nur einem Anzeigentitel und den dazu gehörenden zehn-zwölf Zeilen brüteten, hinschrieben und verwarfen, uns um einzelne Wörter, Zeiten und Klangfarben balgten, war da nicht weiter zu verwundern.

Wahnsinnig viel aus dieser Zusammenarbeit habe ich für mich gewonnen. Vor allem auch an sozusagen *gehobener* Alltagssprache, die ich weder bei meinem schöngeistigen Pater Franz noch auf Bozens Straßen gehört hatte. Dass ich Chicco Cicogna für jede Textseite gut zehnmal so viel bezahlte, als er von den Verlagen für die Übersetzung von Büchern bekam, war mir da mehr als natürlich. Ich wusste um den Wert von guter Werbung und auch, was die Kunden dafür zu bezahlen hatten. Und ich wusste auch, was gute Texter im Durchschnitt so verdienten.

Es dauerte nicht lange und GGK Italien war eine von allen Medien, von Druckern und den Herstellern der verschiedensten Werbemittel umschwärmte Agentur. Wir hatten gute Aufträge zu vergeben. Das hatte sich schnell herum gesprochen. Und alles deutete zudem darauf hin, dass wir bald weitere investitionsfreudige Kunden haben würden. Da war es kein Wunder, dass ich von dem und jenem der Medien und der Produzenten mit besonderer Aufmerksamkeit behandelt wurde.

Einer davon war Paolo Ferrari, der Inhaber von Astrea, einer Firma, die auf Außenwerbung längs der Landstraßen spezialisiert war. Für Prinz Bräu waren da mehr als tausend Stellflächen quer über den ganzen Italien-Stiefel geplant, was für Astrea zu einem bedeutenden Auftrag wurde. Und Ferrari bedankte sich dafür, nach guter italienischer Sitte. Er hatte Freude an der Mailänder Scala, mit denen er sich zu regelmäßigem Pokerspiel traf. Von ihnen bekam er Karten, die er uns immer wieder zukommen ließ. So hat es begonnen, dass Katja und ich Stammgäste in der Scala wurden.

Und so ähnlich lernten wir beide in recht kurzer Zeit auch die damals angesagten Restaurants und Mailands gemütlichste *trattorie* kennen. Wenn wir Lust darauf gehabt hätten, wären wir dazu an mindestens zwei Abenden jeder Woche eingeladen worden. Schnell ist uns so das gastliche Mailand vertraut geworden, das sich ja immer auswärts, fast nie in den Wohnungen abspielt und schnell ist unser Bekanntenkreis gewachsen.

Chicco Cicogna hat dabei immer mehr eine besondere Rolle gespielt, erst als kompetenter Führer durch das kulturelle und abendliche Mailand und im Laufe der Zeit dann wachsend auch als wirklich lieber Freund.

Es ist aber auch eine hektische Zeit geworden. Allein schon Prinz Bräu war ein anspruchsvoller Kunde.

Das Unternehmen war aus vier Einzelfirmen gebildet, die ihre Brauereien quer über Italien verteilt hatten: Carisio bei Turin, Crespellano bei Bologna, Ferentino nahe von Rom und Bitonto in Apuliens Süden bei Bari. Und jede der Brauereien hatte ihren eigenen Chef und ihre selbständige Abteilung Marketing und vor allem auch ihre eigenen Vorlieben und Eifersüchteleien. Das schon war gar nicht leicht unter einen Hut zu bringen. Dass jeder der Chefs und deren Mitarbeiter ständig versuchten, das Bestmögliche für *ihr* regionales Geschäftsgebiet zu erzielen, war dabei als ganz natürlich mit einzubeziehen und geduldig auszutarieren. Es gab nun einmal nur *einen* Etat für Italien und nur *eine* Kommunikations-Strategie, die substantiell von Gredinger mit Dr. Guido Sadler, Dr. Oetkers Generalbevollmächtigtem, in Bielefeld festgelegt war. So waren mir recht häufige Treffen mit den regional zuständigen Teams angesagt. Die

Herren in Carisio und Crespellano wollten dazu stets in ihren Brauereien besucht werden.

Auch die Kampagne selber war in ihrem Mix ein ziemlich komplexes Ding. Die Medienwerbung – Zeitschriften und lokale Zeitungen, später auch Kinowerbung und Fernsehen – war ja nur ein Teil davon, der gerade etwa die Hälfte des Etats ausmachte. Dauerhafte Außenwerbung, bei der jede Position an den Landstraßen zu beurteilen und genehmigen war, häufig auf Maß zu fertigende Schilder für die Schankstätten und vor allem deren markenbezogene Ausstattungsteile – Gläser, Bierdeckel, Aschenbecher Serviertabletts, Sonnenschirme und was es da so alles gab – waren arbeitsintensive Teile des Puzzle. Die Sachen wurden zwar in Basel gestaltet, aber in Italien galt es, die jeweils günstigsten Hersteller dafür zu finden, sie zu koordinieren und zu über-wachen. Da wurden die Tage nie lang.

Und dazwischen immer wieder schnelle Abstecher nach Basel. Ich musste, wollte den engen Kontakt mit den Kreativen halten. Einzelheiten der Planungen, der Druckvorlagen und der übrigen Produktion waren vielfach zu besprechen. Alföldy wollte Zahlen erklärt haben. Gerstner, der ein paar Brocken Italienisch sprach, war scharf darauf, die übersetzten Texte bekritteln zu können. Und Kutter legte Wert auf periodische Berichterstattung. Nur Gredinger sah ich nie in Basel. Wenn ihn Neugier bewegte oder er Wünsche hatte, kam er nach Mailand.

*

Gleich nachdem ich Anfang Oktober in Mailand angekommen war, vorerst allein, um das Terrain zu sondieren, fing ich an, uns, Katja und mir, eine Wohnung zu suchen. Auch ein Provisorium sollte fürs erste gut genug sein, wenn es nur schnell verfügbar und einigermaßen bequem zu erreichen war. Auch mit den öffentlichen Verkehrsmitteln, weil Katja doch keinen Führerschein hatte. Ich wusste dabei vorab schon, dass es in Mailand kaum Mietwohnungen gab und wirklich Gutes nur mit einer guten Portion Geduld und Glück zu finden war.

In der Via Pagliano, der Straße, in der unser Büro der Untermiete lag, war in einem neueren Haus eine kleine Zweizimmerwohnung zufällig gerade frei. Ein Schild *Zu vermieten* sah ich beim Vorbeigehen an der Haustür, wie das in Italien so üblich ist. Ganz frisch beschriftet wirkte es. Lange würde es nicht da hängen bleiben. Kurz entschlossen erklärte ich, die Wohnung mieten zu wollen und bekam sie auch.

Für den Anfang war das eine Lösung, eine recht gemütliche sogar, und unserem Umzug mit Möbeln und dem Rest stand schnell schon nichts mehr im Weg. Natürlich wussten wir, dass das nicht das Endgültige sein konnte. Aber wir hatten auch noch keine Ahnung, wo denn der zu suchende Bürositz sein würde, und dessen Lage sollte wohl etwa auch fürs Wohnen eine Rolle spielen. Die Suche nach der endgültigen Bleibe blieb deshalb ständig aktuell, damals in unseren ersten Mailänder Zeiten.

Gewohnt harmonisch glücklich waren uns, der Mücke und mir, die Anfänge unserer Mailänder Zeit nicht. Für Katja waren die letzten Wochen in München zweifach belastend geworden, weit mehr als bei allen früheren Wechselbädern, die ja auch keine lockeren kleinen Veränderungen waren. Und ich, selbst mannigfaltig hin und her gerissen, kapselte mich eher ab, als darauf einzugehen.

Missverständlich begründete Spannungen hatten sich zwischen uns aufgebaut, und gar nicht gut war es, dass Katja da wochenlang allein noch in München war und allein alles für das Abbrechen unserer dortigen Zelte und den Umzug veranlassen zu müssen, während ich dieselben Wochen intensiv mit neuen Menschen und Situationen dicht und ablenkend erleben konnte. Und uns fehlte die Gelegenheit, darüber zu reden, uns auszutauschen, das Gefühlte, Befürchtete, Erwartete miteinander zu teilen – so wie das immer bei uns gewesen war.

Dass wir dann in unserer ersten gemeinsamen Mailänder Zeit an Wochenenden nicht mehr nach Bozen fuhren – ich hatte das so gewollt – hat Katja zudem belastet. Mehr wohl, als mir einsichtig war.
Wir mussten erst wieder zusammenfinden. Miteinander zu reden, alles und jedes durchzusprechen, unbefangen und offen wie bisher gewohnt: dazu hatten wir zurückzufinden. Ganz einfach war es nicht und seine Zeit hat es gebraucht.
Aber da hat sich neu Positives ergeben, wie nun gerade nötig.

Seit nur wenigen Monate lebten wir nun in Mailand, in unserer kleinen Wohnung in der Via Pagliano, die wir von Anfang an als nur eine Übergangslösung gesehen hatten.
Da, an einem hellen Sonntagmorgen, war ich, wie an Wochenenden gewohnt, gleich nach dem Frühstück zum nahen Kiosk unterwegs, mir die Zeitung zu holen. An einem Neubau kam ich vorbei, der mir schon öfters ins Auge gestochen hatte. An seinem verglasten Eingangstor hing ein Schild mit elektrisierendem Angebot: Mansardenwohnung, drei Zimmer, geräumige Küche, zwei Bäder, rundum Balkone nach drei Himmelsrichtungen.
Die Zeitung war vergessen. Der Pförtner und Hausmeister war zuhause. Ja, sagte er, das Schild sei erst am Vortag heraus gehängt worden und die Wohnung sicher noch nicht vergeben. Herrn Paolo Hintermann gehöre sie, der selber gleich darunter, im sechsten Stockwerk wohnte. Aber: Nein, meinte er entschieden, jetzt sei echt nicht die richtige Zeit, zu stören. Sonntag, so früh am Morgen.
Er rief dann trotzdem oben an. Herr Hintermann ließ mich hinauf kommen, entschuldigte sich gar, mich formlos im Schlafrock zu begrüßen. Er war ein auf Anhieb sympathischer, netter junger Mann, frisch verheiratet, wie er bald erzählte, und sein Schwiegervater hatte das Haus gebaut. Die Mansarde sei sein Hochzeitsgeschenk gewesen. Ohne zu zögern zeigte er mir sie auch gleich. Ich war hingerissen. Vom Schlafzimmerbalkon waren die noch ver-

schneiten Tessiner Berge zu sehen, wie fast zum Greifen nahe; vor der großen Küche breitete sich eine Terrasse nach Südwesten mit in der Dachschräge einem recht geräumigen Abstellraum; vor dem Wohnraum und dem dritten Zimmer daneben durchgehend ein langer Südost-Balkon mit in die Balustraden eingesetzten Trägern für Blumentröge. Das Ganze einfach ein Traum.

Herr Hintermann meinte, sich fast entschuldigen zu müssen, weil noch so manches fehlte. Die Wände waren noch zu streichen oder tapezieren; Kniestöcke hatten noch Verblendungen und Türen zu bekommen. Das könne eventuell ja ich so machen lassen, wie es mir gefiele, und er würde dann die Kosten übernehmen. Es hörte sich an, als wäre ich schon der Mieter.

Als ich den Preis hörte, den er als Warmmiete haben wollte, hüpfte mir das Herz. Für das ganze Jahr waren das gerade zwei der Monatsgehälter, die ich jetzt bei GGK bekam. Ich habe Paolo Hintermann keine Zeit gelassen, es sich etwa nochmals zu überlegen, eventuell auch noch andere Interessenten sehen zu wollen. Auf irgendein Stück Papier haben wir gleich eine kurze Vereinbarung geschrieben und ich ihm einen Kautionsscheck über drei Monatsmieten gegeben. Die Zeitung war vergessen, als ich zurück nach Hause eilte. Bei meiner Erzählung überstürzten, verhaspelten sich die Wörter. Und Katja war dann begeistert, als auch sie die Wohnung erstmals sehen konnte.

Jetzt haben wir begonnen, in Mailand gemeinsam angekommen zu sein. Für lange Jahre dann ist die Panoramawohnung in der Via Mosé Bianchi 71 unsere heimelige Bleibe geworden und fast sicher ist es der Mücke die liebste geblieben, auch als wir viel später dann unser Haus gekauft hatten.

*

Über GGK wurde in den Fachmedien schon ab den ersten Italien-Monaten berichtet. Besonders mit Alfonso Elia, dem

Herausgeber einer der führenden Marketing-Zeitschriften, war ich gut ins Gespräch gekommen, was zu einer mehrteiligen Artikelserie führte, die unsere internationale Arbeit als beispielhaft für innovative Werbung vorstellte.

Etliche Unternehmen haben sich daraufhin bald bei uns gemeldet, ein paar mit der von Anfang an ganz eindeutigen Absicht, uns eventuell ihren Etat anzuvertrauen. Alle waren mir viel Aufmerksamkeit wert. Mit jedem hatte ich intensive Gespräche. Über jeden berichtete ich detailliert an Gredinger. Nachfragen gab es zu dem einen oder anderen. Und die Entscheidung in Basel war dann immer ein sattes *Nein*. Die Begründungen: Zu kleiner Etat, zu weit abgelegen, branchenmäßig zu uninteressant und was auch immer. GGK war wählerisch, wenn es um Kunden ging.

Mir war das jedesmal wie eine kalte Dusche. Ich wollte sozusagen *eigene*, italienische Kunden haben.

Aral konnte unser Kunde werden. Der deutsche Benzinkonzern hatte das drittgrößte Tankstellennetz Italiens und sein Werbeetat war von beachtlicher Höhe. Viel hatte ich in die Vorarbeit investiert. Und auch Gredinger hatte sich für diesen potentiellen Kunden interessieren lassen. Wir präsentierten Konzepte, auch erste kreative Vorschläge.

Dann kam der Tag des Gesprächs mit Ing. Leiendecker, dem Aral-Chef in Italien, das die Entscheidung bringen sollte. Es fand bei uns in Mailand statt. Gredinger war dazu gekommen, wie das für so einen Anlass ganz selbstverständlich war. Und wir hatten eigentlich schon alle Details durchgesprochen. Die uns vorgegebene Aufgabenstellung war klar, der strategische und der kreative Weg waren vereinbart, über die Höhe des Etats und die finanziellen Konditionen war grundsätzliches Einvernehmen erzielt. Doch unversehens stellte dann Leiendecker noch eine Frage, eine Frage, die ganz logisch und eigentlich vorauszusehen war.

Wer ist denn bei GGK in Italien verantwortlich für...? – fing er an und wollte nun wissen: Kundenbetreuung, Medienplanung und deren bestmöglichen Einkauf, Koordinierung und Produktionsüberwachung der Werbemittel, die motivierenden Informationen zur Werbung an die Pächter der Tankstellen – und vielleicht waren noch ein paar weitere Positionen mit dabei in der sehr ernst vorgebrachten Frage.

Bei jeder einzelnen der nachgefragten Positionen zeigte Gredinger auf mich, sagte meinen Namen und lächelte breit dazu und überzeugend, wie er wohl meinte.

Es war so wahnsinnig schmeichelhaft für mich... und so dumm, so widersinnig dumm!

Da war ein Bedarf von wenigstens drei zusätzlichen Fachkräften. Wir hätten sie auch eingestellt. Ohne Zweifel. Der Aral-Etat hätte dafür die Entlohnung von bestens Qualifizierten erlaubt und jeder von uns dreien am Tisch wusste das genau. Wie leicht wäre es doch gewesen, Leiendecker um Vertrauen und 2-3 Wochen Geduld zu bitten mit der Zusage, ihm dann *seine* Truppe vorzustellen, die der Zagler koordinieren und der Gredinger überwachen würde. Was da in Paul Gredinger gefahren war, habe ich nie erfahren oder gar verstanden. Leiendecker jedenfalls hat das praktisch schon unterschriftsreife Etat-Angebot zurückgezogen und Aral war für GGK gestorben.

Das war dann schon ein bisschen mehr als ein kleiner Riss, den ich da fühlte. Wir hatten die erste große Chance für das Weiterkommen von GGK Italien verschenkt.

Kreativität war bei GGK ganz groß geschrieben, wobei es vordringlich nicht so sehr um Graphik ging, sondern zu allererst um ideen- und textkreative Ansätze. Das lag im Grunde voll auf meiner Linie und es freute mich, dass ich dazu gehörte, obwohl sich meine Textbeiträge noch ganz eindeutig aufs Umsetzen und Adaptieren zu beschränken hatten.

Schritt für Schritt begann aber eines mich mehr und mehr zu irritieren: Die Texte schienen zunehmend kopflastig und ihr Geklingel fast schon zum vordergründigen Selbstzweck zu werden. *Schmunzeln* war eines von Gredingers Lieblingswörtern und dass ein Text zum Schmunzeln brachte, war ihm Zweck und Ziel. Wenn dabei der Bezug zum beworbenen Produkt und dem umworbenen Verbraucher auf der Strecke blieben, nahm er das gern in Kauf. Werbung brauche nur bis zu einem gewissen Grad zu informieren, war seine Meinung, und für informative Botschaften seien sowieso die Kunden selbst zuständig. Werbung habe zu unterhalten, habe *lustig* zu sein.

So weit so gut. Das konnte eine akzeptable, ja interessante Ausrichtung sein und als solche durchgehen, solange es genügend Kunden mit kräftigem Etat gab, die darauf eingehen mochten. In einem hatte Gredinger ja recht: Werbung, die erheiternd wirkte, wurde lieber gelesen als die langweilige, dozierend daherkommende und oft verquaste, die leider bei Weitem in der Überzahl war. Und wenn etwas gelesen wurde, war entschieden mehr Sicherheit gegeben, dass das irgendwie damit verbundene Produkt erinnert wurde, als wenn die langweilige Botschaft von jedermann ungelesen überblättert war.

Die Medaille hatte aber eine Rückseite und die war es vor allem, die mich mehr und mehr irritierte.

Fixiert auf unterhaltende, lustige Texte war die Agentur voll auf dem vor allem von Gredinger vorgegebenen Weg, die ganze Werbung als Zweck ihrer selbst, als Selbstzweck zu verstehen. Eine von ihm häufig wiederkehrende Ansage brachte das so richtig auf den Punkt: *Die Unternehmen haben heute die Mäzene zu sein, die früher die Fürsten waren, und die Werbung ist heute das, was früher die Kunst war.* Oder anders gesagt: Was in der Renaissance etwa Lorenzo de Medici für Michelangelo war, hatten heute VW und Dr. Oetker für Gredinger zu sein.

Ganz folgerichtig war es bei GGK ein Tabu, über irgendwelche Kundenbelange auch nur zu sprechen, die über die die reine Werbung hinausgingen. Auf Themen wie die Produktqualität oder die Preisgestaltung, Packungsdesign oder etwa gar das Verbraucherverhalten auch nur mit ein paar Gedanken einzugehen, war da schon fast so schlimm, wie etwa im Vatikan zu propagieren, dass Maria und Josef gut und häufig glücklich in einem gemeinsamen Bett geschlafen hatten.

Diese Einstellung war völlig konträr zum Universalblick im Marketing, den mir Norbedo vermittelt hatte, und auch gegen die Idee der Gesamtheit, für die Hermann Lorz stand und über die er so intensiv zu dozieren wusste. Für Großkunden, die für jeden einzelnen Spezialaspekt ihre koordinierenden Fachleute im Haus hatten, mochte die Einstellung von GGK ja noch ein funktionierender Ansatz sein, obwohl sie mich irritierte. Unmöglich fand ich sie jedoch für mittelgroße oder gar kleinere Kunden. Aber die waren für GGK ja uninteressant.

Immer öfter dachte ich daran, eines Tages wohl meine eigene Agentur zu gründen.

Das Reich der Medien ist ein Kosmos für sich im Komplex der Werbung. Er umfasst Auswahl, Planung, Einkauf von Raum und Zeiten, Disposition der Einschaltungen und die Kontrolle der den Zielen der Kampagnen bestens entsprechenden Werbeträger. Spezielle Fachleute sind damit meist befasst, die gleich wichtig und entsprechend gleich gewichtet wie die Kreativen sind – oder fast.

In diesem Bereich wurde ich gleichsam ins kalte Wasser geworfen und hatte zu schwimmen oder unterzugehen. Die wenigen Erfahrungen, die ich zu Melidas Zeiten mit ein paar hochgestochenen Modezeitschriften gemacht hatte, haben da wenig geholfen. Um etliches nützlicher war das tiefe Verständnis für Marktforschung und die Vertrautheit mit Statistik, die mir von Norbedo vermittelt waren. Damit hatte ich den einen der zwei Schlüssel zum Mysterium Medien in der Hand. Der zweite war ein gerütteltes Maß Verhandlungsgeschick, das einzusetzen es bei jedem Einkauf galt. Und da hatte ich Glück. Es lag mir von Natur aus.

Als ich nach Mailand kam, fand ich Valeria Buric bei GGK vor, eine Wienerin, die aus der Medienabteilung einer italienischen Agentur gekommen und für die entsprechenden Aufgaben eingestellt war. Dass sie vor GGK nur in der Anzeigenabrechnung und als Schreibkraft gearbeitet hatte, musste ich hinnehmen. Für die wirkliche Medienarbeit hatte sie weder Sinn noch Neigung. Und so schlüpfte sie gern in die Rolle meiner zweisprachigen Sekretärin, in die sie gut hinein passte.

Der erste Etat von GGK Italien, Prinz Bräu, war so groß, dass alle wichtigen Medienarten landesweit und in gutem Mix eingesetzt werden konnten. Wie das zu erfolgen hatte, war allein mir über-lassen. Von den drei Agenturpartnern in Basel interessierte sich keiner auch nur am Rande für die italienischen Medien und deren Belegung. Kreativität war ihnen wichtig, kaum aber wo und wie die Kundengelder verbraten wurden. So war ich zwar ins kalte Wasser geworfen, hatte aber auch freie Hand.

Die Preislisten der Medien waren damals in Italien zwar ausgedruckt und öffentlich, doch im Grunde nur dazu gut, Basiswerte für die Verhandlungen zu geben. Was da dann alles möglich war und wie weit man gehen konnte, war Sache des ganz persönlichen Gefühls. Von keinem Kollegen wäre je zu erfahren gewesen, zu welchen Konditionen er *wirklich* einkaufte.

Ich bin von Anfang an gut damit zurecht gekommen, weil ich einerseits ziemlich genau wusste, was ich wollte und in etwa welcher Mix-Gewichtung – Norbedo sei auch dies gedankt! – und auch weil ich in ein paar von den früheren Schleifen meines Mäanderns gelernt hatte, Konditionen und Preise möglichst immer so zu verhandeln, dass es beiden Seiten Spaß machen konnte. Bald konnte ich merken, dass ich anfing, in Mailands Medienkreisen ziemlich geschätzt zu werden.

So wuchs auch mein Bekanntenkreis in diesem speziellen Ambiente recht schnell, und keineswegs immer traf man sich nur in den Büros. Einladungen in nette Restaurants, mit Partnerinnen natürlich, oder zu gemeinsamen Besuchen von Veranstaltungen wurden Teil der Tagesordnung. Das gehörte zum guten Geschäftsleben in Italien, damals wie noch heute. Es waren freundliche Beziehungen, nie aber freundschaftliche. Der Gefahr von Interessenkonflikten war auszuweichen. Das wurde auch jederzeit von allen akzeptiert und respektiert. Unser Ambiente war weit davon entfernt, so korrupt zu sein, wie gern kolportiert wurde.

Im Medienmix von Prinz Bräu war auch Fernsehen, was damals nicht selbstverständlich war, sondern Seltenheitswert hatte. Nicht so sehr finanzielle Gründe hatte das, sondern: es gab noch keine freien Sender. Bei den zwei verfügbaren Staatssendern – das überwiegend kulturell ausgerichtete Dritte Programm strahlte keine Werbung aus – waren die Werbezeiten knapp bemessen und wurden nach zu erwerbenden Meriten von der staatlichen Verkaufsgesellschaft SIPRA zugeteilt. Sich Platz in den Sendern zu ergattern war eine gekonnte Leistung, unabhängig von der Bereitschaft, die unverhandelbar verlangten Preise unwidersprochen zu akzeptieren.

Für Prinz Bräu hatten wir also Sendezeiten bekommen. TV-Filme waren zu produzieren. Die Schweiz kam dafür nicht infrage, schon wegen der Kosten nicht und dann auch wegen der Sprache. Das haben sogar die Basler Kreativen eingesehen. In Mailand wurde also gedreht. So lernte ich Emanuele Muscia, den Mitinhaber und hauptsächlichen Regisseur von Diagramma kennen. Ich hatte diese Produktionsfirma ausgewählt, weil sie schon Preise beim Werbefilm-Festival in Cannes gewonnen hatte und auch sonst kreativ gut auf unserer Linie lag.

Gleich im ersten Anlauf haben wir drei Spots mitsammen gedreht, die gut geworden sind und sogar in Basel Anklang gefunden haben, nicht nur beim Kunden. Eine lange andauernde Freundschaft ist dabei gewachsen.

*

Rasch haben wir uns eingelebt in Mailand, nach dem etwas angespannt holperigen Anfang.

Unsere so schnell und glückhaft gefundene Wohnung mit dem Fernblick rundum wurde bald so richtig wohnlich. Bücherschränke ließen wir uns nach Maß anfertigen. Die gerade vor kurzem von Mario Scheichenbauer designte Couch und ihre drehbaren Sessel kamen mit sonnenfarbenen Überzügen ins Wohnzimmer. Erste Bilder hingen an den Wänden. Auf den Balkonen blühten dichte Clematis.

Der enge Arbeitskontakt mit der Welt der Medien brachte es, dass wir in rascher Folge nicht nur die besten, sondern vor allem auch die nettesten Restaurants und Kneipen kennen lernten. Mailand war diesbezüglich eine eigenartige Stadt und ist es heute noch. Man trifft sich zum Essen, wann immer es etwas zu bereden gibt. Immer auswärts. In somit gelockerter Atmosphäre und gutem Umfeld spricht es sich ja auch besser als in offizieller Büroluft – was, ganz nebenbei bemerkt, oft so auch zwischen Partnern und deren vier Wände gilt.

In etlichen von diesen Lokalen sind wir dann auch allein zu Stammgästen geworden: im Conte Ugolino an der Piazza Beccaria zum Beispiel, wo der Wirt den Trüffel ganz besonders reichlich hobelte, oder im Santa Lucia, in dem an den Nebentischen fast immer ein paar der Sänger von der Scala saßen, oder auch im Agnello, der vielleicht verräuchertsten Pizzeria im Zentrum, wo spät abends nach dem Kino sich fast schon zwei Gäste einen Stuhl teilen mussten.

Wenigstens einmal im Monat waren wir in der Scala. Mit schöner Regelmäßigkeit bekam ich dazu Karten ins Büro geschickt, und hörten, sahen Highlights: Rudolf Nurejew etwa im Korsaren, ihn und die himmlische Fonteyn im Schwanensee und ihn wieder im Nussknacker, diesmal mit unvergleichlicher Carla Fracci. Da waren schon Momente, in denen wir nur noch *Unglaublich!* hauchen konn-ten. Oder auch unvergessliche Klavierabende. Wir waren dabei, als Horowitz spielte, nachdem nicht nur ganz Mailand gefiebert hatte, ob er nach jahrelanger Podiumsabstinenz nun wirklich kommen würde. Arthur Rubinstein erlebten zweimal und beide Male war es umwerfend, wie er mitreißen konnte, gerade und auch, wenn er gelegentlich daneben griff. Und nicht nur Klavier an der Scala. Leonard Bernstein dirigierte seinen Jeremiah und unsere Skepsis gegen neue klassische Musik war seither endgültig wie weggeblasen. Dazu natürlich alle die Opern und ihre Sänger. Wir konnten wirklich Bestes hören, über das dann lang zu reden war, wie etwa die Sternstunde des Nabucco im Frühling 1966 mit Ghiaurov und der herrlichen Abigaille von Elena Suliotis, deren Stimme da gerade auf ihrem kurzen Höhepunkt war.

Natürlich gab es nicht immer nur Sternstunden. An einen gar nicht guten Don Giovanni erinnere ich mich da, einen Abend, an dem künstlerisch gar nichts zusammen passte, obwohl oder weil die Damenriege so Ehrfurcht gebietend war: Montserrat Caballé, Joan Sutherland und als Zerlina Pilar Lorengar. Katja aber sah immer wieder zum Anbeißen aus in ihren langen, schmalen Abendkleidern und dem gekonnt frisiert leuchtenden Rotkopf.

Doch nicht nur Musik. Chicco Cicogna war ein echter Theatermensch, dem alle Säle offen zu stehen schienen. Immer wieder nahm er uns mit, auch anschließend in die Garderoben. So lernten wir etliche der ganz großen und viele unbekanntere, nicht minder gute und oft sympathische Schauspieler und Regisseure kennen. Gabriela Giacobbe war darunter, eine unvergessliche Ljuba oder auch Nora, die uns beiden, Katja vor allem, eine liebe Freundin geworden ist. Und dann waren da noch die Galerien, deren Ausstellungen meist auch spät abends geöffnet waren und wo man sich immer wieder mit jemandem treffen konnte, der andere kannte und mit ihnen bekannt machte.

Und dann das Derby. Das war damals nicht nur Mailands sondern ganz Italiens attraktivstes Cabaret. Sie alle traten dort auf, die später im Fernsehen berühmt wurden, und viele auch dann immer wieder, als sie längst schon arriviert waren: Sänger wie Gino Paoli, Enzo Janacci, Giorgio Gaber und natürlich Milva; die Kabarettisten Cocchi e Renato, die Gufi oder auch Franca Rame und Dario Fo. Wir wohnten gleich um die Ecke und sind bald Stammgäste im Derby geworden, eingelassen, auch wenn der allerletzte Stehplatz schon besetzt war. Um Mitternacht gab es immer die Spätvorstellung mit einem riesigen Kessel *Spaghetti aglio, olio e peperoncino*, der von Gästen, Beleuchtern und Akteuren umlagert wurde. Oft waren wir mit dabei, wenn uns zu Nachtzeit spontan danach war. Damals konnte man tief nächtens noch zu Fuß hingehen und auch wieder zurück, ohne auch nur im Geringsten an Bedrohendes zu denken.

Samstags gewöhnten wir uns schon bald daran, abends mit Freunden unterwegs zu sein. Emanuele Muscia, der Werbefilm-Produzent, war mit der quirligen Lina meistens dabei, Adriano Gatto und seine echt liebe Freundin Rosi Brambilla, Ned Smith von Avon Cosmetic *and his wife* Mary, die stets versuchte, sich so jung wie ihre Teenager-Tochter zu geben, gelegentlich auch Roberto und Marlisi Baggio. Meist trafen wir uns zum Aperitif im Zentrum, aßen irgendwo eine Pizza, gingen ins Kino und versackten dann in einem Club oder einer Pianobar. Was wir uns damals an Konsum harter Getränke antrainiert haben, war fast schon olympisch. Am Sonntag holte uns dann keiner vor elf Uhr aus den Federn.

Wir waren nach Mailand gekommen und kannten niemanden. Nach ganz kurzer Zeit schon haben wir begonnen, uns über jeden Abend zu freuen, den wir mal in unserem Wohnzimmer oder auf einem der Balkone für uns allein hatten.

Katja, die tagsüber zuhause war, hat bald schon auch ihren Kreis gefunden. Es waren nicht viele, mit denen sie etwas unternehmen wollte und konnte, aber auch ihr waren die Tage ausgefüllt und meistens kurz. Dabei hat sie immer die Zeit und viel Phantasie gefunden, für mittags, wenn ich wie meist nach Hause kam, ein duftendes Überraschungsessen hinzuzaubern.

Nach Bozen zu fahren, habe ich mich aber weiterhin strikt geweigert, von Anfang an und mit Ausnahmen nur für Weihnachten und Ostern. Fast kommentarlos hat das die Mücke hingenommen, irgendwie vielleicht auch akzeptiert und bei den Ihren verteidigt, obzwar wohl unverändert davon bedrückt. Sie selbst ist so etwa alle drei Monate für ein verlängertes Wochenende hin gefahren und hat sich im Übrigen angewöhnt, jeden Samstag lange mit ihrer Mutter zu telefonieren.

Gut sich anfühlend hat sich unser Leben in Mailand eingependelt. Immer wieder neu, intensiv und spannend.

*

Aus heiterem Himmel wurden Chicco Cicogna und ich nach Basel zitiert. Markus Kutter wollte uns sprechen. Worum es gehen sollte, konnte ich nicht erfahren. Und warum denn Kutter? Um die italienischen Belange kümmerte sich doch Gredinger unter den Basler Partnern, oder für deren graphische Belange höchstens auch noch Gerstner.

Kutter hatte Cicognas Abrechnungen vor sich auf dem Tisch, als wir ankamen. Über sie, also die Abrechnungen, sei jetzt zu sprechen, verkündete er mit knurrender Stimme und verkniffenem Mund. *Was denn?!* – entfuhr es mir verblüfft und konsterniert. Und Kutter konterte.

Die Rechnungen seien alle überhöht – giftete er – und um ein Vielfaches sogar. Genau habe er, Kutter, sich informiert, was die Verlage in Italien als Seitenpreis für Übersetzungen zahlten, auch für die schwierigsten. Und die einzeln abgerechneten Anzeigentexte seien dabei im Durchschnitt noch nicht einmal eine Seite lang, meist nur ein Drittel davon. Ganz eindeutig sei es, dass da mit dem Zagler halbe-halbe gemacht werde. Aber er, Kutter, lasse das mit Sicherheit nicht weiter durchgehen.

Kutter richtete Wort und Auge ausschließlich auf den Grafen Cicogna. Ich saß dabei, als wäre ich gar nicht vorhanden. Wie aus Luft. Doch wie Luft fühlte ich mich keineswegs. Ich habe Kontra gegeben, geschrieen vielleicht sogar. Noch heute höre ich das harte Donnern, als Kutter mit der Faust auf den Tisch schlug, höre sein Wutgebrüll, dass er mit mir schon noch getrennt reden werde.

Es ging um die Arbeit von mehr als einem Jahr; um Arbeit, die mit viel Zeitaufwand, viel Liebe und hoher Professionalität gemacht war; um Arbeit, die GGK viel Ansehen und auch satten Verdienst gebracht hatte. Es war unglaublich!

Graf Cicogna, der Marquis von Bajos, stand wortlos so abrupt auf, dass sein Stuhl an die Wand knallte, und ging aus dem Raum, ohne sich noch einmal umzudrehen. Ich zischte nur, er, Kutter, könne von meinem Rechtsanwalt zu lesen bekommen, wenn er das denn wolle.

Paul Gredinger ist dann eigens nach Mailand gekommen, um sich zu entschuldigen. Mit Inge Feltrinelli hatte er vorab gesprochen und mit ein paar anderen wohl auch. Chicco Cicogna ließ ausrichten, dass er ihn beim *Conte Ugolino*, dem Restaurant gleich bei uns um die Ecke, treffen könne – in neutralem Ambiente und unter zivilisierten, unaufgeregten Menschen und vorausgesetzt, ich würde auch dabei sein.

Es ist kein angenehmes Essen geworden. Chicco Cicogna hatte Ingrid Landauer mitgebracht, eine alte Freundin und selber hochkarätige Übersetzerin. Die beiden waren sichtlich angespannt, wobei sie versuchten, es mit konziliantem Lächeln zu überspielen. Ich war wütend, was man mir auch damals stets weidlich ansehen konnte. Gredinger stotterte, was ich nie vorher erlebt hatte und später auch nie wieder. Tollpatschig und mit der Bitte, seinen Partner Kutter zu entschuldigen, bot er eine Honorarerhöhung an, wohl denkend, dass damit die Affäre gütlich beigelegt sein konnte.

Kühl lächelnd hat Chicco Cicogna die Honorarerhöhung abgelehnt, stattdessen jedoch verlangt, dass Gredinger sich auch bei mir entschuldige, ganz offiziell und jetzt am Tisch.

Das war die Zeit, an der ich angefangen habe, ernsthaft an meine eigene Agentur zu denken. Dabei wusste ich natürlich ganz genau, dass ich ohne GGK nichts und niemand in Italiens Szene war. Noch war die Zeit nicht reif.

Mehr als fünf Monate lang bemühte ich mich intensiv um Zoppas. Das war damals Italiens größter Hersteller sogenannt Weißer Elektroware, also von Herden, Kühlschänken, Geschirrspülern, Boilern und so. Ich hatte deren Stand auf der Haushaltsmesse besucht und unsere Agenturbroschüre abgegeben. Sie hatten reagiert und mich zum Firmensitz nach Pordenone eingeladen.

Zoppas suchte eine neue Agentur, wie mir Paolo Zoppas, der Gründerenkel, ganz klar sagte, aber die ebenso klar und detailliert genannten Erwartungen an diese waren hoch. Fast einen halben Tag lang dauerte das Briefing. Einen vielblättrigen Fragebogen bekam ich mit nach Mailand. Sogar Garantien, von denen ich vorab nie gehört hatte, wurden im Falle einer Zusammenarbeit verlangt. Lästig war es schon, was da gefordert wurde. Aber es war auch eine besondere Herausforderung. Zoppas hatte einen der zehn größten Werbeetats Italiens zehn größten Werbeetats zu vergeben.

Gar nicht so leicht ist es gewesen, die drei Agenturpartner in Basel zu überzeugen, sich an Zoppas zu interessieren, den mitbekommenen Fragebogen mit mir auszufüllen und die geforderten Reverse zu unterschreiben. Aber dann haben sie sich doch durchgerungen. Der Etat war eben so richtig hoch und damit attraktiv, auch wenn Herde und Geschirrspüler auf Anhieb gar keine so lustigen Produkte waren.

Gredinger kam mit nach Pordenone, als die nächsten Schritte zu vereinbaren waren. Eine detaillierte Präsentation verlangte Zoppas: Strategiepapier einschließlich Ansätzen zur Medienplanung; artikuliertes Konzept der Werbung für Publikum und Fachhandel; vor allem aber auch in Bild und Text voll ausgearbeitete Anzeigen und TV-Storyboards für wenigstens drei Produktlinien, die wir uns aus der Zoppas-Palette aussuchen konnten.

Beim Wort *Fachhandel* stutzte Gredinger zwar sehr und ließ es sich auch noch zweimal übersetzen. Das war ein Gebiet, das ihm nicht in den Kram passte. Dem Rest aber stimmte er gern zu, obwohl auf Anhieb klar war, dass da eine teuere Sache auf uns zukam, deren Kosten vom von Zoppas dazu angebotenen Beitrag bei weitem nicht abzudecken waren.

Und dann arbeitete Basel und arbeitete Mailand in intensiven Zoppas-Wochen. Auf der ganzen Linie waren wir gefordert. Doch es hat sich gelohnt: Nie vorher hatte ich eine so durchdachte, so eindrucksvolle und in ihren Details sich attraktiv zeigende Kampagne gesehen. Die Bilder waren irgendwie kühl architektonisch und dabei doch voller Flair fotografiert; anregend informativ waren die Texte, wenn auch in Teilen vielleicht doch ein bisschen zu lustig für Italiens Familienpublikum der breiten Schichten, das wir ja anzusprechen hatten. Ich freute mich auf die Präsentation in Pordenone. Gerstner wollte mitkommen. Auch er wollte den potentiellen Kunden kennen lernen und Gredinger war zum festgesetzten Termin gerade anderswo unterwegs.

Ein Schock für uns beide, für Katja und mich, kam dann, als Gerstner nach Mailand gekommen und wir mit ihm beim Abendessen saßen. Die Partner hatten entschieden, so ließ sich Gerstner vernehmen, dass eine so wichtige Präsentation auch den richtigen Präsentator haben müsse... und sein, Gerstners, Italienisch dafür leider bei weitem nicht gut genug war. Und so hatten sie Nicolò Carosio engagiert, der uns begleiten und der präsentieren würde.

Wie bitte? Und wer war denn ich? Zoppas war doch in erster Linie *mein* Kunde. Ich hatte ihn aufgerissen und über Monate hin umschwänzelt, mit lockenden Versprechungen umgarnt, gehegt und gepflegt. Ich war es doch auch, der Zoppas voll zu betreuen hatte, wenn wir nach erfolgreicher Präsentation den Etat bekommen würden. Dass nicht *ich* präsentieren würde, wäre mir im auch blödesten Albtraum nicht in den Kopf gekommen. Und jetzt Nicolò Carosio, Italiens beinahe berühmtester Fernseh-Moderator!

Fast wie aus einem Mund fragten Katja und ich den Gerstner, ob er denn noch alle Tassen im Schrank habe. Er blieb von der großartigen Basler Idee überzeugt und begeistert. Und da waren wir also zu dritt, als wir am nächsten Morgen nach Pordenone fuhren.

Freundlichst wurden wir empfangen, wie immer, wenn ich zu Zoppas kam. Ich stellte Herrn Gerstner vor, als G von

GGK, und Herrn Carosio als einen unserer guten Mitarbeiter, auf dessen Rolle im Laden ich nicht weiter einging. Und die Präsentation ging über die Bühne. Der Funke sprang über. Das Zoppas-Team ging so richtig mit, als es soweit war, die Anzeigen-Charts anzusehen und zu lesen. Im Pingpong der dann folgenden Debatte, bei dem die Fragen eher neugierig als prüfend waren, war ich schlagfertig und auch Gerstner steuerte ein paar so gar nicht dumme Brocken bei. Die Atmosphäre war gelockert. Nur Carosio saß stumm daneben. Für ihn gab es aber auch keine direkten Fragen; an ihn, der so routiniert geredet hatte, richtete keiner das Wort. Als dann Paolo Zoppas seine Mitarbeiter entließ, waren wir fest überzeugt, den Etat gewonnen zu haben.

Doch dann kam Paolo Zoppas' Überraschung. Herzlich dankte er uns für die aufwändige und, wie er gern zugab, gut angekommene Leistung. Ein paar Details, die ihm besonders gefallen hatten, hob er lächelnd noch hervor. Und dann wendete er sich an Nicolò Carosio. Entschuldigte sich lebhaft dafür, ihn nicht gebührend gewürdigt zu haben, wofür er seine Überraschung und die provinzielle Schüchternheit Verzeihung heischend anführte. Kurz plauderten die beiden über Carosios letzte Sportsendungen und das Fernsehen im Allgemeinen.

Dann wandte er sich mir zu und bat, dem *egregio Signor Gerstner* zu übersetzen: Dass er und ganz Zoppas im Laufe der letzten Monate GGK sehr zu schätzen gelernt habe, zumal auch mich, der so oft zu guten Gesprächen nach Pordenone gekommen war; dass er über den kreativen Tiefgang und die technische Qualität der heute gesehenen Vorschläge sehr positiv beeindruckt war; und dass er deshalb gern in den kommenden Jahren mit GGK zusammengearbeitet hätte... aber – und jetzt wurde seine Stimme gläsern – die Leute von Pordenone seien zwar Provinzler, doch keine Trottel, die es mit billigen Tricks einzuwickeln gelte!

Und noch etwas bat er möglichst genau zu übersetzen: Wenn GGK nicht ausreichend Vertrauen in den Leiter ihrer

Agentur in Italien hatte, ihn vor Kunden präsentieren zu lassen, wie sollte dann Zoppas das Vertrauen haben, ihm, seiner Erfahrung und Arbeit, den Millionenetat des Unternehmens anzuvertrauen. Was GGK sich dabei gedacht habe, mit Nicolò Carosio und mit dem Vertrauen, sollte ich auch übersetzend fragen, und die Antwort, bitte, wörtlich zurück übersetzen.

Gerstner war bleich geworden und dann puterrot. Was er stotterig vor sich hin brabbelte, war nicht zu übersetzen und brauchte auch keine Übersetzung. Als ich Paolo Zoppas zum Abschied die Hand gab, huschte ein kleines, melancholisches, fast wie um Verzeihung bittendes Lächeln um seine Augen. Das war's dann.

Die Rückfahrt über Treviso und Verona nach Mailand ist absolut stumm verlaufen. Mit jedem Kilometer mehr wusste ich immer stärker, dass ich in Basel jetzt noch einen Feind hatte. Niemand sieht gern Leute um sich, die ihn bei jedem Sehen an blödsinnige Fehler erinnern.

Und ganz kräftig war mir bei dieser Fahrt der Gedanke an meine eigene Agentur, die ich eines Tages haben würde.

Gespräche, über Monate hin.

Kurze Zeit vorher hatte es begonnen, dass Alex Brody mich öfters mal anrief, wenn er in Mailand war, und wir meist ein gemeinsames Essen vereinbarten. Auch Katja war da gelegentlich auch mit dabei. Alex Brody war der Europa-Chef von Young & Rubicam, Großbritannien ausgenommen, und Young & Rubicam, *die* Y&R, war in Europa eine der angesehensten und umsatzstärksten amerikanischen Agenturen. Beim Werbefilmfestival in Cannes hatten wir uns kennen gelernt.

Es hat nicht lange gedauert, bis Brody mich einlud, zu Y&R zu wechseln. Y&R hatte ein paar sehr bedeutende italienische Kunden, deren Werbung europaweit lief und von über einem halben Dutzend Y&R-Niederlassungen betreut wurde. Chefberater und internationaler Koordinator dieser auch für eine Großagentur eminent wichtigen Kunden sollte ich werden, wenn es nach Brody ging. Anfangs, als diese Idee die ersten Male ins Gespräch kam, war ich weit davon entfernt, sie auch nur im Ansatz ernst zu nehmen. Ich hatte meine Rolle und alles dazu, was ich mir vor ganz wenigen Jahren gar nicht zu erträumen gewagt hatte.

Aber die Sache mit Zoppas war mir tiefer gegangen, als ich auf Anhieb gedacht hatte. Dazu die Spannungen, die ich nun jedesmal intensiv zu fühlen glaubte, wenn ich in Basel war und mich in der Graphik, dem Reich von Gerstner, oder im Umfeld von Kutter aufhielt, nagten zusätzlich an mir. Und dazu kam wachsend meine Irritierung über die einseitige GGK-Fixierung auf die sogenannte Kreativ-Werbung, nur für Publikumsmedien angelegt, die meinem Ganzheits-Denken widerborstig war. Brody hat das durchaus auch bemerkt und eines Abends haben wir darüber gesprochen. Sein Angebot ist konkret geworden.

Wir haben uns wochenlang Zeit genommen, Katja und ich, und auch Brody übte sich in Geduld, wenngleich er nicht versäumte, sich immer wieder mal zu melden und leicht bohrend zu erinnern. Und wir waren mehr und mehr dazu geneigt, das Angebot doch vielleicht anzunehmen. Klar vorab mit Brody vereinbart war dazu grundsätzlich, dass Mailand mein Arbeitsplatz sein würde – nicht Frankfurt, wo er mich eigentlich gern gesehen hätte.

Meinen schriftlichen GGK-Vertrag hatte ich noch immer nicht. Viele Gedanken hatte ich mir bis dahin nicht darüber gemacht und es auch nur selten mal bei Gredinger angesprochen. Die Details, die vereinbart waren, waren ja eingehalten – im Finanziellen gleich wie bei der Position und den Aufgaben.

Aber die zwei Jahre, für die der Vertrag vorgesehen war, neigten sich nun schon dem Ende zu. Und was dann? Würde die Laufzeit erneuert? Oder standen da wegen der

Spannungen mit Kutter und neuerdings auch mit Gerstner etwa doch Überraschungen an?

Jetzt habe ich mich durchgerungen, bei Gredinger echt auf den Vertrag zu drängen, oder, eigentlich richtiger, auf dessen Erneuerung. Nun auch schriftlich. Gredinger hat nicht das kleinste Zögern gezeigt, als er mir prompt zustimmte. Aber dann verging doch wieder Woche um Woche in nutzlosem Warten auf das Stück Papier.

Und die Spannungen mit Kutter waren plötzlich wieder akuter geworden. Auffallend wurde das bei einem Mittagessen im Gewölbe des Basler Kunstvereins, bei dem nicht nur Leute von GGK am Tisch saßen, sondern auch ein paar andere mir völlig Unbekannte. Italien kam irgendwie ins Gespräch und damit dann auch der doch erkleckliche Ruf, den sich die dortige GGK in recht kurzer Zeit bereits erworben hatte.

Das Gespräch plätscherte so dahin. Nichts Besonderes. Mein Anteil am Italien-Erfolg war noch nicht einmal im Ansatz angesprochen. Es gab auch keinen Grund dazu. Völlig nutzlos war es deshalb, als Kutter da plötzlich in die Runde sagte: *Ach Italien... um da unten Erfolg zu haben braucht es nichts. Auch der Tischkellner hier könnte den Laden in Mailand leiten und man würde keinen Unterschied merken.*

Ich hatte inzwischen gelernt, Schweizer Humor zu kennen. Aber das jetzt war kein Humor mehr, noch nicht einmal schweizerischer. Ich jedenfalls konnte es gar nicht lustig finden. Sollte ich mich sichtbar ärgern? Aufregen? Oder etwa verängstigen und an den Vertrag denken, den ich immer noch nicht in der Tasche hatte? Wieder einmal dachte ich an Y&R, wie immer wieder in den letzten Wochen.

Dann plötzlich war der Schweizer Vertrag doch in der Post. Für weitere zwei Jahre gültig. Sonst in Allem unverändert. Auch das Gehalt, für das da keine Erhöhung stand.

An dem Abend sind Katja und ich in eine ruhige Fresskneipe gegangen und dann noch zu Charly in die Pianobar, wo wir oft die zwei jüngeren der Peters Sisters trafen, die, wenn die Stimmung danach war, für ihre Freunde guten Jazz sangen. Spät ist es dort geworden. Die Musik hat uns beruhigt, der wie immer rumreiche Planters Cocktail aufgepuscht.

Am nächsten Morgen habe ich Alex Brody angerufen: Er möge doch den Y&R-Vertrag schicken. Und er hat.

Feuerwehr in Europa.

September 1967. Fast zwei Jahre hatte ich die Mailänder Niederlassung von GGK mehr aufgebaut als geleitet. Es waren aktive Jahre mit hochkarätigen Aufgaben, intensiver Arbeit, auch vielerlei Anerkennung bei Kunden und im Markt. Aber die Leute von GGK waren Schweizer. Vielleicht ist es einfach nur deshalb zu Spannungen gekommen und dann zum Bruch. Und in noch eine Schleife schlängelte sich nun mein Mäander.

*

Meinen Schreibtisch hatte ich in Mailand, bezahlt wurde ich von Frankfurt, in Brüssel saß der Chef, dem ich zu berichten hatte und Paris machte mir die meisten Probleme. Zürich, Amsterdam, Barcelona und Kopenhagen warteten auch immer wieder auf meinen Einsatz. Auf meinen Geschäftskarten stand *International Supervisor*. Und: Nie in meinem Leben habe ich persönlich so viel verdient, nicht vorher noch je danach.

Ich war angekommen. Bei Young & Rubicam war ich voll im Boot, einem der weltweit größten Werbekonzerne, der 1923 in Philadelphia gegründet war. *International Supervisor* war mein offizieller Titel und das bedeutete, dass ich für *meine* Kunden auf internationaler Ebene die letzte Instanz war. Konkreter: Ich hatte in den einzelnen Ländern Europas die Agentur-Teams zu koordinieren und auch zu motivieren, die in den Landesmärkten für die mir *zugeteilten* multinationalen Kunden im Einsatz waren. Mir übergeordnet konnten sie sich nur noch an den Europa-Chef wenden, Alex Brody, der seinen Sitz in Brüssel hatte. Jetzt war ich echt dabei und drehte mit am ganz großen Werberad.

Wir hatten überwiegend internationale Kunden mit großen Namen. Procter & Gamble etwa, Chiquita, Esso, Coca Cola, Kodak und so. Auch zwei italienische Unternehmen waren darunter: Candy, damals Europas bedeutendster und innovativster Hersteller von Waschmaschinen, und Ferrero mit seinen Markenprodukten Nutella, Kinder-Schokolade, Duplo, Mon Chéri, Fiesta, Hanuta und wie sie alle hießen und heute noch heißen, die damals bereits Marktführer in ihren Segmenten waren.

Für Candy und Ferrero wurde ich zuständig. Candy war *nur* in Italien, Deutschland, Benelux und Frankreich vertreten und hatte auch nur *eine* Produktlinie zu bewerben; Ferrero hingegen war überall, strebte überall danach, in seinen Bereichen Marktführer zu sein oder zu werden, und hatte rundum das ganze Kalenderjahr über Kampagnen für wenigstens ein halbes Dutzend Marken am Laufen. Dazu kamen bei Ferrero noch die Produktentwicklungen, in die die Agentur eng eingebunden war. Michele Ferrero war ein begeisterter Anhänger des Ganzheitlichen in der Markenpflege und für ihn fing Werbung schon bei der Packungsgestaltung an. Genau so wie bei Norbedo. Der Begriff von der 360°-Kommunikation stammt von ihm und genau das wollte er von seiner internationalen Werbeagentur.

Allein für Ferrero arbeiteten bei Y&R europaweit an die siebzig Leute in acht Ländern, wovon etwa fünfundzwanzig in Frankfurt, wo der größte Teil der kreativen Arbeit konzentriert war, und an die zwanzig in Mailand.

Die Medienplanungen erfolgten jeweils auf Landesebene und die einzelnen Agenturen waren eigenverantwortlich dafür. Alles Kreative aber hatte europaweit einheitlich zu sein, dabei jedoch stets auch den *nationalen Eigenheiten* entsprechend. Deutschlands Kinder in TV-Spots und Anzeigen mussten zum Beispiel blond sein, die in Italien und in Spanien dagegen vom dunkleren Typ, wobei aber an Grundform und Inhalt der Botschaften nichts Wesentliches verändert werden durfte. Allein schon dies in über einem halben Dutzend verschieden denkender und sprechender Länder zu koordinieren und durchzusetzen war eine nicht zu knappe Sisyphusarbeit.

Dazu kam für mich als eine der Hauptaufgaben noch, immer dort glättend, vermittelnd, auch rettend einspringen zu müssen, wo Sand ins Getriebe gekommen und landesübergreifende oder auch nur lokale Probleme mit *meinen* Kunden köchelten. Da konnte ich noch das Nötigste von dem lernen, wozu mich bis dahin nichts in der Werbewelt trainiert hatte: Gruppen zu koordinieren und Menschen zu motivieren.

Alle Strategieansätze für Ferrero und die großen Linien ihrer Umsetzungen wurden am Hauptsitz des Unternehmens in Pino Torinese bei Turin diskutiert und freigegeben, wobei stets Michele Ferrero selber mit dabei war. Und alle Kampagnen, alle neuen Packungslinien und was sonst so anfiel wurde ebenfalls in Pino Torinese vor Michele Ferrero präsentiert. Er ließ sich von seinen lokalen Werbeleitern, die mit uns vor Ort zusammenzuarbeiten hatten, stets auch Kopien aller dort adaptierten Anzeigen und TV-Spots schicken und da konnte er schon recht scharf reagieren, wenn irgendetwas aus der internationalen Linie ausgebrochen war. Besonders Y&R Amsterdam war dazu ein ständiger Unheilskandidat, und natürlich Y&R Paris, wo die auf Ferrero angesetzten Teams sauer über die *nur ausführende* Rolle waren, in die sie sich widerwillig gedrängt fühlten.

Dazu kam, dass Michele Ferrero ein Vulkan ständig sprudelnder Ideen für neue Produkte war und sein internes Team dabei nicht zurückstehen wollte. Irgendetwas Neues, das kennengelernt, angesehen, verkostet und vor allem diskutiert werden musste, war bei fast jedem Treffen in Pino Torinese auf dem Tisch. Und unsere Agenturmeinung war echt gefragt. Wir waren es ja, in seiner festen Überzeugung, die die Hand am Puls des Marktes hatten und von denen er erwartete, dass sie schon vorab wissen mussten, was sich erfolgreich zu bewerben lohnte. GGK, zumal Gredinger mit seiner aufs Schmunzeln ausgerichteten Einseitigkeit kam mir da immer wieder in den Sinn.

Und Michele Ferrero war ein Wirbelwind mit dazu noch unermüdlicher Ausdauer. Ihm galt es, sich anzupassen in professioneller Einsatzbereitschaft. An eine dafür typische Episode erinnere ich mich.

Wieder einmal hatten wir Termin in Pino Torinese. Es ging darum, die Packungen und die dahinter steckende Strategie eines neuen, für baldigen Start vorgesehenen Produktes zu präsentieren. *Opera* sollte es heißen. Pünktlich waren wir angekommen, zwei Autoladungen Y&R-Leute. Aber erfuhren wir – Michele Ferrero und seine Führungsriege waren gar nicht da. Zu einer Papstaudienz der ganzen Produktionsbelegschaft waren sie mit nach Rom gefahren.

Was nun? Hektisch wurde vom Sekretariat quer durch Italien telefoniert. Mit dem Ergebnis: Die wichtigsten von uns, ich vor allem und unser für das Projekt verantwortlicher *Creative Director*, sollten ebenfalls nach Rom kommen. Sofort. Michele Ferrero erwarte uns nach dem feierlichen Abendessen, das er für seine Gruppe geplant hatte. Um halb elf Uhr oder vielleicht etwas später, im Hotel Cavalieri.

Und wir sind hingefahren. Zur gewollten Spätabendzeit waren wir am Ort, mit all unseren sperrig schweren Material. Um nur kurze Geduld noch wurden wir gebeten und dann war es soweit: Michele Ferrero und seine Leitenden haben uns angehört. Frisch und dynamisch als ob früh am Morgen habe ich ihn in Erinnerung, ganz so als hätte er nicht den ganzen langen Papsttag mit seinen Leuten in den Knochen gehabt. Aufmerksam folgte er unseren Ausführungen, mit immer wieder Zwischenfragen und dann auch ins Detail gehender Diskussion. Bis weit nach ein Uhr nachts ist das gegangen und ganz so, als wäre es unser morgendliches Meeting in Pino Torines gewesen.

Typisch Michele Ferrero und keineswegs einmalig auf seine Art, nur ein kleines bisschen extremer als sonst. Dazu übrigens dazu: *Opera* wurde dann auf Eis gelegt und erst etliches später ist *Küsschen* daraus geworden.

Ich war ständig unterwegs damals. Die Raten des großen Volvo, den ich mir neu gekauft hatte, konnte ich locker mit den monatlichen Kilometer-Spesen bezahlen. Bei Alitalia und Lufthansa hatte ich VIP-Status und wurde umsorgt wie ein Ölscheich. Im Frankfurter Hotel Intercontinental war immer ein Zimmer für mich frei, auch während der Buch- oder Automesse, und im Pariser George Cinq auch eines, wenn auch mir selbst dort das zurückgezogenere Hotel Stockholm hinter dem Etoile lieber war, das gleich in der Nähe das Rasputin hatte, eine mir lieb gewordene russische Kellerbar, wo bis spät nachts Nachkommen exilierter Grafen Balalaika spielten und nostalgische Lieder sangen.

Ich hatte freie Spesen, für ganz Europa. Jederzeit konnte ich überall hin, ohne nachfragen oder begründen zu müssen. Nur eine Mitteilung an das Sekretariat reichte und mir wurden Hotel, Flug, Mietautos gebucht. Eine eigene Y&R-Kreditkarte von Amerikan Express hatte ich auch, die direkt abgerechnet wurde und um deren Kontostand ich mich nie zu kümmern brauchte. Das Reisen wurde mir wirklich leicht gemacht und nie hat irgendjemand nachgefragt, ob ein Trip nun wirklich nötig, eine Restaurant-Einladung lokaler Mitarbeiter von Kunden oder unserer eigenen notwendig waren. Geld war kein Thema. Um die Kundenzufriedenheit ist es gegangen und auch darum, die knappe Zeit gut zu nutzen.

Und Flexibilität war voll angesagt. Als da etwa die komplexe Packungsgestaltung der neuen Duplo-Linie in gleich einem halben Dutzend Sprachen für Ferrero anstand und es sich abzeichnete, dass das Projekt kaum mit den normal verfügbaren Graphikstrukturen durchzuziehen war, zeigte sich, wie unkonventionell wir uns bewegen konnten.

Ein internationales Team aus Frankfurt, Mailand und Paris stellten wir für das Projekt zusammen. Brody charterte dafür im Mailänder Luxushotel Principe di Piemonte ein paar Sitzungssäle, die sich zu Ateliers umfunktionieren ließen, und dazu ein paar Suiten, wo die zusammen gewürfelte Truppe dann gut zwei Wochen lang intensiv arbeitete und zum Teil auch hauste. Auch deren Arbeit hatte ich zu koordinieren und Schritt für Schritt mit dem Kunden abzustimmen, der im gut 160 km entfernten Pino Torinese saß.

Das Projekt und wie es durchgezogen wurde, das war nicht nur ungewöhnlich, sondern auch ein gutes Beispiel dafür, dass und wie Geld überhaupt keine Rolle spielte, zumal wenn gut koordinierte Teamarbeit bindend gefordert war. Ein konzentriertes Nutzen der Zeit hatte dabei immer absolute Priorität.

Wie solche Projekte den Kunden dann aber abgerechnet wurden, das stand auf einem anderen Blatt. Ein statistisches Erfassen der aufgewendeten Arbeitsstunden gab es bei Y&R eigentümlicher Weise gar nicht. Die einzelnen Abteilungs- oder Projektverantwortlichen peilten so über den Daumen, nur sehr unzureichend gestützt auf vage Strichlisten, die die Mitarbeiter täglich fortschreiben und freitags abgeben sollten. Die sich so ergebenden Abrechnungen dann mit den Buchhaltern von Candy und Ferrero aufzudröseln, ist mir ein häufig notwendiges, gelegentlich viel Zeit raubendes und dazu auch lästiges Geschäft geworden.

Um vieles lästiger war aber ein anderer, leider immer neu und noch einmal wiederkehrender Teil der internationalen Arbeit.

Die Verbindung zwischen der Agentur und den zuständigen Stellen bei den Kunden, gleichgültig ob auf lokalen Ebenen oder in den Hauptquartieren, werden in der Regel von *Account Executives*, den AEs, gehalten, deren Aufgaben es sind, die Kundenideen und Briefings in die Agentur und zu den dafür zuständigen Planern und Kreativen zu bringen, und ihrerseits im Gegenzug den Kunden die Ausarbeitungen der Agentur zu präsentieren, argumentieren und vermitteln haben. Der Job dieser Mitarbeiter ist delikat und dabei höchst verantwortlich. Er verlangt so etliches an Erfahrung und viel Fingerspitzengefühl.

Meist aber wurde damals, wie vielfach auch heute noch, der Auswahl von AEs viel weniger Aufmerksamkeit gewidmet als etwa der von Kreativen oder für die Medien Zuständigen; und in ihre Ausbildung wurde auch um vieles weniger, oft kaum etwas investiert. *Learning by work* war für sie oft angesagt und auf die Idee, sie in abwägender Geduld und Diplomatie zu schulen, ist niemand gekommen.

So hatte auch ich überwiegend junge Leute als AEs in den mir verantwortlichen Teams, die oft über kaum mehr verfügten als ungebremsten Enthusiasmus. Allein in Frankfurt arbeiteten fünf oder sechs Accont Executives für die vielen Linien von Ferrero und einer für Candy. Und deren Fluktuation war gewaltig. Die Gründe dafür: Mal war es einer auf der Kundenseite, der mit seinem Gegenüber von der Agentur nicht klar kam und um Austausch ersuchte; viel häufiger waren es aber die jungen Mitarbeiter selbst, die dem Spannungsfeld zwischen einerseits den Anforderungen des Kunden und andererseits den in der Agentur bei den Kreativen dagegen aufkommenden Widerständen, die sie überzeugend anzugehen hatten, auf die Dauer nicht gewachsen waren, und die deshalb um Versetzung in ein anderes Team baten. Konfrontiert mit dem, was Michele Ferrero und damit alle seine europaweit verstreuten Mitarbeiter von ihnen zu fordern gewohnt waren, und dann in der Agentur die Reaktionen ihrer kreativen Kollegen verdauen und steuern zu müssen, das brauchte so manches Mal eine recht dicke Haut. Besonders verwunderlich war es da nicht, dass nicht wenige AEs bald einmal das Handtuch warfen.

Immer wieder kam es deshalb vor, zumal in Frankfurt und Paris, dass ich neue Gesichter in meiner Mannschaft sah, kurzfristig ausgetauscht von den lokalen Agenturchefs und *meinen* Kunden zugeteilt. Lästig und oft mit gehörigem Zeitverlust verbunden war es da, die neuen Leute jedesmal kennen zu lernen und auf meinen Arbeitsstil einzustimmen. Noch unangenehmer war es jedoch, den vor Ort bei den Kunden Verantwortlichen die AEs vorzustellen, die für sie jetzt neu zuständig waren.

Nicht selten waren sie zufrieden gewesen, hatten sich von ihrem Agenturpartner gut betreut gefühlt und waren über den Wechsel alles andere denn erfreut. Da war es dann schon ein unerfreulicher Eiertanz, ihnen zu sagen, dass unser Herr X, der sie bisher betreut hatte, an sich ein guter Berater war, ein sehr guter sogar; dass aber sie, die uns so wichtigen Kunden, nicht nur Gutes sondern das Beste verdient hatten; und dass sie deshalb ab jetzt von Herrn Y betreut wurden, von dem sie selber schnell merken würden, wie wirklich besonders gut der für sie war. Sehr lästig ist das geworden, wenn ich den gleichen Herren bei einem Kunden die gleiche Platte nach so drei Monaten neu auflegen musste, nun den Y mit einem neuen Z ersetzend. Es ist immer mal wieder vorgekommen.

Mein Job fand nicht sonderlich viel Freundschaft in den nationalen Teams. Wenn sich so mancher dort durch meine Vorgaben eingeengt fühlte, war das an sich durchaus verständlich. Kein Kreativer ist glücklich, wenn er von anderen Vorgegebenes lediglich landesspezifisch adaptieren darf. Das aber hatte absolut so zu sein, wenn Kampagnen oder anderes in Italien präsentiert und genehmigt waren. Das war ein an sich absolut vernünftiges Konzept. An mir war es, es konziliant zu vermitteln.

Schnell irritiert war die Stimmung natürlich immer dann auch, wenn Ideen und Ausarbeitungen, die intern vielleicht hohes Lob errungen und etwa schon als angenommen galten, unversehens vom Kunden zurückgewiesen oder gar durch ein abgeändertes Briefing zur Makulatur wurden. Bei Ferrero war das an der Tagesordnung, doch auch bei Candy gar nicht so selten. Zu meinem Job gehörte dann auch, bei solchen gar nicht netten Gelegenheiten den aufgekommenen Unmut zu löschen. Meist ist es mir gelungen, Freunde hat es mir aber kaum gebracht.

Werbeleute, zumal die guten, sind oft ziemlich selbstverliebt und Gegenmeinungen werden ihnen leicht zum Roten Tuch. Schwer fällt es ihnen, es zu akzeptieren, wenn irgendetwas ihrer Kreativität und Leistung Entsprungenes mit Änderungswünschen abgelehnt oder, viel schlimmer noch, zu völligem Neuansatz zurück verwiesen wird. Und in der menschlichen Natur liegt nun einmal, dass es dem

Überbringer verpönter Botschaften meist mehr noch angekreidet wird als deren Urhebern.

Und alle guten Werbeleute sind Egomanen.

Da konnte es schon einmal zu einer Szene kommen wie etwa der einen damals in Pino Torinese.

Die Präsentation einer großen Frühlingskampagne war angesagt. In massivem Aufgebot saßen wir Michele Ferrero und seinem Stab gegenüber. Horst Thomé war dabei, unser für Text und Gestaltung der Kampagne zuständiger Frankfurter *Creative Director*, mit ein paar seiner Mitarbeiter. Mit am Tisch saß Frau Großmann, die phantastische Simultan-Übersetzerin. Die Luft vibrierte, wie immer bei wichtigen Präsentationen. Und ich stand also auf und fing an.

Irritiert merkte ich, dass etwas nicht stimmte. Thomé war auch aufgestanden und, mit drückender Hand auf meiner Schulter, zischte er mir zu: *Wer hat denn da zu präsentieren? Sie doch nicht!* Seine Hand auf meiner Schulter drängte mich zum Setzen. Sein Kopf leuchtete rot. *Doch Thomé, natürlich ich!* – gab ich ihm leise zurück. Ein leichtes, vielleicht aber doch gequältes Lächeln schickte ich in die Runde und ein kurzes *Scusate Signori, solo un piccolo chiarimento!* – ehe ich nun wirklich zur Präsentation ansetzte.

Frau Großmann hat das kurze Zwischengeplänkel nicht übersetzt. Mit Thomé aber gab es am Abend dann, bei der Rückfahrt vom Kunden, einen doch recht scharfen Wortwechsel, der schlussendlich Entscheidung fordernd bis zu Brody durchgeschlagen hat.

Sporadisch aufkeimende Spannungen und zumal auch solche Eifersüchteleien über Rollen und Zuständigkeiten wie die von Thomé bei der Ferrero-Präsentation kommen in jeder Zusammenarbeit vor. Da braucht es meist nur ein bisschen guten Willen, um wieder in normale Bahnen zu kommen. Und so war das immer auch in meiner Zeit bei Y&R.

Überall und mit allen bin ich im Großen und Ganzen gut ausgekommen. Mit etlichen habe ich mich auch richtig angefreundet, wie mit Hans Breitbach zum Bespiel, der mir positionsgleich auf Procter & Gamble angesetzt war und mit dem wir, Katja und ich, uns später dann auch über Jahrzehnte hin nicht aus den Augen verloren haben.

Gut war dabei sicher, dass ich keinem bei seiner Karriere ins Gehege kommen konnte. Ich hatte keine Weisungsbefugnis, wenn es darum ging, Aufgaben innerhalb der Agenturen zu verteilen. Das lag bei den Agenturchefs der einzelnen Länder. Auch nur begrenzt und mehr theoretisch als praktisch konnte ich Einfluss auf die Konzeptionen, die Planungen und kreativen Ausrichtungen nehmen. Wenigstens anfangs. Später dann hat sich das geändert, nicht so sehr bei Candy wie bei Ferrero, weil dort ja kein Raum für nationale Freiheiten gegeben war, ich die internationalen Briefings direkt von Michele Ferrero und dessen engsten Mitarbeitern bekam und also ich sie nicht nur weiter zu geben, sondern damit auch Kreative und Medienplaner gezielt auszurichten hatte.

Viel dazu beigetragen, dass ich kollegial fast überall gut gelitten, wenn auch nicht immer gern gesehen war, hat zudem wohl auch, dass ich eigentlich nirgends so richtig dazu gehörte.

Ich kam und verschwand wieder wie ein Planet, der seine Kreise zieht. Meinen Schreibtisch hatte ich ja in Mailand, von Frankfurt wurde ich bezahlt, mein anzusprechender Chef saß in Brüssel, noch fünf weitere über ganz Europa hin verstreute Agenturen rechneten mit mir und... ich kam in erster Linie dann, wenn irgendetwas schief zu gehen drohte mit den Kunden oder schon schief gegangen war, wenn also brennende Scheiter zu löschen oder Kastanien aus dem Feuer zu holen waren. Feuerwehr. Ich raste in erster Linie als Feuerwehrmann durch Europa.

Was ich mir wirklich in der Werbung erhofft hatte kam dabei allerdings mehr und mehr ins Abseits.

Meine Beratungskapazität wuchs zwar rapide und auch an Produktentwicklungen war ich aktiv beeinflussend gerade noch so beteiligt, dass man es mit einigem guten Willen als nennenswert bezeichnen konnte. Aber von kreativer Arbeit in Text und Gestaltung war ich ausgeschlossen. Ich hatte zu *verkaufen*, was andere entwickelt hatten, und ich hatte *nur* drauf zu achten, dass das dann europaweit treulich um- und zweckdienlich eingesetzt wurde.

Frust begann sich gelegentlich anzusetzen wie kleine Rostflecken auf einem nicht benutzten Eisenschlüssel. Und geistige Müdigkeit kam auf, gelegentlich. Ich war ja ständig unterwegs, nun schon fast seit zwei Jahren.

Katja litt zunehmend daran. Sie versuchte, sich nichts anmerken zu lassen, wenn ich zwischendurch mal für ein paar Nächte nach Hause kam oder, wie meist, für das ganze Wochenende. Aber dass es so nicht ewig weitergehen konnte, das war klar.

Da reichte es nicht, dass ich sie gelegentlich nach Paris mitnahm, zumal an Freitagen mit angehängtem Weekend, wo wir dann etwa Charles Aznavour im Olympia hören konnten und Juliette Greco in Saint-Germain de Prés, die Ballerinen im Crazy Horse und das Variete im Moulin Rouge bewunderten, oder mal einen Abend beim Entenbraten im legendären Tour d'Argent verprassten.

Es reichte auch nicht, dass ich mir zwischendurch einfach mal eine Woche frei nahm und wir sie mit unsrer liebenswerten und stets geduldigen Freundin Gabri, der großen Bühnenschauspielerin Gabriella Giacobbe, und mit Chicco Cicogna in dessen Ferienhaus am Meer verbrachten. Es hat einfach nicht gereicht. Spannungen begannen, immer mehr zwischen uns zu knistern. Wir sahen beide, dass es so nicht weitergehen konnte... bei allem Geld und dem Prestige, das ich da mir sicher hatte.

Und das merkten auch ein paar unserer Freunde, die wir schon in den GGK-Jahren kennen gelernt hatten. Emanuele Muscia, der Filmproduzent, zum Beispiel und vor allem Adriano Gatto, der in Mailand bei Leo Burnett Medien-Verantwortlicher war. Ihm ist es wohl zu verdanken und zuzuschreiben, dass mir gegen Ende des Sommers 1969 von

Mondadori ein an sich großartiges Angebot für neues Sesshaftwerden kam.

Mondadori war bereits damals Italiens größter Buch- und Zeitschriftenverlag. Die Zeitschriften lebten zu großem Teil von der Werbung, wie das für alle Medien auch heute gilt. Das Marketing der Zeitschriften-Werbung war damit eine der wichtigsten Sparten im imposanten Verlagskonzern. Die Leitung dieses Bereichs bekam ich nun angeboten.

Es war ein umwerfendes Angebot. Eine der bestangesehenen Positionen in Mailands Werbewelt ist es gewesen. Spannende Aufgaben, Einfluss und Sicherheit waren damit verbunden. Sehr ruhige Sicherheit vor allem – mit nur *einem* Schreibtisch, der auch noch relativ nahe an unserer geliebten Dachwohnung stand.

Es war das letzte Mal in meinem Leben, dass ich Sicherheit gegen Freiheit wählen konnte.

Ich habe die Freiheit gewählt.

Die Zeit war reif nun. Jetzt war die Zeit gekommen, die eigene Agentur zu gründen.

Angekommen.

Es war ein langer Weg gewesen, der sich da suchend und lernend hingeschlängelt hat. Mir hat er die beste Universität ersetzt, die einer sich auch nur träumen kann.

Jetzt war er an sein Ziel gekommen, der Mäander meines Weges, gemündet in den klaren Weiten seines Meeres, das er Schleife um Schleife gesucht hatte. Ein paar stürmische Böen haben dann, im Verlauf der Zeit, immer wieder einmal Wellen gepflügt und gelegentlich auch Wogen getürmt. Sie haben aufgerüttelt, stimuliert und das Ganze spannend gehalten. Langweilig ist es nie geworden.

Im Herbst 1969 haben wir, Katja und ich, unsere Agentur gegründet. Interservice.

Den Anwalt Amilcare Ricciardi haben wir zu uns mit ins Boot genommen, mit einer sehr kleinen Beteiligung. Er hatte eine Reihe interessanter Verbindungen zu Firmen mit für uns potentiellen Werbeetats und davon hatten wir uns viel ausgerechnet. Ohne einen einzigen Kunden waren wir an den Start gegangen. Nur mit ein paar Aussichten, die allerdings gut waren.

Das mit den Kontakten von Ricciardi war dann aber doch nicht so gewaltig, wie er glauben gemacht hatte. Und es hat sich gezeigt, dass er überhaupt keinen Sinn für Werbung hatte, was mir vorher gar nicht aufgefallen war. Ein gutes Beispiel dafür, wie doch der Wunsch so oft der blinde Vater von Entscheidungen ist. Recht bald schon haben wir uns getrennt.

Kreative Werbung zu entwickeln und die Beratung dazu anzubieten, hatten wir uns auf die Fahne geschrieben. Aber es sollte nicht einfach eine der Agenturen werden, die sich *nur* auf Reklame beschränkten und von denen es damals schon zu viele gab. Wir wollten nicht wie GGK werden, bei aller Bewunderung für deren Kreativität und Erfolg. Wir wollten Umfassenderes.

Und so haben wir Interservice von Anfang an darauf ausgerichtet, breiter zu denken, weiträumiger zu schauen, umfassender zu arbeiten. *Nicht nur Werbung!* Zu unseren Zielen gehörte auch, für unsere Kunden Marktnischen aufzustöbern, neue Produkte für sie anzudenken und mit ihnen zu entwickeln, die Packungen mit den Werbeauftritten zu koordinieren und umgekehrt, Publikums- und Fachwerbung als gleich wichtig zu sehen, für Produkte und gelegentlich auch die Firmen markttaugliche Namen zu kreieren... das ganze 360°-Rundum-Paket eben.

Wir haben es geschafft, nach ein paar und doch gar nicht so vielen stolperigen Anfangsschritten.

Interservice ist in Italien zeitlich zur ersten wirklichen Marketing-Communications-Agentur im Sinne des mir von Ernesto Norbedo verinnerlichten Konzepts der Gesamtheit geworden. Die zum Konsolidieren nötige Anerkennung im Markt hat nicht auf sich warten lassen.

Mit *Marketing Communications* als Untertitel haben wir bald auch unseren Firmennamen erweitert, so dass er uns und das Umfeld kontinuierlich auf unsere besondere Zielsetzung hingewiesen hat. Das hat auch uns selbst immer wieder dazu motiviert, auf unserem Weg zu bleiben.

36 Jahre lang habe ich die Agentur geleitet und mit guten Leuten haben wir gute Arbeit gemacht. Wir haben Produkte an den Start gebracht, die Renner wurden; Firmen haben wir von klein zu groß begleitet, auch dahin geführt; Kampagnen gemacht in nicht mehr zählbarer Reihe, die den Kunden Umsatz brachten und für uns Awards gewonnen haben; Werbetexte geschaffen, von denen mancher zum Ohrwurm wurde...

Die Texte von Interservice habe fast alle ich geschrieben, die ganzen Jahre über und für alle Kunden. Damit war es möglich und ganz selbstverständlich, dass ich immer ganz eng auch mit unseren Kreativen der Gestaltung zusammenarbeitete, was dann das ganze Agenturambiente dauerhaft mit geprägt hat. Und es hat mir zudem auch gegeben, dass ich nicht abgehoben habe, sondern jeden Tag dabei bleiben musste, das Ohr am Markt zu haben und dem Volk aufs Maul zu schauen.

Dass dann einmal in *Strategia*, unserer größten Fachzeitschrift, ein langer Artikel über die Kreativität von Interservice kam und ich darin *Italiens David Ogilvy* genannt wurde, hat mich doch schon stolz gemacht. Jetzt war ich wirklich angekommen. Den Artikel habe ich immer noch. Ein paar Kunden hat er uns auch gebracht.

Norbedo war längst zurück in Mailand, war Marketing-Direktor von Henkel und wohnte nur ein paar Ecken von uns. Viele nette Abende haben wir zusammen verbracht. Zu plötzlich ist er in den 70ern gestorben.

Marken, denen ich mäandernd begegnet war – Teekanne etwa, Olympia, Blendax, Kienzle – sind im Lauf der Jahre unsere Kunden geworden. Manchmal stimmt es eben doch: Man trifft sich immer zweimal.

Einer unserer ersten Kunden war Italunion, die Sparte der Investmentfonds der Banca Provinciale Lombarda. Dafür schrieb ich einen Claim, der alle ihre Werbebotschaften abzuschließen hatte:

Oggi è il primo giorno del tuo futuro.[2]

Er wurde in Italien bald zu einem sozusagen geflügelten Wort und auch zu unserem Motto.

Reich sind wir mit Interservice nicht geworden, die Mücke und ich, noch nicht einmal begütert. Dafür haben wir immer wieder viel zu viel in gute Leistungen und die dafür nötigen Mitarbeiter investiert. Aber wir hatten den Genuss des Erfolges und ein Meer des Lebens, das stetig klar vor uns lag, trotz und samt allen Unwägbarkeiten und manchmal auch den Stürmen, die freies Unternehmertum bei intensivem Miteinander und dabei unabhängig belassene Meinung mit sich bringen.

---

[2] *Heute ist der erste Tag deiner Zukunft.*

Ausgelernt habe ich nie. Noch heute sind meine Antennen dafür ständig ausgefahren.

*

Katja ist im Januar 2003 gestorben. Krebs. Ohne sie hätte ich die ersten Schritte meines Mäanderns nicht machen können, und die dann folgenden großteils auch nicht. Ohne sie wollte, konnte ich Interservice nicht weiterlaufen lassen. Versucht habe ich es zwei Jahre lang. Den Ansporn und die Geduld dazu habe ich nicht mehr gefunden.

So habe ich Ende 2005 unseren Lebensladen aufgelöst, unser kleines Haus mit dem von Bäumen bestandenem Garten nahe der Pferderennbahn verkauft, das etliche Jahre zuvor der so sehr und so lange geliebten aber doch nur gemieteten Panoramawohnung mit dem Fernblick gefolgt war, und habe Mailand verlassen. Den Beruf habe ich nicht ganz aufgegeben. Nur eingeschränkt habe ich ihn auf überschaubare Beratungsprojekte, die kein Team brauchen und die mir Freude machen. Texte zu schreiben und mit dabei sein, wenn Produkte entwickelt werden, gehören immer noch dazu.

> Hanns G. Zagler
>
> **...hängen geblieben**
>
> Erinnerungstropfen von
> den ersten zwanzig Jahren
> 1938 – 1958

Kinderzeit und Jugendjahre bis zum Freischwimmen.
Copyright © 2011 – Hanns G. Zagler.
Herstellung und Verlag: BoD – Books on Demand, Norderstedt
ISBN 978-3-7357-9314-0 – 416 Seiten.

„Um Jugenderinnerungen von vor langer Zeit, 1938-1958, geht es hier; um Erinnerungstropfen, die mir nie vergessen waren, und um ein paar andere, die mir beim Schreiben wieder eingefallen sind.

In sich abgeschlossene Kapitel sind da versammelt, was fürs Lesen gar nicht schlecht ist. Eine endlose Kette hingeschriebener Erinnerungen, eventuell gar in einer hartnäckig chronologischen Folge, würde wohl auch den Neugierigsten zu Tode ätzen. So aber lassen sich Thementeile einzeln herauspicken, gerade nach Laune und ohne das Gefühl beim Lesen, irgendwo den Faden verloren zu haben."

Hanns G. Zagler

Sternschnuppen

Und so vieles andere ist
längst schon vergessen

Erinnerungssplitter
aus meiner dritten Zeit

Facetten aus den Jahrzehnten in und mit der Agentur.
Copyright © 2014 – Hanns G. Zagler.
Herstellung und Verlag: BoD – Books on Demand, Norderstedt
ISBN 978-3-7357-9337-9 – 408 Seiten.

„Zwei Zeitspannen waren vorausgegangen: Die eine von Kindheit und früher Jugend, dann die meines mäandernden Wanderns und Suchens. Davon erzählen die beiden vorab gesammelten Erinnerungstropfen.

Nun war ich angekommen, wo ich wohl hin gewollt hatte. Ein ruhiger Hafen ist das auch nicht geworden. Vieles hat sich getan in dortiger Zeit. Ein paar Erinnerungssplitter sind mir davon geblieben und haben darauf gedrängt, nicht auch vergessen zu werden. Hier, im dritten Teil meines Zurückdenkens, sind sie erzählt. Von der Werbewelt berichten sie und auch ein wenig von ganz privat Erlebtem."